A M. André Castelot,
grâce à qui l'auteur a connu
Napoléon,

LE 18-BRUMAIRE,

avec mon respect.

[signature]

20.3.97

Thierry Lentz

LE 18-BRUMAIRE

Les coups d'Etat de Napoléon Bonaparte (novembre-décembre 1799)

Préface de Jacques Jourquin

JEAN PICOLLEC

47, rue Auguste-Lançon, 75013 Paris. Tél. 01 45 89 73 04

Du même auteur :

La Moselle et Napoléon. Etude d'un département sous le Consulat et l'Empire, Serpenoise, 1986 (avec Denis Imhoff).

Roederer (1754-1835), Serpenoise, 1989 (prix d'histoire Erckmann-Chatrian).

L'affaire Kennedy, P.U.F., coll. « Que sais-je ? », 1993.

Savary, le séide de Napoléon, Serpenoise, 1993 (prix Perret de l'Institut, Académie des Sciences Morales et Politiques).

Napoléon III, P.U.F., coll. « Que sais-je ? », 1995.

Kennedy. Enquêtes sur l'assassinat d'un président, Jean Picollec, 1995.

Collaborations :

Dictionnaire du Second Empire, Fayard, 1995 (sous la direction de Jean Tulard).

Histoire de Thionville, Serpenoise-Klopp, 1995 (sous la direction de François Roth).

Pour Christine, Marie,
Charles et Louis,
mes grands-parents.

Préface

On devrait davantage prêter attention au fait que les mots historiques s'appellent justement ainsi : qu'ils tiennent plus de l'opinion et du moment que de la vérité éternelle, que si on veut les faire se plier à des circonstances qui ne leur conviennent pas, ils cassent. Ainsi, Napoléon a dit et on l'a beaucoup répété : "la guerre est un art tout d'exécution", tout en prouvant souvent par son action qu'il estimait sa maxime incomplète. Ce paradoxe s'applique bien au coup d'Etat du 18-Brumaire qui n'était pourtant rien moins que guerrier : il a eu beau réussir, il fut on ne peut plus mal exécuté. Bonaparte, nerveux, impatient et, pour tout dire, mal à l'aise dans les assemblées politiques, risqua le pire en essayant de passer en force, mais il n'était, à sa décharge, que le bras armé d'une opération montée avec d'autres, au moins dans le plan initial.

L'affaire avait cependant bien commencé quand les Anciens feignant de croire à la menace d'un complot jacobin avaient décidé de transférer les Conseils hors de la capitale et de nommer Bonaparte commandant de l'armée de Paris. Mais le lendemain, qui fut en réalité le 19 brumaire, la machine s'enraya ou plutôt s'emballa.

La harangue non prévue de Bonaparte devant les Anciens, qu'il traita "comme une compagnie de grenadiers", fut à la fois malhabile et violente. "Souvenez-vous que je marche accompagné du dieu de la Guerre et du dieu de la Fortune" convenait aux ponts des rivières d'Italie ou aux pyramides d'Egypte, pas au château de Saint-Cloud. Il y avait menace d'un complot contre "la souveraineté du peuple, la liberté, l'égalité", quel complot ? Et les noms des conspirateurs ? On pense à Robespierre le 8 thermidor devant la Convention donnant la fâcheuse impression de menacer tout le monde en refusant de nommer quiconque.

Pendant ce temps, pour protester contre la création d'une commission qui entraînerait la suspension des travaux, les Cinq-Cents s'étaient engagés dans un interminable renouvellement de prestation de serment suivi de la lecture de la lettre de démission du directeur Barras. Il était quatre heures de l'après-midi. Bonaparte réagit comme sur un champ de bataille de l'époque : obtenir la décision avant la nuit.

Il força la porte de la salle des séances avec quelques grenadiers. Accueilli par des "Mort au tyran ! A bas le dictateur !", il fut bousculé, serré de près, et finalement dégagé par son escorte. La confusion était extrême. Le président Lucien Bonaparte ne parvenait pas à rétablir l'ordre et le silence. C'est alors que l'homme d'action vint au secours de l'orateur. Lucien, entraîné de force par les soldats sur l'ordre de Bonaparte en dehors de l'enceinte de l'assemblée, fit aux troupes un discours musclé et républicain. Murat conduisit l'assaut final en enlevant ses soldats contre les représentants par un vigoureux : "Foutez-moi tout ce monde là dehors ! Tambour !". Rien de tel que le tambour pour couvrir les cris de "hors la loi". A six heures du soir, l'enceinte des Cinq-Cents était vide, l'aile gauche était écrasée. A l'aile droite, aux Anciens, la politique parlementaire reprit ses droits, et Lucien décida d'en revenir à des procédés plus légaux. On alla rechercher quelques dizaines de membres des Cinq-Cents égayés dans la nature. On discuta, on vota dans les deux assemblées. Trois consuls, deux commissions législatives, une brève constitution provisoire et quelques dizaines de représentants exclus, à cinq heures du matin, ce 20 brumaire –car les politiques peuvent combattre la nuit-, tout était terminé.

Le coup d'Etat, si maladroitement exécuté dans sa dernière journée par Bonaparte et sauvé ensuite par lui-même, Lucien et Murat, pouvait-il, dès lors, échouer et l'épisode napoléonien de l'Histoire de France ne pas avoir lieu ? On peut le croire à ce récit détaillé qu'en fait l'auteur, où les scènes compliquées et confuses furent à chaque fois jouées difficilement et conclues avec encore plus d'effort. En fait, et c'est aussi l'intérêt du travail de Thierry Lentz de le montrer, ce coup d'Etat, même s'il donne l'impression d'avoir été remporté à l'arraché, avait les plus grandes chances de réussir.

Les peuples sont moins dociles et moins bêtes que n'ont tendance à le croire leurs dirigeants. Mais il leur faut du temps pour réagir, et à l'époque beaucoup, quand Paris, les villes et les campagnes ne vivent pas à la même heure. Ils commencent par se soumettre, ce qui trompe leurs gouvernants.

Puis, ils ruminent, ressassent, sous le masque de quelques manifestations isolées. Ils se retirent de la discussion, on les croit indifférents, ils sont indignés. On les imagine désabusés ou compromis, ils ne sont que désespérés et prudents. On calcule de pouvoir compter sur leur égoïsme et leur ignorance, c'est mal compter sur leur insatisfaction et leur instinct. Chacun d'entre eux serait malléable, corruptible, corvéable. Ensemble, ils ne sont pas fiers de l'être. Séparément, ils ont l'air de s'accommoder du présent. Réunis, ils se convainquent petit à petit qu'il leur faut un avenir. Qu'on le leur présente, fut-ce par un changement brutal, ils ne lèveront pas le petit doigt pour s'y opposer. Et par peuples, il faut parfois entendre les élites quand elles ont perdu le contrôle des événements. Ce qui était le cas.

Le lecteur trouvera dans les chapitres que Thierry Lentz consacre au Directoire l'analyse de ses échecs institutionnel, financier, économique, religieux, social et militaire. De cette analyse fouillée, objective, avec une rigueur de pensée et de formulation qui entraîne l'adhésion, il faut retenir que le régime était totalement déconsidéré. Mal armés pour apprécier dans leur complexité, un texte législatif, une mesure sociale, une stratégie militaire, une réglementation économique, les citoyens se rattrapent en jugeant tout simplement les résultats et en se faisant une opinion "sur la mine". En 1799, les résultats et la mine n'étaient pas bons. Quand le "bon" peuple surnomme les théophilanthropes de l'ineffable La Revellière-Lépeaux, les "filous en troupe", quand il aspire à nettoyer "les écuries de Barras", quand il s'interroge en chanson, à propos de Rapinat, un parent du directeur Reubell, si "Rapinat vient de rapine ou rapine de Rapinat", quand il se moque lorsque Souvaroff entre à Milan : "Voilà la république cisalpine rajeunie, on lui a ôté Milan (mille ans)", quand il se plaint après Fructidor que l'on a "arraché la langue" aux battants de cloches, quand il raille les directeurs "mulets empanachés", il faut se méfier. Le défoulement n'est pas synonyme de résignation. Le peuple se rendait bien compte dans sa vie quotidienne qu'on lui confisquait son présent et son futur comme l'avouait Fouché avec une cynique élégance : "Il était temps que l'arbre de la Liberté portât des fruits plus doux pour qui devait les cueillir et les savourer".

Mais Bonaparte dans tout cela ? Il n'était ni mulet, ni empanaché. La première campagne d'Italie et l'expédition d'Egypte avaient prouvé qu'il était plutôt une formidable "bête de champ de bataille" et il savait le faire savoir en magnifiant ses victoires et en gommant ses échecs. Il avait montré sa capacité à s'imposer à ses pairs, fussent-ils plus âgés que lui, et à entraîner ses soldats. Il avait été heureusement absent de France le plus souvent ces dernières années. Il était rapide, efficace, volontaire, ses propos étaient brefs, son savoir technique, son physique maigre, sa tenue austère. On peut croire le général Boulart, un témoin assez peu complaisant, à Avignon, le 11 octobre 1799, quand il écrit : "Dès cette époque, on le regardait comme appelé à sauver la France de la crise...". La France a un faible pour les sauveurs.

Certes, d'autres épées, pour reprendre le mot de Sieyès, dont il faut rappeler le rôle essentiel avec Fouché, étaient apparemment glorieuses et disponibles pour mettre fin au régime honni : "Je finirai tout cela avec vingt grenadiers", s'était écrié Joubert. "Vingt grenadiers, c'est trop, un caporal et quatre hommes, c'est assez pour faire déguerpir les avocats", avait riposté ce vantard de Bernadotte.

Moreau, le plus intelligent, était indécis, général des retraites savantes plutôt que des offensives foudroyantes, Jourdan et Augereau, proches des jacobins, étaient à tel point peu des têtes politiques que même Sieyès, qui croyait la sienne suffisamment bien faite pour servir à tous, n'y songeait guère. Brune, tout comme Augereau, passait pour un être frustre. Bernadotte, "un merle au profil d'aigle" toujours selon Sieyès, avait été ministre de la Guerre mais frayait trop avec l'extrême-gauche. Joubert, plus modéré que jacobin, quoiqu'en ait dit Napoléon à Sainte-Hélène, et sur qui on fondait de grands espoirs, venait d'être tué à Novi. D'autres, même s'ils ont ensuite prétendu le contraire, n'étaient pas assez populaires pour tenir le rôle. Si l'un d'entre eux avait pris trop de pouvoir, ses égaux, qui se sentaient ses rivaux, ne l'auraient pas accepté facilement. La route des pronunciamientos se serait ouverte.

"Ah ! Si Bonaparte était là". Le 18 vendémiaire, le Directoire reçut la nouvelle du débarquement de Bonaparte à Fréjus et Sieyès convoqua Moreau pour le lui apprendre. "Voilà votre homme, rétorqua le général, il fera votre coup d'Etat bien mieux que moi".

Donc, les autres généraux ne faisaient pas l'affaire, Bonaparte si : le général le plus civil de l'armée, comme on disait à l'Institut. Justement, ce général était trop civil pour se comporter comme une épée. Pourquoi a-t-il en fin de compte si bien réussi sa victoire qui n'était au départ qu'un choix par élimination et une journée gagnée de justesse. C'est que, s'il n'avait pas la tête parlementaire, il l'avait politique. C'est qu'il était apte à gouverner, en était conscient depuis l'Italie et depuis l'Egypte aussi, et que les autres, comparses ou opposants, ne s'en étaient pas encore aperçus. "Au moment où ils lâchaient l'Aigle, ils croyaient lancer un faucon" : le jugement de Louis Madelin pour 1796 est encore valable en 1799. Cette fameuse épée, ce sera bientôt un sceptre.

Pour eux, notables de la Révolution, ce n'était qu'un coup de plus dans la multitude des bouleversements qui frappaient la France depuis dix ans, un coup d'assainissement, certes, mais entre soi. Pour lui, c'était enfin l'aboutissement d'un long cheminement personnel pour déboucher sur un destin d'un ordre différent. Julien Gracq a bien fait remarquer que "dans l'action historique de grande ampleur, aussi bien dans l'espace que dans le temps, il existe un élément profondément irrationnel –du point de vue de la maîtrise de l'action engagée– qui veut que le tout ne se comporte aucunement de la même manière que la partie, pour la seule raison qu'il prend en compte la durée et que toute durée est déviation".

A coup sûr, Bonaparte qui s'était attelé avec habileté à la préparation du coup d'Etat, ne laissant rien au hasard, ni chez les politiques, ni chez les militaires, est mal à l'aise dans l'accomplissement de la journée du 19 brumaire. Mais il est confiant malgré les apparences dans la bonne issue des événements et sur sa capacité à se les approprier, non à cause des événements en eux-mêmes, mais parce qu'il s'agit de lui et de sa rencontre avec eux. Roederer, à qui il demandait avant le coup d'Etat : "la chose est-elle possible ?", répondait : "elle est aux trois quarts faite". Aux trois quarts avec quelqu'un d'autre mais avec lui, entièrement. Le retour d'Egypte, chanceux au plus haut point à travers les escadres anglaises, a fait l'objet de gravures populaires où l'on voit une étoile guider la frégate de Bonaparte comme l'étoile de Nazareth guidait les rois mages. Ce n'est pas loin de la conviction de Bonaparte. Si Joubert est mort un 15 août, le jour où lui-même Bonaparte a trente ans, si les Anglais l'ont laissé passer, alors pourquoi pas ?

Pour revenir à une comparaison stratégique, le 19 brumaire se présente comme une "grande" bataille napoléonienne : le terrain a été étudié et choisi, les troupes sont en place, la logistique est prête, les adversaires sont percés à jour, les rapports de forces profonds sont favorables, les manoeuvres sont prévues. Il peut bien y avoir des incidents de déroulement, la bataille est déjà gagnée car les faits et les hommes se comporteront en gros comme dans le plan initial. Et on peut dire, par exemple, que Lucien et Murat ont finalement agi comme leur caractère et la situation les y contraignaient.

Cette réussite de Bonaparte, née conjointement de sa jeunesse d'âge et d'expérience –qui lui permet d'être mobile, attentif, souple et ferme à la fois– et des victoires antérieures qui lui ont forgé cette foi en lui-même, se retournera contre lui quand "déjà perturbé par le succès et spécieusement armé de ces leçons de l'histoire qu'il a prises sur le vécu", comme dit encore Julien Gracq, il n'aura plus cet esprit libre et objectif, même maladroit. Il sera alors un "homme-histoire sclérosé dans son esprit par les enseignements tyranniques d'une expérience personnelle trop longtemps victorieuse, rigidifiée dans son action par les pesanteurs que crée... chacun de ses actes passés".

Au 19 brumaire, Bonaparte n'est rien de cela. C'est pour cela que Thierry Lentz a appelé "le coup d'Etat consulaire" la quatrième partie de son livre, qui suit la fameuse journée et ne l'inclut pas; car ensuite il n'y aura plus ni hésitation ni mauvaise harangue, ni maladresse ni contre-temps. Rien qu'une volonté en action.

Ce livre n'est donc pas le récit d'une bataille gagnée de justesse, mais bien celui d'une campagne réfléchie de longue date, montée et ajustée soigneusement dans ses préliminaires, admirablement exploitée, à fond et rapidement avec tous les moyens d'un camp victorieux et les avantages que procure un ennemi défait.

Thierry Lentz ne manque pas d'observer que, le 16 octobre 1799, Bonaparte arrivait à Paris et que, le 13 décembre, la France avait une nouvelle constitution : "En deux mois, Bonaparte avait réussi à s'emparer du pouvoir et à le confisquer à ses complices du coup d'Etat".

Que Bonaparte, soutenu naguère par Barras, ait servi Sieyès avant de l'éliminer, puis se soit servi de Talleyrand, de Cambacérès et de son frère Lucien pour finalement s'imposer à eux, prouve a posteriori non pas que les choses auraient pu se passer autrement, mais qu'elles devaient se passer ainsi. Mais il y a plus. Bonaparte qui se méfiait des idéologues même s'il savait les dominer, voulut tenir son pouvoir des Français directement. Un plébiscite passablement trafiqué donna plus de trois millions de *oui*, soit 40 % de l'électorat contre quelques *non*. En fait, plutôt 20 %, ce n'était donc pas un succès. Pourtant, Jean Tulard peut écrire dans son *Napoléon* que, le 7 février 1800, jour des résultats : "A la place des multiples représentants qu'il avait jusque là chargés de légiférer et de gouverner, le peuple français se donna un représentant unique".

L'affirmation des *oui* autant que l'adhésion silencieuse des non-votants étaient la manifestation d'un accord réel, quoique non concerté : ils estimaient dans l'autre système avoir assez donné... Les mécontents pourraient toujours hausser le ton, ils ne seraient pas écoutés. D'être parlementaire et sans effusion de sang permettait certes au coup d'Etat de se faire accepter par la classe politique comme par les historiens futurs, mais d'annoncer le début d'une réconciliation nationale et d'une remise en marche du pays justifiait, de fait, la prise du pouvoir par un homme qui se sentait seul capable d'y parvenir. N'était-ce pas vrai ? Sur les résultats et sur la mine, le peuple en jugea ainsi.

Paul Valéry a dit : "L'homme sait assez souvent ce qu'il fait, il ne sait jamais ce que fait ce qu'il a fait".

Bonaparte sait ce qu'il fait, mais –faut-il s'en étonner ?– dans ces dernières semaines d'hiver de la fin de siècle, il prouve qu'il sait aussi parfaitement ce qu'est en train de faire ce qu'il a fait.

Ce génie en action comme le voyait Hegel, prince des batailles et bientôt professeur de droit, fondateur et organisateur de l'Etat moderne, est alors plus grand qu'il ne le sera dans sa propre légende.

Jacques Jourquin
Secrétaire général de l'Institut Napoléon.
Directeur de la Revue du Souvenir Napoléonien.

Introduction

Pas une goutte de sang ne fut versée. Pas un coup de feu ne fut tiré. Quelques centaines de députés furent mis en fuite par une compagnie de grenadiers. Les 18 et 19 brumaire an VIII (9 et 10 novembre 1799), le général Bonaparte et le directeur Sieyès cueillirent ensemble le pouvoir. Un mois et demi plus tard, le premier était le seul maître de l'exécutif d'un nouveau régime et affirmait avoir fini la Révolution. Entre son retour de la campagne d'Egypte (16 octobre 1799) et son accession à la plus haute fonction, il ne se passa guère plus de trois mois. Coup de maître. Et pourtant, Tocqueville a écrit que ce coup d'Etat était "un des plus mal conçus et les plus mal conduits qu'on puisse imaginer". Il voulait sans doute parler des deux journées du coup d'Etat proprement dit. On ne peut, en effet, en dire autant ni de sa préparation, ni des semaines qui suivirent, au cours desquelles Bonaparte parvint, avec maestria, à écarter ses "partenaires" de Brumaire et à se faire nommer Premier Consul. Malaparte, dans sa *Technique du coup d'Etat* n'a-t-il pas qualifié l'affaire de Brumaire de "premier coup d'Etat moderne" ?

Comment et pourquoi pareille opération put-elle réussir ? Etait-elle inévitable ? Quelles sont les circonstances qui la rendirent possible ? Quels types de complicités furent nécessaires à son succès ? Quels furent les rôles et les apports respectifs de Sieyès et de Bonaparte, des militaires et des idéologues, des politiques et des financiers, à la conspiration ? Comment le second, pourtant absent de France depuis un an et demi, parvint-il à éliminer le premier qui avait tout préparé et pensait se voir enfin propulsé à la tête de la République ? Telles sont les principales questions auxquelles nous avons tenté de répondre dans cet ouvrage.

Pour ce faire, nous avons d'abord essayé de vérifier, thème par thème, si, comme l'affirment la légende napoléonienne et la plupart des historiens, le Directoire était, en brumaire an VIII, un régime en échec.

"Le fait est que la patrie sans nous était perdue et que nous la sauvâmes, expliqua Napoléon à Sainte-Hélène. Aussi, les auteurs, les grands acteurs de ce mémorable coup d'Etat, au lieu de dénégations et de justifications, doivent-ils, à l'exemple de ce Romain, se contenter de répondre avec fierté à leurs accusateurs : *Nous protestons que nous avons sauvé le pays, venez nous en rendre grâce aux Dieux*"[1]. Les premiers biographes du Grand Homme emboîtèrent le pas du *Mémorial.* Ainsi, Norvins écrivit : "Le général Bonaparte fut vivement frappé de l'excès d'enthousiasme qui, à son débarquement, transporta la population (...); la multitude ne saluait pas le vainqueur des Turcs, le conquérant de l'Egypte, mais le libérateur de la France (...). (Les événements) venaient de lui apprendre l'état déplorable de la France"[2].

Le procès du Directoire s'est poursuivi depuis deux cents ans. Aujourd'hui, les successeurs de Norvins nuancent ces jugements, sans vraiment les contredire au fond. On attend encore une grande oeuvre de réhabilitation, si réhabilitation il doit y avoir. On doit même constater que le Directoire n'a guère passionné les historiens, alors que, pour une bonne partie de nos contemporains, il n'est guère plus qu'un style de mobilier, au demeurant fort prisé. Toute une partie de

[1] Las Cases, *Mémorial de Sainte-Hélène*, éd. 1961, t. II, p. 3.
[2] Norvins, *Histoire de Napoléon*, 1839, t. I, p. 264.

l'historiographie révolutionnaire considérant (abusivement) que la formidable secousse s'arrêta net à la chute de Robespierre, le volume des études en a été réduit d'autant. "Coincé" entre la Terreur et le Consulat, le régime de l'an III n'a pas suscité de grands ouvrages définitifs. Les historiens ont, peut-être, reculé devant l'ampleur de l'entreprise. Les quatre années directoriales sont, en effet, à la fois fertiles et complexes, sur le plan de l'histoire politique, militaire, extérieure, religieuse, sociale et économique. Elles ne sont plus celles de la Révolution marchante et pas encore celles de la stabilisation, ce qui diminue leur attrait. Le Directoire, lorsqu'on l'observe après-coup, a toutes les caractéristiques des "époques de transition". En dégager puis en formaliser les lignes directrices n'est pas une mince tâche.

Remarquons néanmoins, dès à présent, que le régime directorial fut agité de tant de soubresauts, connut tant de coups de forces, suivit une politique si fluctuante, que les éléments qui militent en sa faveur sont rares. En Brumaire, d'ailleurs, nul ne défendit le régime de l'an III. Nul ne se fit tuer pour lui. L'échec suprême du Directoire et de ses hommes est de n'avoir jamais été pleuré par personne[3].

Etudier plus longuement l'évolution de la situation politique dans l'année qui précéda le coup d'Etat est, on s'en doute, une nécessité pour appréhender les événements de brumaire et frimaire an VIII. En quelques mois, les rapports de force intérieurs se modifièrent, puis se cristallisèrent, pour simplifier, dans un conflit tripartite entre les jacobins, la révolution modérée et la Contre-Révolution. Il en naquit plusieurs conspirations –chacune revendiquant des mobiles

[3] Sur le Directoire, l'ouvrage classique reste celui de L. Sciout, *Le Directoire*, 1895 1897, 4 vol.. Plus près de nous, on peut relever, entre autres, les études de A. Mathiez, *Le Directoire. Du 11 brumaire an IV au 18 fructidor an V*, 1934, A. Soboul puis J. Tulard, *Le Directoire et le Consulat*, coll. "Que sais-je ?", G. Lefebvre, *Le Directoire*, 1970; D. Woronoff, *La République bourgeoise, de Thermidor à Brumaire*, 1972; J. Godechot, *La vie quotidienne en France sous le Directoire*, 1977.

nobles et voulant mener une œuvre de rénovation nationale– dont celles de Sieyès, d'une part, et de Bonaparte, d'autre part. La première était pensée, échafaudée autour d'idées théoriques arrêtées et d'appétits modérés, emmenée de façon patiente et subtile par un des grands hommes de la Révolution. La seconde était plus personnelle, remuante, pragmatique, presqu'échevelée, incarnée par un jeune général qui, pour l'opinion, était marié à la victoire. Le point de rencontre des deux ambitions fut que, pour réussir, Sieyès – qui disposait d'une petite part du pouvoir civil, puisqu'il siégeait au Directoire exécutif– devait obtenir le concours d'un général prestigieux qui assurerait, comme simple auxiliaire, la partie militaire de son affaire. Bonaparte avait la gloire et la popularité. Les autres généraux pressentis (Moreau, Joubert) avaient, soit décliné l'offre, soit trouvé la mort sur les champs de bataille, soit apparaissaient comme complices du jacobinisme renaissant, que Sieyès combattait de toutes ses forces.

Les deux hommes se virent, se parlèrent, sans toujours se comprendre et décidèrent de faire route ensemble. Une fois la fusion des conspirations assurée –ce qui ne fut pas une mince affaire-, des luttes internes la traversèrent, la minèrent parfois et lui donnèrent, le grand jour venu, ce parfum d'improvisation remarqué par Tocqueville. Il y eut une sorte de "conspiration dans la conspiration". Les partisans de Bonaparte appuyèrent les menées du général afin d'affaiblir, puis de marginaliser le directeur, qui n'était pas non plus sans nourrir quelques arrière-pensées.

Le coup d'Etat proprement-dit[4] faillit tourner mal. Bonaparte et Sieyès surmontèrent les difficultés dues à l'impréparation de leur opération parce que leurs adversaires étaient divisés et manquaient de chefs capables. Dans ce moment

[4] En étant pointilleux sur les dates et les horaires, on peut dire que le coup d'Etat du 18-Brumaire eut lieu en fait les 18, 19 et 20 brumaire, puisque c'est tôt le matin de ce dernier jour que le parlement-croupion du Directoire vota le décret qui instituait le Consulat provisoire.

décisif, Sieyès confirma qu'il n'était pas un homme d'action et Bonaparte montra qu'il était, à cette époque, plus à l'aise sur un champ de bataille que devant des représentants du peuple en furie. On ne croira donc pas un mot de l'opinion embrouillée du témoin Pontécoulant qui crut pouvoir écrire : "L'hésitation même qu'il montra (...) prouve assez combien Bonaparte avait senti l'immense responsabilité qu'il allait assumer sur sa tête et qu'il n'envisagea pas sans frayeur la juste réprobation que l'histoire a toujours attachée à ceux qui, poussés même par le motif impérieux du salut public, ont osé tourner contre les institutions de leur pays les armes que la patrie avait remise entre leurs mains pour les protéger"[5]. Les moyens que l'on s'était donnés pour parvenir à renverser le Directoire, le sang-froid et l'esprit de décision de quelques grands complices permirent à la conspiration de l'emporter, après en être passé, dans le coup d'Etat parlementaire, par une (brève) parenthèse militaire.

Dans cette étude, il nous faudra aussi parler des hommes. Leur personnalité, leur volonté, leurs bassesses ou leurs petits côtés jouèrent aussi un rôle dans l'organisation, l'exécution et les suites de la conspiration. Négliger une réflexion – prudente– sur ces aspects, ne pas entrouvrir la porte aux mystères du hasard ou à la force du génie reviendrait à se cantonner aux raisonnements froids, voire anachroniques. En Brumaire, comme à n'importe quel moment de l'histoire, rien ne se déroula seulement dans une démarche logique et cohérente, par éliminations successives de "contradictions". Il y eut aussi l'action des hommes, têtes d'affiche ou non.

On présente souvent le coup d'Etat de Brumaire comme l'action d'un parti et de personnalités voulant barrer la route au royalisme *et* au jacobinisme. Il y a du vrai dans cette

[5] *Souvenirs historiques et parlementaires du comte de Pontécoulant*, 1865, t. II, p. 517.

affirmation. Mais pourquoi ne pas inclure aussi dans le raisonnement et la description, la pure ambition ou le désir de pouvoir ? En suivant Talleyrand, Moreau, Jourdan, Sieyès, Bonaparte et les autres, nous en ferons le constat. Et les affections ? Les femmes ? Elles ne furent pas absentes de l'affaire. Octave Aubry a publié un livre entier sur le rôle des femmes lors du coup d'Etat[6]. Quant à Bernadotte, général réputé jacobin, marié à l'ancien amour de Napoléon et beau-frère de Joseph Bonaparte, il avoua, dans une lettre confidentielle, qu'il n'avait pas tenté de contrer le coup d'Etat "parce que Joseph est le mari de Julie, soeur de Désirée, ma femme". Il concluait : "Voilà à quoi tient le destin d'un grand Empire"[7].

Comme a pu le dire Disraeli, Premier ministre de la reine Victoria, au milieu du XIXe siècle : "Le monde est gouverné par de tout autres personnages que se l'imaginent ceux dont l'oeil ne plonge pas dans la coulisse". Dans la coulisse, nous tenterons donc de glisser un oeil, avec toute la difficulté que représente cet exercice, à deux siècles de distance.

Pour finir, nous aborderons l'après-coup d'Etat. "Brumaire survint en une période de vide idéologique et de désarroi" a écrit Frédéric Bluche[8]. La conspiration de Bonaparte et Sieyès ne combla pas immédiatement ce vide, tant elle resta divisée –comme la France entière, du reste– après le coup d'Etat. Le pouvoir était pris. Restait à l'établir, à l'organiser et à le partager entre les vainqueurs. C'est alors qu'eut lieu un second "coup d'Etat", fomenté par Bonaparte contre la fragile légalité issue du décret du 19 brumaire qui établissait un Consulat provisoire. Le général parvint à orienter la rédaction d'une nouvelle constitution dans le sens qui lui était le plus favorable. Il rallia les derniers hésitants au sein

[6] O. Aubry, *Brelan de femmes ou le coup d'Etat du 18 brumaire*, 1927.

[7] Lettre à Lucien Bonaparte, citée par B. Kermina, *Bernadotte et Désirée Clary*, p. 73 et P. Bessand-Massenet, *Quand la France attendait Bonaparte*, p. 271.

[8] F. Bluche, *Le bonapartisme. Aux origines de la droite autoritaire (1800-1850)*, 1980, p. 28.

de la conspiration. Le résultat de cette ultime manoeuvre fut l'élimination définitive de Sieyès.

Alors commença, sous la conduite de Napoléon Bonaparte, mais dans une France encore secouée par la continuation de la Révolution, ce que nous appellerons le *Grand* Consulat, période flamboyante au cours de laquelle un trentenaire galopant et insatiable parvint à imposer la synthèse, plus sociale que politique, de l'Ancien Régime et de la Révolution.

Ire partie

Le Directoire : brève histoire d'un échec.

I

L'impasse constitutionnelle.

Le Directoire était mal formé depuis sa naissance[9]. Il faut connaître la genèse et l'économie générale de sa constitution pour comprendre la crise permanente qui le mina et le conduisit à une série de coups d'Etat dont Brumaire fut l'un des avatars, avant d'en être l'aboutissement. Car, comme beaucoup de régimes de compromis entre des aspirations éloignées, le Directoire fut frappé de débilité congénitale. Il fut fragilisé par les circonstances de sa création et ses fondements institutionnels étaient inadaptés aux nécessités de l'heure. L'alliance composite des "Thermidoriens" –c'est ainsi qu'on appelle ceux qui, en thermidor an II (juillet 1794), mirent fin au "règne" de Robespierre– accoucha d'un texte constitutionnel et d'une organisation de l'Etat qui n'étaient pas de nature à "finir la Révolution", ainsi que le proclamèrent leurs pères fondateurs. Bien au contraire, en ouvrant à nouveau le jeu politique, que les "terroristes" – c'est-à-dire les partisans de la Terreur– avaient étouffé, le régime directorial relança les luttes intérieures, sans être en mesure de les maîtriser.

Dans l'imaginaire historique de nombre de nos contemporains, le Directoire est marqué d'une tache indélébile : il est

[9] Adoptée par la Convention le 5 fructidor an III (22 août 1795), la constitution du Directoire fut soumise au référendum à partir du 20 fructidor (6 septembre) et fut proclamée et mise en vigueur à compter du 1er vendémiaire an IV (23 septembre 1795).

le fils de la "réaction thermidorienne", terme utilisé dès 1795. Triste régime, nous dit-on parfois, que celui qui fit chuter Robespierre et le rêve de l'an II, fondé sur une constitution "généreuse et démocratique"... qui ne fut jamais appliquée. François Furet et Denis Richet ont rappelé qu'il faut bien se garder d'interpréter les mots de l'histoire avec notre entendement d'aujourd'hui : "L'expression ("réaction") a été reprise (...) non sans déviation par rapport à son sens originel. Inconnu des dictionnaires du XVIIIe siècle (...), le mot fait son apparition précisément après Thermidor, dans le Dictionnaire de l'Académie de 1798 : *Réaction : Se dit figurément d'un parti qui se venge et agit à son tour*. Il n'implique, on le voit, aucune des colorations politiques et sociales ajoutées ultérieurement"[10]. Il faut donc retirer toute connotation péjorative à l'expression "réaction thermidorienne". Ceux qui renversèrent Robespierre n'étaient pas des "réactionnaires" au sens moderne, mais bien des hommes "qui se vengeaient". Ils étaient d'authentiques révolutionnaires et beaucoup d'entre eux étaient même des "compagnons de route" du mouvement terroriste.

Un régime né de la peur

Le Directoire naquit de la peur, peur de perdre la vie qui se mua en peur de perdre le pouvoir puis en volonté farouche de s'y accrocher. C'est la peur qui guida le bras des adversaires de Robespierre. C'est elle qui, paradoxalement, donna à quelques uns l'audace –pour ne pas dire le courage– de se dresser contre l'"Incorruptible" et, par leur exemple, d'entraîner les hésitants. C'est dans la peur que les Thermidoriens puisèrent leur détermination à en finir avec celui qui, de la dictature de la vertu au culte de l'Etre Suprême, en passant par une épuration massive, avait fait de la terreur une méthode de gouvernement et annulé, devant l'Histoire

[10]F. Furet et D. Richet, *La Révolution Française*, 1973, p. 258.

et bon nombre de ses contemporains, les aspects généreux et progressistes de ses projets. L'enthousiasme qui accompagnait les charrettes de l'épuration –16 000 exécutions dans la France entière– s'était tari à mesure que le souffle du "rasoir national" se rapprochait du col des derniers complices. Les comités se déchiraient. Ce qui restait de la Convention s'agitait avec prudence, tout en n'osant pas encore se dresser contre le "tyran". La majorité silencieuse (et complice), qu'on appelait la "Plaine", frange indécise aux responsabilités écrasantes dans l'avènement et le déroulement du processus terroriste, entendait reprendre sa liberté pour que les siens conservent la vie. Il ne manquait pour fusionner les énergies et en finir avec Robespierre que quelques hommes décidés. Barras, Tallien, Fréron, Fouché et quelques autres se découvrirent ce rôle historique lorsqu'ils commencèrent à craindre que leur tour de rencontrer le bourreau Sanson soit venu. Représentants en mission souvent sanguinaires et toujours corrompus, ils avaient été rappelés à Paris pour justifier leur conduite. Pour eux, et dans l'implacable logique de l'époque, le pire était à craindre. Ils furent donc ces hommes capables d'entraîner les autres contre Robespierre. Carnot, modéré du Comité de salut public, leur avait fait savoir qu'il "en serait".

Robespierre –dont on peut se demander si sa raison ne vacillait pas, tant il s'accrochait avec ferveur à ses utopies– voulait saisir l'occasion d'une nouvelle remise en ordre pour épurer encore les comités et la Convention... avant de décréter la fin de la Révolution, comme s'il se croyait capable de proclamer un jour que le combat était fini, faute de combattants. C'est une autre façon de dire qu'il voulait, une fois de plus, éliminer ses adversaires pour conserver le pouvoir. A la tribune de l'Assemblée, le 8 thermidor an II (26 juillet 1794), alors que, non loin de là, cinquante-cinq nouvelles victimes étaient guillotinées, il menaça : "Je vois le monde peuplé de dupes et de fripons; mais le nombre de fripons est le plus petit : ce sont eux qu'il faut punir des crimes et des malheurs du monde". Il refusa d'en dire plus et de donner les noms de tous ceux à qui son avertissement s'adressait. Chacun put donc se croire menacé. C'en était trop pour des députés dont la plupart, après avoir été complices –et avoir envoyé bon nombre de leurs collègues au supplice-, souhaitaient arrêter l'effusion de sang... pour éviter de s'y noyer. La peur ragaillardit les conventionnels. Les corrompus s'unirent aux terroristes repentis. Les athées –qui en voulaient à Robespierre d'avoir créé le culte de l'Etre suprême– les rejoignirent. Les rescapés des purges précédentes, girondins et dantonistes, vinrent grossir cette phalange qui devint majoritaire lorsque la Plaine abandonna l'Incorruptible. L'engagement à leurs côtés des troupes de Barras et de Merlin de Thionville affermit la résolution de tous. "Robespierre surestimait son autorité dans la Convention : régnant par le silence de ses collègues (...), il était à son tour devenu l'otage de ce silence complaisant. Il monologuait, recevait des applaudissements mécaniques et se croyait tout-puissant. Mais il suffit que les conventionnels retrouvent l'usage de la parole, pour que Robespierre, privé de l'appui de ceux qui trois ans auparavant le portaient en triomphe, apparaisse soudain infiniment vulnérable et désarmé"[11]. Robespierre tomba donc, le 9 thermidor, de la main de ses anciens amis et non de celle de la Contre-Révolution, absente de ce règlement de comptes. Le dernier sursaut des "terroristes", réfugiés au sein de la Commune de Paris, fournit l'occasion de les achever sans vrai jugement. Les Thermidoriens n'en appelèrent à leur tribunal révolutionnaire que pour une simple identification des "hors-la-loi"[12].

[11] P. Gueniffey, "Robespierre", *Dictionnaire critique de la Révolution française. Acteurs*, 1992, p. 270.

[12] Selon les décrets appliqués sous la Terreur, pouvaient être mis hors-la-loi ceux qui étaient hostiles au gouvernement républicain. Un tel crime, automatiquement puni de la peine de mort, après interrogatoire d'identité, pouvait revêtir des formes bénignes, comme le simple port d'une cocarde blanche, par exemple.

Robespierre, Saint-Just et les autres furent conduits à l'échafaud.

"Paris est calme", écrivit Barras dans son rapport sur ces exécutions. Dans les jours qui suivirent, la joie populaire salua les premières mesures prises par les vainqueurs. On acclama Tallien, Fréron, Barras et les conventionnels courageux. Cette fois, contrairement à ce qui s'était passé lors de l'élimination de Danton ou des Girondins, il ne s'agissait pas d'une simple révolution de palais. La terreur était abandonnée –sans pour autant que son appareil juridique, comme par exemple, la loi des suspects, soit abrogé. Quelques têtes tombèrent encore. Les Thermidoriens "agirent à leur tour". Mais nul ne pleura les Fouquier-Tinville, Carrier et autres Lebon lorsqu'ils gravirent les marches conduisant à la guillotine.

Le régime conventionnel réaménagé dura quinze mois, preuve que la victoire était bien celle des révolutionnaires. La vie politique chaotique de la Convention thermidorienne et du Directoire put commencer. Le balancier politique et répressif commença sa course. Chaque poussée de fièvre, d'où qu'elle vienne, se vit appliquer des remèdes de cheval. Sur fond de recherche d'une ligne révolutionnaire modérée, on frappa tantôt à droite, tantôt à gauche. Juste assez pour que, d'une part, les Thermidoriens assurent leur pérennité et que, d'autre part, ils se fassent des ennemis dans tous les partis.

En avril-mai 1795, les ultimes journées révolutionnaires –dites de Prairial– aboutirent à l'épuration et au désarmement du peuple des faubourgs. Le mouvement sans-culotte –c'est-à-dire le meilleur soutien et la meilleure arme des "terroristes" renversés en Thermidor– fut mis à terre. D'acteur de la Révolution, le peuple de Paris passa au rang de "victime ou de spectateur"[13]. Petit à petit, les faubourgs allaient perdre leur poids politique. Cela aurait une grande

[13]D. Woronoff, *La République bourgeoise*, p. 31.

importance lors du coup d'Etat de Brumaire : l'affaire allait se dérouler entre politiciens et militaires, sous l'oeil presqu'indifférent, voire goguenard, du peuple de Paris.

Une nouvelle constitution

Pour les Thermidoriens, la rupture avec le "gouvernement révolutionnaire" –au sens où Robespierre et ses amis l'avaient entendu– passait par la rédaction d'un nouveau texte constitutionnel. L'abandon de la constitution démocratique de 1793 allait de soi. Celle-ci ne fut donc jamais appliquée, bien qu'ayant été approuvée par référendum. Sa mise en vigueur avait déjà été retardée dès l'origine pour permettre au gouvernement de faire face aux périls extérieurs. Après avoir été considérée par la gauche française comme le texte idéal et avoir inspiré –nous disent certains marxistes– les "démocraties populaires", la constitution de 1793, dont une étude même très rapide suffirait à démontrer l'impraticabilité dans son époque, appartient aux grands mythes de la Révolution.

Les vainqueurs de Robespierre décidèrent de laisser dormir ce texte enchâssé dans les intentions généreuses du gouvernement conventionnel. Une lente réflexion fut engagée pour imaginer de nouvelles institutions. Après plusieurs mois d'hésitations sur la marche à suivre, une commission de onze membres fut nommée, en avril 1795. Après les journées de Prairial, l'hypothèque jacobine étant levée, elle pressa le pas. Dominée par des modérés, elle comptait dans ses rangs des hommes tels Thibaudeau, Lanjuinais, La Revellière-Lépeaux, Daunou et Boissy d'Anglas. Les deux derniers parvinrent à mener leurs collègues vers un texte complexe qui proposait –en 377 articles ![14]– une réorganisa-

[14]Sur cette constitution, voir Jacques Godechot, *Les Institutions de la France sous la Révolution et l'Empire*, 1968, pp. 455-546. La constitution de 1791 comptait 196 articles et celle de 1793, 124. A titre de comparaison, celle de la Ve République comptait, à l'origine, 91 articles.

tion totale des pouvoirs publics. La nouvelle constitution comportait des "nouveautés" comme la division du corps législatif ou la tentative de réhabiliter et de renforcer l'exécutif[15]. Mais ces avancées allaient vite apparaître insuffisante.

Adoptée par la Convention, le 5 fructidor an III (22 août 1795), la nouvelle constitution fut complétée par deux lois, des 5 et 13 fructidor, qui furent ensuite baptisées "décrets des deux tiers" ou simplement "décret des deux tiers", au singulier, car la loi du 13 fructidor n'abordait que les aspects "techniques" du choix des conventionnels "retenus" (sic) au sein du corps législatif. Elles prévoyaient que les nouvelles chambres devraient compter en leur sein deux tiers au moins des anciens conventionnels. Les motifs de ces décrets étaient, d'une part, d'assurer la présence d'hommes d'expérience au sein des assemblées et, d'autre part, de conserver une majorité favorable aux Thermidoriens. A la Convention, on avait rappelé l'échec de la Législative, imputable à l'absence des anciens Constituants[16]. Le décret des deux tiers n'avait donc pas que des inconvénients : "L'avantage, c'est l'expérience, l'habitude des affaires, la connaissance de l'Etat, opinent Furet et Richet. De ce point de vue, le décret (...) a été d'une incontestable utilité (...). Depuis six ans, entre la Constituante et le Directoire, la Révolution française a brisé la plupart de ses grands héros, mais elle a formé ce que le XVIIIe siècle appelait les "talents". Elle a été le creuset d'une sorte de classe politique dont la chute de Robespierre a sonné l'heure"[17]. Mais à côté de cet argument avouable s'en ajoutait un autre : la crainte de voir les républi-

[15] Voir M. Morabito, "Les nouveautés constitutionnelles de l'an III", *1795. Pour une République sans Révolution*, Rennes, 1996, pp. 167-177.

[16] Avant de se séparer, les Constituants s'étaient déclarés inéligibles à la Législative. Jetés hors de la représentation nationale des hommes de valeur se retrouvèrent élus dans les administrations départementales, rentrèrent chez eux ou se lancèrent dans l'agitation extra-parlementaire, au sein des clubs, de la Commune de Paris ou aux côtés des sections sans-culotte.

[17] F. Furet et D. Richet, *La Révolution française*, p. 328.

cains balayés lors des élections. Las des excès et des incohérences de la Révolution, le corps électoral –et singulièrement les ruraux, très majoritaires dans l'électorat– pourrait envoyer dans les assemblées les candidats très modérés, voire une forte proportion de royalistes. Il fallait donc assurer une transition en rendant obligatoire la présence d'une majorité de conventionnels dans les chambres. Selon Daunou, les décrets étaient de nature à "arrêter la Révolution", en stabilisant le personnel politique.

La constitution et le décret des deux tiers furent soumis au peuple par référendum. Les électeurs, dont l'immense majorité devait être exclue à l'avenir des processus électoraux par les nouvelles institutions, approuvèrent la constitution du bout des lèvres. L'abstention fut massive : environ 1 100 000 électeurs se déplacèrent, soit un sur sept, moitié moins que pour l'adoption de la constitution de 1793. Le *oui* recueillit un peu plus de 95 % des suffrages. Perturbé par les insurrections dans l'Ouest et le Midi, marqué par une fraude massive, le scrutin principal –celui qui concernait les 377 articles de la constitution– ne se déroula pas si mal pour les Thermidoriens, si on le compare au vote sur le décret des deux tiers. Ce texte n'obtint que 205 000 *oui* contre 107 000 *non*. Certes, de nombreuses assemblées électorales –qui n'avaient pas su déchiffrer la loi appelant le peuple à se prononcer sur le nouvel arsenal constitutionnel– omirent de faire voter sur cette question. Mais une aussi faible majorité –compte tenu du fort taux d'abstention– pouvait être interprétée comme un rejet de la manoeuvre des Thermidoriens.

Dans les jours qui suivirent la proclamation de ces résultats, Paris connut une journée insurrectionnelle contre le décret. Les modérés et la droite se sentaient encouragés dans leur protestation par les réactions de l'électorat. Les royalistes pensèrent que l'occasion était bonne à saisir. Ils descendirent dans la rue. Vendémiaire an IV (octobre 1795) sonna le glas de leurs espoirs. L'homme fort du moment, Barras, assisté de jeunes généraux, tels Brune et Bonaparte, réprima l'émeute. L'armée était intervenue sur la scène politique et avait tiré sur la foule pour la première fois. Ce ne serait pas la dernière. L'école des coups d'Etat venait d'ouvrir ses portes. Bonaparte allait être un de ses meilleurs élèves. Trois semaines après Vendémiaire, l'assemblée de 1792, celle de la proclamation de la République, de la Terreur et de Thermidor, se sépara aux cris de *Vive la République !*.

Mona Ozouf a souligné l'importance des décrets des deux tiers, non seulement pour l'histoire du Directoire, mais aussi pour celle du parlementarisme français (encore que dans ce dernier domaine, il ne faille rien exagérer) : "Quand s'ouvre, en Fructidor (an III), la discussion des décrets (...), on en mesure aussitôt les effets maléfiques : ils font flamber à nouveau l'agitation sectionnaire; ils essuient le refus d'un électeur sur trois et, à une exception près, de toutes les sections parisiennes; ils engendrent la dernière journée sanglante de la Convention; ils donnent la première illustration de la survie probléma-tique d'un régime suspendu à l'intervention militaire. Ils sont enfin, aux yeux de l'histoire, les grands responsables de l'antiparlemen-tarisme national : ils n'en étaient pourtant pas la cause, mais déjà le fruit"[18]. Nous en retiendrons surtout la nécessité d'en appeler aux militaires pour sauver le régime.

Le peuple exclu du pouvoir

La nouvelle constitution reflétait les craintes des Thermidoriens : celle d'une revanche jacobine autant que celle d'une restauration monarchique. En conséquence, l'oeuvre des constituants de l'an III fut marquée d'une double prudence : exclure la "sans-culotterie" de la vie politique et interdire toute possibilité de prise du pouvoir par un Monck à la

[18] M. Ozouf, "Les décrets des deux tiers ou les leçons de l'Histoire", *1795. Pour une République sans Révolution*, Rennes, 1996, p. 193.

française[19]. Ces hommes étaient "talonnés par une peur des représailles qui tournait à l'angoisse; il leur fallait à tout prix conserver la conduite des affaires publiques. Ce n'était pas pour eux une question d'ambition, mais de vie"[20]. On pourrait appliquer à Barras et ses alliés l'opinion que le premier avait du peuple : "Le besoin de vivre passe avant tout".

La constitution de l'an III rejetait la démocratie directe, en dépit de son article 2 qui stipulait que "l'universalité des citoyens français est le souverain". Mais les constitutionnalistes –et, peut-être, les citoyens– savent se méfier des grandes déclarations d'intention et des principes généraux qui ornent, souvent en préambule, nos lois fondamentales. Qui, en effet, sanctionne l'application des principes si le texte n'a pas prévu de dispositions pratiques ? L'exemple de l'an III confirme cette règle immuable de la plupart des constitutions françaises : laissons les principes dans le préambule –ou dans les livres et discours– et remettons les en cause dans le corps du texte puis dans la pratique quotidienne.

Si l'universalité des citoyens était appelée à exercer sa souveraineté, le droit de vote "efficace" n'était accordé qu'aux riches. Les vainqueurs de Thermidor voulurent asseoir leur pouvoir sur les propriétaires et les notables, en excluant le peuple. Ils justifièrent ainsi le nom de "république bourgeoise" que de nombreux historiens ont donné au régime directorial. Thibaudeau ne disait pas autre chose lorsqu'il questionna, faussement candide : "Je ne sais pas ce qu'on veut dire en parlant chaque jour d'une constitution démocratique. Entendez-vous par constitution démocratique un gouvernement où le peuple exerce lui-même tous ses droits ?"[21]. Lors du vote sur la constitution par la Convention, seul le député Souhait osa vraiment argumenter contre

[19]En 1660, en Angleterre, le général Monck avait restauré les Stuart, après la dictature des Cromwell.

[20]M. Prélot et J. Boulouis, *Institutions politiques et droit constitutionnel*, 1980, p. 352.

[21] Cité par M. Gaucher, *La Révolution des pouvoirs*, 1995, p. 128.

le type de suffrage choisi, arguant que c'était le peuple qui avait fait avancer la Révolution. Compte tenu de l'état d'esprit des Thermidoriens, il prêcha dans le désert. On retint un suffrage à deux degrés. Au premier degré, il suffisait de payer l'impôt pour être électeur. En revanche, pour pouvoir être élu à ce niveau et délibérer avec les assemblées électorales (second degré) qui, elles, choisissaient les représentants, il était requis un âge minimum (25 ans) et, surtout, il fallait être propriétaire ou usufruitier d'un bien foncier d'une valeur équivalente au salaire de 150 à 200 journées de travail. Dans toute la France, 30 000 citoyens seulement pouvaient ainsi accéder aux assemblées électorales. C'était deux fois moins qu'avec le cens de la constitution de 1791 et à l'opposé du texte de 1793 qui proclamait le suffrage universel pour tous les citoyens mâles âgés de plus de 21 ans. Une telle limitation du droit de dési-gner les représentants avait pour objectif d'éliminer la menace "de gauche" et de sortir la "populace" –comme on disait alors couramment-, réputée alliée des jacobins, du champ de la politique active. Boissy d'Anglas qui, en matière d'excès du peuple, savait de quoi il parlait[22] le justifia à sa façon : "Un pays gouverné par les propriétaires est dans l'ordre social; celui où les non-propriétaires dominent est dans l'état de nature". Avec le texte de l'an III, le mot "réaction", dans l'expression "réaction thermidorienne", tendait vers une acception plus moderne. Après la constitution de 1793, c'est Jean-Jacques Rousseau et toute une partie du mouvement des Lumières que l'on remisait au magasin des accessoires pour se tourner vers un régime purement représentatif. Avec un filtre fondé sur la fortune, les constituants imaginaient stabiliser l'électorat et éviter les secousses. L'avenir montra qu'ils s'étaient

[22]Lors des journées de Prairial an III (mai 1795), alors qu'il présidait la Convention, on lui présenta, au bout d'une pique, la tête du député Féraud qui venait d'être massacré par les émeutiers. La mairie d'Annonay –ville dont Boissy d'Anglas était originaire– expose, dans sa salle d'honneur, une superbe et terrible toile représentant cet épisode.

trompés. Ce que les constituants n'avaient pas voulu voir, c'est que la structure même de l'électorat du second degré menaçait leurs positions. Certes, les émigrés et les prêtres réfractaires avaient été exclus du droit de vote. Mais le véritable pouvoir électoral avait été conféré aux rentiers, aux fermiers aisés et aux professions libérales, autant de catégories sociales –les deux premières appuyant leur puissance sur la propriété de la terre– qui avaient été directement menacées par les pratiques du gouvernement révolutionnaire, son inflation, ses impôts et emprunts forcés. L'instabilité du régime directorial était inscrite dans le redécoupage du pays légal.

Pour compléter ces mesures anti-populace, la constitution prévoyait une organisation administrative nouvelle, avec notamment la division des grandes villes en plusieurs municipalités. Longtemps, la Commune de Paris, soutenue par les sections sans-culottes, avait exercé une véritable "dictature sur l'Etat", organisant un contre-pouvoir face à la Législative, épurant les listes électorales, appelant aux massacres de septembre 1792, appuyant par l'insurrection la prise de pouvoir de la Montagne à la Convention. En Thermidor, elle avait été le dernier refuge de Robespierre. Le maire, Fleuriot-Lescot, et 87 membres du conseil général de Paris avaient payé de leur vie cette ultime tentative. La constitution prévoyait le découpage de la capitale en 12 arrondissements ayant chacun un maire et une administration municipale. Un "bureau central", contrôlé par le pouvoir exécutif, assurait la coordination de l'ensemble.

La publicité des travaux des chambres était limitée, une garde armée était affectée à la protection des institutions. Pour fuir un grave danger, celles-ci pouvaient décider de siéger en dehors de Paris, dispositif qui allait être bien utile aux conspirateurs de Brumaire. Les clubs restaient autorisés mais il leur était défendu de se fédérer et même de correspondre entre eux. Enfin, en cas de crise, l'exécutif pouvait jouir de prérogatives exceptionnelles. "Le contraste est saisissant entre la constitution de l'an III et la précédente, note Jean-Jacques Chevallier. La constitution de 1793 était avant tout démocratique, la constitution de l'an III est avant-tout antidémocratique"[23]. Elle était aussi oeuvre de politiciens instruits par l'histoire récente. Chaque disposition constitutionnelle pouvait apparaître comme une réponse à tel ou tel événement révolutionnaire passé. La Commune de Paris, les clubs et les sections avaient été au coeur de l'action des sans-culottes : ce réseau devait être démantelé. Le 22 brumaire an III (12 novembre 1794), la Convention avait d'ailleurs décrété la suppression du club des Jacobins. L'absence de pouvoirs spéciaux en cas de crise avait souvent paralysé l'exécutif : il fallait les créer et les rendre utilisables. La publicité des débats des assemblées était l'un des principes essentiels du contrôle des élites par la rue : elle fut limitée. Le pouvoir avait souvent été malmené et menacé par des foules en colère, depuis les débuts de la Révolution : il fallait le doter d'une troupe à lui. Louis XVI et ses successeurs avaient parfois été tentés par l'utilisation de la force militaire contre les assemblées : l'armée ne pouvait, sans autorisation expresse, pénétrer dans un périmètre de 60 kilomètres autour du lieu de réunion des conseils.

Il y avait pourtant des limites à la volonté des Thermidoriens d'en finir avec les excès révolutionnaires –dont beaucoup d'entre eux étaient issus– et la droite n'était pas absente de leurs préoccupations. Contre elle, d'autres idées avaient été développées et inscrites dans les textes, à commencer par la forme républicaine du gouvernement qui fermait la porte à toute restauration monarchique par la voie constitutionnelle. Avant de se séparer, et pour bien marquer que son héritage ne serait pas dispersé, la Convention avait voté une loi d'amnistie de laquelle les émigrés avaient été exclus. Par ailleurs, pour éviter toute concentration du

[23] *Histoire des institutions et des régimes politiques de la France, de 1789 à nos jours*, 1977, p. 87.

pouvoir exécutif, la constitution reprenait le principe révolutionnaire du gouvernement collégial. Du pouvoir central jusqu'à la municipalité, tout était fondé sur l'instauration de "directoires" exécutifs et d'assemblées élues aux prérogatives soigneusement séparées. Au niveau central, *le* Directoire exécutif se composait de 5 membres nommés pour cinq ans et renouvelables par cinquième chaque année. Sa présidence était tournante tous les trois mois. Il était quasi-impossible à cette instance d'amener le pays à une restauration monarchique. Quant au législatif, issu des assemblées électorales, il était bicaméral, avec un conseil des Anciens (250 membres) et un conseil des Cinq-Cents (500 membres). Le tout s'articulait autour d'une stricte distribution des pouvoirs. Ainsi, si les contre-révolutionnaires –voire même les jacobins– voulaient utiliser la constitution pour restaurer la royauté –ou reprendre le contrôle de la Révolution-, il leur faudrait disposer *–progressivement,* en raison des calendriers électoraux– d'au moins 3 directeurs et de la majorité dans les conseils. Une telle conjoncture était fort improbable à court terme : il y aurait toujours un organe prêt à résister à une montée en puissance des ennemis du régime. C'est d'ailleurs ce qui se passa.

Rigidités de la constitution

Les 5 directeurs étaient choisis par les Anciens sur une liste proposée par les Cinq-Cents. Cette désignation par les chambres était la seule entorse notable à la séparation des pouvoirs. Car, hors de cette procédure, le Directoire disposait de tous les moyens pour être un exécutif fort, à condition de surmonter ses divisions internes. Les directeurs nommaient les ministres, les généraux en chef et de nombreux administrateurs civils et militaires. Ils désignaient les titulaires des places électives devenues vacantes pour cause de décès, démission ou suspension. Ils pouvaient suggérer aux conseils de légiférer sur tel ou tel sujet. On leur avait toutefois refusé le droit de veto, en dépit des efforts de toute une école de théoriciens militant en faveur d'un tel pouvoir d'empêcher le législatif d'agir sans contrôle. Les directeurs maîtrisaient la marche des affaires étrangères et disposaient de la force armée. Logés au palais du Luxembourg, dotés d'un traitement substantiel (125 000 francs-or environ[24]), ils ne se déplaçaient, dans l'exercice de leurs fonctions, qu'accompagnés d'une garde armée.

La constitution réglait d'infimes détails, comme par exemple : "Les membres du Directoire ne peuvent paraître, dans l'exercice de leurs fonctions, soit au-dehors, soit dans l'intérieur de leurs maisons, que revêtus du costume qui leur est propre" ou encore "chaque membre du Directoire se fait accompagner au-dehors de deux gardes"[25]. Les costumes officiels des directeurs et des membres des conseils furent dessinés, sur le mode antique mâtiné d'esprit révolutionnaire, par Jacques-Louis David, le "Raphaël des sans-culotte", qui ne lésina ni sur les couleurs, ni sur les broderies, affublant les premiers de bicornes empanachés et de capes brodées et les seconds de toques ornées de plumes et de toges écarlates. On ne s'étonnera guère, dès lors, qu'instruit de tant de détails constitutionnels paralysants et, à certains égards, comiques, Bonaparte ait un jour déclaré à son proche conseiller Roederer qu'une constitution devait être "courte et obscure". Mais, en dépit de ce folklore, le Directoire avait été conçu par les constituants comme un exécutif puissant en écartant, par la collégialité, les risques de dictature. Le calcul était séduisant mais peu adapté aux réalités de la politique et des ambitions personnelles.

La constitution de l'an III confiait aux conseils la plénitude du pouvoir législatif. Les Cinq-Cents disposaient de l'initiative et votaient les lois. Les Anciens –qui n'avaient ni

[24]La constitution fixait le traitement annuel de chaque directeur à l'équivalent de 10 200 quintaux de froment !

[25]Articles 165 et 168, voir Maurice Duverger, *Constitution et documents politiques*, 1957.

l'initiative ni le droit d'amender les projets– approuvaient ou rejetaient, après trois lectures, les textes votés par la chambre basse. Dans ses commentaires sur le texte constitutionnel, Boissy d'Anglas déclara que les Cinq-Cents devaient être "l'imagination" et les Anciens "la raison" de la République. Ici encore, le folklore constitutionnel de l'an III n'avait négligé aucun détail. Ainsi, au milieu d'une foule d'autres dispositions, la constitution prévoyait, en son article 126, que les "messagers d'Etat" nommés par les conseils pour porter leurs communications, marchaient "précédés de deux huissiers".

Les conseils étaient élus pour trois ans et se renouvelaient par tiers chaque année. Les Thermidoriens pensaient que ce rythme, combiné avec le décret des deux tiers, permettrait d'éviter les à-coups et, bien sûr, leur élimination brutale de la scène politique. L'avenir prouva que le calcul, ici encore, était mauvais : chaque renouvellement annuel donna lieu à de virulentes batailles, à des coups de force et à une grande instabilité du régime. "Tous les ans, note encore Jean-Jacques Chevallier, la "place assiégée" se sentit menacée; tous les ans, ce personnel thermidorien, directorial, se sentit pris d'une fièvre obsidionale; tous les ans, il y eut une panique chez les assiégés, et une tentation de "sortir" pour se dégager, une tentation de coup d'Etat; et une tentation identique, celle d'un coup d'Etat préventif, celle d'une contre-sortie préventive, pourrait naître chez leurs adversaires"[26]. Madame de Staël avait raison, lorsqu'elle interrogeait, dans *Des circonstances actuelles qui peuvent terminer la Révolution* : "Je le demande aux Républicains éclairés, la nation est-elle assez remplie de l'amour et de la science de la liberté pour remettre tous les pouvoirs aux hasards des élections annuelles ?".

Nous préciserons plus loin certains détails des crises engendrées par le manque "d'amour et de science de la liber-

[26]*Histoire des Institutions et des régimes politiques de la France*, p. 94.

té" des électeurs du Directoire. En voici néanmoins un aperçu.

Les élections d'octobre 1795 furent la première alerte. Malgré le décret des deux tiers –qui assurait la reconduction dans leurs fonctions de 500 conventionnels, sur 750 députés dans les deux chambres-, les signes avant-coureurs de l'érosion des Thermidoriens se firent jour. La poussée de droite fut nette pour les 250 sièges offerts au suffrage censitaire et seuls 394 conventionnels furent directement réélus, les assemblées électorales ayant boudé l'application du décret des deux tiers. De nombreux régicides furent écartés, les voix se portant en priorité sur les candidats les plus modérés, voire les plus à droite. Les conseils décidèrent donc de coopter les 106 élus manquants, afin que soit respecté le décret des deux tiers. En avril 1797, le scrutin ne fit que confirmer –et de quelle façon !– la tendance des premières élections : 13 conventionnels seulement, sur les 216 que le tirage au sort avait désigné pour remettre leur mandat en jeu, furent réélus. En septembre suivant (fructidor an V) eut lieu l'inévitable coup d'Etat qui permit d'éliminer la droite. A l'inverse, avril 1798 ayant vu une poussée de la gauche, cet élan fut brisé par le coup de force de floréal an VI (mai 1798). Une sorte de fusion des oppositions au Directoire survint lors des élections d'avril 1799. Le coup d'Etat ne survint pas immédiatement, malgré l'échec des partisans du *statu quo* constitutionnel (70 élus sur 315 sièges qu'ils occupaient avant les élections). Mais Brumaire n'était pas loin.

Ainsi, la constitution de l'an III portait en elle sa propre fragilité, accentuée par l'époque troublée que traversait le pays. "Rarement constitution sera entrée en vigueur au milieu d'un tel scepticisme et sous un tel feu de critique", remarque Marcel Gauchet[77]. Car ce ne sont pas les historiens qui décrétèrent que la constitution de l'an III était inapplicable à la France de l'époque. Dès l'adoption du texte, les

[77] *La Révolution des pouvoirs*, p. 189.

contemporains s'inquiétèrent de ses imperfections. Sieyès allait partout, disant de la constitution : "Celle-là n'est pas encore la bonne". Roederer la critiquait vertement dans son *Journal de Paris.* Même Lanjuinais et Daunou trouvaient à présent que la trop stricte séparation des pouvoirs pourrait faire problème. Le nombre des déçus ne fit qu'augmenter, au fur et à mesure des événements.

Enserrés dans une multitude de détails aussi contraignants qu'inutiles, le Directoire et les conseils n'avaient qu'une marge de manoeuvre étroite. Issu à la fois des principes de stricte séparation des pouvoirs de 1791 et des précautions de collégialité du gouvernement conventionnel, le texte hésitait sans choisir "entre les Etats-Unis et la Suisse" (Prélot). La séparation des pouvoirs était si étanche que chaque conflit majeur entre l'exécutif et le législatif ne pouvait être résolu que par une crise de grande ampleur mettant en cause les fondements mêmes du régime. Les constituants avaient créé deux pouvoirs forts et avaient omis de prévoir entre eux des possibilité de dialogue. Les conseils vivaient leur propre existence, libres de toute intervention de l'exécutif. Les directeurs ne subissaient qu'une faible influence du législatif. Chacun allait son chemin, sans concertation, sans ligne directrice forte et, pis encore, dans une tenace méfiance réciproque. "L'ensemble (excluait) toute manifestation d'une quelconque dynamique politique"[28].

Quant à la collégialité du Directoire, elle fut une autre illusion. Les rapports de force internes à l'exécutif –et la simple logique– aboutirent à la domination d'un *triumvirat* sur les deux autres. Quinze directeurs se succédèrent pendant les presque cinq années d'application de la constitution. Un seul traversa toute la période : Barras. Il parvint à dominer, à éliminer et à survivre à tous les autres. Avec Sieyès,

[28]F. Bluche, S. Rials et J. Tulard, *La Révolution française*, coll. "Que sais-je ?", 1989, p. 112.

Moulin, Gohier et Roger Ducos, il forma même le dernier Directoire, celui que Brumaire allait renverser[29].

[29]Les directeurs successifs furent : Barras (1795-1799), La Revellière-Lépeaux (1795-1799), Reubell (1795-1798), Carnot (1795-1797), Letourneur (1795), Barthélemy (1797), François de Neufchâteau (1797), Merlin de Douai (1797-1799), Treilhard (1798-1799), Gohier (1799), Sieyès (1799), Moulin (1799), Roger Ducos (1799).

II

La faillite économique et sociale.

La rigidité de son organisation constitutionnelle entraîna la perte du Directoire. Mais la facilité relative avec laquelle les conspirateurs de Brumaire purent imposer leur succès au pays s'explique aussi par l'absence de vrais soutiens au régime. Le Directoire ne put jamais s'enraciner en profondeur. Il se constitua très peu d'alliés et hérita de beaucoup d'ennemis. Les secousses politiques l'empêchèrent de suivre une politique cohérente, notamment en matières économiques et sociales. A l'approche de l'hiver 1799, la plupart des rapports et des témoignages le montrent, la population était lasse de la vie difficile, de la conscription, d'une politique religieuse à rebondissements. Le Directoire finit abandonné de ses seuls "amis", le monde des affaires et les notables, toujours moins patient que le peuple. Héritier des pratiques dirigistes du gouvernement révolutionnaire, le Directoire n'eut certes pas assez de temps pour asseoir un projet économique stabilisateur. Mais les historiens s'accordent à dire que jamais les gouvernants ne surent adopter des mesures à l'efficacité immédiate dans une conjoncture défavorable. Et si la crise économique qui secoua la France accentua son échec, elle n'exonère nullement le régime de l'an III de ses responsabilités.

En la matière, et pour raccrocher les aspects socio-économiques à "l'esprit public" de l'époque de Brumaire, peu importe que les courbes et les tableaux macroéconomiques indiquent un redémarrage de l'activité à la fin du Directoire. Ce qui compte, c'est plus la façon dont les contemporains appréhendèrent la situation générale et vécurent leurs situations personnelles. A la fin de 1799, le mécontentement des citoyens était général.

A la recherche d'une monnaie

La première crise que durent affronter les Thermidoriens –devenus les "directoriaux" après l'entrée en vigueur de la constitution– fut celle de la monnaie. Elle dura jusqu'à la fin de 1797 et vit ses effets se prolonger pendant de nombreux mois encore, malgré les premiers succès enregistrés par la réforme monétaire et des finances publiques. L'assignat[30], sorte de papier-monnaie que les "biens nationaux" confisqués depuis le début de la Révolution auraient dû garantir, s'était effondré depuis longtemps. A la chute de Robespierre, il était refusé pour les échanges, surtout en province. L'après-Thermidor fut marqué par une grande imprudence du législateur qui, usant d'expédients pour éviter la banqueroute, décréta l'émission de 30 milliards de nouveaux assignats, alors que ceux déjà mis en circulation ne valaient presque plus rien. Dans le même temps, la Convention créa une monnaie en argent appelée "franc"[31]. A cette époque, les monnaies assises sur les métaux précieux recommençaient à faire leur apparition, notamment après la paix de Bâle (22 juillet 1795) avec l'Espagne qui permettait la reprise des échanges avec le Nouveau Monde, gros pourvoyeur d'or et d'argent du continent européen. Ces données politico-économiques entraînèrent le retour aux moyens de paiement de l'Ancien Régime. L'assignat était définitivement hors-jeu. Sa valeur avait tellement chuté que l'Etat fut con-

[30]Voir M. Bruguière, "Assignats", *Dictionnaire critique de la Révolution française. Institutions et créations*, 1992, pp. 59-76. L'assignat fut créé en décembre 1789.

[31]Cinq grammes d'argent valaient un franc.

traint d'officialiser sa faillite en lançant un emprunt forcé de 600 millions payables en monnaie métallique, en grains ou... en assignats repris pour seulement 1 % de leur valeur nominale. Symboliquement, pour en finir, le Directoire organisa une cérémonie expiatoire lors de laquelle les outils servant à imprimer les assignats furent détruits (19 février 1796). Ainsi, pensait-on, le régime ne serait plus tenté de recourir à la planche à billets pour éponger ses dettes ou faire face à ses difficultés de trésorerie. Pourtant, dans la foulée, il créa, sous l'impulsion de son énergique ministre des Finances, Ramel de Nogaret[32], les "mandats territoriaux" (ou francs-mandats), nouvelle monnaie de papier indexée pour partie sur... l'assignat. Ce "lamentable épisode"[33] fut, évidemment, un échec supplémentaire et le mandat territorial perdit plus de 80 % de sa valeur en un mois. Si d'habiles spéculateurs en profitèrent pour acheter des biens nationaux en monnaie dépréciée, cette nouvelle crise entraîna des dizaines de banqueroutes et acheva la spoliation des porteurs d'assignats ou de mandats. Paradoxalement, cette secousse permit le sauvetage des finances publiques, avec l'épuration et la réorganisation de la masse monétaire. Tout en ruinant de nombreux détenteurs de mandats ou ceux qui avaient accepté cette mauvaise monnaie pour paiement lors de leurs transactions, l'Etat effaça, de façon autoritaire, une partie de ses dettes. Par ailleurs, au même moment, les pillages et prélèvements en tous genres organisés par les armées françaises à l'étranger –notamment par Bonaparte en Italie– permirent d'apporter au régime une bouffée d'oxygène au moyen de "ressources occultes" (Mathiez). Fin 1798, une réforme de la fiscalité locale fut tentée. Elle permit de réorganiser les

[32]Dominique-Vincent Ramel de Nogaret, conventionnel régicide, fut ministre des Finances, de février 1796 à juillet 1799. Il est considéré comme un des hommes qui tentèrent une politique efficace pour sortir le Directoire du marasme économique et financier.

[33] Voir, notamment, F. Aftalion, *L'économie de la Révolution française*, 1996, p.p. 227 et suivantes.

impôts et les administrations chargées de leur collecte. Elle n'empêcha pas le déficit budgétaire de se creuser et entraîna une nouvelle vente de biens nationaux. Malgré toute la bonne volonté de Ramel et les idées contenues dans sa réforme fiscale, les rapports sur l'état des finances qui parvinrent à Paris après le coup d'Etat de Brumaire montrent que les effets bénéfiques de ces efforts n'avaient pas encore ni atteint le niveau local ni renfloué les caisses de l'Etat.

Une tare emblématique : l'arrogance des "fournisseurs"

Le désordre monétaire et financier engendra celui de toute l'économie, assoiffée de capitaux, ballottée entre l'inflation et la déflation, ponctionnée par une fiscalité rendue encore plus pressante par les besoins urgents du Trésor, asséchée par la thésaurisation. Les crises intérieures et extérieures ne firent qu'aggraver la situation. Leur importance rend délicate l'étude de la conjoncture économique de cette période, très influencée, comme on l'imagine, par les événements politiques et militaires. Cela ne dispense cependant pas de parcourir rapidement les aspects économiques et sociaux du Directoire pour brosser la toile de fond de Brumaire. Le coup d'Etat fut, certes, un événement politique et constitutionnel parisien. Mais l'ampleur du programme des vainqueurs devait toucher ensuite l'ensemble du pays. Bonaparte n'était pas homme à se *contenter* d'avoir le pouvoir. Il lui fallait aussi le pouvoir de faire. Il voulait imprimer sa marque, et pas seulement dans la capitale. Il nous faut donc regarder, même brièvement, l'ensemble économique et social de la France à la fin du Directoire. On y découvrira une population découragée et sans ressort, à côté d'hommes d'affaires impatients. Il n'est donc pas étonnant que les seconds aient été le moteur principal du coup d'Etat de Bonaparte et de Sieyès. Il n'est pas plus surprenant que le pays de la Révolution ait accueilli la prise de pouvoir des brumairiens avec sang-froid, calme et sans grands espoirs. Il en avait tant vu...

Rares étaient les secteurs économiques qui prospéraient. Un de ceux qui arrivaient à s'en sortir contribuait, par sa mauvaise réputation et sa voyante opulence, à rendre le régime plus impopulaire encore. Fondant leur activité sur la spéculation et la corruption de leurs clients militaires et politiques, tout en rendant de vrais services –mais à un coût exorbitant-, les "fournisseurs aux armées" créèrent en peu de temps des fortunes colossales. Les Ouvrard, Hinguerlot, Paulée, Lanchère, Lamorze, Haller, Bodin ou Seguin, étalant leurs richesses et leurs relations politiques, ne furent pas étrangers au discrédit du Directoire, malgré de timides tentatives pour mettre fin aux abus les plus criants. Ces hommes étaient loin d'être inutiles, en ces temps de guerre où il fallait habiller, nourrir, armer, chausser des centaines de milliers d'hommes, à une époque où les entreprises et arsenaux publics n'existaient pas plus que l'intendance militaire. Mais, à la fin du Directoire, la pratique était clairement établie : les fournisseurs pouvaient impunément escroquer l'Etat, lui imposer leurs prix et livrer les marchandises commandées, dans une qualité moindre et avec retard. Les plus en vue dormaient tranquilles : ils tenaient le pouvoir par les nombreux services personnels rendus. Certes, leur rôle et leur importance fut parfois exagérée, tant par les journaux du temps que par les historiens. Mais, une fois encore, ce qui compte, c'est bien de savoir comment ils étaient perçus par leurs contemporains.

En la matière, le Directoire fut seul responsable de la mauvaise réputation qu'engendrèrent les pratiques des fournisseurs. C'est ce régime qui rétablit, en effet, et à grande échelle, la passation directe des marchés entre les ministères de la Guerre et de la Marine d'une part, et de puissantes sociétés privées d'autre part. Avant Thermidor, si les fournisseurs jouaient un rôle, celui-ci était limité par l'intervention de régies ou de commissions publiques qui contrôlaient les commandes, les prix et les livraisons. Ces instances régulatrices furent supprimées avec le Directoire.

L'exemple de Gabriel Ouvrard, véritable "roi caché du Directoire", est édifiant[34]. Fils de papetier, ce spéculateur génial avait fait fortune avant l'âge de 20 ans en prévoyant l'envolée du prix du papier au début de la Révolution. Depuis, son succès ne s'était jamais démenti : bonnes affaires dans le commerce du sucre, du coton, du café, de l'indigo, encaissement de substantielles indemnités pour ses papeteries détruites en Vendée, achats considérables de biens nationaux, spéculations sur le blé, les bois, les forges et, surtout, les fournitures aux armées. En juin 1798, Ouvrard obtint l'ensemble des marchés de fourniture pour les marines française et espagnole. Un an plus tard, il signa le même contrat pour l'armée d'Italie et devait être considéré plus tard, par certains, comme l'un des principaux artisans de la victoire de Marengo[35]. Courtisan et amant de Theresia Cabarrus, plus connue sous le nom de madame Tallien, maîtresse de Barras, surnommée "la reine de France" ou "Notre-Dame de Thermidor" par ses admirateurs et "la plus grande pute de Paris" par ses détracteurs, Ouvrard était le bailleur personnel des dignitaires civils et militaires du Directoire. Il finançait même des opérations de l'Etat, avançant 10 millions, somme considérable, à Ramel de Nogaret pour lui permettre de faire face à des embarras de trésorerie.

Pour la population parisienne, et parmi tous les "parasites" identifiés quotidiennement par elle autour du Directoire, les fournisseurs aux armées faisaient figure de "grands rongeurs"[36]. Leur mode de vie, dans les anciens palais ou hôtels

[34]Ce personnage flamboyant, imaginatif et entreprenant connut d'autres "heures de gloire" sous le Consulat et l'Empire, la Restauration et la Monarchie de Juillet. Sur Ouvrard, l'ouvrage le plus récent est celui de J. Wolff, *Le financier Ouvrard (1770-1846). L'argent et la politique*, 1992.

[35]J. Savant, *Tel fut Ouvrard, le financier providentiel de Napoléon*, 1954.

[36]A. Vandal, *L'avènement de Bonaparte*, 1907, t. I, p. 52.

particuliers de Paris, leur puissance, leur facilité à obtenir ce qu'ils voulaient de l'Etat étaient insupportables à ceux qui travaillaient dur pour survivre et montés en épingle par tous les adversaires du Directoire. Même avec deux siècles de recul, l'impudence des fournisseurs fait partie des éléments de critique majeurs du régime de l'an III. Albert Vandal a consacré quelques pages vengeresses à ceux qui "ont raflé des millions à pourvoir nos soldats de fusils hors d'usage et de vivre avariées". Sa description d'Ouvrard et des siens est sans pitié, mais aussi sans nuance : "Le gros fournisseur, le financier sans vergogne, c'est l'un des types qui dominent et caractérisent l'époque. Il est puissant et ridicule; on fronde sa souveraineté, on le chansonne comme un roi, on en fait un personnage de comédie ou de vaudeville et, cependant, on subit son pouvoir (...) Le grand fournisseur a ses entrées au Luxembourg, parle haut dans les ministères, achète les députés en les admettant dans les compagnies qu'il monte et en faisant de leur crédit parlementaire leur part d'apport"[37]. L'approche actuelle est moins polémique, même si les historiens ne donnent pas l'absolution aux fournisseurs : ils furent la tare emblématique du Directoire, offerte à l'exécration de leurs contemporains. Aux imprécations de Vandal, on pourrait préférer le jugement sévère de Georges Lefebvre : "Tous les fournisseurs n'étaient pas de malhonnêtes gens en dépit de l'opinion courante, mais c'étaient des gens d'affaires : ils profitaient de la situation pour exagérer leurs profits quand ils le pouvaient. Et il n'est pas douteux non plus que certains d'entre eux ne répugnaient pas aux manoeuvres illicites : se plaignant des agents de la République, ils étaient les premiers à les corrompre pour faire accepter leurs livraisons frauduleuses; ils n'hésitaient pas à tenter

[37] *L'avènement de Bonaparte*, t. I, p.52.

les hommes politiques ou à gagner ceux qui les approchaient pour se faire consentir des marchés léonins"[38].

Un redressement trop tardif

A côté de ces faiseurs d'argent, l'économie de la France directoriale connut des jours contrastés. L'agriculture oscilla, comme elle allait le faire pendant les décennies suivantes, entre inertie et progrès. Sur l'ensemble de la période révolutionnaire, la conjoncture agricole fut plutôt bonne. Les récoltes furent correctes et, globalement, le revenu paysan eut tendance à augmenter. Malheureusement pour le Directoire et sa perception par la population, les mécanismes se déréglèrent exactement au moment de son avènement. La récolte 1794 fut très mauvaise et l'hiver qui suivit un des plus rudes du XVIIIe siècle. La famine fut terrible. et se prolongea pendant plus d'une année. On mourut de faim, et par milliers d'individus, dans les deux ans qui suivirent Thermidor : entre octobre 1794 et juillet 1796, la mortalité fut multipliée par environ 2,5. Ces débuts difficiles du régime de l'an III ne manquèrent pas de laisser des traces dans l'esprit public et les comportements, à court et à moyen termes, même si les mesures qui avaient été prises par le gouvernement révolutionnaire de Robespierre (loi sur le maximum, notamment) ne contribuèrent pas peu à désorganiser la production agricole.

Les années 1796-1798 furent fastes, en raison de récoltes abondantes. Mais la chute des prix qui en découla annula les bénéfices de ce phénomène. Ainsi, en 1797, les prix étaient inférieurs de plus du tiers à ceux de 1790. L'impopularité du Directoire dans les campagnes ne doit pas être recherchée ailleurs que dans la baisse des revenus ruraux, à peine

[38] G. Lefebvre, *Le Directoire*, p. 48. Mathiez, dans *Le Directoire* (p. 122 et suivantes) n'en appuie pas moins sur la corruption des hommes d'affaires et des politiciens du Directoire. Ils organisèrent, selon lui, le "pillage" de la France.

tempérée par l'essor de la petite propriété. De plus, les campagnes françaises souffrirent beaucoup du l'essor du banditisme. Des groupes armés, parfois mus par des motivations politiques, parcouraient le pays, rançonnant les voyageurs, pillant les cultures, attaquant les habitations isolées. Enfin, la guerre et la conscription avaient écarté des champs les bras les plus forts, rendant encore plus difficile le travail de la terre à ceux qui restaient. En un mot, la France rurale –donc l'écrasante majorité de la France– voulait la paix, intérieure et extérieure. Elle voulait l'ordre qui lui assurerait la sécurité, puis la jouissance de temps meilleurs, la tranquillité indispensable à la prospérité. En général, les campagnes ne voulaient pas retourner à l'Ancien Régime mais simplement profiter des avantages civils acquis par la Révolution.

L'industrie balbutiante ne fut guère favorisée non plus par le régime directorial. Bien que marquée par une légère reprise, la production industrielle resta en-deçà de son niveau de 1789. L'innovation fut ralentie par les désordres intérieurs et la guerre avec l'Angleterre, qui empêchait d'importer de ce pays des méthodes nouvelles. L'enthousiasme du siècle des Lumières pour les sciences et les techniques était retombé. Même tableau dans le domaine du commerce extérieur. En guerre quasi-permanente avec le reste de l'Europe, la France ne pouvait exporter facilement. Ses vaisseaux étaient en danger sur toutes les mers du globe. A la fin du Directoire, les exportations étaient égales à la moitié de leur volume de 1789. Les importations étaient tout aussi touchées par le conflit général et les révoltes aux Antilles. Seules les productions pouvant être écoulées sur le seul marché intérieur parvinrent à ne pas trop souffrir de l'isolement du pays. Le régime tenta bien de développer les échanges terrestres avec les "républiques-soeurs" d'Italie, mais les volumes concernés étaient insignifiants[39].

Au niveau micro-économique, les grandes tendances de la période se confirment pour les manufactures et industries, ainsi que commencent à le montrer les études actuelles. Certes, l'an 1799, année du coup d'Etat de Bonaparte et Sieyès, n'est pas, sur le plan économique, un repère aussi pertinent qu'il peut l'être en matière politique. Mais les situations d'entreprises comme Dietrich ou de Wendel (forges et métallurgie), Saint-Gobain (verreries), Oberkampf (toiles) et quelques autres attestent des difficultés des affaires productrices de biens à cette époque. L'esprit d'entreprise ne fut pas brisé, mais les entrepreneurs durent faire preuve d'une imagination et d'une ténacité exceptionnelles pour survivre et s'adapter aux dix années de crises révolutionnaires[40].

Les courbes et les études sur la fin du Directoire indiquent des signes de redémarrage économique. Cette embellie ne dura pas suffisamment pour que l'image du régime dans la population s'améliore. Avec le recul et les données d'un cycle plus long, qui se poursuit avec le Consulat et l'Empire, des auteurs ont écrit que, finalement, le Directoire connut une relative réussite économique. C'est sans doute vrai pour l'historien du long terme[41]. Mais il importe avant tout de connaître la réalité vécue par les entrepreneurs et la population de l'époque concernée. Ils n'avaient –et pour cause– aucune vision de ce long terme qui allait englober les trente années suivantes et auquel on se réfère aujourd'hui. La situa-

[39]Sur les aspects économiques, voir, par exemple, la synthèse commode de René Sédillot, *Le coût de la Révolution française. Vérités et légendes*, 1987, ou le monument de Fernand Braudel et Ernest Labrousse, *Histoire économique et sociale de la France. III : 1789-1880*, 1976.

[40]Voir B. Badré et P. Colombet, *Entreprises en Révolution*, 1990; H. Bonin, "La Révolution a-t-elle brisé l'esprit d'entreprise ?", *La Recherche historique*, 1985, pp. 193-204.

[41]Voir, par exemple, F. Hincker, *La Révolution française et l'économie*, 1989, p. 152.

tion économique et sociale de la fin du Directoire était perçue comme catastrophique par les contemporains.

Des Français indifférents aux malheurs des directoriaux

On en connait plus sur l'état de la France profonde à la fin du Directoire grâce aux rapports qui furent remis à Bonaparte après Brumaire par des conseillers d'Etat envoyés sillonner le pays. Fourcroy, Barbé-Marbois, François de Nantes, Lacuée, Thibaudeau, Champagny, Duchâtel et quelques autres participèrent à cet inventaire. Daté des premiers mois de l'an IX (1801), on pourrait estimer que leur travail fut biaisé. Il le fut sans doute moins qu'on le croit. Certes, ces hommes du nouveau régime nuancèrent peu leur opinion sur les méfaits d'un pouvoir qu'ils avaient – par action ou abstention– contribué à renverser. Ils dressèrent donc de la France un sombre tableau. Mais on remarquera que leurs rapports n'étaient pas destinés à être publiés[42]. Bonaparte n'était pas encore gâté par le pouvoir et il prouva durant tout le Consulat que la contradiction, loin de l'irriter, l'amenait à se surpasser. Les conseillers d'Etat en mission n'avaient donc pas à le flatter, en l'an IX. C'est ce qu'écrivit Barbé-Marbois, en ouverture de son rapport sur la Bretagne : "Je rapporte au gouvernement des vérités qu'il doit savoir, tandis qu'il est encore temps. Je les offre à nos premiers magistrats parce que je sais qu'ils veulent les connaître (...). Je ne veux pas qu'on me reproche un jour mon silence"[43]. De toute façon, leurs constatations sont parfois tellement énormes que, même s'ils ont exagéré, ils n'ont pas menti. Le tableau général nous semble globalement fiable. Il

[42] Un recoupement –par sondage, ayant donc une valeur limitée– dans les cartons des Archives nationales, nous a permis de conforter l'impression de la grande enquête de l'an IX en consultant la prose des administrateurs locaux et des envoyés spéciaux des consuls, immédiatement après le coup d'Etat. Certains de ces rapports furent transmis par Bonaparte et ses collègues aux commissions législatives des conseils. On les retrouve donc dans les cartons de la série C.

[43] F. Rocquain, *L'état de la France au 18 brumaire*, 1874, p. 71.

montre une France désorganisée : contributions non levées par des administrations faibles, incapables et démunies, registres mal tenus, traitement des fonctionnaires et soldes des militaires impayés, justice vivant dans la pénurie, administrations locales composées d'ignorants, instruction publique délaissée, brigandage, routes défoncées et mal entretenues, etc. Les conseillers d'Etat furent d'une grande sévérité sur la façon dont, selon eux, le Directoire avait laissé, par absence de volonté administrative, la situation économique et sociale, héritage des premières années de la Révolution, se dégrader.

Ainsi, dans le Sud-Est, François de Nantes fut alarmé par le sort déplorable des hospices, le désintérêt de l'Etat pour les enfants abandonnés –près de 2 000 pour le département des Bouches-du-Rhône-, l'absence de moyens financiers des autorités. Barbé-Marbois, en Bretagne, fit les mêmes remarques et dénonça des détournements de fonds publics à grande échelle. Il expédia à Paris une série de rapports édifiants sur le comportement d'administrateurs sans tutelle et de militaires sans commandement qui n'avaient songé qu'à s'enrichir en puisant largement dans les caisses. A côté des chiffres, il dressa un tableau désolant de la situation des habitants, de l'enseignement, des prisons, des pêcheries en faillite. Fourcroy, sur la façade atlantique, parcourut la Vendée. Il ne put que rédiger de choquantes descriptions des dévastations de la guerre civile et de l'absence de politique pour raccommoder les populations avec la République. Il conclut : "C'est un spectacle déchirant que de parcourir une grande partie des villes et des villages de la Vendée"[44]. Ailleurs, les rapports des conseillers d'Etat étaient à peine plus engageants. A l'époque, les administrateurs n'avaient pas coutume de s'étendre sur les malheurs des habitants. Ils se contentaient d'étudier les services fiscaux, les routes, l'organisation administrative, l'esprit public et toute une

[44]F. Rocquain, *L'état de la France au 18 brumaire*, p. 158.

série d'indicateurs. Mais on doit convenir que le portrait de la France directoriale que dressèrent les chargés de mission de l'an IX est suffisamment approfondi pour qu'on puisse imaginer le sort des populations, laissées à leur propre sort – ou, dans bien des cas, soumises à la loi du plus fort– en raison de la complète défaillance de l'Etat et des administrations départementales. Avec le Consulat, le changement allait leur sembler immédiatement perceptible, avec l'arrivée de préfets et de sous-préfets parés d'une nouvelle autorité. Dans la lamentable situation du pays, le Directoire avait une lourde responsabilité. Félix Rocquain remarque qu'il ne pouvait se faire aucune illusion, car, "par les rapports qui passaient sous ses yeux, il savait la vérité"[45].

D'autres sources que les rapports administratifs permettent d'entrevoir la situation des populations. Dans sa *Vie quotidienne en France sous le Directoire*, Jacques Godechot en a cité quelques uns. Ainsi, un voyageur wurtembergeois du nom de Heinzmann traversa la France, en 1798, venant de Suisse et se rendant à Paris. La description qu'il donna plus tard de son périple est saisissante : "Les villages de France sont épouvantables; des habitations délabrées, la plus grande saleté même dans l'habillement des gens qui vont la plupart du temps pieds nus (...). Quand on rencontre de bonnes auberges, on y est assez bien servi. Mais, en général, on est extrêmement mal dans les cabarets de villages; on n'y fournit même pas un couteau de table, il faut se servir de son couteau de poche. La soupe et les légumes y sont très mauvais. Il est rare d'y trouver du café; l'ordinaire est du rôti froid, un morceau de jambon, de l'eau-de-vie, de la bière aigre et du pitoyable vin de pays". L'Est de la France offrait alors la même image de délabrement de certaines campagnes et le caractère rudimentaire (et dégradé) de la vie des populations[46]. Certes, toute le pays n'en était pas là.

[45] *Ibid.*, p. XXV.
[46] T. Lentz et D. Imhoff, *La Moselle et Napoléon. Etude d'un département sous le Consulat et l'Empire*, Metz, 1986.

Mais il semble bien que la pauvreté et les difficultés –donc l'insatisfaction– des campagnes à la fin du Directoire ne soit pas, loin s'en faut, une invention des historiens bonapartistes.

La population française semble avoir mal vécu les derniers mois du régime. Ce fut plus sensible encore à Paris. Avec lyrisme, les Goncourt ont décrit cette époque : "Paris est maigre; il a faim, il a soif, il grelotte, il est à bout de patience (...). Comme une maladie acclimatée, la misère ne veut pas lâcher la France; elle y continue son règne, elle y poursuit sa domination d'angoisses (...). Là où elle ne peut aller elle-même, elle envoie la gêne. Et dans les mansardes de la ville immense, l'heure qui sonne les repas est une heure lamentable"[47]. C'est une jolie façon de rappeler que le Paris du Directoire ne fut pas seulement celui des Muscadins, puis des Incroyables et des Merveilleuses. A côté d'une société d'enrichis, l'ensemble de la population ne fut pas –il s'en faut de beaucoup– aussi bien loti. Les historiens de l'économie, qui souvent étudient des cycles plus longs, n'entrent que rarement dans le détail de la conjoncture des années 1798-1799. Mais leurs études montrent néanmoins que, pour les deux dernières années du Directoire, on observe un affaissement des salaires, alors que, dans le même temps, le prix du blé et le "coût de la vie"[48] s'envolent. Cette période fut bien celle du "marasme" (Braudel), même si, en fin de cycle économique, elle apparut –dans les statistiques– être celle du début du redressement.

Les coups de force, la corruption –réelle ou exagérée, peu importe– des élites, l'étalage de leurs petits et grands vices n'étaient qu'une raison supplémentaire d'être sans illusion devant une République incapable d'améliorer le sort quoti-

[47]E. et J. de Goncourt, *Histoire de la société française pendant le Directoire*, éd. 1992, pp. 120 et 125.

[48]La notion de coût de la vie pour les années 1798-1820, découle ici des études de A. Chabert, autour de 17 produits de consommation courante, dans *Essai sur les mouvements des revenus et de l'activité économique en France, de 1798 à 1820*, 1949.

dien des citoyens. Tocqueville a écrit qu'à cette époque, "les Français ont cessé d'aimer la République", sans renier les acquis de la Révolution. Mais cette population, après les heures agitées, était rentrée dans le rang. Dans les villes, les hospices et les lieux de secours étaient surchargés. Dans les campagnes, la baisse des prix créa le chômage des journaliers, les frustrations du socle paysan et favorisa le brigandage. Le petit peuple des campagnes poursuivit son exode habituel vers les villes où il rejoignit une population déjà meurtrie par la crise économique.

Ces Français-là allaient regarder mourir le Directoire dans l'indifférence. Aux yeux de la plupart d'entre eux, ce régime avait poursuivi l'oeuvre de destruction sociale entamée par la Convention. La famille se désunissait, à la faveur de l'abolition du droit d'aînesse. Les divorces se multipliaient et les femmes "passaient légalement de main en main", grommelle Louis Madelin. "Il n'y a plus de moeurs", regrettaient les rapports de police, parlant des franges "élevées" de la population. Sur cette dissolution de la société et de ses maillons, les idées contre-révolutionnaires ou, au moins, de réaction faisaient leur chemin.

Une politique religieuse incohérente

Aspect social essentiel de l'époque, les questions religieuses sont au coeur de la Révolution, dans une France qui comptait près de 98 % de catholiques, en 1789. Elles dépassent le cadre d'un conflit entre les institutions de l'Etat et celles de l'Eglise. Elles creusèrent les fossés les plus profonds entre les Français et fournirent de gros contingents à la Contre-Révolution. La crise religieuse des années 1790 est le résultat de la crise de confiance qui frappa l'Europe et singulièrement la France, tout au long du XVIIIe siècle. Les attaques des Lumières étaient dirigées contre les "préjugés" et la religion. Un auteur alors inconnu l'avait résumé dans un texte intitulé *Discours de Lyon*, daté de 1791. Le lieutenant

Buonaparte écrivait alors : "Ecoutons le cri des préjugés : les peuples ont toujours tort de se révolter contre leurs souverains. Les lois divines le défendent. Qu'ont de commun les lois divines dans une chose purement humaine ? Mais concevez-vous l'absurdité de cette défense générale que font les lois divines de jamais secouer le joug d'un usurpateur ?"[49]. On pourrait trouver des centaines d'attaques de ce type contre le dogme et son interprétation par les autorités catholiques de l'époque. L'esprit du XVIIIe siècle se caractérisait bien par une lutte contre les préjugés religieux et, partant, contre leurs principaux défenseurs : les ecclésiastiques. Le conflit religieux fut l'une des vraies ruptures entre l'Ancien Régime et la Révolution. Cette rupture fut violente, sensible et définitive, jusqu'au plus profond du corps social. Pour les révolutionnaires, le passage de la religion d'Etat à l'Etat laïque devait se faire sans transition, y compris en utilisant la contrainte[50]. C'est sur ce terrain que Révolution et Contre-Révolution furent le plus irréconciliables, l'avenir le montra[51].

Les Thermidoriens héritèrent d'une situation religieuse complexe, au développement de laquelle –il ne faut pas l'oublier– nombre d'entre eux avaient participé. Leur comportement s'en ressentit. Ils tentèrent d'abord de limiter les persécutions antireligieuses, sans abandonner leur hostilité de principe à l'égard du catholicisme romain contre qui, selon le mot d'Aulard, ils continuaient à nourrir "un parti

[49]Le *Discours de Lyon* est une des nombreuses oeuvres de jeunesse de Napoléon. La plupart d'entre elles ont une tonalité nettement révolutionnaire, voire jacobine, que leur auteur reniera plus tard.

[50]Sur ces sujets complexes, voir, par exemple, A. Latreille, *L'Eglise catholique et la Révolution française*, 1970, 2 vol.; J. Le Goff et R. Rémond, *Histoire de la France religieuse. Du roi très chrétien à la laïcité républicaine*, 1991, t. III; P. Pierrard, *L'Eglise de France face aux crises révolutionnaires. 1789-1871*, 1974.

[51]Deux des grands théoriciens de la Contre-Révolution, Maistre et Bonald, faisaient de l'offense à Dieu la première cause de la Révolution et de la restauration des valeurs divines le moyen d'obtenir le pardon des "crimes" commis par la France depuis 1789. Il fallut attendre le XXe siècle pour voir l'Etat laïque triompher et la puissance politique de l'Eglise décliner.

pris philosophique et politique". L'adoucissement de la répression eut comme premier effet de favoriser la reprise de la pratique religieuse dans le pays. Les maîtres de l'heure étaient conscients de la nécessité de re-souder le corps social autour d'idées religieuses transcendantes qui ne pouvaient être celles de l'Etre suprême, chères à Robespierre. Ils laissèrent donc faire pendant un temps, sous la pression de représentants tels l'abbé Grégoire ou Durand de Maillane, ce qui ne fit pas plaisir à tout le monde. De l'est de la France, un conventionnel reçut, par exemple, la lettre suivante : "La superstition réveillée par plusieurs journaux et par les insinuations de quelques prêtres a repris son empire. Les temples sont ouverts et les idoles replacées. Tout cela s'est fait sans mouvement"[52]. Partout, on se surprit à croire que la République allait à nouveau tolérer l'ancien culte.

Un tel laxisme des autorités avait un avantage politique immédiat : il permettait de dissocier les simples fidèles des "fanatiques" qui liaient le sort de la libre pratique religieuse au rétablissement de la monarchie. L'étape suivante fut celle de la séparation de l'Eglise et de l'Etat. La Convention adopta, le 3 ventôse an III (21 février 1795), un décret présenté par Boissy d'Anglas. A compter de ce jour, la République déclarait ne plus subventionner ni soutenir aucun culte. Le texte fut compris par beaucoup comme marquant la fin des persécutions antireligieuses. L'effet fut immédiat, ainsi que l'indiqua, en le regrettant, le *Courrier de l'Egalité* : "Il y avait dimanche deux sortes de queues : queue à la messe, queue à la porte des boulangeries". Dans la même veine, on pourrait encore citer une lettre adressée au représentant en mission près le département de la Meurthe, qui résume l'état d'esprit général des populations, d'une part, et des révolutionnaires en place, d'autre part : "Voici ce qui me donne en ce moment des inquiétudes, ainsi qu'à

[52]Cité par L. Bour, *La Grande Révolution dans l'arrondissement de Sarrebourg*, Metz, 1939, p. 182.

l'Administration, c'est le fanatisme. Le décret (de séparation) n'est point compris et peut-être on ne peut pas le comprendre : la plus grande partie des communes se sont emparées des ci-devant églises et les prêtres en font leur théâtre, contrairement à la loi. Des communes ont repris des curés, la malheureuse lutte entre les réfractaires et les constitutionnels paraît se réveiller"[53].

Le parti révolutionnaire n'appréciait pas ce "retour en arrière" susceptible, à ses yeux, de favoriser la Contre-Révolution. L'embellie pour les fidèles fut de courte durée. Rapidement, le Directoire interdit aux prêtres réfractaires de rentrer en France, sauf à intégrer l'église constitutionnelle en voie de reconstruction. Ainsi, le régime vivait une première contradiction tenant à ses origines révolutionnaires : il prêchait la réconciliation nationale et empêchait en même temps les citoyens d'exercer leur culte. Les insermentés passèrent outre et redoublèrent de zèle. Pensant que les lois de séparation de l'Eglise et de l'Etat les protégeaient, ils organisèrent des missions pour *ré-évangéliser* les populations[54].

Les directoriaux ne pouvaient tolérer ce retour de l'Eglise de l'Ancien Régime. Après le coup d'Etat de Fructidor (septembre 1797), les persécutions antireligieuses reprirent de plus belle. Les réfractaires rentrés furent contraints à reprendre le chemin de l'exil ou, lorsqu'ils furent capturés, déportés en Guyane ou envoyés croupir sur des pontons, près de Rochefort. Cette nouvelle vague de déchristianisation fut orchestrée par certains représentants en mission qui, tels Saliceti dans le Sud, montrèrent qu'ils n'avaient rien à envier, en rigueur aveugle, à leurs devanciers de l'an II. Les croix furent abattues, les pèlerinages et processions interdits.

[53] *Ibid.*, p. 184.

[54] Voir, par exemple, C. Lèdre, *Le culte caché sous la Révolution. Les missions de l'abbé Linsolas*, Nîmes, 1949 ou, pour la même région du Midi, R. Dartevelle, "Stratégie missionnaire et rechristianisation pendant le Directoire", *Religion, Révolution, Contre-Révolution*, Nîmes, 1989, pp. 129-149.

Dans le même temps, malgré le décret de séparation, le Directoire soutint la création de cultes concurrents du catholicisme. "Hommes politiques, remarque Latreille, les directeurs professent la nécessité d'une croyance morale et philosophique d'Etat, donnant une base de civisme et évitant au peuple de tomber dans l'immoralité"[55]. L'église "théophilanthropique" du libraire Chemin connut ainsi son "heure de gloire". Fondée sur une synthèse entre religion révélée et valeurs républicaines, elle fut soutenue par le directeur La Revellière-Lépeaux et des célébrités comme Bernardin de Saint-Pierre, Marie-Joseph Chénier[56] ou Daunou. "Jésus-Christ, pour fonder sa religion, a été crucifié et il est ressuscité. Vous auriez dû tâcher d'en faire autant", glissa Talleyrand à La Revellière-Lépeaux lorsque celui-ci présenta le nouveau dogme à l'Institut. Le gouvernement mit à sa disposition des églises confisquées et autorisa les "lecteurs bienveillants" –c'est ainsi qu'on appelait les prêtres théophilanthropes– à diriger des écoles paroissiales et à faire le catéchisme. Religion "raisonnable", selon ses promoteurs, la Théophilanthropie ne rejetait pas le christianisme. Au contraire, elle s'appuyait sur lui –et sur l'enseignement du "philosophe de Judée", Jésus– pour solenniser les grands actes de la vie sociale que sont le baptême, le mariage ou les obsèques. Mais l'ensemble était froid, ne suscitait que la raison, et non l'imagination, des fidèles. Le succès de cette mascarade fut limité et, en mars 1799, la police signalait au gouvernement les difficultés des théophilanthropes : "Leurs réunions sont peu nombreuses et presque nulles; leur dissolution absolue paraît prochaine"[57]. Une fois les possibilités folkloriques de ce culte épuisées, les directeurs se tournèrent

[55] A. Latreille, *L'Eglise catholique et la Révolution française*, t. I, p. 223.

[56] Marie-Joseph Chénier fut, en son temps, un écrivain célèbre. La postérité n'a retenu que l'oeuvre de son frère André. Se définissant lui-même comme un "poète national", il écrivit, notamment, les paroles du *Chant du Départ*.

[57] Archives nationales (A.N.), F7 3701. Sur la Théophilanthropie, voir l'ouvrage d'A. Mathiez, *La Théophilanthropie et le culte décadaire. Essai sur l'histoire religieuse de la Révolution*, 1904.

vers le culte décadaire qui consistait à appliquer le calendrier révolutionnaire aux cérémonies religieuses ce qui, comme on l'imagine, choquait les catholiques, invités à se reposer non plus le septième, mais le dixième jour. Même les prêtres constitutionnels protestèrent et refusèrent de limiter la célébration de la grand messe au seul décadi.

Ainsi, en matière religieuse, "sans être aussi violents que les terroristes, les directoriaux se rendirent également insupportables", conclut Georges Lefebvre[58]. La population était fatiguée des incessants retournements des gouvernants, plus qu'elle ne se sentait concernée par les malheurs du pape. En juillet 1795, Pie VI avait, certes, reconnu la République, mais ses territoires avaient tout de même été envahis, l'année suivante, par les troupes de Bonaparte[59]. Le traité de Tolentino (19 février 1797) avait vu la papauté dépouillée de la majeure partie de ses Etats. Un an plus tard, après l'assassinat du général Duphot, lors d'une émeute anti-française à l'occasion de l'arrivée dans la Ville Sainte de l'ambassadeur de France, Joseph Bonaparte, Berthier avait occupé Rome, arrêté le Pontife et proclamé la République romaine. Pie VI avait été transféré à Florence, Parme, Turin, Briançon et Valence. Bien sûr, les fidèles regrettaient cet emprisonnement, mais le considéraient comme une conséquence politique de la lutte entre la Révolution et l'un de ses ennemis. La population française aspirait d'abord à pratiquer sous le ministère de prêtres libres, sur une liturgie conforme à cette liberté et dans des lieux de culte libérés. Nul doute que la politique religieuse du Directoire fut, à cet égard, un échec qui participa à éloigner le régime de toute base populaire, tant la plupart des Français restait attachée à la religion

[58] *Le Directoire*, p. 138.

[59] Dès le début de la Révolution, la France et la Papauté furent opposées. Pie VI –qui régna de 1775 à 1799– refusa de ratifier la Constitution civile du Clergé (juillet 1790). Il la condamna même dans le bref *Aliquantum*, ce qui lui valut l'hostilité de principe des révolutionnaires. Ce n'est que sous la pression des victoires françaises en Italie que le Pape accepta de reconnaître la République.

catholique malgré d'incontestables progrès de la déchristianisation dans certaines régions.

Quelques mois avant Brumaire, Boulay de la Meurthe décrivit, dans un discours aux Cinq-Cents, l'état de l'opinion : "Vous savez que le peuple est plus attaché à l'indépendance de ses opinions religieuses qu'à toute idée de liberté (...). Je crois qu'un habile usurpateur, même avec des forces peu considérables, se ferait des partisans en garantissant cette liberté"[60]. Ce disant, le député nancéen décrivait par avance un des leviers de la prise du pouvoir par Bonaparte et Sieyès, mais aussi, en visionnaire, un axe essentiel de la politique de réconciliation nationale du Consulat.

[60]Cité par Jacques Godechot, *La vie quotidienne en France sous le Directoire*, p. 232.

III

Les défaites extérieures.

Nos vieux manuels scolaires et la plupart des publications napoléoniennes indiquent que Bonaparte prit le pouvoir parce que le Directoire avait gâché ses succès militaires et annulé, par incapacité, les bienfaits de la campagne d'Italie et du traité de Campoformio (1796-1797). C'est donc surtout pour sauver la France du désastre extérieur –et non pour des considérations de politique intérieure– qu'il aurait accepté d'abandonner l'armée d'Egypte pour voler au secours de la patrie[61]. Pour être excessive, car ne tenant pas compte des aspects intérieurs de la démarche de Bonaparte et Sieyès, une telle idée n'en est pas moins assise sur une réalité : l'échec extérieur du Directoire, au moins jusqu'à l'automne 1799.

Après des débuts prometteurs, le Directoire ne parvint pas à tirer la France de l'engrenage où elle avait mis le doigt en avril 1792. Cet échec fut lourd de conséquences. La continuation de la guerre empêcha la politique intérieure du régime de s'apaiser. Elle coûta cher en hommes sur les champs de bataille. Elle conforta l'impopularité du régime. Elle gâta encore un peu plus la situation économique. Elle entraîna les gouvernants à se montrer plus radicaux dans leur lutte contre les oppositions. Jamais les directoriaux ne

[61]C'est sans doute en faisant référence à cette idée et sa répétition à plusieurs stades de la Légende, que Jean Tulard a titré sa biographie du Grand Homme : *Napoléon ou le mythe du sauveur* (1977).

mirent en oeuvre une politique capable de lever l'hypothèque que faisait peser sur la survie du système de l'an III la persistance du conflit européen. La guerre fit partie intégrante de la politique et de l'histoire du Directoire. Comme tous les régimes fragilisés à l'intérieur, il tenta de pallier ses difficultés par une fuite en avant à l'extérieur afin de bander les énergies nationales et de détourner les citoyens des luttes de factions, voire des simples embarras de la vie quotidienne.

La politique étrangère du Directoire consista toujours à affirmer que l'on recherchait la paix. La réalité fut la continuation de la guerre, les buts généreux de 1792 en moins. "La France révolutionnaire conservait (...) l'essentiel de ses conquêtes, écrit Jacques Droz. Il n'en reste pas moins qu'elle avait été, dans sa politique extérieure, infidèle à son premier idéal : après avoir déclaré la paix au monde, elle avait laissé dissiper le mirage de la fraternité universelle. Elle avait voulu la propagande puis la conquête; après s'être limitée aux frontières naturelles des Alpes et du Rhin, elle les avait dépassées et s'était entourée en Hollande, en Suisse, en Italie, de républiques-soeurs, glacis de sécurité et point de départ de nouvelles dominations"[62]. Par l'amplification de cette politique, le Directoire a lui-même sapé ses chances de "finir" la Révolution aux yeux des puissances coalisées. Et comme ses succès extérieurs furent rares et tardifs, il fut aisé aux conjurés de Brumaire de mettre en avant les déboires militaires du régime pour justifier leur intervention.

En octobre 1799, le Directoire avait, certes, enregistré des succès militaires qui effaçaient les graves échecs du terrible été précédent. Mais il était trop tard. Bonaparte était déjà rentré d'Egypte lorsque la nouvelle de la victoire de Zürich (25, 26 et 27 septembre 1799), remportée sur les Russes de

[62] *Histoire diplomatique, de 1648 à 1919*, 1972, p. 219. La France avait favorisé la création des républiques-soeurs en Italie (cisalpine, ligurienne, romaine et parthénopéenne ou napolitaine), aux Pays-Bas (batave), en Allemagne (cisrhénane) et en Suisse (helvétique).

Souvaroff, parvint à Paris. La machine du coup d'Etat était lancée.

Des buts de guerre incertains

Pourtant, lors de la mise en oeuvre de la constitution de l'an III, la situation des armées de la République était avantageuse. Elles occupaient la rive gauche du Rhin et possédaient même des bases avancées au-delà du fleuve, dans les anciennes Provinces-Unies, c'est-à-dire les Pays-Bas d'aujourd'hui. La Prusse, l'Espagne et plusieurs états allemands avaient abandonné la lutte par les traités de Bâle[63]. Seules, l'Autriche et l'Angleterre restaient coalisées contre la France. Comme les Thermidoriens, les directoriaux ne surent tirer profit de cette réduction de puissance de la coalition.

Les effectifs des armées françaises avaient fondu, après plusieurs années de guerre. De 790 000 hommes sous les drapeaux, en septembre 1794, on passa à 475 000, en juillet 1796, et 365 000, en septembre 1797. A titre de comparaison, l'armée royale employait 200 000 soldats en 1789[64]. Malgré la baisse des effectifs, on avait de plus en plus de mal à financer la guerre. Le Directoire aurait donc eu de bonnes raisons de rechercher la paix, d'autant que l'objectif des "frontières naturelles" semblait atteint. Mais, à Paris, on croyait savoir que la situation des coalisés n'était pas meilleure et qu'on pourrait en profiter. L'Autriche avait de grandes difficultés à soutenir son effort de guerre, malgré les fonds venus de Londres. Fidèle à sa stratégie, l'Angleterre se contentait de financer et de dominer les mers, ce qui n'était déjà pas si mal. Les grandes lignes des conflits de l'Empire étaient déjà bien tracées : "La France et l'Angleterre (étaient) confrontées à un dilemme stratégique fon-

[63] Les traités furent signés avec la Prusse, le 5 avril 1795, avec une partie de l'Allemagne, le 17 mai, avec l'Espagne, le 22 juillet, et avec la Hesse-Cassel, le 28 août.

[64] Chiffres de J. Godechot, *La vie quotidienne en France sous le Directoire*, p. 234.

damental. A lui seul, le contrôle anglais des routes maritimes ne (pouvait) détruire l'hégémonie française sur l'Europe, pas plus que la domination militaire de la France ne (pouvait) contraindre les insulaires à se rendre"[65]. La paix ne pouvait être que de compromis, sans vainqueur ni vaincu. Pour l'atteindre, il fallait à Paris un gouvernement fort, capable d'imposer à son opinion et à ses oppositions d'inévitables et nécessaires concessions.

Un débat se développa en France sur les buts de guerre. En 1792, les Girondins avaient voulu que la France s'en aille délivrer les peuples opprimés et renverser les vieilles monarchies. "Le moment est venu pour une autre croisade, ce sera une croisade de liberté universelle", s'était enthousiasmé Brissot aux Jacobins. Robespierre l'avait mis en garde : la guerre serait la perte de la Révolution et s'achèverait par l'avènement d'un pouvoir militaire, ce en quoi l'Incorruptible avait vu presque juste (car, si Napoléon fut, selon le mot de Roederer, "le plus civil des militaires", il ne laissa jamais les généraux se mêler des affaires de l'Etat). Le gouvernement révolutionnaire n'en prolongea pas moins les luttes commencées auxquelles on avait ajouté un objectif plus mesurable qu'une vague croisade : étendre le territoire de la République jusqu'au Rhin, aux Alpes et aux Pyrénées. Au début du Directoire, des voix s'élevèrent pour remettre en cause les buts de guerre de la France qui, par la rigidité et le caractère presque "quantifiable" de l'objectif à atteindre (le Rhin, les Alpes, les Pyrennées), rendaient tout compromis impossible. Trois ans après celle des "frontières naturelles", la notion d'"anciennes limites" fit alors son apparition. Elle consistait à concéder, en échange de la paix, un retour de la France dans ses frontières de l'Ancien Régime, plus quelques extensions territoriales significatives en Savoie, en Belgique et au sud des Pays-Bas. A l'intérieur aussi, un accord sur la politique étrangère nécessitait un compromis entre deux

[65]P. Kennedy, *Naissance et déclin des grandes puissances*, 1991, p. 160.

solutions extrêmes. Entre tout conserver et tout abandonner des ambitions de la Révolution, il fallait oser imposer un axe moyen. Le Directoire en fut incapable.

La montée en puissance des généraux

La paix paraissait possible, à condition que le gouvernement français accepte des concessions. L'Angleterre –où l'on n'était pas prêt non plus à réduire ses prétentions– ne voulait pas entendre parler d'une présence française aux Pays-Bas et à Anvers. Elle allait maintenir cette ligne de conduite pendant des années, rejetant même les possibilités de paix avec Napoléon au motif qu'il ne voulait pas se retirer des territoires et ports faisant face aux côtes anglaises. L'Autriche, plus conciliante et peu intéressée à retrouver son ancienne position en Belgique, n'était pas hostile à l'échanger contre des compensations en Allemagne et, surtout, le maintien de son influence en Italie. Pour parvenir à un accord, il fallait que Paris renonce à la doctrine révolutionnaire et accepte de pratiquer une diplomatie classique fondée sur le possible, l'acceptable et le "donnant-donnant". Des négociations s'engagèrent à Londres et à Vienne. Elles échouèrent, notamment parce que le Directoire pensait être en position de force. L'idée était alors fort répandue que l'économie et les finances anglaises étaient à bout de forces et que Londres ne pouvait refuser la paix. Il n'y avait donc pas matière à concession puisqu'Albion était exsangue. Mais le gouvernement britannique, emmené par son Premier ministre William Pitt, tint bon, malgré les difficultés commerciales et financières du pays.

Les pourparlers ayant échoué, le Directoire décida de relancer la guerre. Pour la financer, il décida que les armées de la République se fourniraient et se nourriraient sur les ressources des pays occupés. Ce faisant, la France avait renoncé *de facto* à ses buts de guerre généreux. Il n'était plus question de libération des peuples de l'Europe et de "croisade universelle". Cette nouvelle attitude put même être interprétée comme une tentative d'asservissement des peuples placés sous occupation française. On en veut pour preuve les acclamations qui accueillirent l'entrée des coalisés dans nombre de villes desquelles les troupes françaises venaient de se retirer. Pour limiter les effets et les excès de cette politique, le Directoire adjoignit à chaque général un "commissaire aux armées", ce qui eut pour effet de réduire la confiance des chefs de guerre en leur gouvernement et provoqua des dissensions entre civils et militaires.

Cette tentative de mettre les généraux sous surveillance fut, compte-tenu du contexte de l'époque, une erreur des directoriaux. Ils avaient oublié que les généraux de 1795 n'étaient plus ceux des années 1792-1793. A cette époque, les représentants en mission pouvaient accuser, démettre, dénoncer les officiers supérieurs issus des armées de l'Ancien Régime et souvent détestés des engagés volontaires. Trois ans plus tard, les généraux avaient plus de stabilité et de prestige (même si bon nombre d'entre eux avaient bénéficié de promotions en raison de leurs "bonnes" opinions politiques et en dépit de leur incapacité), leurs soldats étaient devenus des "professionnels" de la guerre. Les chefs sortaient du rang et s'étaient imposés par leur habileté ou leur bravoure. Ils n'étaient plus les officiers promus par l'Ancien Régime en fonction de leurs quartiers de noblesse. L'armée révolutionnaire était devenue prétorienne. Elle ne comptait plus que 3 à 4 % de soldats de l'Ancien Régime, contre un tiers d'anciens volontaires des années 1791-1793. Ces hommes reconnaissaient leurs chefs et leur étaient dévoués. Les commissaires n'avaient que peu d'armes pour sanctionner les abus ou, plus simplement, intervenir dans la marche des affaires militaires. D'ailleurs, en quelques mois, les nouveaux conquérants de la République pillèrent si bien, prélevèrent tant de richesses en pays conquis, qu'ils devinrent les premiers bailleurs de l'Etat. Ils étaient devenus puissants et indispensables. A Paris, certains s'émurent des prélèvements massifs en pays conquis, même si le Directoire en profitait bien, voire avait ordonné de se servir des pays conquis pour renflouer ses caisses. Ainsi, Roederer, qui allait pourtant être un des meilleurs soutiens de Bonaparte lors du coup d'Etat, s'attaqua directement à lui dans plusieurs articles du *Journal de Paris* : "Est-ce bien de l'intérêt de la France d'enlever à l'Italie les plus beaux monuments des arts ? (...). Les lois de la guerre autorisent à prendre tout ce qui est nécessaire à la subsistance de l'armée victorieuse, des contributions en argent, mais non de lui ravir sa gloire et sa considération (...). Sommes-nous plus sages que grands et généreux quand nous désespérons des peuples qu'il fallait attirer à nos intérêts pour les enlever à ceux de l'Autriche ?"[66].

La mauvaise paix de Campoformio

L'armée d'Italie était un bon exemple de cette dérive et de l'ascendant pris, petit à petit, par l'autorité militaire sur le pouvoir civil. Bonaparte parvint sans grande difficulté à museler, puis à se débarrasser des commissaires aux armées. Nommé à la tête d'une troupe déguenillée –censée faire la guerre dans la Péninsule– en récompense de son intervention décisive de Vendémiaire, le jeune homme avait réorganisé et galvanisé ses 40 000 soldats. Il les entraîna bientôt, "dans les plaines les plus fertiles du monde"[67], vers la victoire. En moins d'un an et quelques dizaines de combats ou batailles gagnées, il parvint à menacer Vienne (février 1797),

[66] *Journal de Paris*, 19 messidor an IV (7 juillet 1796).

[67] Proclamation de Bonaparte à l'armée d'Italie, 7 germinal an IV (27 mars 1796), *Correspondance de Napoléon Ier*, n° 91. La version donnée par la *Correspondance*, est un "faux". Elle n'en a pas moins été reprise telle quelle par nombre d'historiens. Sa rédaction fut entreprise par Napoléon en 1815, à partir de ses souvenirs et d'autres proclamations moins brillantes faites à ses troupes vingt ans plus tôt (voir la démonstration de Jacques Jourquin, "Fausse et vraies proclamations", *Revue du Souvenir Napoléonien*, n°406, mars-avril 1996, pp. 43-44).

fondant au passage des républiques-soeurs en Italie du Nord, confisquant la Savoie et le comté de Nice au roi de Sardaigne, agissant, depuis son quartier-général de Mombello, au nord de Milan, comme un véritable proconsul. A la surprise de tous, Bonaparte priva les armées d'Allemagne, emmenée par des chefs tels Hoche, Moreau et Jourdan, du rôle principal. Mieux, juste avant la prise de Milan (mai 1796), il résista au Directoire qui lui avait ordonné, par l'intermédiaire de Carnot, de scinder ses forces en deux et d'en confier la moitié au commandement de Kellermann. Mettant sa démission dans la balance, il avait fait reculer l'exécutif. Fâcheux précédent.

Signe essentiel d'indépendance et de mépris pour le pouvoir directorial, Bonaparte signa des préliminaires de paix avec les Autrichiens et engagea des négociations pour un règlement général, sans accord formel de son gouvernement. Déjà, en juin 1796, il avait signé, contre l'avis du Directoire, un armistice avec le royaume de Naples. Le traité de Campoformio fut signé le 17 octobre 1797. Cette paix était bâclée, nullement fondée sur le retour à un équilibre de l'Europe. La Prusse était maltraitée. L'Autriche vaincue gagnait quelques territoires en Allemagne du Sud mais était menacée de perdre son influence en Italie. Des républiques italiennes et rhénanes, sans fondements historique ou sociologique, voyaient le jour. Le centre de gravité de la puissance française était déplacé vers le sud. Bonaparte avait fait prévaloir les vues –on est tenté d'écrire "les goûts"– du conquérant, sans tenir compte de l'attachement viscéral de Vienne à ses positions péninsulaires. Les articles "patents", c'est-à-dire ceux qui furent rendus publics, renvoyaient la résolution définitive du conflit à un congrès international. Les articles secrets semblaient ménager la revendication des "frontières naturelles" sur le Rhin. Il n'empêche que ni les tiers au traité (Prusse, Angleterre, Suède, Naples, etc) ni l'Autriche ne pouvaient être pleinement satisfaits des accords passés.

A Paris, certains députés, voire le ministre des Relations extérieures, Talleyrand, critiquèrent ouvertement les méthodes du général. Déstabilisé par le coup d'Etat antiroyaliste de Fructidor qui venait d'avoir lieu et auquel Bonaparte avait prêté la main, le Directoire laissa faire. Mais Sieyès prophétisa : "Ce n'est pas une paix que ce traité, c'est l'appel à une nouvelle guerre". Il n'avait pas tort et l'avenir le prouva. Parce que Campoformio était une paix fragile, on doit ici alléger la responsabilité du Directoire dans la dégradation de la situation extérieure, une fois Napoléon en Egypte. Il est vrai aussi que les directoriaux ne purent s'en prendre qu'à eux-mêmes. Ils avaient abdiqué devant le culot de ce jeune général devenu indispensable par ses succès militaires, ses contributions à l'équilibre des finances publiques et, sans doute, au développement des fortunes de certains des "Messieurs de Paris". Un gouvernement fort et stable à l'intérieur n'aurait pas laissé Bonaparte, même couvert de gloire, s'arroger le droit de conclure la paix à sa place, surtout dans de telles conditions, à maints égards contraires aux intérêts diplomatiques à moyen terme de la République.

Le comportement de Bonaparte dans l'affaire de Campoformio est, c'est le moins que l'on puisse écrire, controversé. Albert Sorel écrivit que le jeune général avait bien trompé ses interlocuteurs autrichiens : il avait obtenu un répit qui permettrait de laisser les troupes se reposer avant de reprendre la lutte. Ainsi, pour Sorel, le contenu du traité n'avait aucune importance. Bonaparte avait même espéré que son gouvernement refuserait de ratifier la paix[68]. Paul de Cassagnac, lui, s'enthousiasma pour le patriotisme et l'humanité du conquérant : "Bonaparte donne en ces circonstances l'exemple d'un jeune général monté sur un piédestal incomparable de victoires (...), d'un général à qui son gouverne

[68]A. Sorel, *L'Europe et la Révolution française*, 1900.

ment enjoint de poursuivre la guerre et qui refuse"[69]. Thiers, de son côté, opine que c'est par démagogie que Bonaparte signa la paix, pour préparer son avenir, en quelque sorte : "Une paix qu'il avait signée avec égoïsme était vantée comme un acte de désintéressement"[70]. A Campoformio, Bonaparte pensait à son avenir, c'est peu contestable.

Le calcul fut bon : son retour en France fut marqué par des transports de joie populaire. Et le Directoire, encouragé par Barras, protecteur du jeune "héros", ne put qu'approuver le texte signé par le général, car il sentait bien que l'opinion le réclamait. Cet abandon de pouvoir était de mauvaise augure : c'est sur le terrain et par un général –certes victorieux, mais tout de même...– qu'avaient été prises les décisions, sans vision stratégique globale et hors de tout contrôle des ministères.

La paix avec l'Autriche n'avait qu'un avantage, à court terme : seule l'Angleterre continuait la lutte. Le conflit strictement continental était éteint et on a pu parler, non sans exagération, de la "victoire de l'an IV". A ce moment, le bilan des guerres révolutionnaires pouvait être considéré comme positif. Certes, la France n'était pas venue à bout d'Albion, mais les succès continentaux et de nouvelles alliances étaient prometteurs, malgré la fragilité de la paix. Sous l'impulsion de Talleyrand, pourtant réputé anglophile, le Directoire commença à échafauder des plans d'un débarquement en Angleterre, pour "aller chercher la paix à Londres". Une armée d'Angleterre fut constituée et stationnée sur les côtes de la Manche. Bonaparte devait en prendre le commandement. Un corps expéditionnaire fut dirigé vers l'Irlande, le ventre mou du Royaume-Uni, la "Vendée anglaise", selon l'expression en vogue à Paris. Un millier d'hommes, sous les ordres du général Humbert, parvint à débarquer sur l'île, durant l'été 1798. Il fut contraint à la

[69] P. de Cassagnac, *Napoléon pacifiste*, 1933.
[70] Cité par R. Christophe, *Napoléon controversé*, 1967, p. 53.

reddition, face aux 20 000 soldats du général anglais Cornwallis. Ancêtre du Blocus continental, la loi du 18 janvier 1798 avait permis aux Français de se saisir de tout bâtiment, même neutre, se livrant au commerce avec l'Angleterre. Cette politique eut peu d'effets immédiats sur l'économie britannique mais éloigna les pays neutres des positions françaises. Elle aboutit même, en raison des représailles organisées par les Anglais, à ralentir le commerce colonial de la République. La maîtrise des mers s'avérant impossible, l'invasion de l'Angleterre apparut irréalisable. Le Directoire accepta un projet de conquête de l'Egypte par Bonaparte, pour "couper la route des Indes". Cette décision eut pour effet de relancer les hostilités. La Turquie –pourtant alliée de la France– fut la première à prendre les armes, suivie, en décembre 1798, par le royaume de Naples et, ce qui n'était pas arrivé depuis le début de la Révolution, par la Russie[71]. En novembre 1798, Vienne et Londres convinrent que leur lutte commune ne s'arrêterait qu'une fois la France rentrée dans ses anciennes limites. Les conseils du Directoire tirèrent les conséquences de cette nouvelle situation et, sous prétexte que les troupes russes avaient pu traverser des territoires autrichiens pour se rendre en Italie, déclarèrent la guerre à l'empereur, le 12 mars 1799. Cette nouvelle flambée anti-française montra bien la précarité des accords passés par Bonaparte.

Une chair à canon lasse de la guerre

Pendant que le vainqueur de l'Italie s'abandonnait sans

[71] Le tsar Paul 1er n'avait jusqu'alors montré qu'un faible intérêt pour les choses de la Révolution française. Une intrigue de palais, soutenue par les puissances coalisées, avait réussi à le convaincre que la France représentait un danger pour lui sur deux points : elle apportait un soutien aux nationalistes polonais et sa politique méditerranéenne représentait un danger pour les ambitions russes. Protecteur de Malte, occupée par Bonaparte se rendant en Egypte, Paul 1er saisit ce prétexte pour entrer dans la coalition. 20 000 Russes furent débarqués aux Pays-Bas et 60 000, sous Souvaroff, se dirigèrent vers l'Italie.

retenue à son "rêve oriental", le Directoire ne put que subir les conséquences de l'effondrement du frêle édifice de Campoformio qu'un congrès international, réuni à Rastadt (décembre 1797-avril 1799), n'avait pas réussi à consolider. La paix n'aurait pu être maintenue que si l'Europe avait accepté la prééminence française et, dans une certaine mesure, l'exportation des principes révolutionnaires. Le Directoire ne put imposer aucune de ces deux conditions. Pis, il satellisa et reprit en main les républiques-soeurs. L'annexion de l'Italie du nord se profilait, sans parler des ambitions françaises en Suisse et en Allemagne. La deuxième coalition fut autant une révolte contre les frustrations nées de Campoformio qu'une réponse immédiate aux ambitions d'un Directoire grisé par les succès de l'année précédente. En quelques mois, les avantages obtenus par la France s'évanouirent.

Pour alimenter ses armées en hommes, le Directoire disposait depuis septembre 1798 d'un nouvel arsenal législatif dont le coeur était la célèbre loi Jourdan-Delbrel, du nom de ses promoteurs, tous deux jacobins militants. Ce texte instaurait la conscription : tous les jeunes Français âgés de 20 à 25 ans devaient être inscrits sur les listes de conscrits et pouvaient être incorporés aux armées pour 5 années. Tous n'étaient pas appelés, mais tous risquaient de l'être, au fur et à mesure des besoins. On imagine l'effet désastreux de cette systématisation de l'impôt du sang dans la population. La guerre extérieure alimentait désormais, directement et en profondeur, le mécontentement *intérieur*, renforçait les bandes de brigands de nouveaux contingents d'insoumis et de déserteurs, provoquait le soulèvement des paysans, notamment en Belgique où les premiers appels sous les drapeaux furent l'occasion d'émeutes et de véritables batailles entre la troupe et les insoumis. Le rendement de la première levée montre le rejet de la loi Jourdan-Delbrel par les populations : 200 000 hommes furent appelés, 143 000 seulement furent incorporés et moins de 100 000 furent dirigés vers les théâtres d'opération. Une seconde levée de 150 000 hommes, prélevés dans les classes les plus âgées, ne fournit qu'environ 60 000 soldats. L'assassinat des plénipotentiaires français par des hussards autrichiens à leur départ de Rastadt (28 avril 1799), s'il provoqua une vague d'émotion patriotique et de multiples cérémonies dans toute la France, ne permit pas de rattraper le temps et les hommes perdus[72].

De la débâcle à l'inutile amélioration

Aveuglé par quelques succès en Italie du Nord et dans le royaume de Naples dont Championnet avait occupé la capitale, le 23 janvier 1799, le Directoire choisit de lancer une offensive générale contre les armées de la coalition, alors qu'il n'en avait pas les moyens. L'armée du Danube (Jourdan), celle de Suisse (Masséna) et celle d'Italie (Schérer) devaient avancer ensemble sur Vienne. Dès l'ouverture de la campagne, Jourdan fut battu à Stokach, le 25 mars. Il abandonna son commandement à Masséna. Cette époque marque la fin de l'expansion territoriale de la France révolutionnaire, présente, en mars 1799, dans les Pays-Bas, sur la rive gauche du Rhin, en Suisse, en Italie et en Egypte. En Italie, Schérer fut contraint de reculer jusqu'à la chute de

[72] C'est au moment où ils quittaient la ville que les trois représentants de la France furent assaillis. Bonnier et Roberjot furent tués. Jean Debry réussit à s'échapper, après avoir fait le mort. Les raisons de cette attaque sont mieux connues depuis la publication, en 1992, des travaux d'une historienne anglaise, Elisabeth Sparrow ("The swiss and swabian agencies. 1795-1801", *The Historical Journal*, pp. 861-884). On a longtemps pensé que les hussards autrichiens avaient pour mission de récupérer, dans les papiers des Français, les preuves du double jeu de leur gouvernement. Ils se seraient laissés entrainer et auraient tué les diplomates français "par erreur". Madame Sparrow a établi qu'en réalité, l'organisation de l'assassinat fut le fait d'agents anglais devenus incontrôlables par leur gouvernement. Ils réussirent, par leur action –et en utilisant les "hussards" commandés par un des leurs-, à empêcher la paix entre l'Autriche et la France, ce qui allait dans le sens des intérêts de l'Angleterre et des contre-révolutionnaires français, avec lesquels ils avaient de très anciennes relations.

Milan, le 28 avril, et de Turin, un mois plus tard. Il fut destitué et remplacé par Moreau. Remontant de Naples vers le nord de la Péninsule, Macdonald ne put prendre l'ennemi à revers et fut défait à la Trébie, le 19 juin. Il fut destitué à son tour. Moreau fut envoyé commander l'armée du Rhin et Joubert arriva en Italie où il se fit tuer dès ses premiers engagements[73]. Championnet le remplaça et ne fut guère plus heureux que ses prédécesseurs, au milieu de soulèvements anti-français dans les grandes villes italiennes. Il allait être battu par l'Autrichien Mélas, à Genola, le 4 novembre 1799, quelques jours avant le coup d'Etat de Brumaire.

Au milieu de l'été 1799, l'échec extérieur du Directoire était patent. Il était dû à un mélange de causes difficile à démêler : erreurs diplomatiques en Italie, volonté d'imposer encore et toujours les principes révolutionnaires, désir de conquête et expansionnisme territorial imprudent, faiblesse du gouvernement face à ses généraux, absence de chefs de guerre aussi brillants que Bonaparte, enfermé pour l'heure dans sa conquête égyptienne. Au total, la France était devenue une puissance "classique". Les buts de guerre généreux avaient laissé la place à des ambitions diplomatiques relevant presque des traditions de l'Ancien Régime : domination française sur l'ouest du continent, conflit d'intérêt traditionnel –mais exacerbé– avec l'Angleterre, retrait de l'Autriche vers le centre de l'Europe et de la Russie vers l'Est.

Les armées françaises avaient partout perdu le terrain conquis. C'est surtout cela que l'Histoire a retenu, sans doute parce que l'opinion publique de l'époque le ressentit de cette façon. L'automne marqua pourtant un redressement sensible. Voyant d'un mauvais oeil l'installation et les succès russes en Italie du nord, les Autrichiens avaient proposé à leurs alliés de les laisser continuer la lutte en Suisse, tandis qu'eux-mêmes finiraient de réduire la résistance française

[73] Sur Joubert et le rôle qu'il aurait pu tenir dans la conspiration préparée par Sieyès, se reporter aux chapitres suivants.

dans la Péninsule. Les coalisés commencèrent à permuter leurs forces et les Français profitèrent de ces manoeuvres imprudentes pour contre-attaquer. Masséna l'emporta à Zurich, après trois jours d'une bataille acharnée. En octobre 1799, Brune rejeta à la mer une tentative de débarquement anglo-russe aux Pays-Bas. Sur tous les fronts, ce fut au tour des Austro-Russes de battre en retraite. Quelques semaines avant Brumaire, la situation extérieure avait été améliorée. Mais la guerre continuait et la paix n'était pas encore à l'ordre du jour.

"Quand Bonaparte débarqua à Fréjus, le 9 octobre 1799, les batailles essentielles avaient été gagnées", note, à juste titre, Denis Woronoff[74]. Mais, outre que le conquérant de l'Egypte ne disposait pas des dernières informations sur la situation des armées et qu'il ne venait pas seulement prendre le pouvoir suite aux difficultés extérieures du pays, les Français –émus et inquiets à la suite de la défaite de Novi et de la mort de Joubert, en août 1799– avaient surtout soif de paix et n'avaient en tête que les défaites de l'été. L'opinion ne se rendait pas compte du redressement, pour la bonne et simple raison que personne ne lui en parlait vraiment. Alors que la crise finale du Directoire était en cours, chaque parti avait besoin que la situation militaire soit mauvaise : Sieyès et ses modérés parce qu'ils comptaient demander plus de pouvoir pour lutter contre l'étranger et faire taire les divisions intérieures, les jacobins parce qu'ils avaient intérêt à démontrer l'incapacité des gouvernants en place, les royalistes parce qu'ils devaient galvaniser leurs partisans avec les difficultés de la République et la prochaine victoire de la coalition. Quoiqu'il en soit, la situation intérieure de la République ne laissait pas supposer que les gouvernants parviendraient prochainement à imposer ou, plus simplement, à faire accepter la paix par l'Europe.

Le Directoire n'est pas mort de ses échecs extérieurs.

[74]*La République bourgeoise*, p. 194.

Ceux-ci ont participé à l'impression générale de fiasco du régime. Ils ont servi de prétexte, de "bonne" raison pour agir. Brumaire est, d'abord, une opération de politique intérieure menée avec le seul général qui n'avait connu –du moins pour la propagande officielle-, que des succès.

IV

Révolution ? Restauration ? Modération ?

L'histoire de la politique intérieure du Directoire pourrait se résumer en une série d'aller-retour d'un balancier politique –on disait alors la "bascule"– dont l'axe se situerait au "centre". Une telle simplification, ajoutée aux qualificatifs habituels appliqués au régime de l'an III –"république bourgeoise", "gouvernement des intérêts", etc– masquerait, cependant, la nature du pouvoir et des pratiques des directoriaux. Les hommes au pouvoir étaient, en "moyenne", les successeurs du gouvernement révolutionnaire, à l'instauration duquel nombre d'entre eux avait prêté son concours. Leurs origines politiques étaient diverses, mais ils étaient tous des acteurs de la Révolution. Au fil du temps et des crises, ils se posèrent en héritiers et en défenseurs des principes de 1789, sans avoir jamais l'intention d'abandonner l'idée républicaine et de favoriser un retour de la royauté. Si certains peuvent être considérés par les historiens comme des "royalistes sans roi"(Furet et Richet), ce raccourci révèle plus, à quelques exceptions près, leur recherche d'un régime à exécutif fort et concentré qu'un projet de restauration monarchique. L'idéologie de ces hommes –car, à côté des petits et grands vices de certains d'entre eux, ils en avaient une– conserva toujours une assise révolutionnaire : souveraineté nationale, prééminence de la loi, égalité des droits, pérennité de la vente des biens nationaux. En d'autres termes, les directeurs et les membres des conseils ne furent pas tous les opportunistes, voire les escrocs, qu'en a fait une bonne partie de l'historiographie, à droite comme à gauche. A côté d'hommes sans foi ni loi (Barras, Fouché, Talleyrand...), d'honnêtes serviteurs de causes politiques (Reubell, Carnot, La Revellière-Lépeaux...) occupèrent aussi le devant de la scène, certes de façon plus éphémère, car ils étaient dépourvus du cynisme qui assure la survie politique.

Hommes de pouvoir, les tombeurs de Robespierre et la plupart de leurs successeurs eurent aussi comme souci permanent de se maintenir aux affaires et d'échapper à la revanche que promettaient les royalistes. Ils le firent en utilisant la "bascule", frappant tantôt les "terroristes", tantôt les alliés objectifs de la Contre-Révolution, soit tous ceux qui, à l'un ou l'autre moment, menacèrent leurs positions. Ils tirèrent une partie de leur légitimité de mots en vogue et au contenu incertain : ordre et modération. C'est la Plaine qui avait fait Thermidor. C'est du ventre-mou de la Convention qu'il faut rechercher l'assise politique initiale du gouvernement directorial. Avec des mots d'ordre et des soutiens aussi vagues et divers, la marche des affaires ne pouvait être que chaotique et la "modération" du Directoire, jusqu'à la crise finale, n'est qu'une moyenne. Les aller-retour du balancier furent autant d'illustrations d'une attitude ambiguë, parfois justifiée par une défense "légitime", sinon légale, et rendue encore plus inévitable par les résultats des élections annuelles.

Le cheminement du Directoire vers Brumaire est la résultante de ces à-coups, sur fond de troubles sociaux, économiques et religieux, de problèmes extérieurs jamais résolus. Une formule constitutionnelle inadaptée, l'attitude imprévisible du pays légal, la persistance d'une opposition contre-révolutionnaire encouragée par les embarras du régime compliquèrent encore l'équation politique.

Modération n'est pas Contre-Révolution

Dès l'annonce des résultats du référendum sur la constitution de l'an III et le décret des deux tiers, les sections de Paris s'agitèrent. La capitale avait massivement rejeté le décret et, forts de ce résultat parisien, les royalistes pensaient –peut-être à juste titre– que le scrutin national avait été truqué. Appuyés par de nombreux modérés, les partisans de la restauration monarchique voulurent profiter d'un aussi bon argument pour protester et montrer aux électeurs –qui devaient bientôt élire les députés aux conseils– qu'on ne pouvait rien attendre de bon d'un régime issu du gouvernement révolutionnaire : trente sections de Paris sur quarante-huit adhérèrent à un manifeste de protestation contre le décret des deux tiers. Comme cela était si souvent arrivé depuis 1789, certains meneurs doublèrent le mouvement et préparèrent une insurrection armée. Fin septembre 1795, les premiers coups de feu furent tirés, aux alentours du Palais-Egalité, ci-devant Palais-Royal. Si de nombreux modérés avaient pu se faire des illusions sur la possibilité d'un retour en douceur à la monarchie, il fallait déchanter. Le comte de Provence –devenu Louis XVIII à l'annonce officielle de la mort du Dauphin au Temple– avait multiplié les déclarations vengeresses, allant dans le sens d'un retour pur et simple à l'Ancien Régime. En juin 1795, les émigrés avaient tenté un débarquement armé, à Quiberon, preuve de l'impossibilité d'arriver à un accord négocié. La lutte à mort entre la République et les partisans de la monarchie continuait. Les événements de Vendémiaire an IV (septembre-octobre 1795) allaient le montrer.

Le 3 octobre 1795, au Théâtre-français, une poignée d'électeurs, harangués par Lacretelle et Fiévée, appelèrent les sections à se soulever pour contraindre les Thermidoriens à rompre définitivement avec le jacobinisme. Dès le lendemain, sous la direction de Richer de Serizy, anti-jacobin farouche et partisan du retour de Louis XVIII, Paris passa en grande partie sous contrôle "royaliste". Le général Menou, commandant de l'armée de l'Intérieur, envoyé au-devant des séditieux pour les ramener à la raison ou les disperser par la force, fut arrêté par un fort parti d'émeutiers rue Vivienne. Il entama des négociations avec eux. Cette fois, la nouvelle République des Thermidoriens était bel et bien menacée. L'insurrection royaliste s'était renforcée et avait été encouragée par les hésitations de Menou. Dès le début de l'affaire, un comité restreint de la Convention avait cru bon d'armer environ 1500 "patriotes volontaires", que Barras appela "le bataillon sacré". Cette mesure prématurée avait eu pour effet d'inquiéter les modérés qui y voyaient le retour au cauchemar du peuple en arme. Les royalistes en avaient profité pour annoncer que "les buveurs de sang venaient d'être armés aux Tuileries". Aussitôt, les effectifs de l'insurrection se gonflèrent de nouveaux émeutiers, voire de gardes nationaux. La Convention décida d'écraser l'insurrection qui menaçait. Menou fut destitué[75] et l'assemblée appela un premier homme providentiel : Barras.

Paul-François-Jean-Nicolas, vicomte de Barras, était alors âgé de 40 ans. Issu d'une ancienne famille provençale, il avait revêtu l'uniforme dès son adolescence et, grâce à ses quartiers de noblesse et des amis bien placés, avait reçu un brevet d'officier. Affecté aux Indes, il avait participé aux combats contre l'armée anglaise, avait été fait prisonnier. De retour à Paris en 1786, il avait quitté l'armée. On le retrouva trois ans plus tard, un certain 14 juillet, lorsqu'il assista, en spectateur, à la prise de la Bastille. Il retourna ensuite dans sa région natale, créa un comité de surveillance niçois et combattit avec les armées françaises en Italie. Il s'y livra à ses premiers actes de pillage et de concussion, trait qui, aux yeux des historiens, a effacé, devant la postérité, ses titres militaires et politiques. Elu à la Convention, en novembre

[75] Traduit en conseil de guerre, Menou fut, plus tard, acquitté et reprit du service.

1792, il vota la mort du roi et fut nommé représentant en mission puis commissaire des armées du Var et d'Italie. Il était aussi "amoral et cynique en politique qu'en amour ou en affaires", note, parmi tant d'autres, un historien de la période[76]. Et même un biographe plutôt favorable à Barras avoue qu'il ne peut le laver du soupçon d'avoir été "le pourri des pourris"[77]. Robespierre le considérait comme un "flibustier" et Carnot lui trouvait "la férocité d'un Caligula". Il mit les Alpes au pas, décréta la Terreur à Marseille, fit condamner et guillotiner ceux qui lui résistaient, y compris dans les rangs des officiers supérieurs. Le siège de Toulon (août-décembre 1793), livrée aux Anglais par les royalistes, lui permit à la fois d'accélérer sa carrière et de rencontrer le jeune Napoléon Bonaparte, alors jeune officier d'artillerie qui participa aux opérations de siège. Une fois la ville reprise, Barras s'afficha comme le vainqueur des Anglais, organisa une impitoyable répression (environ 900 exécutions), fit changer le nom de Toulon en "Port-la-Montagne" et récompensa Bonaparte en obtenant sa nomination au grade de général de brigade. Avec le conventionnel Fréron, fils de celui qui, en son temps, avait ferraillé avec Voltaire, Barras se consacra alors à Marseille. Les deux hommes y multiplièrent les persécutions. En 1794, le ci-devant vicomte fut rappelé à Paris. Robespierre le reçut sans chaleur, ayant été informé de ses pratiques financières peu orthodoxes. Sentant la menace de se voir éliminer par l'"Incorruptible", Barras se rapprocha des "modérés" et devint l'âme –si l'on ose dire– du mouvement de Thermidor. Après ces journées qui virent l'élimination des amis de Robespierre, Barras obtint d'être réintégré dans l'armée, avec le grade de général de brigade.

[76]A. Conte, *Sire, ils ont voté la mort. La condamnation de Louis XVI*, 1966, p. 394.

[77]P. de Saint-Stéban, *Le vicomte Paul de Barras. Un Varois "roi de France"*, Toulon, 1995, p. 100.

C'est donc à un militaire, ou plutôt à un homme qui, par ses missions aux armées, avait acquis "une espèce de réputation militaire"[78], que la Convention confia son sort, en Vendémiaire. Pour le seconder, Barras appela auprès de lui des officiers jacobins en disgrâce, dont le général Bonaparte (un moment inquiété à la chute de Robespierre) avec qui il avait continué à entretenir de bonnes relations. Ainsi, le "vainqueur de Thermidor" employait ceux qui, sur le papier, étaient ses ennemis d'hier. Il en fallait plus, aux uns comme aux autres, pour s'arrêter à ces questions d'éthique politique. Le 13 vendémiaire an III (5 octobre 1795), ils sauvèrent la République. Les colonnes royalistes s'approchant des Tuileries où siégeait la Convention, furent privées d'artillerie et mitraillées, notamment sur les marches de l'église Saint-Roch, épisode au cours duquel Bonaparte gagna en notoriété, ce qui allait être essentiel pour la suite de sa carrière[79]. Avant même l'entrée en vigueur de la constitution (début novembre 1795), le Directoire était placé sous le double signe de l'émeute et du coup de force. Autre fait nouveau : le pouvoir politique avait fait appel à l'armée régulière et non plus à la garde nationale ou aux sansculottes pour s'en sortir.

Le régime de l'an III frappa d'abord à droite. Au lendemain de Vendémiaire, tous les républicains furent appelés à aider et à soutenir la République dont la continuité était proclamée. Mais le corps électoral –essentiellement composé de notables– adoucit cet état de fait. Il envoya siéger dans les conseils de nombreux députés de droite, emmenés par Barbé-Marbois, Portalis ou Boissy d'Anglas. Divisée, cette forte minorité n'inquiétait pas les Thermidoriens à qui le

[78] Selon l'heureuse expression de Pontécoulant, membre du Comité de salut public, en 1795, dans ses *Souvenirs*, t. II, p. 11.

[79] Nous y reviendrons plus en détail lorsque nous rappellerons la carrière de Bonaparte et ses rapports avec le Directoire.

décret des deux tiers assurait, au moins pour la première législature, une certaine tranquillité. Les directeurs furent choisis parmi les révolutionnaires : Barras, La Revellière-Lépeaux, Letourneur, Reubell et Sieyès. Tous étaient régicides. Lorsque Sieyès jugea qu'il n'aurait pas les moyens d'imposer ses vues et refusa de siéger, Carnot –lui aussi régicide– lui succéda. Ces hommes n'avaient aucun intérêt, bien au contraire, à une restauration monarchique. Ils placèrent des collaborateurs qui leur étaient dévoués aux postes-clés. Une loi de novembre 1795 les autorisa même à pourvoir les places vacantes dans les administrations locales. Ils en profitèrent pour freiner le retour des conservateurs sur l'ensemble du territoire. Car, écrasés à Paris, les royalistes relevaient la tête hors de la capitale. Comme de coutume, l'Ouest et la Provence s'agitaient. Le général Hoche parvint à pacifier provisoirement la partie ouest et les royalistes en furent réduits à se livrer au brigandage. Pour parfaire la lutte contre ses adversaires et mobiliser l'opinion, le nouveau Directoire subventionna des journaux et autorisa la réapparition des clubs.

Dès lors, à Paris, les jacobins se sentirent remis en selle par le pouvoir. Rapidement, ce dernier se sentit menacé de l'ouverture d'un "second front"... qu'il avait lui-même contribué à créer. Les anciens du Comité de salut public, les conventionnels exclus de l'assemblée et décrétés inéligibles comme complices de la Terreur, les animateurs des clubs voulaient prendre leur revanche. Le club du Panthéon, animé par l'imprimeur Lebois, était le plus virulent. Fondé au début du Directoire, il professait des idées extrémistes et appelait les patriotes à se réveiller. Il profita des difficultés économiques pour attirer en son sein une foule d'opposants. Il compta jusqu'à 2 400 membres. Le 9 ventôse an IV (28 février 1796), le balancier revint vers la gauche. Deux semaines après que le Directoire eut célébré l'anniversaire de la mort de Louis XVI, le club fut fermé par Bonaparte, alors responsable du maintien de l'ordre dans la capitale. Les journaux "terroristes" furent poursuivis et de nombreux fonctionnaires destitués. Plus encore qu'en Thermidor, le parti républicain fut coupé –au moins– en deux. Pour donner le change, le Directoire continua à mettre en application des mesures garantissant symboliquement son orthodoxie révolutionnaire : serment de haine à la royauté imposé aux fonctionnaires, exécution des chefs de la rébellion dans l'Ouest, dissolution des administrations départementales suspectes. La ligne de la "réaction" thermidorienne était bien sinueuse. L'affaire de la "conjuration des Egaux" fut un nouveau prétexte pour augmenter la pression sur les jacobins. Il faut ici dire quelques mots de cet épisode.

La "Conjuration des Egaux"

Dans la mythologie révolutionnaire, la chute de Babeuf occupe une place de choix. Les historiens marxistes l'ont élevée au rang d'événement majeur. Sans éprouver de sympathie pour Babeuf, Marx a, tout de même, qualifié son mouvement de "premier parti communiste agissant". Pour lui comme pour ses disciples, il s'agit d'une première tentative d'instauration du "socialisme" par une avant-garde. Pour l'historien communiste Albert Soboul, par exemple, "Babeuf, le premier dans la Révolution française, surmonta la contradiction à laquelle s'étaient heurtés tous les politiques dévoués à la cause populaire, entre l'affirmation du droit à l'existence et le maintien de la propriété privée (...). Par le babouvisme, le communisme, jusque-là rêverie utopique, était érigé en système idéologique; par la Conjuration des Egaux, il entrait dans l'histoire politique"[80]. Il y a, dans

[80] A. Soboul, *Le Directoire et le Consulat*, "Que sais-je ?", 1980, pp. 30-31. De telles affirmations, formulées avant que les illusions de ces auteurs ne se conjuguent au passé, ont encore été développées par J. Bruhat, *Gracchus Babeuf et les Egaux ou le premier parti communiste agissant*, 1978, ou C. Mazauric, *Babeuf*, 1988. En sens inverse, R. Dautry a montré à quel point Babeuf était obsédé par le métier de conspirateur et comment il trouva dans l'utopie des Egaux une bonne cause à défendre ("Le pessimisme économique de Babeuf et l'histoire des utopies", *Annales Historiques de la Révolution Française*, 1961, pp. 215-233).

cette récupération, une exagération manifeste qui brouille davantage encore l'image du Directoire. En réprimant la "conjuration des Egaux", les directoriaux auraient, en quelque sorte et toujours selon les historiens d'extrême-gauche, renoncé à leur statut de révolutionnaires.

François-Noël, dit Gracchus, Babeuf était né à Saint-Quentin, en 1760. Clerc de notaire puis domestique, il s'était passionné, avant la Révolution, pour les problèmes fiscaux et avait participé à la rédaction du cahier de doléances de son bailliage. Elu au conseil général de la Somme, en 1792, il dut se réfugier à Paris, après une affaire de faux en écritures. Des amis, dont Thibaudeau, l'aidèrent à se sortir de ce mauvais pas et Gracchus Babeuf se lança, après Thermidor, dans le combat politique. Directeur de journal comme prête-nom d'un conventionnel en délicatesse avec le pouvoir, il attaqua sans nuance le nouveau régime, ce qui lui valut une incarcération de sept mois. Libéré en octobre 1795, il se rapprocha de chauds révolutionnaires voulant "rendre le pouvoir au peuple", supprimer la propriété privée, relever les échafauds.

Le 30 novembre 1795, dans son journal *Le Tribun du Peuple*, Babeuf publia un "manifeste des Plébéiens" dans lequel il prônait la propriété collective des terres. Il commença, à partir de ce moment, à comploter le renversement du régime directorial, jusqu'à fonder, en mars 1796, un "directoire secret de salut public" qui eut des contacts avec des responsables jacobins, en vue de "révolutionniser" le peuple. Infiltrée par la police, sa "conspiration" devint un prétexte utile au gouvernement : on proclama que la République était menacée par un complot de grande ampleur. S'il est vrai que Babeuf avait tenté de rallier des montagnards à ses idées, leur accord n'était que de circonstance et sans doute pas de nature à renverser le régime de l'an III. Tout au plus, selon le mot de Jean Jaurès, Babeuf fit passer un "frisson" révolutionnaire nouveau. Il fut arrêté et son procès à grand spectacle, de mars à mai 1797, aboutit à sa condamnation à mort et à son exécution. L'un de ses complices, Buonarroti, fut condamné à la déportation et écrivit plus tard l'ouvrage qui créa la légende babouviste. Pourtant, sans soutien populaire, la conspiration des Egaux –emmenée par un homme que Marx jugea "grossier et inculte"– n'avait aucune chance d'aboutir. Elle ne fut qu'une crise supplémentaire traversée par le Directoire.

En frappant encore à gauche, les hommes au pouvoir se coupaient des forces qui pouvaient soutenir la République en cas de menace contre-révolutionnaire. Les sans-culottes désarmés, les jacobins brisés et humiliés ne viendraient jamais au secours de ce régime honni. Ils feraient même tout pour en prendre le contrôle par l'élection, à défaut de pouvoir le submerger par la force. Les directoriaux avaient pourtant bien besoin de ces soutiens car leur politique enhardissait cette fois la Contre-Révolution. Si le débarquement des émigrés à Quiberon fut, comme la tentative de Vendémiaire, noyé dans le sang[81], le parti royaliste reprenait des forces dans toute la France et commençait à organiser ses réseaux.

Les progrès du parti royaliste

Depuis 1789, les royalistes avaient été divisés. La marche de la Révolution n'avait fait qu'accentuer ces tendances centrifuges. Grossièrement, ce parti comptait deux grandes tendances : les irréductibles et les constitutionnels. Les premiers fondaient leur action sur le retour en arrière. Blottis autour du prétendant en exil, ils voulaient mettre à bas la République et rétablir l'Ancien Régime. Ils disposaient de soutiens armés à l'intérieur, du concours des armées étrangères à l'extérieur, des informations et de l'agitation fomentée par leur "agence" de Paris, grâce aux finances anglaises[82]. Si

[81]Malgré un accord de reddition, 900 émigrés furent exécutés. Voir J. P. Champagnac, *Quiberon. La répression et la vengeance*, 1989.

[82]Voir O. Blanc, *Les espions de la Révolution et de l'Empire*, 1995.

cette faction observait avec sympathie les efforts des modérés, même républicains, pour parvenir au pouvoir, elle refusait de composer avec une constitution qu'elle ne reconnaissait pas. A l'inverse, les constitutionnels avaient pris le parti de lutter de l'intérieur pour parvenir à une restauration "douce", respectant certains des acquis de 1789. Parmi eux, un sous-groupe s'interrogeait sur la capacité des comtes de Provence et d'Artois, les frères de Louis XVI, à incarner la réconciliation nationale. Le nom du duc d'Orléans était souvent prononcé, même si ce prince avait fait sa soumission à ses "cousins". Son plus récent biographe semble penser que le futur Louis-Philippe était rentré dans le rang et jouait le jeu de Louis XVIII. Pendant cette période troublée, il parcourait l'Amérique et l'Europe, se montrant peu disponible pour des projets politiques originaux. On se servit plus de son nom qu'il ne complota vraiment[83].

Un des centres d'action des royalistes à Paris était le club de Clichy. Fondé en 1794, il avait résisté à toutes les interdictions et après avoir tenu ses séances dans l'hôtel du notaire Gibert-Desmolières, rue de Clichy, avait été transféré dans celui d'un contrôleur général des Finances et secrétaire d'Etat de Louis XV, Bertin, mort en émigration en 1792. Lors des réunions, on s'y saluait "à la guillotine", c'est-à-dire par un vif mouvement de la tête, tandis que le corps restait bien droit. Le club "se composait d'hommes professant les opinions les plus opposées, mais tous ou presque étaient réactionnaires"[84]. Mathieu Dumas et Boissy d'Anglas, les raisonnables, devaient s'y sentir isolés au milieu des Pichegru, Royer-Collard, Hyde de Neuville, Vaublanc, Fiévée, contre-révolutionnaires sans nuance bénéficiant, pour la plupart, du soutien et de l'argent des "agences" anglaises établies tant en France qu'à la périphérie[85]. Au sein des

[83]Voir G. Antonetti, *Louis-Philippe*, 1995.

[84]A. Challamel, *Les clubs contre-révolutionnaires*, 1895, p. 483.

[85] Voir E. Sparrow, "The swiss and the swabian agencies. 1795-1801", *The Historical Journal*, 1992, pp. 861-884.

"clichyens", les luttes intestines opposaient les "jacobins blancs" irréductibles aux constitutionnels. Entre les deux, le "ventre" arbitrait[86]. Par la force des choses, et suite aux succès de Hoche en Vendée, les royalistes étaient débarrassés, aux yeux de l'opinion modérée, de l'hypothèque chouanne. Le club de Clichy avait des filiales en province et, malgré l'interdiction édictée au début du Directoire, entretenait avec elles une intense correspondance. Une prise de pouvoir par la violence semblait être écartée et la Contre-Révolution s'en remettre aux urnes.

Les réseaux "clichyens" préparèrent minutieusement les échéances électorales. Grâce à des sociétés (ou "instituts") philanthropiques créées dans tout le pays, ils s'organisèrent et firent campagne en vue des élections de 1797. Le comte de Provence (futur Louis XVIII) sembla même avoir accepté cette stratégie électorale. Les "philanthropes" avaient son soutien moral et bénéficiaient de l'appui –logistique et financier– de ses agents. Le Directoire vit venir le danger. A quelques semaines du scrutin, il décréta la radiation des listes électorales de tous les émigrés rentrés et prescrivit aux assemblées primaires d'exiger de chaque électeur un serment de fidélité à la constitution. Les opérations électorales se déroulèrent dans une mauvaise ambiance. Sentant venir leur défaite, les jacobins et les modérés se livrèrent à de nombreuses manoeuvres d'intimidation. A Toulouse, par exemple, les jacobins firent irruption dans les assemblées électorales. Armés de gourdins, ils empêchèrent par la force les citoyens soupçonnés de royalisme d'accomplir leur devoir. Avec de telles pratiques, qui se reproduisirent à travers la France, les électeurs hésitèrent à se déplacer, laissant le

[86] A partir de 1797, le club de Clichy fut concurrencé par celui de Salm, du nom de l'hôtel particulier qui accueillait ses réunions, officine bien plus modérée qui finit par attirer des clichyens modérés. Prolongement des conversations du salon de Germaine de Staël, on put y croiser Benjamin Constant, Talleyrand et François de Neufchâteau. Le club de Salm apparaissait plutôt comme une assemblée libérale.

terrain libre aux militants. L'abstention fut massive[87]. Malgré les précautions prises par les directoriaux, les royalistes parvinrent à remporter les élections : "Le Directoire récoltait ce qu'il avait semé. Sa propagande, le gonflement du complot babouviste, avaient dépassé leur but; la peur des "partageux" avait saisi au ventre les notables et les parvenus qui formaient la masse des électeurs censitaires. Que leur importait une restauration qui respecterait les propriétés ?"[88]. Pichegru fut élu président des Cinq-Cents et Barbé-Marbois président des Anciens. Le diplomate royaliste Barthélemy – qui avait négocié les traités de Bâle– remplaça Letourneur au Directoire. Mais la République avait de la chance : les divisions internes au parti royaliste empêchèrent le basculement rapide du régime dans le camp de la Contre-Révolution. La droite royaliste "constitutionnelle" décida d'être patiente et d'agir avec doigté. Elle choisit une stratégie consistant, d'une part, à arracher immédiatement ce qui pourrait l'être par la voie légale et, d'autre part, à attendre les élections suivantes pour renforcer sa majorité et, telle une lame de fond, submerger ses adversaires. Alors, Louis XVIII pourrait rentrer dans son royaume.

Fructidor

L'été 1797 fut lourd de menaces et chaque camp prépara la suite. Profitant de leur avantage parlementaire, les royalistes s'attaquèrent à la législation défavorable aux émigrés. Ces derniers commencèrent à rejoindre nombreux le territoire national. En province, les sociétés philanthropiques se manifestèrent par quelques excès : acquéreurs de biens nationaux attaqués ou menacés, accueil enthousiaste des prêtres réfractaires de retour dans leur paroisse, assassinats de républicains. A Paris, les conseils, soutenus, dans le Di-

[87]Voir J. Godechot, *La vie quotidienne en France sous le Directoire*, pp. 190 et suivantes.
[88]A. Soboul, *op. cit.*, p. 44.

rectoire, par Barthélemy et Carnot, réclamèrent un changement de ministère. Le triumvirat républicain, composé de Barras, Reubell et La Revellière-Lépeaux, trois hommes qui, pourtant, avaient peu de choses en commun, le leur concéda, mais pas dans le sens souhaité. Le 16 juillet 1797, le remaniement eut lieu : Merlin de Douai et Ramel, ennemis jurés des royalistes, furent maintenus à la Justice et aux Finances, tandis que les autres appelés étaient des modérés – tels François de Neufchâteau ou Talleyrand– voire de francs républicains, comme Hoche, à la Guerre. Les directoriaux n'étaient pas restés inactifs. Ils avaient eu aussi regroupé leurs forces, fondé leurs clubs, appelés "cercles constitutionnels", voire réactivé des organisations jacobines.

La crise ne pouvait être réduite par les mécanismes constitutionnels. Un nouveau coup de force était inévitable. L'armée était toujours favorable aux républicains et pouvait être le principal acteur de la remise en ordre. Dès juillet, Hoche –contraint de se retirer du gouvernement car il n'avait pas trente ans, âge requis pour être ministre– avait fait marcher des troupes vers la capitale mais s'était arrêté à l'entrée de la ville, avant d'ordonner la retraite. C'est encore Bonaparte qui intervint. Il communiqua au Directoire les papiers d'un espion royaliste, le comte d'Antraigues, saisis en Italie et montrant que Pichegru avait participé à un complot royaliste. Cette fois, on pouvait proclamer la République en danger. Depuis la Péninsule où il jouait les proconsuls, Bonaparte dépêcha le général Augereau à Paris pour prendre l'affaire en main.

Le 18 fructidor an V (4 septembre 1797), l'armée pénétra dans Paris. Pichegru et Barthélemy furent arrêtés, alors que Carnot prenait la fuite. Les conseils, privés des députés royalistes les plus marquants, se réunirent dans la nuit et cassèrent les élections dans 49 départements, éliminant ainsi 177 représentants et renversant la majorité. Dans la foulée, François de Neufchâteau et Merlin de Douai furent portés au Directoire. La presse fut réduite au silence, les lois contre les émigrés réactivées, les prêtres réfractaires poussés à regagner leurs cachettes.

Le balancier était revenu frapper à droite. Sérieusement ébranlés, les royalistes n'étaient pas pour autant éliminés tandis qu'à l'autre extrémité de l'échiquier politique, les jacobins continuaient à se renforcer. Fructidor n'était qu'une étape de plus vers l'épilogue. En faisant sortir, une fois de plus, l'armée de ses casernes, les directoriaux l'avaient intronisée arbitre des conflits des pouvoirs publics. Quant aux assemblées électorales, elles ne pouvaient plus croire en ce régime qui venait d'agir avec force contre leurs choix. La légitimité du Directoire et de ses hommes était ténue, leurs méthodes manifestement anticonstitutionnelles. L'opinion leur devenait hostile. L'armée avait les moyens de s'émanciper. Un pli définitif venait d'être pris : il ne sortirait rien des urnes et de l'application de la constitution de l'an III. On entrait "dans une période d'irrégularités et d'anarchie"[89]. On s'attaquait aux nobles et aux prêtres. On reprenait les perquisitions et les tracasseries, comme au temps de la Terreur. On censurait la presse, la librairie (c'est ainsi qu'on désignait alors l'édition) et le théâtre. Les partis politiques étaient disloqués. Les royalistes, persécutés par la "terreur fructidorienne", n'avaient plus droit de cité. Les révolutionnaires les plus libéraux étaient parfois amalgamés aux pires ennemis de la République et, dans le même temps, les jacobins n'étaient pas pardonnés.

Le fouillis politique s'était installé. Restaient les directoriaux, accrochés à leur pouvoir.

[89]Jean Tulard, *La France de la Révolution et de l'Empire*, 1995, p. 95.

V

L'heure de Sieyès.

Fructidor n'avait pas mis fin aux turbulences traversées par le Directoire. Mais, paradoxalement, cette crise eut une première conséquence bénéfique pour une (éventuelle) survie à long terme du régime. Chacun avait pu constater *in situ* que la constitution de l'an III était inadaptée en cas de conflit majeur entre l'exécutif et le législatif. L'idée d'une réforme constitutionnelle en fut renforcée. La société politique (directeurs, représentants, journalistes, lecteurs de journaux, frange cultivée de la population, bourgeois et notables) se tournait de plus en plus vers l'homme dont on disait qu'il avait toujours une constitution prête à l'emploi : Sieyès. Le grand publiciste anglais Edmond Burke (1728-1797) écrivait de lui, non sans une ironique exagération : "L'abbé Sieyès a des cases entières de pigeonniers remplies de constitutions toutes faites, étiquetées, assorties et numérotées, appropriées à toutes les saisons et à toutes les fantaisies (...) Aucun amateur de constitution ne peut sortir de sa boutique les mains vides"[90]. Mais avant que son heure fut vraiment venue, il fallut encore que la République affronte quelques orages.

Un auteur a écrit de Sieyès qu'il fut "la clé de la Révolution française". Si le mot "clé" est employé pour montrer que Sieyès fut, en quelque sorte, l'"instrument" qui permit

[90] Cité par P. Bastid, *Sieyès et sa pensée*, 1970, p. 182.

d'ouvrir la Révolution, en 1789, et d'en refermer la première grande période, en 1799, l'expression fait mouche.

A Sainte-Hélène, Napoléon confia à Las Cases : "Sieyès, après tout était probe, honnête et surtout fort habile; la Révolution lui doit beaucoup"[91]. On ajoutera que l'ex-empereur lui devait aussi beaucoup. C'est Sieyès qui initia le 18-Brumaire. L'affaire fut d'abord conçue par lui et pour lui. Ensuite, l'irruption de Bonaparte puis la confiscation du coup d'Etat à son profit ne purent être empêchées par les calculs du vieux doctrinaire. Tout se passa, en somme, comme si deux conspirations parallèles, mais ayant quelques hommes en commun, avaient décidé de fusionner. Plus fort, plus "mobile", le parti de Bonaparte parvint à maîtriser, puis à engloutir, celui de Sieyès, doctrinaire et rigide.

Le rôle de Sieyès est parfois passé au second plan, écrasé par la personnalité et le destin de Bonaparte. Il y a là quelqu'injustice pour un personnage qui, pour ne pas inspirer la sympathie, ne mérite tout de même pas de disparaître presque de ce tournant de l'histoire de la Révolution.

Courages et lâchetés de M. l'abbé Sieyès

En trois phrases, Emmanuel Joseph Sieyès[92] a résumé, dès janvier 1789, ce qu'allaient être les Etats généraux du mois de mai suivant. "Qu'est-ce que le Tiers état ?", interrogeait-il dans une petite brochure. "Tout", répondait-il. "Qu'a-t-il été jusqu'à présent dans l'ordre politique ? Rien. Que demande-t-il ? A y devenir quelque chose". Dans le bouillonnement des idées et la profusion de libelles, pamphlets, études et projets de cette "année sans pareille" (Michel Winock), Sieyès n'a rien inventé quant au fond de la doc-

[91]*Mémorial de Sainte-Hélène*, t. I, p. 437.

[92]Les études sur Sieyès ont été nombreuses mais sont dominées par les ouvrages de Paul Bastid, *Sieyès et sa pensée* (1939, réédité en 1970), et Jean-Denis Bredin, *Sieyès. La clé de la Révolution française* (1988).

trine du régime représentatif[93], mais il a su résumer avec génie les enjeux du débat de 89 en trois questions-réponses inoubliables. De la publication de *Qu'est-ce que le Tiers état ?* date son entrée dans l'histoire. Mais sa vie avait commencé quatre décennies plus tôt.

Sieyès naquit à Fréjus, le 3 mai 1748, dans la famille d'un receveur des droits royaux et directeur des postes. Plutôt porté, par goût personnel, vers le métier des armes, il fut orienté par ses parents vers l'état ecclésiastique. Il passa, ainsi, du sabre au goupillon ce qui, après tout, résume assez bien sa pensée, qui fut la plupart du temps celle d'un homme d'ordre, malgré les adaptations et concessions que les différentes phases de la Révolution et la nécessité de survivre rendirent nécessaires. Ordonné prêtre en 1772, il devint grand vicaire de l'évêque de Chartres. Cette destination n'est pas indifférente. Chartres comptait alors 13 000 habitants dont environ 600 consacraient leur vie à l'Eglise. La ville appréciait et honorait une aussi forte présence religieuse, bonne pour les âmes et les affaires. Sieyès y devint, par sa fonction, un notable. Avide d'ascension et de reconnaissance sociales, il se servit de sa position comme d'un tremplin pour pénétrer la bonne société et, bientôt, les salons de Paris et de Versailles, villes dont Chartres n'était pas éloignée. Le grand vicaire manqua même de devenir aumônier de l'une des filles de Louis XV. On peut penser que son destin aurait été radicalement changé si ce projet avait abouti. Sa famille chercha à se découvrir les quartiers de noblesse indispensable à la perfection de sa réussite. Emmanuel protesta –mollement– auprès de son père. Son récent biographe justifie, non sans difficulté, cette attitude peu compatible avec la réputation du profond révolution-

[93]Entre autres brochures, celle que publia Roederer, à Metz, en mai 1788, sous le titre *De la députation aux Etats-Généraux*, contenait, par exemple, une théorie du régime représentatif identique à celle exposée sept mois plus tard par Sieyès.

naire : "Il déteste les préjugés, les titres, les rites de la noblesse, mais il sait la difficulté de s'en passer pour réussir"[94].

Bien que chargé de l'administration d'un diocèse important et très occupé par sa promotion personnelle –mais réussit-on sans ambition ?-, il continua à trouver le temps de s'adonner à sa passion des livres et des idées, lisant, annotant, commentant, critiquant des milliers de pages. Parfois, il saisissait la plume et tentait d'écrire un ouvrage. Il n'allait jamais au-delà des premiers chapitres, si bien que, jusqu'en 1789, il ne parvint pas à composer une oeuvre complète. Il y réussit –et de quelle façon !– avec la publication de *Qu'est-ce que le Tiers état ?*, largement inspiré par les autres travaux qui rythmèrent la fin du siècle des Lumières mais animé d'un bel élan et, surtout, superbement introduit par les trois questions initiales. Le succès de cette brochure, encouragée par la maison d'Orléans, fut fulgurant. La première édition fut épuisée en quelques jours et on ne cessa de réimprimer l'ouvrage[95]. S'attaquant aux privilèges, proposant un système politique rénové par la souveraineté appelée alors "populaire" –et qui était en fait "nationale", car rejetant les procédés de démocratie directe-, Sieyès devint, en quelques mois "le premier et le plus profond théoricien de la Révolution française"[96]. L'hommage se discute, certes, car il induit que la profondeur des théories de la Révolution française réside dans la modération et la promotion exclusive d'un régime purement représentatif. Mais il faut constater que la brochure propulsa Sieyès au premier rang du combat des réformes du printemps 1789.

[94]J.-D. Bredin, *Sieyès. La clé de la Révolution française*, p. 61.

[95]La fameuse brochure a été rééditée en 1988, chez Flammarion, avec une présentation de J.-D. Bredin. La diffusion des années révolutionnaires fut énorme, sans toutefois atteindre les 300 000 exemplaires indiqués par certains auteurs. En 1788, Sieyès avait publié un bref *Essai sur les privilèges* qui ne connut qu'un succès d'estime.

[96]K. M. Baker, "Sieyès", *Dictionnaire critique de la Révolution française. Les acteurs*, 1992, p. 296.

Elu représentant du Tiers de Paris, Sieyès fut l'un des animateurs du dérapage des Etats généraux. C'est sur sa proposition que son ordre se constitua en Assemblée nationale, le 17 juin 1789, impulsion qui amena ces hommes enthousiastes au serment du Jeu de paume, trois jours plus tard. Le premier pas de la Révolution avait été fait. Les écrits et l'action du grand vicaire de Chartres en avaient été l'une des "clés". Mais, même s'il joua encore un rôle non négligeable dans la rédaction de la Déclaration des droits de l'homme et du citoyen, son étoile faiblit rapidement. Il entama sa popularité en se prononçant contre la suppression de la dîme et fut beaucoup moqué pour ses incompréhensibles réflexions sur la future constitution. On ne retint de ces propositions que les notions de citoyen "actif" et "passif", sans s'arrêter sur son bicaméralisme compliqué et, pas du tout dans l'air du temps. De surcroît piètre orateur, l'abbé ne faisait pas le poids face aux ténors de la Constituante, tel Mirabeau qui lui vola bientôt la vedette. En ces temps où l'art oratoire était essentiel, il murmurait des discours compliqués qui ennuyaient beaucoup ses collègues. Submergé par l'éloquence de ses rivaux, Sieyès décida de se murer dans le silence et la bouderie, ne devint pas évêque constitutionnel de Paris (comme on l'y poussa), puis accepta pour quelques mois un mandat d'administrateur du département de la Seine. Il se retira ensuite à la campagne. Talleyrand l'avait déjà affublé du surnom de "M. l'abbé La Peur". Un autre contemporain le décrivit aussi comme un homme qui aimait les tractations secrètes, sans se mettre en danger : "S'il y a un rideau dans une salle, vous êtes sûr de trouver Sieyès derrière". Mais, à défaut de lui trouver du courage physique, on reconnaissait la profondeur de sa pensée. Ses idées nouvelles sur l'organisation de l'Etat ne laissaient pas indifférent. Il réapparut en se faisant élire, à l'été 1792, à la Convention, comme représentant de la Sarthe. Roederer, qui fut son ami, raconte : "La Convention venait de passer, sur cinq ou six motions différentes, cinq ou six fois à *l'ordre du jour*. Sieyès dit : *Quand passera-t-elle au jour de l'ordre ?*"[97]. Car, détestant le foisonnement révolutionnaire, Sieyès était partisan d'une stabilisation de la Révolution sur le socle des principes de 1789.

Cette conviction qu'il fallait gouverner l'Etat et qu'il lui fallait donc au sommet "une pointe plutôt qu'une plate-forme", n'empêcha pas Sièyes de voter –d'une voix faible, dit la chronique-, la mort du roi. Il tenta bien d'intervenir dans quelques débats, mais les réactions des majorités successives lui montrèrent bien que, si son nom était encore respecté, il risquait gros –et pourquoi pas sa tête ?– à vouloir imposer une philosophie différente de celle du mouvement. Ainsi, lors d'un débat sur l'organisation du ministère de la Guerre, il aurait souhaité que le contrôle de celui-ci soit exercé par les comités exécutifs et non par la Convention. Selon lui, il fallait une vraie "direction" à un secteur ministériel aussi essentiel. Girondins et jacobins l'attaquèrent de concert, Saint-Just allant jusqu'à le soupçonner de "tendre à la monarchie", ce qui, par les temps qui courraient, ne pouvait être considéré comme un compliment. Le faible rôle qu'il joua dans la préparation de la constitution de 1793, dominée par Condorcet, et l'adoption de solutions aux antipodes de ses propres préceptes fut un signe supplémentaire de la défiance de l'assemblée à son égard. Il décida de rentrer dans le rang et, prétextant une santé fragile, ne se fit plus remarquer que par un soutien prudent, silencieux, mais réel, au gouvernement révolutionnaire. Il accepta de participer aux travaux d'un comité sans importance politique excessive, celui de l'Instruction publique. Il renonça aux droits attachés à la prêtrise, pour se conformer à la politique de déchristianisation. Dans une habile déclaration à la Convention, il n'abjura pas et ne renonça pas à une mission pastorale qu'il estimait avoir abandonné depuis longtemps. Il donna pourtant satisfaction aux plus avancés en commen-

[97]Roederer, *Oeuvres*, 1856, t. IV, p. 204.

çant son discours par ces mots : "Mes voeux appelaient depuis longtemps le triomphe de la raison sur la superstition et le fanatisme". Et, presque dans la foulée, il vota la création du culte de l'Etre suprême, religion décrétée qui devait remplacer la religion révélée.

Ainsi, Robespierre bénéficia souvent de ses votes et le laissa en paix, même s'il le soupçonna de préparer quelque mauvais coup, en sous-main[98]. L'"Incorruptible" disait de lui qu'il était "la taupe de la Révolution". Lorsque, plus tard, on demanda à Sieyès ce qu'il avait fait pendant cette période, il aurait répondu : "J'ai vécu". En regardant la liste des révolutionnaires envoyés à l'échafaud à cette époque, on aurait tendance à penser que cela n'était déjà pas si mal, même s'il avait fallu plusieurs fois se renier. Cette capacité d'oubli et de revirement pèse sur les portraits qu'ont dressé de Sieyès les historiens de la Révolution.

L'oracle constitutionnel

"Le 10 thermidor, la taupe (put) sortir de son trou"[99] Député de cette Plaine qui avait autant fait la Terreur qu'elle avait permis l'élimination de Robespierre, Sieyès attendit quelques mois avant de reprendre la parole[100]. Il observa le comportement des nouveaux maîtres. Une fois

[98]D'après certains papiers du réseau du comte d'Antraigues, célèbre espion royaliste, Sieyès aurait été un des inspirateurs de la Terreur, une sorte de conseiller et de "tireur de ficelles" d'une marionnette nommée... Robespierre. Il aurait obtenu l'élimination des hébertistes et des dantonistes. La plupart des historiens réfutent le sérieux de ses rapports d'espions peu scrupuleux dont beaucoup puisaient leurs informations dans les journaux ou les ragots d'auberges. Voir J. Godechot, *La contre-Révolution. 1789-1804*, 1961, p. 190 et s. ou *Le comte d'Antraigues. Un espion dans l'Europe des émigrés*, 1986.

[99]Bredin, *Sieyès. La clé de la Révolution française*, p. 325.

[100]La Convention le chargea néanmoins de présider la commission qui proposa de décréter d'accusation trois "vainqueurs de Thermidor" estimés complices de la Terreur et qui avaient participé aux journées insurrectionnelles de germinal an III (mars-avril 1795) : Collot d'Herbois, Barère, Billaud-Varenne. Deux furent déportés sans jugement en Guyane, Barère parvint à s'évader.

assuré que les charrettes de suppliciés étaient l'apanage du passé, il se prononça pour la modération et le calme, afin que finisse la Révolution. Son silence "philosophique" avait impressionné. Son passé de 1789 n'était pas oublié. On ne l'aimait guère mais on se tourna vers lui. "Apostat et régicide, il a tous les stigmates qui distinguent le révolutionnaire de première zone, écrivit Pierre Gaxotte –qui n'aimait guère Sieyès, pas plus que les révolutionnaires en général, c'est le moins qu'on puisse dire. Ayant su se taire et se terrer sous la Convention, il n'est pas compromis avec les communistes (sic). N'ayant point participé au pouvoir (...), il bénéficie de la force immense attachée à ceux qui ont l'art de se faire désirer. Comme le dit Vandal, sa réputation a grandi de tout ce qu'il n'a pas fait. Son silence est lourd de pensées et, quand il parle, c'est par oracles. Depuis la mort de Condorcet, la République n'avait plus de philosophes. Sieyès en relève l'emploi"[101].

L'ex-abbé s'avéra être, malgré ses silences –ou grâce à eux-, un bon "communicateur" et parvint à faire oublier son attitude ambiguë vis-à-vis des terroristes. Il publia une *Notice sur la vie de Sieyès* qui marqua sa véritable "rentrée politique". Rédigée avec l'aide d'un ami, soi-disant avant Thermidor, elle était destinée à le montrer prophétique et raisonnable. Les conséquences de ces efforts furent quasi-immédiats : en mars 1795, la Convention thermidorienne appela Sieyès à siéger au Comité de salut public. Il accepta et parla même devant l'assemblée, soutenant la réintégration des députés girondins survivants avec la même conviction... que celle qu'il avait mise à se taire au moment de leur arrestation. En mars encore, il proposa à la Convention une loi de "grande police" pour réprimer les excès de la rue, interdire les attroupements, les manifestations contre la représentation nationale. Malgré l'hostilité de la gauche, il combattit avec courage pour que son projet soit adopté, audace qui

[101]Pierre Gaxotte, *La Révolution française*, 1959, p. 483.

étonne lorsqu'on se souvient comment Sieyès avait su renoncer à ses convictions pendant la Terreur. Le 18 avril, il fut élu président de la Convention, pour quinze jours[102]. A peine eut-il quitté son fauteuil présidentiel que les faits lui donnèrent raison : salle des séances de la Convention envahie, cris séditieux, menaces, un député décapité dans les couloirs et sa tête présentée au bout d'une pîque au président Boissy d'Anglas (prairial an III, mai 1795). On connait la suite, le désarmement des sections et la fin du mouvement sans-culotte, rendus possibles grâce à la fermeté de l'ex-abbé. Son prestige semblait s'être complètement rétabli, tant au sein de la Convention que de la population, lorsqu'il quitta le Comité de salut public, le 5 juillet 1795. Car, outre la répression contre la gauche, l'ex-abbé avait eu l'occasion de montrer que, même collégial, un exécutif pouvait être fort. Il avait aussi, en politique extérieure, déployé une action diplomatique remarquable au sein du Comité de salut public, notamment dans les affaires hollandaises.

La fin de la période conventionnelle permit à Sieyès de retrouver le rôle pour lequel l'histoire a retenu son nom, celui "d'oracle constitutionnel". Paradoxalement, lorsque l'assemblée commença à se préoccuper de donner une nouvelle constitution à la France, Sieyès prit la défense des institutions montagnardes de 1793... qu'il avait combattues bec et ongles lors de leur création, deux ans plus tôt. Il refusa de participer au comité constitutionnel qui enterra le texte mythique de 1793. Il n'avait pas changé d'avis sur le fond : pour lui, la démocratie directe était toujours impossible dans une grande nation. Mais il avait compris que, de toute façon, on ne prendrait pas en compte la totalité de sa doctrine. Autant, dans ces conditions, ne pas être complice de ce qui se préparait et garder ainsi sa liberté pour l'avenir.

[102]Sieyès eut une carrière "présidentielle" et parlementaire très riche. Il présida, tour à tour, la Constituante (juin 1790), la Convention (avril 1795), les Cinq-Cents (novembre-décembre 1797) et, enfin, le Sénat (1799). Voir Philippe Séguin, *240 dans un fauteuil. La saga des présidents de l'Assemblée*, 1995, pp. 118-123.

Le 20 juillet, alors que la commission constitutionnelle présentait le résultat de ses travaux et invitait, depuis plusieurs jours, la Convention à débattre, Sieyès monta à la tribune. Il prononça un long discours qui fut écouté avec attention par ses collègues. Il y développa des idées compliquées sur l'organisation du pouvoir, sa séparation (qui ne devait pas signifier "équilibre"), la collégialité de l'exécutif (qui ne devait pas être paralysante), le monocaméralisme (qui avait ses faveurs dans les circonstances présentes), et, bien sûr, sa méfiance à l'égard de la souveraineté populaire. L'oracle proposa des solutions nouvelles, logiques, mûries, dit-il, par une réflexion de plusieurs décennies et six années d'événements historiques exceptionnels : beaucoup d'entre elles seraient reprises plus tard –mais en moins compliqué– dans la constitution de l'an VIII, celle du Consulat. En attendant, la Convention, si elle l'avait écouté, n'entendit pas Sieyès.

Lorsqu'il eut fini son exposé sur la constitution géométrique qu'il appelait de ses voeux, la réaction de l'assemblée fut –hors la fatigue occasionnée par ce cours de philosophie constitutionnelle– une grande déception. Le contre-projet de Sieyès paraissait encore plus compliqué que la future constitution de l'an III ! Thibaudeau et La Revellière-Lépeaux se chargèrent de discréditer celui que Bonaparte appellerait plus tard, pour s'en moquer, le "Grand Prêtre". Malgré une dernière apparition à la tribune, celui-ci dut s'avouer vaincu. Le 22 août 1795, la constitution du Directoire fut adoptée. "La constitution de l'an III avait été pour Sieyès l'occasion de la défaite, pire que la défaite, de l'humiliation. Elle avait désormais en lui un ennemi implacable"[103].

[103]J.-D. Bredin, *Sieyès. La clé de la Révolution française*, p. 370.

L'ennemi déclaré du Directoire

Plus boudeur que jamais, Sieyès entra dans une nouvelle période de silence. L'oracle devint grincheux et ne cessa de critiquer ce gouvernement qui symbolisait sa défaite. Il entra aux Cinq-Cents, élu dans la Sarthe sur les listes du décret des deux tiers. La porte des Anciens lui était fermée par les dispositions d'éligibilité qui réclamaient que les membres de la chambre haute fussent mariés ou veufs. L'ex-abbé n'était ni l'un, ni l'autre. Le 1er novembre 1795, il fut élu directeur. Le soir même, il adressa au président des Anciens une assez peu aimable lettre de refus : ayant été, depuis 1789, détesté par tous les partis et la République ayant besoin de réconciliateurs, il ne voyait pas pourquoi on l'avait choisi. Il fut donc remplacé par Carnot. Dans ce premier Directoire, il identifia immédiatement Barras comme son ennemi intime, car semblant jouer sur le même registre d'apaisement que lui, l'honnêteté en moins. Ainsi se poursuivit la marche du régicide Sieyès vers la droite modérée –mais, officiellement, non royaliste. Sur le fond, il était d'accord avec le programme annoncé par les directeurs : paix extérieure, réconciliation intérieure, relance de l'économie. Il avait toujours été un homme d'ordre et ces promesses de jours meilleurs, plus calmes, ne pouvaient qu'avoir son approbation. Mais il savait aussi que tant que les Thermidoriens –qui n'étaient souvent que des jacobins repentis– resteraient au pouvoir, toute réconciliation serait impossible.

N'ayant aucune autre force que sa réputation, Sieyès décida de montrer "un grand détachement" (Bredin) vis-à-vis des affaires publiques. Il appliqua à la lettre son refrain perpétuel : "Taisons-nous"[104]. Il fut, certes, assidu aux Cinq-Cents, mais s'y taisait, passant son temps à avoir l'air de s'ennuyer. Il fréquentait les salons, fonda le club de Noailles

[104] Sainte-Beuve, *Causeries du lundi*, éd. 1944, t. V, p. 210. Attitude de toujours pour les politiques qui viennent de subir un lourd revers, ils se taisent, disparaissent... en espérant si fort qu'on les regrettera et que leur rentrée politique sera un grand événement. Nos contemporains n'ont, décidément, rien inventé.

au sein duquel il réunissait ses amis[105], accepta sa nomination à l'Institut, dans la classe des Sciences Morales et Politiques. On le vit chez madame de Staël en grande discussion avec Benjamin Constant. Surveillé par la police, l'ex-abbé fut soupçonné de complicité chaque fois que le Directoire fut mis en péril. Même le babouvisme lui fut reproché, alors qu'aux Cinq-Cents, il s'était contenté de s'interroger sur la légalité de la répression féroce menée par l'exécutif contre cette conspiration montée en épingle.

Lorsqu'approchèrent les élections de 1797, il se renforça dans son choix de rester chez lui, cultivant son caractère énigmatique qui lui donnait "un grand mystère de salut public" (Vandal). Le 11 avril, un quémandeur sonna à sa porte. Il tenta de l'éconduire. L'homme, un prêtre nommé Poule, sortit un pistolet et l'abattit. On le crut mort et, déjà, les assemblées le pleurèrent. Il n'était que blessé au bras. L'émotion fut immense. Les républicains s'en saisirent pour accuser les royalistes alors que le dossier de Poule ne contenait aucune preuve de conspiration. Le prêtre avait, certes, avoué quelques mobiles religieux à son acte, mais il n'appartenait à aucun groupe. Son acte semblait être isolé. Mais, pour les directoriaux, l'occasion était trop belle. On se rendit chez Sieyès en cortège, l'air grave, pour prendre de ses nouvelles. On répandit le bruit que les royalistes, vainqueurs des élections, avaient le projet d'assassiner tous ceux qui avaient fait la Révolution. Paradoxalement, Poule ne fut condamné qu'à vingt ans de fers et Sieyès sembla regretter qu'il n'ait pas été envoyé à la guillotine. Début mai, il savoura pourtant son triomphe aux Cinq-Cents. Il y fut accueilli par des transports de joie, lorsque, le bras en écharpe – preuve tangible de son "assassinat"-, il franchit le seuil de la salle des séances. "Il est le héros du moment, redevenu l'homme drapeau, l'incarnation vivante de la république

[105]On y rencontrait Tallien, Boissy d'Anglas et, dit un rapport de police, "les membres des deux conseils qui ont eu la conduite la plus sage au moment de la Révolution" (Bredin, *Sieyès. La clé de la Révolution française*, p. 379).

bafouée. Chez Mme de Staël, on l'entoure, on l'écoute, on l'admire. On le voit chez Mme Récamier, chez Mme Hamelin. On est fier de dîner auprès du grand Sieyès, assassiné, ressuscité"[106].

L'attentat contre le Grand Silencieux contribua à faire "monter la pression" au sein du personnel républicain et facilita le coup de force de Fructidor. Lorsque le coup d'Etat commença, les Cinq-Cents décidèrent de créer des commissions devant conseiller les directeurs. Sieyès accepta d'en faire partie. Sur proposition de Boulay de la Meurthe, on décida de recourir à la "guillotine sèche", la déportation en Guyane. Comme beaucoup de ses contemporains, l'ex-abbé sembla préférer cette solution aux charrettes et au véritable échafaud. Il se rallia sans broncher à son collègue lorrain. Durant toute cette période où la répression se mit en place, il fut une sorte de révolutionnaire non-sanglant mais hardi, proposant, disent certains –comme Barras dont les *Mémoires* ne sont pas, il est vrai, une référence-, de bannir tous les nobles du territoire, de réformer tout de suite la constitution de l'an III, de passer séance tenante à la dernière phase de la Révolution, celle de la stabilisation définitive.

Sieyès, sauveur de la République ?

Fructidor avait laissé, une fois encore, le régime directorial face à ses contradictions. Il se voulait un régime modéré et avait eu recours au coup d'Etat pour se sortir d'une mauvaise passe. Il se voulait républicain *et* raisonnable et il avait repris le chemin des proscriptions et des menaces contre tout ce qui était à droite. Il prêchait la réconciliation nationale et avait à nouveau divisé la France. Il proclamait des solutions collégiales et se cherchait un homme providentiel, croyant le

[106] J.-D. Bredin, *Sieyès. La clé de la Révolution française*, p. 390.

trouver en Sieyès. Comme après chaque orage, on se disait qu'il était temps que les choses rentrent dans l'ordre. Mais cette fois, rien ne se passa comme avant. Barras avait perdu de sa superbe en faisant appel à l'armée qu'il contrôlait de plus en plus mal. Sieyès avait accepté un rôle actif et n'était pas prêt à rentrer dans son fameux silence sans avoir enfin tenté sa chance. Les royalistes avaient senti que le corps électoral les considérait comme un espoir de paix et d'ordre. Les jacobins relevaient la tête, croyant pouvoir retrouver le haut du pavé grâce à cet exécutif qui avait écrasé les tentatives de leurs ennemis. Non, le Directoire n'en avait pas fini avec les crises constitutionnelles et politiques.

Dans le pays, on avait été bouleversé par les événements de Fructidor. Ces élections cassées, ces administrations épurées, ces déportations avaient rappelé le temps pas si lointain des excès de la Révolution. Fatiguée et inquiète, la population ne savait plus à quel parti se vouer. Nulle explosion de joie, nulle fête n'avaient marqué le coup d'Etat. Juste un peu plus de lassitude. On n'en avait pas fini d'espérer dans la paix extérieure, dans le rétablissement de la religion, dans le moment où l'on pourrait jouir –enfin !– des réformes arrachés en 1789. Mais, comme le disait Robert Lindet, un ancien du "grand" Comité de salut public, "l'apathie tempérait le mécontentement". Qu'elles étaient loin les foules révolutionnaires, la plèbe envahissant les lieux supposés du pouvoir pour s'en emparer, les tricoteuses ironiques se postant sur le passage des suppliciés, les robins philosophant sur la société future ! En un mot, la population française semblait ne plus avoir d'enthousiasme. Qu'un sauveur paraisse et la France était à lui.

Ce sauveur, pourquoi ne serait-il pas Sieyès ? L'oracle avait réfléchi, tourné et retourné sa pensée. Maintenant, il disait vouloir agir. L'ennuyeux constitutionnaliste en devenait presque populaire. En tout cas, la classe politique, après l'avoir beaucoup moqué, le voyait à présent d'un autre oeil. Même le conquérant de l'Italie, Bonaparte, avait confié son admiration pour l'ex-abbé, dans une lettre à Talleyrand, du 19 septembre 1797. Lui, toujours mystérieux, avait commencé ses consultations pour attirer de grands complices dans une tentative de rénovation du régime. Leader des révisionniste, l'auteur de *Qu'est-ce que le tiers état ?*, ne remettait pas en cause a priori la forme républicaine du gouvernement. Seules les structures constitutionnelles l'intéressaient.

"Jamais pays ne fut plus mûr pour la dictature que ne l'était la France (en l'an VII)", écrit Vandal[107]. La situation intérieure de la République était inextricable. Les conseils se combattaient, tout en combattant le Directoire. Au sein de l'exécutif, la majorité n'était que de circonstance. Dans le pays, les clubs royalistes et républicains ajoutaient encore à la confusion politique dûe à l'incapacité des administrations locales. A l'extérieur, même si leurs positions commençaient à se redresser, les armées françaises étaient sur la défensive. Leurs chefs étaient divisés sur la tactique à suivre, tout en menaçant de leur puissance les autorités civiles. Hors des frontières, les partisans du comte de Provence observaient la situation avec gourmandise et n'attendaient que le moment propice –et pourquoi pas les prochaines élections ?– pour porter au pouvoir le prétendant.

Qu'en pensait le pays réel ? C'est difficile à dire car les études de fond manquent. On doit se rabattre, pour connaître l'état de l'opinion, sur les rapports des autorités administratives. La plupart des historiens pense que la population aspirait, dans son ensemble, à une plus grande stabilité. Or, la République n'avait pas démontré –c'est le moins qu'on puisse dire– sa capacité à rétablir et à assurer l'ordre. On se tournait alors insensiblement vers le royalisme, faute de mieux. Les opposants et les fatigués de la Révolution se fédéraient autour de l'idée qu'une restauration pourrait permettre le retour à une vie plus tranquille, à la jouissance

[107] *L'avènement de Bonaparte*, t. I, p. 216.

de la paix retrouvée, avec la démobilisation des jeunes hommes enrôlés[108], sans parler de la liberté des cultes. Au début du XXe siècle, Aulard a montré dans ses nombreuses publications à quel point l'idée royaliste progressait dans les esprits, simplement pour les promesses supposées dont elle était porteuse[109].

Cette dérive de l'opinion inquiétait les partisans de la République, hommes en places, révolutionnaires convaincus, acheteurs de biens nationaux. Il fallait tenter quelque chose pour ramener l'ordre sans revenir sur les acquis de la Révolution. Mais la constitution de l'an III, décidément mal faite, rendait impossible une telle tentative, tant le clan des républicains était divisé. L'idée d'un nouveau coup d'Etat s'imposait comme une issue normale, pour ne pas dire habituelle. Et tous ceux qui y pensaient ne pouvaient que se tourner vers Sieyès. Ainsi, l'ancien grand vicaire de Chartres put bientôt compter ses amis et alliés.

Pour parvenir à réformer le régime, Sieyès avait besoin de la force car les procédures de révision de la constitution étaient trop compliquées et trop longues pour être efficaces. La seule force capable d'appuyer les projets du "Grand Prêtre" était l'armée. "Donnez-moi une épée !", disait-il alors. Mais si l'appui de l'armée était indispensable, il fallait qu'une fois le coup d'Etat réalisé, elle accepte, comme on dit aujourd'hui, de rentrer dans ses casernes. Dès l'affaire de Fructidor réglée, la veillée d'armes avait commencé.

Le 21 novembre 1797, Sieyès fut élu président du conseil des Cinq-Cents. Son heure semblait avoir sonné.

[108] L'insoumission, la désertion, voire les mutineries se développaient lors des appels de conscrits.

[109] Aulard a réuni des centaines de pièces (rapports de police ou d'autorités administratives, discours, papiers divers) et les a présentés dans plusieurs études dont : *Paris sous le Consulat* (4 vol.), *Etat de la France en l'an VIII et en l'an IX*, *Paris pendant la réaction thermidorienne et le Directoire*.

IIe partie

Veillée d'armes

I

L'ascension du général Bonaparte

En 1799, au moment de Brumaire, le général Napoléon Bonaparte avait tout juste 30 ans. L'époque était propice à l'accomplissement de destins précoces. Compte-tenu de l'hécatombe révolutionnaire et, donc, de la disparition prématurée d'hommes de valeur, le phénomène pourrait sembler normal. Il est pourtant sans équivalent dans l'histoire de la France contemporaine. Même les grandes secousses des deux guerres mondiales n'ont pu créer d'opportunités semblables à l'échelle de toute une génération.

A la fin du Directoire, Bonaparte apparaissait à la fois comme un jacobin et comme un homme de Barras, à qui il devait une bonne partie de sa carrière.

Bonaparte jacobin ? Tout, dans le comportement du général le laissait supposer. Ses écrits de jeunesse, du *Discours de Lyon* au fameux *Souper de Beaucaire* étaient ceux d'un ardent républicain, ennemi des fédéralistes. "Dès juillet 1793, il est du côté des Montagnards", constate Jean Tulard[110]. Son amitié avec Augustin Robespierre –"Le citoyen Bonaparte est d'un mérite transcendant", écrivait le frère de Maximilien-, Fréron, son compatriote corse Saliceti, les conditions de son départ et de celui de sa famille de l'île de Beauté, sa courte détention comme complice des terroristes

[110] Préface de l'édition du *Souper de Beaucaire*, de M. Contestin (éd. de la SHAB, 1993, p. V).

après Thermidor le désignaient comme partisan du gouvernement révolutionnaire.

Bonaparte, homme de Barras ? Entre les deux personnages, les relations s'étaient nouées définitivement en juillet 1795. A cette époque, Bonaparte devait intégrer l'armée de l'Ouest comme général d'infanterie. Il se refusait à rejoindre son affectation, soit parce qu'il ne voulait pas aller faire la guerre à d'autres Français (version officielle donnée plus tard), soit parce qu'il eut préféré obtenir un commandement en Provence pour rester plus près de la marseillaise Désirée Clary, son grand amour de l'époque (version plausible)[111]. Pour éviter de partir pour la Vendée, le jeune général multipliait les démarches. Il aurait ainsi rendu visite à Barras qu'il avait rencontré à Nice, après le siège de Toulon. Le tombeur de Robespierre l'aurait, selon la Légende, accueilli à bras ouverts en lui disant : "Je te reconnais, tu es mon petit capitaine de Toulon". Il l'aurait recommandé à Pontécoulant, membre du Comité de salut public, chargé des opérations militaires, sorte de ministre de la Guerre[112]. Le 18 août 1795, ce dernier nomma Bonaparte au bureau topographique du ministère de la Guerre. A partir de ce moment, son ascension s'accéléra, du moins si l'on en croit sa correspondance avec son frère Joseph et les nombreuses instructions rédigées par lui, sur ordre du comité de Salut public, pour ses collègues commandant les différentes armées de la République[113]. Les témoins nous disent qu'il impressionna ses camarades par ses vues stratégiques et tactiques, leur présentant un plan d'attaque en Italie qu'il allait avoir l'occasion de mettre en pratique l'année suivante. Début septem-

[111] Bonaparte était follement amoureux de cette jeune fille. Après leur rupture, Désirée épousa Bernadotte, tandis que sa soeur Julie devenait la femme de Joseph Bonaparte.

[112] Nous utilisons ici le conditionnel, tant les fils de ces épisodes sont difficiles à dénouer. Chacun, de Barras à Pontécoulant, a, dans ses mémoires, voulu se présenter comme le "découvreur " de Bonaparte. Ce dernier a lui-même brouillé les pistes dans les écrits de Sainte-Hélène.

[113] *Correspondance*, t. I.

bre, le Comité de salut public, présidé par Cambacérès, enjoignit pourtant au précieux général-topographe de rejoindre son affectation vendéenne. Bonaparte refusa. Le 15 septembre, il fut rayé de la liste des généraux employés par le Comité et nommé à la tête d'une mission militaire devant partir en délégation pour la Turquie. Il connut alors quinze jours difficiles, marqués par des promenades et du désoeuvrement. Rien à voir cependant avec l'image d'Epinal d'un futur-empereur dans la misère... pour deux longues semaines[114]

Comment Bonaparte devint le "général Vendémiaire"

A cette époque –comme tout au long de sa vie-, Napoléon était d'abord un être humain, avant d'être un personnage de légende. Si son génie est peu contestable, il ne pouvait seul l'amener à la réussite. Napoléon pensait à sa carrière et à ses amours. Le *Mémorial de Sainte-Hélène*, monument bâti pour l'histoire, et les souvenirs de ses contemporains pèsent depuis comme une chape de plomb[115] sur son personnage. Il n'y a pourtant rien d'infâmant d'avoir voulu réussir et à y avoir employé des moyens de cour –même à des dignitaires républicains. Général de grande valeur, Bonaparte voulait qu'on reconnaisse ses talents. Il y travailla, notamment en se rappelant au bon souvenir de Barras. Cela lui servit rapidement. Le vote sur la constitution et le décret des deux tiers avaient jeté les sections royalistes dans la rue.

Le 13 vendémiaire an IV (5 octobre 1795), nous dit la Légende, Bonaparte, appelé par Barras pour le seconder

[114] Dans ses lettres à Joseph, rien ne laisse supposer que Napoléon ait vécu un moment trop difficile : elles sont pleines de nouvelles politiques, certes, mais leur partie la plus chaleureuse concerne les projets de nomination du destinataire comme consul en Italie, son travail pour le comité et son inquiétude de ne pas recevoir de lettres de Désirée.

[115] ...qu'on aimerait parfois avoir la force de soulever, ce que n'ont pas hésité à faire souvent les "papes" des études napoléoniennes, Frédéric Masson, Marcel Dunan et, aujourd'hui, Jean Tulard.

dans la défense de la République, écrasa les insurgés royalistes sur les marches de l'église Saint-Roch. C'est vrai, le rôle du jeune général fut loin d'être négligeable dans cette journée. Mais pourquoi, dès lors, éprouva-t-il le besoin de mentir plus tard sur ses fonctions ? A Sainte-Hélène, il se proclama "le général en second des armées de l'Intérieur". Barras se contenta, dans ses mémoires –rédigés par un tiers-, de parler de lui comme "un de (ses) aides de camp". C'est le conventionnel qui a raison sur ce point, même s'il faut rejeter ses autres allégations qui tendraient à faire croire que Bonaparte avait des contacts avec des sectionnaires royalistes et attendait de savoir dans quelle direction le vent allait tourner pour s'engager. Ce qui est certain, c'est que Bonaparte ne fut qu'un des généraux que Barras appela au secours : ni le *Moniteur*, ni les compte-rendus de l'assemblée ne mentionnent une quelconque nomination de Bonaparte au commandement en second de l'armée de l'Intérieur[116]. Le seul acte officiel de son rappel est un ordre du comité de Salut public qui le place, sans autre précision, sous les ordres "du représentant du peuple Barras" et le réintègre dans l'artillerie, son arme d'origine. "Le fait que Merlin, dans son rapport sur les événements de Vendémiaire, n'ait pas une seule fois mentionné le nom de Bonaparte, ajoute un biographe de Barras, semble par ailleurs confirmer l'ignorance des conventionnels au sujet du jeune général"[117].

L'action de Bonaparte fut hardie et décisive dans sa partie, à savoir l'utilisation de l'artillerie[118]. En bon artilleur, il pensa, dès le début de l'action, qu'il lui faudrait disposer de canons. Il envoya le chef d'escadron Murat s'emparer d'une quarantaine de pièces gardées par quelques soldats acquis

[116] J. Tulard, *Napoléon ou le mythe du sauveur*, p. 76.

[117] E. le Nabour, *Barras*, 1982, p. 110. Dans ses *Souvenirs* (t. I, p. 363), Pontécoulant mélange les deux versions. Selon lui, Bonaparte fut nommé commandant en second *par le Comité de salut public*. Aucun document ne vient étayer ce témoignage.

[118] Voir G. Carrot, "Napoléon Bonaparte et le maintien de l'ordre", *Revue de l'Institut Napoléon*, 1994-IV, pp. 6-21.

aux royalistes, dans la plaine des Sablons, près de Neuilly-sur-Seine. Une fois sa mission accomplie, Murat fit transporter les pièces aux Tuileries où elles furent disponibles avant l'aube du 13 vendémiaire. Les combats avaient commencé dès 4 heures du matin. On tiraillait dans la rue Saint-Honoré et jusqu'à l'entrée des Tuileries. Quelques coups de canons repoussèrent les assaillants qui se replièrent au Palais-Royal, laissant une arrière-garde dans l'église Saint-Roch et dans les maisons environnantes. En milieu d'après-midi, Bonaparte décida de réduire cette poche de résistance, fit mettre ses bouches à feu en batterie, commanda lui-même les premières salves qui défoncèrent les portes de l'église et permirent aux fantassins du général Brune de s'emparer de l'édifice, précipitant ainsi la défaite de l'ensemble de l'insurrection royaliste. Pris à revers par des troupes descendant des grands boulevards, le Palais-Royal se rendit vers six heures du soir. La République était sauvée, par Barras d'abord, car le conventionnel avait dirigé l'ensemble de la manoeuvre, mais aussi par Bonaparte et Brune, qui avaient dégagé les Tuileries, le premier ayant eu l'idée d'une préparation d'artillerie avant de donner l'assaut à Saint-Roch. Dans les jours qui suivirent le 13 vendémiaire, on commença à parler de ce jeune officier supérieur corse, imaginatif et décidé. A la tribune de la Convention, Fréron insista pour que l'assemblée se rappelle de ce "Buonaparte" qui avait tant contribué à la sauver. "(Son) nom n'aurait peut-être jamais été prononcé, note Jean Tulard, si Fréron, amoureux de Paulette Bonaparte, désireux de l'épouser, n'avait pas entendu conquérir les bonnes grâces du frère"[119]. Quelles qu'aient été les raisons du conventionnel, la fortune de Napoléon était faite. Le 16 octobre 1795, il fut nommé général de division par le comité de Salut public puis, dix jours plus tard, commandant en chef de l'armée de l'Intérieur. Ce titre prestigieux avait été créé par un décret du 12 juillet 1795

[119] J. Tulard et L. Garros, *Itinéraire de Napoléon au jour le jour*, 1992, p. 68.

pour celui qui avait autorité sur les troupes stationnées à Paris et dans huit départements entourant la capitale. Avant Bonaparte, seul Menou avait exercé cette fonction.

A cette époque, Napoléon fréquenta beaucoup Barras. Celui-ci était l'homme du jour : on ne comprendrait pas qu'un jeune ambitieux se soit privé de ses conseils et de son soutien. Barras favorisa Bonaparte dans sa carrière militaire. Il l'aida aussi pour sa carrière amoureuse en lui présentant et en lui cédant sa place "d'ami incomparable" auprès de Joséphine de Beauharnais, veuve d'un général guillotiné pendant la Terreur et mère de deux enfants, Eugène et Hortense. Ici encore, la Légende a voulu embellir les choses. Selon "l'évangile" de Sainte-Hélène, Joséphine eut son attention attirée par Bonaparte lorsque celui-ci rendit généreusement à Eugène le sabre de son père, saisi dans le cadre des mesures de confiscation des armes prises après Vendémiaire. C'est pour le remercier que Mme de Beauharnais invita Napoléon. L'histoire est belle et ajoute encore au merveilleux de la vie du Grand Homme : même pour ses affaires privées, la providence veillait sur lui. La vérité de la rencontre Bonaparte-Joséphine est peut-être moins fleurie. Leurs premiers contacts furent favorisés par Barras, peut-être avant Vendémiaire –ce qui n'empêcherait pas l'affaire du sabre. Ils devinrent amants à la même époque. Quelle que soit la vérité, on remarque la présence de Barras en arrière plan. A Sainte-Hélène, Napoléon le concéda à Bertrand, "évangéliste" plus proche de la réalité dans le compte-rendu des conversations avec l'empereur exilé que ne le fut Las Cases : "Depuis le Directoire, je fus vraiment dans le coeur de Barras. J'installai les directeurs, composai leur garde. Il s'en est toujours souvenu et m'a été fort utile au retour d'Egypte, lors du 18-Brumaire. Il est vrai que Barras peut avoir contribué à mon mariage avec Joséphine. Quand on n'allait pas chez Barras, alors on soupait alternativement chez Mme de Beauharnais et chez Mme Tallien"[120].

Le mariage avec Joséphine de Beauharnais eut lieu le 5 mars 1796. Barras et Tallien en furent les témoins. Dès le 2 mars, Bonaparte avait été nommé à la tête de l'armée d'Italie. Premier signe d'émancipation, il avait sollicité cette nomination du Directoire sans en avoir parlé à Barras qui se contenta d'approuver la décision de ses collègues, emmenés par Carnot et séduits par le plan de Bonaparte. La réputation du jeune général n'était que naissante. Il avait profité de ses introductions dans le monde politique, autant que de son rôle à Toulon ou en Vendémiaire. Il était d'ailleurs peu connu aux armées. "Cet intrigant ne s'appuie sur rien", écrivit alors le chef de bataillon Suchet[121], avant de s'arrimer à la gloire de Bonaparte.

Gloire et propagande

On ne reviendra pas en détail sur la brillante campagne d'Italie[122]. On sait que Bonaparte y obtint une gloire méritée. Ce qui retiendra notre attention est le système de propagande qui fut mis en oeuvre par le jeune général pour promouvoir son action. Il nous faut, en effet, évaluer la popularité réelle de l'homme du coup d'Etat de Brumaire. Etait-il connu des Français ? Etait-il populaire ? Partant,

[120] Bertrand, *Cahiers de Sainte-Hélène. 1818-1819*, 1959, p. 277. Ces cahiers, déchiffrés et publiés dans les années 50 par Paul Fleuriot de Langle, n'étaient pas destinés, tels quels, à la publication. Le témoignage de Bertrand apparaît bien plus de "première main" que le *Mémorial* très travaillé, réécrit par Las Cases pour livrer aux générations futures le portrait cohérent d'un Napoléon libéral.

[121] Cité par G. Bodinier, "L'armée d'Italie" : composition, organisation, état d'esprit", *Actes du colloque "La liberté en Italie (1796-1797)*, Centre d'Etudes de la Défense Nationale, juin 1996, p. 5.

[122] Voir, pour les détails de cette campagne, A. Fugier, *Bonaparte et l'Italie*, 1947. Les opérations militaires ont été récemment synthétisées et expliquées par J. Jourquin ("Le premier acte de la campagne d'Italie", *Revue du Souvenir Napoléonien*, mars-avril 1996, pp. 29-51) et S. Béraud, *Bonaparte en Italie. Naissance d'un stratège*, éd. Bernard Giovanangeli, 1996.

était-il considéré comme l'homme providentiel qui allait sauver la République ? Les réponses à ces questions sont probablement positives. Bonaparte était connu, populaire, attendu. Il le dut pour l'essentiel à l'image qu'il sut transmettre de ses exploits italiens et, plus tard, égyptiens.

La campagne d'Italie fut fructueuse et réussie. Mais Bonaparte ne se contenta pas de cela. Il mit au point un système "d'exploitation politique de la victoire" (J. Tulard) et ce sur plusieurs points.

Le général victorieux sut d'abord utiliser la presse. Il créa deux journaux dévoués, *Le courrier de l'armée d'Italie ou le patriote de Milan* et *La France vue de l'armée d'Italie.* Il confia la responsabilité du premier à Jullien, ancien rédacteur de *L'orateur plébéien* et qui avait été proche de Saint-Just, et du second à Regnaud de Saint-Jean d'Angély, que nous retrouverons tout au long de ce récit. Ces feuilles étroitement contrôlées avaient un objectif interne à l'armée d'Italie : elles fédéraient les soldats, leur donnait un esprit de corps, une sorte de "culture" propre. Elles faisaient aussi l'éloge du chef, présenté comme un homme simple, dépouillé, un "petit caporal" proche de la troupe. Enfin, elles donnaient toutes des nouvelles de France et interprétaient pour leurs lecteurs les événements parisiens, opposant "l'opinion de Paris sur les armées à l'opinion des armées sur les intrigues de Paris"[123]. Par exemple, en septembre 1797, le *Courrier* indiqua à ses lecteurs ce qu'il fallait penser du régime directorial : "L'anarchie règne, le gouvernement est faible et impuissant. Il ne faut plus dissimuler ces vérités fatales". Il arriva aussi à Bonaparte de prendre lui-même la plume. Un article intitulé "Ce qu'on pense en Italie de l'état de Paris" lui est attribué par les historiens. On y lit : "Nous sommes livrés à des incertitudes, à des craintes, à des conjonctures. Mais ce n'est pas l'ennemi du dehors qui cause les

[123] F. Mitton, *La presse française sous la Révolution, le Consulat et l'Empire*, 1945, p. 207.

alarmes, ce sont les troubles intérieurs, c'est la discorde civile, c'est la lutte, le choc, l'ébranlement des pouvoirs constitués, qui fait trembler les amis de la liberté"[124].

Avec ses journaux, ses brochures et ses proclamations, Bonaparte se créa une solide clientèle dans son armée où les soldats recevaient leur solde en monnaie métallique et pouvaient même l'arrondir par quelques rapines ou pillages autorisés. Il alla même plus loin : ses publications furent diffusés en France, peut-être gratuitement, et contribuèrent à le faire encore mieux connaître. Elles furent relayées par d'autres initiatives comme ce *Journal de Bonaparte et des hommes vertueux* qui exista pendant un temps, à Paris, au début de 1797, et qui vantait les mérites du vainqueur de l'Italie, le comparant aux grands noms de l'histoire du monde. A la même époque, Marie-Joseph Chénier composa –comme nombre de ses collègues poètes– une ode au conquérant de l'Italie :

Quand simple soldat, soldat d'un peuple libre,
Aux bords de l'Eridan, de l'Adige et du Tibre
Foudroyant tout à tour quelque tyran pervers
Des nations en pleurs sa main brisait les fers.

"Ainsi, les succès de l'armée d'Italie furent-ils enflés ou même déformés, note Jean Tulard, (...) grâce à une habile propagande dont, Hoche excepté, aucun général n'avait mesuré l'importance (...); La légende napoléonienne n'est pas née à Sainte-Hélène, mais dans les plaines d'Italie"[125]. Petit à petit, le nom de Bonaparte emplissait les journaux et les salons. Il était devenu le général à la mode, celui qui avait conquis, mais aussi gouverné l'Italie. Car le militaire était doublé d'un administrateur efficace.

[124] Louis Gabriel-Robinet, "Napoléon journaliste", *Les Annales Conferencia*, mai 1960, 20pp. 5-21.

[125] *Napoléon ou le mythe du sauveur*, p. 84.

L'apprentissage du pouvoir

L'Italie fut, pour le général Bonaparte, une période d'apprentissage du gouvernement. Apprentissage est d'ailleurs un mot assez excessif : tout se passa comme si le jeune général avait toujours su gouverner. Il obtint d'abord du Directoire le rappel à Paris des commissaires civils qui l'encombraient et définit sans contrôle la politique de l'occupant : création de républiques-soeurs, organisation de l'administration civile de la conquête, réquisitions, confiscations, levées d'impôts, invasion de Venise (sans en avoir référé au ministre des Relations extérieures), répression contre les démocrates de la Péninsule lorsque cela fut nécessaire[126] et, bien sûr, paix de Campoformio. Il créa, au château de Mombello, où il résida du 6 mai au 18 novembre 1797, une véritable cour dont il était le monarque et Joséphine la reine : "Cette atmosphère royale, Bonaparte la voulait autour de lui et ce n'était pas seulement pour l'amour de Joséphine, ni pour émerveiller les Italiens. C'est vis-à-vis de Paris qu'il entendait se poser ainsi en souverain de sa conquête, et ce sont les gens venus de France qu'il voulait d'abord étonner"[127]. Pontécoulant, de passage à Mombello, a décrit l'ambiance qui régnait au quartier général de Bonaparte et le soin que le conquérant mettait à bien recevoir ceux qui pouvaient véhiculer sa jeune réputation : "Son attitude n'était point celle de l'orgueil ou de la suffisance, on y distinguait l'assurance d'un homme qui a de la conscience de sa supériorité et qui se sent au niveau de la position qu'il occupe. Nul, du reste, n'a plus ménagé que Bonaparte, à cette époque, l'opinion publique, tout en paraissant la mépriser ou vouloir l'étouffer. Toute personne qui, précédée de quelque réputation, lui était présentée, était sûre d'en être accueillie avec une politesse recherchée et des égards flat-

[126] R. Boudard, "Le rôle du général Bonaparte dans les événements insurrectionnels de Gênes, en prairial an V", *Revue de l'Institut Napoléon*, 1993-I, pp.7-43.
[127] A. Fugier, *Bonaparte et l'Italie*, p. 60.

teurs. Elle devenait, de sa part, l'objet d'une attention toute particulière, et d'une sorte (...) de coquetterie (...). Son esprit plein de mouvement, sa figure singulièrement expressive, son regard (...), sa physionomie (...), tout était mis en usage pour soumettre les moins bienveillants, et maître de lui-même, environné du prestige de sa gloire que rehaussait encore la simplicité de son costume et de ses habitudes, il subjuguait avec une incroyable facilité, par la puissance irrésistible de tant de merveilleuses facultés, tous ceux qu'il voulait séduire"[128]. Le Directoire ferma les yeux sur ces pratiques "royales", pour deux raisons principales. D'une part, une partie du butin du général prenait la route de la France et soulageait d'autant les finances publiques. D'autre part, alors que l'armée du Rhin se laissait pénétrer par les idées royalistes, celle d'Italie, bien tenue par son général en chef, conservait une allure et des sentiments révolutionnaires. Le Directoire ne disposait pas d'assez de troupes fidèles pour heurter le chef d'une armée nombreuse et victorieuse.

Le général Fructidor

Autre avantage pris par Bonaparte, en mai 1797, il avait pu se saisir du comte d'Antraigues, chef d'un célèbre –et surévalué– réseau royaliste. Il avait découvert un complot –plus sérieux, cette fois que les élucubrations habituelles de d'Antraigues– qui se tramait contre la République, visant notamment à acheter les grands chefs militaires. Il disposait là d'un moyen de pression formidable contre une bonne partie du personnel politique, voire militaire, puisque le nom du général Pichegru figurait en bonne place dans un rapport qu'avait rédigé d'Antraigues. Bonaparte y aurait également découvert que bon nombre d'officiers –y compris à l'armée

[128] Pontécoulant, *Souvenirs Historiques et parlementaires*, t. II, p. 472.

d'Italie pourtant réputée "jacobine"[129]– s'étaient laissés convaincre par la conspiration royaliste. Il obtint, sous la menace, que le comte d'Antraigues recopie certains documents en éliminant les noms des hommes figurant dans son entourage[130]. Ce travail accompli, Bonaparte envoya les papiers corrigés à Paris pour affermir les directoriaux dans l'affaire de Fructidor et leur permettre d'abattre Pichegru.

A Paris, le triumvirat Barras-Reubell-La Revellière fourbissait ses armes contre les royalistes vainqueurs des élections. Barthélemy était entré au Directoire. Pichegru était devenu président des Cinq-Cents. Au sein de la chambre basse, certains députés, relayés par les journaux royalistes, voire républicains modérés, commençaient à attaquer le vainqueur de l'Italie et ses méthodes. Ainsi, le royaliste Dumolard s'en était vivement pris à lui au sujet de l'invasion de Venise, décidée par Bonaparte sans en référer au gouvernement, et avait réussi à obtenir des Cinq-Cents l'impression de sa motion. Ce faisant, les clichyens entendaient affaiblir le triumvirat en s'attaquant au protégé de Barras. Celui-ci avait d'autant plus de peine à défendre Bonaparte qu'il avait touché d'importants pots-de-vin pour défendre l'indépendance de la république de Venise que l'armée d'Italie occupait. Reubell et La Revellière-Lépeaux durent s'employer à défendre ce général qui leur offrait les preuves de la trahison d'un de leurs ennemis.

De son côté, Bonaparte choisit son camp. Le 14 juillet 1797, il adressa une proclamation sans équivoque à l'armée

[129] Après le succès de la droite et des royalistes aux élections d'avril 1797, les adresses venues d'Italie rassurèrent le Directoire sur le soutien des cadres de l'armée de Bonaparte. Sur les autres théâtres –y compris à l'armée du Rhin de Bernadotte-, les écrits furent beaucoup plus modérés.

[130] Le nom du général en chef de l'armée d'Italie figurait, comme cible éventuelle de la corruption, dans les papiers d'Antraigues –qui étaient en réalité le compte-rendu d'une conversation que le comte avait eu avec un autre espion, Montgaillard. Une fois obtenu que d'Antraigues recopie son compte-rendu et le réduise de 32 à 16 pages, Bonaparte le laissa s'évader (voir J. Godechot, *Le comte d'Antraigues. Un espion dans l'Europe des émigrés*).

d'Italie : "(...) Soldats, je sais que vous êtes profondément affectés des malheurs qui menacent la patrie; mais la patrie ne peut courir de dangers réels. Les mêmes hommes qui l'ont fait triompher de l'Europe coalisée sont là. Des montagnes nous séparent de la France; vous les franchirez avec la rapidité de l'aigle, s'il le fallait, pour maintenir la constitution, défendre la liberté, protéger le gouvernement et les républicains. Soldats, le gouvernement veille sur le dépôt des lois qui lui est confié. Les royalistes, dès l'instant qu'ils se montreront, auront vécu. Soyez sans inquiétude, et jurons par les mânes des héros qui sont morts à côté de nous pour la liberté, jurons sur nos nouveaux drapeaux : guerre implacable aux ennemis de la République et de la constitution de l'an III !"[131]. Le 15 juillet, Bonaparte écrivit au Directoire pour fustiger la motion Dumolard –"Je vois que le club de Clichy veut marcher sur mon cadavre pour arriver à la destruction de la République"– et l'assurer de son soutien contre les royalistes[132]. Dans cette même missive, le vainqueur de l'Italie conseillait aux directeurs d'en appeler à l'armée, au besoin en lui donnant un congé afin qu'il puisse venir à Paris. Sachant que cette autorisation ne lui serait pas accordée, il ordonna au général Augereau de se rendre dans la capitale et de se mettre au service des défenseurs de la constitution de l'an III. Ce faisant, Bonaparte avait choisi un envoyé réputé être un chaud jacobin. A sa division, il n'avait cessé de faire lire des proclamations de son cru, frappées du sceau révolutionnaire le plus orthodoxe, jusque dans le style, s'en prenant aux "scélérats émigrés, au regard furieux et menaçant, avides de sang, frénétiques, rusés, perfides et lâches"[133].

Arrivé à Paris, le 5 août 1797, Augereau fut nommé commandant de la division militaire de la capitale, malgré

[131] *Correspondance*, n° 2010.
[132] *Correspondance*, n° 2014.
[133] Cité par J.-P. Bertaud, *La Révolution armée. Les soldats citoyens et la Révolution française*, 1979, p. 329.

l'opposition de Barthélemy et de Carnot[134]. Le 4 septembre, ses troupes pénétrèrent dans la capitale et furent le bras armé du coup d'Etat de Fructidor. Le 25 septembre, Bonaparte le félicita : "Toute l'armée a applaudi à la sagesse et à l'énergie que vous avez montrées dans cette circonstance essentielle"[135]. Pour la seconde fois, Bonaparte avait sauvé la république thermidorienne.

Après Fructidor, le Directoire se sentit renforcé et commença à s'inquiéter du comportement du vainqueur de l'Italie. Augereau, grisé par son propre rôle, se répandait en lamentations et en accusations contre son chef. Les jacobins, remis en selle par le coup d'Etat, critiquaient aussi Bonaparte, rappelaient ses origines nobles et la main de fer avec laquelle il avait réprimé les menées des patriotes italiens, malgré ses déclarations révolutionnaires de principe. La paix de Campoformio fut mal accueillie par le gouvernement qui l'accepta finalement pour montrer à l'opinion son désir de paix, même s'il fallait abandonner quelques avantages gagnés par les armées de la République et même si le traité signé par Bonaparte n'était pas toujours cohérent avec la politique extérieure de la France.

Avec cette paix, le Directoire se trouvait aussi placé devant un nouveau problème : que faire de Bonaparte ? L'intéressé ne souhaitait pas poursuivre son séjour italien, tant il sentait que des événements importants se préparaient à Paris. C'est Barras qui convainquit ses collègues, après bien des discussions, de rappeler le "héros". On décréta donc : "Il se rassemblera sur les côtes de l'Océan une armée qui prendra le nom d'armée d'Angleterre. Le citoyen général Bonaparte est nommé général en chef de cette armée". Avant de rejoindre sa nouvelle affectation, les adversaires de Barras avaient obtenu que Bonaparte fasse un détour par le congrès de Rastadt où se négociait la paix. L'argument avancé était

[134] Voir L. Couturaud, *Augereau. L'enfant maudit de la gloire*, pp. 63-72.
[135] *Correspondance*, n° 2254.

imparable : puisque le général avait signé Campoformio, qui mieux que lui pourrait en négocier les conditions d'application ?

Lorsque Bonaparte rencontre Sieyès

Bonaparte tarda à se rendre au congrès, envoya quelques missives enthousiastes sur le projet de descente en Angleterre, plaçant assez haut la barre financière de ses besoins pour la réussir, ce qui lui garantissait un délai important avant de devoir mettre ces plans à exécution. Il envoya des émissaires à Paris, pour entretenir sa réputation. Le 26 novembre, alors qu'il venait seulement d'arriver à Rastadt, le Directoire décida de le rappeler à Paris pour "conférer avec (lui) sur les intérêts majeurs et multipliés de la patrie". C'est encore Barras qui était parvenu à convaincre ses collègues de la nécessité d'avoir à leurs côtés le vainqueur de l'Italie. Car si Fructidor avait réglé les problèmes institutionnels –par l'épuration du Directoire, des conseils et des administrations locales-, le problème politique restait entier. La révision constitutionnelle était, plus que jamais, à l'ordre du jour et les partis continuaient à s'agiter. Isolé, Barras craignait que son influence soit diminuée. En appelant Bonaparte en consultation, il plaçait près de lui un général à la gloire et à l'autorité immense, dont tout le monde considérait qu'il était son allié, à commencer par le "vainqueur de Thermidor" lui-même. De plus, le commandant de l'armée d'Angleterre avait à sa disposition, non loin de Paris, d'importantes troupes qui pourraient être utiles en cas de recours à la force.

Le 5 décembre 1797, vers 17 heures, un petit homme "habillé en bourgeois"[136] descendit d'une chaise de poste et s'engouffra dans son petit hôtel particulier de la rue Chantereine. Le général Bonaparte était de retour à Paris, après sa

[136] *Itinéraire de Napoléon au jour le jour*, p. 104.

brillantissime campagne d'Italie, sa paix très personnelle de Campoformio et un petit crochet par le congrès de Rastadt. Dans les milieux gouvernementaux, l'arrivée du jeune général fit grand bruit. Dès le lendemain matin, Bonaparte rejoignit Talleyrand dans son bureau du ministère des Relations extérieures. On ignore ce qui y fut dit, mais nombre d'historiens pensent que la discussion fut "décisive". L'un d'eux suppose avec quelque raison que "le jeune général s'épancha dans le sein du ministre, et, sans lui faire part d'intentions qu'il n'avait peut-être pas encore lui-même, exposa ses idées, demanda conseil, bref s'ouvrit à lui comme à un ami. Ce rôle de confident de la première heure, Talleyrand devait le tenir jusqu'au départ pour l'Egypte"[137]. Le conciliabule Talleyrand-Bonaparte fut suivi des retrouvailles entre le Directoire et leur général. Barras, Reubell et La Revellière-Lépeaux furent chaleureux, François de Neufchâteau et Merlin de Douai plus fermés.

Le 11 décembre, lors d'un dîner chez François de Neufchâteau, Bonaparte rencontra Sieyès. Il parla avec de nombreux autres convives, tels Marie-Joseph Chénier ou Laplace. Avec le président des Cinq-Cents[138], il fut question de métaphysique et certainement pas des critiques publiques faites par l'ex-abbé sur la paix de Campoformio. On ignore si Sieyès fit allusion à la petite phrase lancée par le général lors de la pompeuse cérémonie organisée en son honneur par le Directoire : "Lorsque le bonheur du peuple français sera assis sur de meilleures lois organiques, l'Europe entière deviendra libre". Peut-être l'oracle fut-il frappé que ses idées aient touché jusqu'au général victorieux. Mais il est probable aussi qu'il n'entraîna pas la conversation sur ce terrain. Qu'avait à voir ce général avec la réforme des "lois organiques" ?

[137] A. Espitalier, *Vers Brumaire. Bonaparte à Paris. 5 décembre 1797-4 mai 1798*, 1914, p. 48.

[138] Sieyès resta président des Cinq-Cents jusqu'au 20 décembre. Le mandat était d'un mois seulement. Il y eut ainsi 45 présidents de la chambre basse du Directoire.

Les deux hommes se rencontrèrent encore à plusieurs reprises lors de cérémonies officielles. Ils ne se firent pas de confidences. Bonaparte avait plutôt tendance à se confier à Talleyrand : peut-être alors laissa-t-il percer son dépit de constater que Sieyès ne se précipitait pas pour avoir ses avis, alors que quelques semaines plus tôt, il avait proposé de le recevoir en Italie pour le faire accoucher d'une "bonne" constitution pour la Péninsule[139]. Talleyrand a dressé de l'ex-abbé un portrait cruel et perfide par ses sous-entendus : "Son humeur était atrabilaire; il est possible qu'une indisposition naturelle qui lui interdit le commerce des femmes y contribue; et cependant, il ne dédaigne pas de plaisanter avec elles; alors il arrive à une sorte de grâce; il peut sourire, employer un persiflage malin, mesuré et assez piquant, mais il ne déroge jamais jusqu'à être aimable. Orgueilleux et pusillanime, il est nécessairement envieux et défiant; aussi il n'a point d'amis, mais il a des entours soumis et fidèles (...). Il ne dit que des mots, mais chaque mot exprime une pensée et indique de la réflexion. Dans une conversation sérieuse, il n'est jamais entraînant, mais il impose"[140].

Sieyès n'avait que faire, pour le moment, d'un constitutionnaliste botté. Il y avait plusieurs projets de coups de force dans l'air. Dans le camp de ceux qui allaient se réunir en Brumaire, il y en avait au moins deux, qui étaient "concurrents" : celui de Bonaparte, encore flou et peu crédible à cette heure, compte tenu de la "jeunesse" du général en politique, et celui de Sieyès, attendu par tout le monde. Entre les deux, un homme commençait à intriguer pour ne manquer aucune occasion. M. de Talleyrand entra en scène.

[139] Voir annexe 1.
[140] *Mémoires du prince de Talleyrand*, 1891, t. I, p. 212.

II

L'alliance Bonaparte-Talleyrand.

Bonaparte avait-il, dès la fin de la campagne d'Italie, des envies de coup d'Etat ? A cette question, de nombreux historiens ont répondu par l'affirmative. Marcel Reinhard a même supposé que l'idée le travaillait déjà après Vendémiaire : "La situation n'était pas mûre, a-t-on dit, mais quelle bonne place pour la faire mûrir. Vaines hypothèses... Pourtant, elles aident à comprendre la décision de Bonaparte de quitter son poste (à l'armée de l'Intérieur) et ses chances. Il put estimer que les risques d'être révoqué ou neutralisé dépassaient les possibilités de s'imposer au premier plan. Il manquait de ce génie politique de pressentiment et d'intrigue qui fit les carrières d'un Talleyrand et d'un Fouché. Il brûlait d'autre part d'éprouver son génie de stratège"[141]. De toute façon, une tentative à ce moment – voire même en Fructidor– n'aurait pas profité au général mais sans doute plus à ses alliés politiques. Il était trop tôt. C'est pendant la campagne d'Italie et surtout à Mombello que la prise du pouvoir devint possible. Dans les moments de mélancolie personnelle qui se multiplièrent, Bonaparte commença à concevoir l'idée d'agir, à défaut d'avoir déjà un projet précis. Des témoins racontent qu'un jour, lors d'une promenade, il leur dit : "Que diriez-vous si je devenais roi de France ?"[142]. Dans ses *Mémoires*, Barras ne dit pas autre

[141] "Le général Vendémiaire", *Napoléon*, 1969, t. I, pp. 74-75.
[142] Cité par A. Espitalier, *Vers Brumaire*, 1914, p. 23.

chose, mais il est vrai que ses écrits furent rédigés des années après les faits et que le directeur avait beaucoup à reprocher à son ancien protégé. A Mombello, Bonaparte avait entretenu Pontécoulant de son désir d'établir en France "une administration confiée à des mains pures, un pouvoir exécutif qui ait l'autorité nécessaire pour se faire obéir sans s'exposer aux éternels bavardages des journalistes et des avocats"[143]. A Sainte-Hélène, tant à Gourgaud qu'à Las Cases, Napoléon confirma que c'est après l'Italie que la possibilité d'un coup d'Etat pour lui-même commença à l'habiter. Bainville pense qu'à son retour de Rastadt, le pouvoir fut l'un des objectifs du vainqueur de l'Italie : "De le prendre, ce n'est pas l'envie qui lui manque"[144]. Et Jean Tulard note qu'à ce moment, Bonaparte disposait "de forces suffisantes pour balayer le pouvoir exécutif", mais que, son sens politique s'affermissant, il "jugea que l'heure n'avait pas encore sonné"[145].

Talleyrand fait sa cour à Bonaparte

Tout cela, les directeurs –qui n'étaient pas des naïfs– le savaient. A l'exception de Barras, ils avaient tous, à l'un ou l'autre moment, marqué leur hostilité au retour de Bonaparte. Ils savaient que sa présence à la tête d'une armée, à quelques lieues de la capitale présentait des inconvénients pour le régime. Le comportement du "roi de Mombello", les articles de ses journaux de l'armée d'Italie, les contacts qu'il avait noués avec le personnel politique et son amitié supposée pour Barras étaient autant d'indices qui les encourageaient à "jouer serré". Comme il n'était pas question de l'humilier ou de le brimer, mais de le surveiller et de le contrôler, on décida de l'honorer comme aucun général de la République ne le fut avant lui.

[143] Pontécoulant, *Souvenirs Historiques et Parlementaires*, t. II, p. 474.
[144] J. Bainville, *Napoléon*, éd. 1955, p. 89.
[145] *Napoléon ou le mythe du sauveur*, p.93.

Aussi discrète que fut l'entrée de Bonaparte à Paris, le 5 décembre 1797, elle retint l'attention de tous. Les journaux signalèrent le retour du vainqueur d'Italie et furent plein de lui pendant des semaines, rendant compte de ses moindre faits et gestes, célébrant son intérieur simple[146] et son refus des honneurs. On se pressa autour de son domicile. On lui demanda des audiences et des visites : il en refusa beaucoup. Ses premiers contacts furent avec Talleyrand, les directeurs, puis Barras seul, pour un dîner. Plus tard, il rencontra tout ce que Paris comptait d'hommes importants, dont beaucoup allaient être des complices de Brumaire.

Au Luxembourg, le 10 décembre, il fut reçut solennellement par le Directoire. A la demande de Barras, c'est Talleyrand, ministre des Relations extérieures, et non le ministre de la Guerre, qui "présenta" Bonaparte. Durant cette cérémonie froide, dans sa réponse à l'adresse de l'ancien évêque d'Autun, le général glissa la fameuse phrase sur les "meilleures lois organiques" à mettre en place. Ce à quoi Talleyrand aurait ajouté, en cercle restreint : "Il y a là de l'avenir".

L'ancien évêque d'Autun, toujours en quête des moyens d'asseoir ou d'augmenter son pouvoir, avait décidé de s'appuyer sur le vainqueur de l'Italie. Sans doute voulut-il en faire sa créature, tant il est improbable que le ministre ait songé se mettre au service du général, lui qui ne fut jamais au service de personne. L'historien allemand Franz Blei a décrit avec réalisme la façon dont Talleyrand reçut Bonaparte en son hôtel particulier et, par là-même, le guida dans les allées du pouvoir parisien : "Lorsque le général vit le ministre pour la première fois, il fut frappé de sa ressemblance avec Robespierre : même visage pâle, impénétrable, immobile comme un masque sauf la vibration des narines, mêmes plis profondément marqués allant du nez effronté-

[146] Son hôtel particulier se situait rue Chantereine qui fut rebaptisée, le 1er janvier 1798, "rue de la Victoire".

ment retroussé à la bouche aux coins tombants, même regard des yeux gris-vert. Et aussi, même attitude toute droite, exagérée à cause du pied bot et du souci de dissimuler très adroitement la canne dont il faut bien pourtant se servir pour la marche. Le général, petit, maigre, nerveux, devait lever la tête, couverte par la chevelure noire du front au collet de l'habit, pour parler au ministre qui lui rendait ce geste supportable en se penchant lui-même d'un mouvement qu'il ne voulait pas condescendant et qu'il rendait naturel (...). Le ministre conduisit son hôte parmi la foule des invités qui faisaient la haie (...). Et dans tout ce que faisait, disait et écrivait le jeune vainqueur, Talleyrand avouait avoir trouvé une manière nouvelle, assez riche en force, en habileté et en esprit d'entreprise pour qu'il pût attendre beaucoup de son génie"[147].

Tous les dignitaires ne partageaient pas l'enthousiasme affiché par le ministre des Relations extérieures. Les jacobins, après l'avoir considéré comme un allié, haïssaient le vainqueur de l'Italie qu'ils soupçonnaient de s'être rapproché des hommes de l'ordre, ce que confirmait sa "lune de miel" avec Talleyrand. Sieyès s'en méfiait. Barras commençait à prendre ombrage de son indépendance. Dans sa correspondance avec la cour de Vienne, le chroniqueur contre-révolutionnaire Mallet du Pan, réfugié à Londres, écrivit, avec beaucoup de perspicacité : "Bonaparte peut se tenir assuré que la moitié de ses acclamateurs l'eussent étouffé sous ses couronnes triomphales. Soit que son caractère sombre s'y oppose, soit que sa profonde dissimulation lui eût dicté un effort de plus, soit qu'il eut la sagacité de juger le théâtre et les figurants, il a voilé sa gloire, sa reconnaissance, son orgueil"[148].

[147] F. Blei, *Talleyrand*, 1980, p. 67. Sur certains points –comme l'admiration immédiate de Talleyrand pour Bonaparte-, Blei s'est laissé abuser par son personnage. L'ancien évêque d'Autun n'était pas homme à se laisser aller à ce genre de sentiments.

[148] Cité par Espitalier, *op. cit.*, p. 55.

Bonaparte accepta avec joie une des récompenses qui lui furent offertes. Le 25 décembre, il fut élu dans la classe des Sciences physiques et mathématiques de l'Institut[149], en remplacement de Carnot, en fuite depuis Fructidor. C'est au Louvre qu'eut lieu la cérémonie de réception. Le récipiendaire supporta les éloges avec "modestie et désintéressement", nous dit *Le Moniteur.* Il rejoignit ainsi les beaux esprits de son temps, tels Volney, Garat, Cabanis, Roederer ou Sieyès. Ce faisant, il entrait dans la compagnie des "idéologues" (qu'il détesterait tant, une fois au pouvoir, mais qui allaient tant l'aider à y parvenir), dans leur lieu favori de réflexion et de déclamation. Cela ne pouvait pas être mauvais pour sa réputation. Ainsi, le général en chef de l'armée d'Angleterre ne se consacrait pas trop à la préparation de la descente qui devait mettre la perfide Albion à genoux : il avait envoyé quelques ordres et proclamations, mais continuait à demeurer à Paris. Il ne se mêlait pas non plus à la politique, affectant détachement et neutralité à l'égard de tous les partis, si bien que François de Neufchâteau, l'un des directeurs qui l'avaient accueilli fraîchement, commença à lui trouver de l'intérêt.

Que faire de Bonaparte ?

Le général était pourtant bien encombrant. Populaire, sûr de lui, disposant de la force armée, il était un danger pour le régime. Il avait réussi, semble-t-il, l'exploit de réconcilier, de gré ou de force, les factions au sein du Directoire, par ses interventions, notamment auprès de Sieyès. Mallet du Pan

[149] Fondé en novembre 1795, l'Institut National des Sciences et des Arts était devenu un refuge pour les "idéologues" et une voie de garage pour quelques uns. Voir J. Godechot, *Les institutions de la France sous la Révolution et l'Empire*, p. 543. Sur l'élection de Bonaparte, on doit lire la piquante chronique de G. Lenôtre, "Napoléon académicien", *Napoléon. Croquis de l'épopée*, Cahiers Rouges, 1996, pp. 68-73.

écrivit qu'il avait difficilement conquis l'abbé mais qu'à présent, celui-ci semblait s'adosser à lui... au grand désappointement de Barras qui voyait d'un mauvais oeil son protégé lui échapper. Ne voyons dans ces mouvements de rééquilibrage aucun effet d'un quelconque sentiment personnel. Il s'agissait bien de politique "politicienne", cet ensemble de mouvements cyniques et hypocrites qui ne reposent sur rien d'autre que la nécessité de gagner du temps, de paraître plus fort ou de marquer des points. On ne voit pas pourquoi les politiciens de la révolution auraient échappé par miracle aux petits travers –parfois, hélas, nécessaires– de la lutte pour le pouvoir. Aucun coup d'Etat n'était fermement décidé, aucune équipe de conspirateurs ne s'était formée. Chaque camp comptait ses forces, constatait ses faiblesses, cherchait à compléter ses atouts. Dans ce contexte, toute nouvelle rencontre, tout dîner officiel, tout conciliabule était interprété, disséqué, commenté à mi-voix dans les salons ou autour des meilleures tables de Paris.

Comment occuper Bonaparte ? Les directeurs et leurs amis ont dû se poser souvent la question. En janvier 1798, le bruit courut que le général allait rejoindre le congrès de Rastadt. Puis, on raconta qu'il allait prendre le chemin des Pays-Bas occupés par les Français pour organiser la jeune république batave. Rien de cela n'était vrai. Bonaparte se rendait à l'Institut, fréquentait les fêtes données par les dignitaires du régime en son honneur, se rendait au Luxembourg pour travailler avec les directeurs. Là, il s'accrocha parfois avec Barras, si l'on en croit les mémoires de ce dernier qui s'y donne le beau rôle, pour rendre le héros du jour responsable de sa rupture avec lui.

Vers le 10 janvier, tout s'accéléra. Bonaparte se sentit enfin général en chef de l'armée d'Angleterre. Une pluie d'ordres et de nominations s'abattit sur ses subordonnés. Il transmit même un plan d'invasion au ministre de la Guerre, Schérer, qui désespérait de le voir venir[150]. Pourquoi une reprise aussi soudaine de l'activité du général ? En 1802, il expliqua à Reubell –qui avait de la sympathie pour lui, en dehors de toute considération politique[151]– que l'ambiance parisienne commençait à lui peser : sans fonction civile, il avait été amené à se mêler du gouvernement et s'était trouvé au centre des querelles politiques du moment. Il lui fallait donc prendre du recul, dégoûté qu'il était des luttes intestines du pouvoir exécutif et surtout désireux de ne pas brûler sa popularité en s'engageant dans l'un ou l'autre camp. Bonaparte ne voulait pas apparaître comme complice des jeux de pouvoirs dont le microcosme parisien s'était fait une spécialité.

Un incident dans un café avait provoqué la mort du jeune marquis de Rochechouart, agressé, semble-t-il, par des jacobins. En présence de Barras, Bonaparte s'en prit violemment au ministre de la Police, Sotin, dont il obtint la démission. L'affaire fit grand bruit et finit d'inquiéter la gauche qui s'en prit, par ses journaux, à ce général sans fonction gouvernementale qui se permettait d'interférer dans les questions de police au point de défaire un ministre. Les jacobins savaient sans doute que le parti royaliste tentait d'approcher Bonaparte : par l'intermédiaire de Joséphine, une lettre lui était parvenue de Londres de la part de l'entourage du comte de Provence. La riposte ne se fit pas attendre. A quelques jours du 21 janvier, date anniversaire de la mort de Louis XVI, le Directoire envoya Talleyrand auprès du commandant de l'armée d'Angleterre pour lui

[150] Rares étaient ceux qui croyaient vraiment aux chances de Bonaparte de réussir son invasion. Mallet du Pan –rarement pris en défaut dans ses visions– rassurait ses correspondants en leur disant : "Ce serait une erreur de présumer au Directoire aucun dessein sérieux d'une descente en Angleterre". Même le cabinet anglais ne s'inquiétait pas (Espitalier, *Vers Brumaire*, pp. 95-96).

[151] Voir J.-R. Suratteau et A. Bischoff, *Reubell, l'Alsacien de la Révolution française*, Strasbourg, 1995. Membre du conseil des Anciens lors du coup d'Etat de Brumaire, Reubell se garda bien d'y participer, plus par haine de Sieyès que par retenue vis-à-vis de Bonaparte.

faire savoir que l'exécutif souhaitait sa présence aux cérémonies officielles. Bonaparte refusa d'abord, puis accepta d'être de la "fête", à condition d'être mêlé aux membres de l'Institut, et non au gouvernement. Telle était sa façon de ne pas mêler son nom aux symboles trop marqués de la Révolution.

Se fondant sur des témoignages croisés avec les papiers du *Foreign Office*, Albert Espitalier a montré que Bonaparte n'avait pas été insensible aux sirènes royalistes[152]. A la réception des propositions de Londres, il avait entretenu Barras de ce premier contact. Le directeur était resté prudent, conseillant de voir venir. Plus tard, par l'intermédiaire de Tallien, Bonaparte aurait fait sonder Barras pour que celui-ci le fasse élire au Directoire, après une réforme constitutionnelle qui aurait permis de concentrer le pouvoir. A ce moment, on aurait vraiment parlé de coup d'Etat. Barras ne donna pas suite. En se découvrant, Bonaparte prit un énorme risque. Bloqué par Barras, il vit son avenir directorial bouché. Il comprit qu'il ne devait plus compter sur son protecteur. Celui-ci n'était dévoué au conquérant que tant qu'il servait ses vues. Il est vrai qu'à plusieurs reprises, le général avait donné des signes de double jeu à l'égard des positions du directeur. A présent, Bonaparte devait agir presque à découvert, ce qui est très mauvais pour un conspirateur, et encore plus pour un homme voulant apparaître comme un rassembleur. Il décida donc de se consacrer à la conquête de l'Angleterre et d'attendre des jours meilleurs.

Renforcement de l'axe Talleyrand-Bonaparte

A ce moment critique, Bonaparte se tourna vers Talleyrand. Insensiblement, le ministre des Relations extérieures était devenu son confident, à défaut d'être un ami sûr, ce qu'il ne fut d'ailleurs jamais pour quiconque. Le rôle de

[152] *Vers Brumaire*, pp. 110-112.

l'ancien évêque d'Autun dans le déroulement de la carrière du futur-empereur ne saurait être négligé.

Bonaparte était en Italie lorsque, après quatre années d'exil en Angleterre et aux Etats-Unis, Charles-Maurice de Talleyrand-Périgord était revenu à Paris, le 25 septembre 1796. L'ex-évêque était rentré en grâce auprès du Directoire –au sein duquel Barras l'avait soutenu-, avait été nommé à l'Institut, puis aux Relations extérieures, le 15 juillet 1797. Dix jours plus tard, il écrivit à Bonaparte, pour lui annoncer sa nomination : "Justement effrayé par les fonctions dont je sens la périlleuse importance, j'ai besoin de me rassurer par le sentiment de ce que votre gloire doit apporter de moyens et de facilités dans les négociations. Le nom seul de Bonaparte est un auxiliaire qui doit tout aplanir. Je m'empresserai de vous faire parvenir toutes les vues que le Directoire me chargera de vous transmettre, et la renommée qui est votre organe ordinaire, me ravira souvent le bonheur de lui apprendre la manière dont vous les aurez remplies"[153]. La réponse de Bonaparte fut tout aussi charmante : "Le choix que le gouvernement a fait de vous fait honneur à son discernement. Il trouve en vous de grands talents, un civisme épuré et un homme étranger aux égarements qui ont déshonoré la Révolution. Je suis flatté de devoir correspondre avec vous et de vous mettre par-là à même de vous convaincre de l'estime et de la haute considération que j'ai pour vous"[154]. A compter de cet été 1797 –au cours duquel se préparait le coup d'Etat de Fructidor-, le général et le diplomate allaient toujours rester "en contact".

[153] Lettre du 24 juillet 1797, *Mémoires de Talleyrand*, t. I, p. 255.

[154] Cité par J. Orieux, *Talleyrand*, 1970, p. 285. L'authenticité de ce texte, retrouvé après la mort de Talleyrand dans les papiers de la duchesse de Dino, a été mise en doute par G.-A. Morlot et J. Happert (*Talleyrand. Une mystification historique*, 1991, p. 263). Peu importe : il est probable que Bonaparte –qui connaissait Talleyrand de réputation, tant celui-ci avait été actif en 1789-1792– avait envie de se rapprocher de lui. Quel que soit le texte de sa réponse d'août 1797, le premier échange de lettres fut le début d'une correspondance soutenue.

Leur première impression mutuelle avait été bonne. Talleyrand passait pour un modéré ambitieux, à l'échine et à la morale souples. Barras –qui le détesta très vite– disait de lui : "L'esprit qui n'a pas de caractère n'est bon à rien". Jugement d'expert. Bonaparte n'avait pas non plus de position politique arrêtée. Proche des jacobins pendant la Terreur, homme de Barras depuis Vendémiaire, il penchait à présent du côté de l'ordre et trouvait les institutions de l'an III inadaptées. Tous les soupçons courraient à son sujet. Que voulait-il ? Qu'allait-il faire et avec qui ? Sans conteste, Talleyrand et Bonaparte lorgnaient le pouvoir pour euxmêmes. La fine intelligence stratégique de l'ancien évêque d'Autun l'avait conduit à comprendre que, sans la force armée, il ne parviendrait à rien –dès lors que la porte du Directoire lui fut fermée après Fructidor. En retour, il savait que son jeune général ne pourrait rien sans des appuis politiques solides et diversifiés. L'un et l'autre avaient eu à souffrir d'une sorte de dédain de Sieyès et, finalement, allaient s'en détacher, non sans s'être au préalable servis de lui.

Chacun devait s'appuyer sur l'autre, par stratégie, non par amitié. Au fil des lettres secrètes –dont la plupart n'ont pas été retrouvées mais dont il est fait mention dans plusieurs correspondances officielles-, une alliance objective se noua. En réponse à une "lettre confidentielle" que lui avait envoyée le ministre, le général lui livra même ses vues politiques sur la France et son gouvernement. Après un long exposé sur ce que devait être le gouvernement, il demanda à Talleyrand d'en parler à Sieyès, de lui montrer sa lettre et de l'assurer qu'il le seconderai "de tous (ses) moyens"[155]. Après Fructidor, Talleyrand flatta Bonaparte, se félicitant du concours et du comportement d'Augereau et concluant : "On voit qu'il a été à bonne école". Furieux de l'invasion de Venise décidée par Bonaparte sans en avoir référé au gou-

[155] Lettre du 19 septembre 1797, *Correspondance*, n°2223. Cette lettre est citée en annexe 1.

vernement, Talleyrand le félicita pourtant pour Campoformio, en des termes forts : "Voilà donc la paix faite, et une paix à la Bonaparte ! (...) Amitié, admiration, respect, reconnaissance... On ne sait où s'arrêter dans cette énumération". Le ministre des Relations extérieures avait auparavant encouragé le général en chef de l'armée d'Italie à mener ses négociations avec indépendance : "Livrez-vous à vos combinaisons, elles porteront sûrement le caractère de grandeur et de stabilité que vous savez donner à tout"[156].

On ne s'étonnera pas, dans ces conditions, que l'une des premières personnes que rencontra Bonaparte à son retour d'Italie soit Talleyrand. Qui demanda à voir l'autre, s'interrogent parfois les historiens. Cela a peu d'importance : les deux hommes étaient faits pour se rencontrer. Bonaparte, à ce moment, pensait que Talleyrand serait son soutien pour conquérir Sieyès. Le ministre songeait à s'appuyer sur le glorieux général pour gagner en prestige, face à un Directoire qui le considérait souvent comme un simple commis. "Si vous saviez comme on se trouve désillusionné quand on se trouve là", avait-il écrit de son ministère. Intérêts convergeants, longue correspondance : il fallait se voir et peu importe ici le protocole.

Méprisé par Sieyès –qui pensait avoir plusieurs épées au feu, si l'on ose dire-, désarçonné par les luttes partisanes qui commençaient à l'éclabousser, soupçonné par Barras de ne plus lui être aussi attaché, Bonaparte se tourna vers Talleyrand. Notons encore ici, que le jeu fut purement politique et non affectif, de part et d'autre. Les deux hommes étaient chacun dans une inconfortable situation et ce sont d'abord leurs intérêts qui les menaient l'un vers l'autre. Fort de son expérience italienne, Bonaparte était devenu lui aussi un politique à qui les nécessités tactiques n'étaient pas inconnues. Quant à Talleyrand, on n'apprendra rien à personne en rappelant que ses convictions n'allèrent jamais plus loin que

[156] J. Orieux, *Talleyrand*, p. 287.

ne pouvaient le porter ses intérêts. Spécialiste du double –ou triple– jeu, l'ancien évêque était à la fois corrompu, faux et délicieux, changeant au gré des vents légers comme des tempêtes politiques. Toute sa vie, il éleva le cynisme et la dissimulation au niveau d'un art, ce qui ne justifie nullement ses multiples trahisons.

Genèse du projet égyptien

Bonaparte avait compris qu'il lui fallait s'éloigner du nid de complots parisiens pour attendre l'évolution de la situation, tout en moissonnant encore un peu de gloire militaire, si possible. Il travailla donc à son projet de débarquement en Angleterre. Il effectua, durant tout le mois de février 1798, une grande inspection de ses troupes et de la marine. Il en revint pessimiste. L'opération était risquée : "La France (n'engageait) qu'une armée, l'Angleterre jouait son existence"[157]. Le Directoire était divisé sur l'opération. De nouveaux bouleversements intérieurs s'annonçaient. Rien ne garantissait que le corps expéditionnaire aurait tout le soutien nécessaire. La marine française ne semblait pas de taille à contrôler la Manche pour assurer la traversée puis, plus tard, les communications, le ravitaillement et l'acheminement de renforts. Bonaparte confia à son secrétaire : "Ce coup de dés est trop chanceux. Je ne le hasarderai pas"[158].

Le 23 février 1798, le général en chef de l'armée d'Angleterre envoya ses conclusions au Directoire : "Quelques efforts que nous fassions, nous n'acquerrons pas d'ici plusieurs années la supériorité des mers. Opérer une descente en Angleterre sans être maître de la mer est l'opération la plus hardie et la plus difficile qui ait été faite (...). Le vrai moment de se préparer à cette expédition est perdu, peut-

[157] Morlot et Happert, *Talleyrand. Une mystification historique*, p. 278.
[158] *Mémoires de M. de Bourrienne sur Napoléon, le Directoire, le Consulat, l'Empire et la Restauration*, 1829, t. II, p.36.

être pour toujours"[159]. En conclusion, Bonaparte proposait d'attaquer les intérêts anglais à Hambourg ou au Hanovre, voire de "faire une expédition dans le Levant qui menaçât le commerce des Indes".

C'est au même moment –comme si les deux hommes s'étaient concertés– que Talleyrand décida de rappeler et de soutenir un vieux projet : la conquête de l'Egypte. Il expédia sur le sujet un mémoire au Directoire quelques jours avant la note de Bonaparte sur l'expédition d'Angleterre. Une fois encore, gardons-nous de croire que Talleyrand voulut rendre service à Bonaparte. Il concevait, certes, de préserver ce général et de le mettre "de côté" pour des jours plus propices. Mais l'abandon de la descente en Angleterre aurait pu le desservir : on répandait dans tout Paris qu'il avait des contacts avec le cabinet de Londres, ville où il avait séjourné pendant son exil. Le bruit n'était d'ailleurs pas infondé : à plusieurs reprises, le ministre avait proposé au Directoire d'engager des négociations avec son ultime ennemi. En proposant d'attaquer la route des Indes, il donnait aussi le change... tout en éloignant le danger immédiat des côtes des îles britanniques.

Le projet d'invasion de l'Egypte était ancien. Sans remonter à Leibniz qui le conseilla à Louis XIV, il fut souvent évoqué dès le début de la Révolution. Même renouvelé par la secousse révolutionnaire, le personnel politique de l'époque était formé d'hommes du XVIIIe siècle que les désastres de la guerre de Sept Ans et la perte des Indes et du Canada avait heurtés. Pour eux, l'occupation de l'Egypte, c'était la route des Indes qu'on pouvait couper, puis emprunter pour aller venger les malheurs de Dupleix[160]. Talleyrand en avait parlé à l'Institut, en juillet 1797, dans un *Essai sur les avantages à retirer des colonies dans les circonstances présentes.*

[159] *Correspondance*, n° 2419.

[160] Dans la même veine, les hommes de la Révolution et de l'Empire eurent toujours en vue la reprise du Canada à l'Angleterre. Les temps ayant changé, ils tentèrent de s'appuyer sur les Etats-Unis pour en chasser les Britanniques.

Invoquant la perte certaine de leurs colonies par la France et l'Angleterre, l'ancien évêque avait appelé ses contemporains à se préparer à négocier avec l'empire ottoman la cession de l'Egypte. "Sur le ton le plus posé, le plus académique, Talleyrand prophétise", s'enthousiasme Jean Orieux[161]. La réalité n'est peut-être pas autant d'un seul bloc. A la même époque, Bonaparte, en Italie, commençait à projeter la suite de sa carrière. Il méditait des projets de développement des intérêts français autour de la Méditerranée. Il avait ainsi écrit au Directoire : "Il faut que nous conservions le port d'Ancône à la paix générale et qu'il reste toujours français. Cela nous donnera une grande influence sur la porte ottomane et nous rendra maîtres de la mer Adriatique, comme nous le sommes, par Marseille et l'île de Corse, de la Méditerranée"[162]. Au même moment, il fit remarquer à son entourage qu'on ne mettait "pas plus de vingt-quatre heures" pour aller de cette partie de l'Italie en Macédoine. Il se lança alors dans une étude approfondie des possibilités de s'ouvrir ces horizons nouveaux. Il commanda des livres et des cartes, commença à lire le Coran. L'un des ouvrages qu'il annota fut le *Voyage en Egypte et en Syrie*, de Volney. Il est possible –sinon probable– que le vainqueur de Rivoli se soit ouvert de ses nouveaux projets à Talleyrand dans leur correspondance confidentielle. Le subit intérêt du ministre pour l'Egypte ne serait donc pas forcément celui d'un visionnaire. L'ancien évêque d'Autun était bien trop pragmatique pour laisser vagabonder son imagination.

Le 16 août 1797, Bonaparte s'ouvrit encore plus franchement de son projet au Directoire : "Les temps ne sont pas éloignés où nous sentirons que, pour détruire véritablement l'Angleterre, il faut nous emparer de l'Egypte. Le vaste Empire ottoman, qui périt tous les jours, nous met dans l'obligation de penser de bonne heure à prendre des moyens

[161] *Talleyrand*, p. 249.
[162] Lettre du 15 février 1797, *Correspondance*, n° 1947.

pour conserver notre commerce au Levant"[163]. N'ayant pas obtenu de réponse officielle, il avait poursuivi, sur ce thème, une correspondance avec le ministre des Relations extérieures. Les lettres qui sont connues montrent que le jeune général avait mûri sa réflexion –et était presque arrivé au plan définitif-, tandis que le ministre ne cessait de l'encourager. Ainsi, le 23 août, Talleyrand lui avait écrit : "Rien n'est plus important que de nous mettre sur un bon pied avec l'Albanie, la Grèce, la Macédoine et autres provinces de l'Empire turc d'Europe, et même toutes celles qui baignent la Méditerranée, comme notamment l'Egypte, qui peut un jour nous être d'une grande utilité"[164].

C'est donc naturellement que, une fois le projet anglais abandonné, le ministre des Relations extérieures soutint devant le Directoire, le projet d'expédition d'Egypte.

[163] *Correspondance*, n° 2103.
[164] G. Lacour-Gayet, *Talleyrand. 1754-1838*, 1930, t. I, p. 304.

III

Bonaparte en Egypte

Saluons le risque pris par Bonaparte pour assouvir son "rêve oriental" ou, plus exactement, comme l'a écrit Iradj Amini, sa "tentation d'Orient"[165]. Voici un jeune général qui cherchait à prendre le pouvoir, qui sentait que les événements pourraient lui fournir de belles opportunités d'assouvir son ambition et qui, pourtant, choisit de s'éloigner du centre de l'action, au risque de tout perdre. Cet homme apparaît, dès ce moment, comme pénétré de son destin. Il aurait pu devenir ministre ou directeur, accepter plus d'honneurs encore... et laisser un petit nom dans l'histoire. Il préféra prendre du recul, comme s'il savait que son avenir ne pouvait être garanti que par la recherche patiente du pouvoir suprême.

Certes, sa situation devenait périlleuse face au Directoire hostile; il était menacé d'une de ces purges dont la peur de perdre le pouvoir rendait les directeurs capables. En cas de besoin, les hommes en place pourraient même trouver un autre général pour les seconder et les aider à se débarrasser de Bonaparte. Certes, Talleyrand le poussait à partir. Mais il y eut, dans sa décision d'entreprendre cette campagne, quelque chose qui reste difficile à comprendre. Il aurait pu choisir de poursuivre sa carrière en Europe, à quelques jours de cheval de Paris, à l'affût d'une bonne occasion, comptant

[165] *Napoléon et la Perse*, 1995, p. 15.

sur le réseau qu'il avait commencé à tisser pour le rappeler au bon moment. Il aurait pu poursuivre l'étude du projet anglais, comme pour "amuser" le Directoire. Il n'en fit rien. C'est ici qu'apparut la véritable trempe du personnage : il devait être grand ou n'être rien, même en risquant tout. Il n'était ni Joubert ni Moreau, et encore moins Augereau, qui se contentaient de commandements continentaux et gagnaient petitement leur place dans la République. Il ne se contenterait jamais du rôle d'appoint. Il était en première ligne ou ne participait pas à l'action. "On ne conserve à Paris le souvenir de rien, dit-il à Bourrienne. Si je reste longtemps sans rien faire, je suis perdu. Une renommée en remplace une autre; on ne m'aura pas vu au spectacle que l'on ne me regardera plus".

Et puis il y avait l'Egypte ! Bonaparte, comme son siècle, a toujours été attiré par l'Orient. Dans sa jeunesse, il avait lu et annoté l'*Histoire des Arabes*, de Marigny, *Les Ruines*, de Volney, et les *Mémoires sur les Turcs et les Tartares*, de Tott. Il s'en était inspiré pour écrire une nouvelle, *Le Masque Prophète*, à la veille de la Révolution. En 1795, dans un de ces moments de mélancolie qui jalonnèrent sa jeunesse, Napoléon aurait même envisagé de rejoindre les armées ottomanes. Peut-être avait-il même envié son frère Lucien, pressenti sans suite pour une ambassade à Constantinople, deux ans plus tôt. Dans la société française du Directoire, fille du XVIIIe siècle, l'Orient restait marqué de mystère, de gloire et de richesse. "Nous avons 29 ans, l'âge d'Alexandre", disait alors Bonaparte à Bourrienne. Il songeait, comme ses contemporains, aux pharaons d'Egypte, aux légions de César, aux dynasties arabes et aux campagnes des Macédoniens. Les rêves rencontrant les nécessités politiques, Napoléon n'hésita pas un instant.

Bonaparte et la "tentation d'Orient"

Lorsque Bonaparte informa les directeurs de l'impossibilité d'une descente en Angleterre, ces derniers prirent mal la chose. Les relations entre le général et l'exécutif se tendirent en quelques jours. Décidément, Barras et ses collègues ne savaient plus quoi faire de ce général. Lors de réunions orageuses, celui-ci alla jusqu'à envisager une démission. On l'avertit : si vous nous présentez votre démission, nous serons obligés de l'accepter ! Quant à ce projet d'expédition d'Egypte dont le général commençait à parler, le Directoire était réservé. "Nous n'allons quand même pas exposer trente à quarante mille des meilleurs soldats français au hasard d'une bataille navale, à seule fin de nous débarrasser d'un général ambitieux ! Encore faudrait-il m'assurer que l'expédition d'Egypte sera profitable à la république et ne servira pas seulement les desseins de Bonaparte !", se serait écrié La Revellière-Lépeaux[166].

Talleyrand était venu au secours de son protégé. Il avait remis au Directoire un mémoire dans lequel il proposait de conquérir l'Egypte, de s'y établir solidement afin de menacer la présence anglaise aux Indes. Cette fois, Bonaparte recevait officiellement l'appui du chef de la diplomatie française –fût-il tenu, en haut lieu, pour quantité négligeable– et l'idée d'expédition en fut renforcée. Sans doute aussi les directeurs finirent-ils par se dire que ces champs de bataille lointains assouviraient les ambitions du vainqueur de l'Italie et, peut-être, l'engloutiraient.

Dans son mémoire, le ministre des Relations extérieures mettait en avant les difficultés de l'empire ottoman. Selon lui, la Sublime Porte était en profonde crise et ses dépouilles attisaient la convoitise des ennemis passés et futurs de la République. Il fallait prendre les devants, annexer les îles méditerranéennes sur lesquelles les Turcs ne pouvaient plus exercer leur autorité et pousser encore plus loin, vers des

[166] Selon Benoist-Méchin, *Bonaparte en Egypte ou le rêve inassouvi*, 1978, p. 36.

territoires sur lesquels leur pouvoir n'était plus que nominal. L'Egypte en faisait partie. Les mauvaises langues et, malheureusement pour l'ancien évêque d'Autun, quelques historiens pensent aussi que l'anglophilie du ministre –entretenue à coups de pots-de-vin– l'encouragea aussi à tenter de soulager l'Angleterre d'une menace d'invasion et d'éloigner le théâtre des opérations des côtes de la Manche.

Finalement, le Directoire accepta d'assouvir la "tentation d'Orient" de Bonaparte... et "bon débarras", pourrait-on ajouter. Les préparatifs de la campagne se firent dans le plus grand secret. La fébrilité du commandant de ce qu'on allait appeler "l'aile gauche de l'armée d'Angleterre" l'éloigna de la scène politique. Il devait surtout compter sur lui-même et sur sa prodigieuse force de travail pour réunir hommes, chevaux, matériel et bateaux dans la rade de Toulon. De son côté, le général Desaix préparait une seconde escadre qui, partie de Rome, rejoindrait son chef en haute mer. Au total, 54 000 hommes –dont environ 30 à 35 000 pour les opérations terrestres– embarquèrent, à la mi-mai 1798, pour une périlleuse traversée de la Méditerranée dominée par les escadres anglaises. Au milieu des combattants avait pris place une mission scientifique représentant tous les grands établissements de la République. Membre de l'Institut, Bonaparte avait voulu faire de son expédition une équipée "dans la lignée des voyages d'exploration du XVIIIe siècle" (Jean Tulard).

Le 9 juin 1798, Malte fut prise. Le 1er juillet, après avoir échappé, par miracle, à la flotte anglaise de l'amiral Nelson, on arriva en vue d'Alexandrie.

De la conquête à la prison des sables

"L'Egypte ! Alors se lève la grande fresque de pierre qui, tout au long du Nil et de trois millénaires, atteste de l'impérissable génie de l'homme"[167]. Nos contemporains trouvent toujours les mots pour célébrer l'impression –surtout intérieure– que l'on éprouve en posant le pied sur la terre des pharaons. Telle ne fut pas celle ressentie, savants mis à part, par l'armée de Bonaparte, en cet été 1798. L'Egypte était, pour la plupart de ces soldats venus des campagnes françaises, une notion vague et lointaine. Chez les militaires, seuls les officiers étaient excités à l'idée de ce qu'ils allaient découvrir. Ils furent bien vite ramenés aux réalités de cette contrée dans laquelle, après tout, ils étaient venus faire la guerre. Il fallut d'abord débarquer l'armée. La Méditerranée déchaînée rendit délicate la mise à l'eau des chaloupes. Mal de mer, hennissements des chevaux, chavirages, pertes humaines et matérielles marquèrent l'arrivée des conquérants.

En 1798, il n'y avait pas d'identité proprement égyptienne. Les peuples d'Egypte ne formaient pas une nation. Leur terre appartenait, depuis deux cents ans, au sultan de Constantinople. En 1798, Sélim III régnait sur la "Sublime Porte" et était représenté au Caire par un pacha. Mais le pays était, en réalité, dominé par les Mamelouks. Cette imposante milice, composée d'anciens esclaves arrivés là au XIIIe siècle, savait profiter de l'incapacité des administrateurs ottomans. Ils étaient l'unique ennemi revendiqué par la France. Le Directoire avait annoncé que c'était eux, et eux seuls, que Bonaparte venait combattre. On voulait ménager la Turquie par cet artifice diplomatique. Sur le terrain, Bonaparte avait donné à ses hommes la stricte consigne de respecter l'Islam et, mieux encore, de ne pas se mêler de religion.

Le 2 juillet 1798, Alexandrie, gros bourg de 6 000 habitants, tomba aux mains des Français, après un bref combat qui démontra l'incapacité militaire des Mamelouks, très

[167] Pierre Juillet, "La force irremplaçable du sacré", *Géopolitique*, 1991, n° 34, p. 2.

maladroits dans leur utilisation de l'artillerie. Dans ses carnets inédits, le chef d'escadron Savary nota ses premières impressions sur le pays : "Contraste que l'on éprouve en arrivant à Alexandrie, venant de Paris, Florence, Rome et Malte. L'on arrive dans un désert affreux, des habitants avec des figures infâmes, de longues robes bleues toutes trouées, une peau olivâtre, une longue barbe (...). Les femmes ressemblent à la mort telle qu'on la peint sur les tableaux, un voile les couvre de la tête aux pieds. Combien cela nous faisait penser à la distance qui nous séparait de Paris"[168]. Et les soldats de l'armée d'Egypte n'avaient pas fini de se lamenter sur la rudesse de ce pays et de ses habitants.

Pour atteindre Le Caire, Bonaparte décida d'emprunter le plus court chemin, celui du désert, loin du Nil, tandis qu'une flottille remonterait le fleuve généreux pour transporter les vivres et les munitions. Pendant vingt jours, en maugréant, les jeunes vétérans des guerres de la Révolution souffrirent de la chaleur pendant la journée, du froid pendant la nuit. Un témoin écrivit : "Le général Desaix (commandant de l'avant-garde) écrivait au général en chef : *si l'armée ne traverse pas le désert avec la rapidité de l'éclair, elle périra*. Dans les colonnes, chacun se sent arrivé à la limite de ses forces; tout à coup, un cri de désespoir se fait entendre. Les soldats accusent leurs généraux des souffrances inouïes qu'ils ont endurées depuis qu'ils ont quitté les vaisseaux, ils demandent ce qu'ils font de mal pour qu'on les mène mourir dans le désert"[169]. On était loin, en effet, des riches plaines du nord de l'Italie. Cette fois, Bonaparte avait entraîné ses hommes dans un enfer. Le 21 juillet, on arriva en vue des Pyramides.

[168]Cité par nous dans *Savary, le séide de Napoléon*, Metz, 1993, p. 30. Savary devint plus tard aide de camp puis ministre de la Police de Napoléon (1810-1814). Au récit de la campagne d'Egypte publié dans ses *Mémoires* (1828), on peut ajouter ses carnets, griffonnés sur place ou peu après son retour. Ces feuillets inédits sont conservés au Service historique de l'armée de Terre.

[169]Général Desvernois, *Avec Bonaparte en Italie et en Egypte*, s.d., p. 111.

La bataille des Pyramides –nom donné au combat par Bonaparte– fut, en réalité celle de la prise du Caire, même si l'on apercevait effectivement, au loin, les imposants monuments de pierre. Pendant la marche dans le désert, quelques escarmouches avaient opposé les Français aux Mamelouks, mais on sentait bien, depuis Alexandrie, que c'est aux portes de la capitale qu'aurait lieu le choc décisif. Il en fut ainsi. 6 000 Mamelouks à cheval, mal secondés par de l'infanterie turque et quelques pièces d'artillerie vinrent s'empaler sur les carrés de Bonaparte, après que le général en chef eut fait lire sa fameuse proclamation. Du haut de leurs quarante siècles, les Pyramides purent contempler un spectacle de guerre effroyable et le suicide d'une cavalerie présomptueuse qui avait imaginé balayer les Infidèles sans coup férir. Près de 1 500 de ces seigneurs de la guerre, caparaçonnés d'or et montés sur de magnifiques chevaux, furent tués lors de leur charge stupide –car sans préparation– contre les demi-brigades françaises solidement organisées et cramponnées au terrain. Savary nous rappelle que les guerres anciennes ne se résument pas à la légende colorée des images d'Epinal : "Le feu avait été exécuté tellement à bout portant que la bourre de nos fusils s'attacha aux vêtements de plusieurs Mamelouks et y mit le feu, en sorte que le pourtour de nos carrés offrait le spectacle de plusieurs cadavres rôtissant dans leurs vêtements. La graisse qui coulait de leurs membres sur ce feu l'entretenait et répandait une odeur infecte".

Le 25 juillet, l'armée d'Egypte entra au Caire, la ville aux cent minarets. Bonaparte adressa à la population une proclamation rassurante : "Peuple du Caire (...) vous avez bien fait de ne pas prendre parti contre moi. Je suis venu pour détruire la race des Mamelouks, protéger le naturel du pays (...). Ne craignez rien pour vos familles, vos maisons, vos propriétés, et surtout pour la religion du Prophète que j'aime".

C'est au Caire que l'on apprit le désastre d'Aboukir. Le 1er août, dans une rade proche d'Alexandrie, l'amiral Nelson avait surpris et détruit la flotte française : 11 vaisseaux sur treize, 2 frégates sur 3 coulés ou gravement endommagés et 5 500 marins sur 8 000 mis hors de combat. La Méditerranée était à présent totalement anglaise et l'armée d'Egypte prisonnière de sa conquête. Lorsque ses lieutenants lui demandèrent ce qu'ils allaient devenir, Bonaparte leur aurait répondu : "Eh bien ! Il faut rester dans ces contrées et en sortir grands comme les Anciens".

Pendant ce temps, à Paris...

A Paris, on suivait avec intérêt l'expédition d'Egypte, même si, dans les milieux politiques et dans les salons, la "mode Bonaparte" avait tendance à retomber. Chez les citoyens moins blasés, le général éloigné était encore l'objet d'une sorte de culte. "Jusqu'au fond des provinces, le peuple avait chanté *la Bonaparte*, l'air composé en l'honneur du héros", écrit Albert Vandal[170]. Le Directoire soulagé faisait annoncer chacun de ses succès à coups de trompes et de cérémonies officielles. Ainsi, le 18 septembre 1798, on fêta dans la capitale le débarquement de l'armée à Alexandrie... qui avait eu lieu le 1er juillet. Entre-temps, il y avait eu les Pyramides, l'occupation du Caire et, surtout, l'anéantissement de la flotte. Très vite, par les journaux anglais, on apprit la terrible nouvelle. Dès qu'elle fut connue, une grande partie des journaux et, partant, de la population, se retourna contre le Directoire, l'accusant, non sans motif, d'avoir voulu se débarrasser de Bonaparte en l'expédiant en Orient : "L'opinion ignorait tout de ses projets et de ses rêves. Elle ne connaissait que le général-citoyen, membre de l'Institut. On le voyait héroïque, génial, beau, et trahi par les intrigants politiciens. L'idolâtrie, déjà, naissait"[171].

[170] *L'avènement de Bonaparte*, t. I, p. 68.
[171] J. Orieux, *Talleyrand*, p. 349.

Au sein du gouvernement, un homme avait pris du recul par rapport à l'expédition égyptienne : Talleyrand. Le ministre des Relations extérieures, toujours prudent, avait une première fois trahi Bonaparte lorsqu'il avait renoncé à se rendre à Constantinople, comme il s'y était engagé, pour rassurer la Sublime Porte sur les intentions françaises en Egypte. Prétextant la domination britannique en Méditerranée, il n'avait cessé de remettre sa mission diplomatique. Ce qui devait arriver arriva : la Sublime Porte déclara la guerre à la France. On pouvait commencer à penser que l'ancien évêque d'Autun avait changé d'avis sur l'avenir de Bonaparte. Les jacobins, qui quelques mois plus tôt, soupçonnaient le vainqueur de l'Italie, attaquaient à présent le ministre et l'accusaient d'avoir volontairement privé la République de l'un de ses défenseurs. Lui tenta sans pudeur de dégager sa responsabilité en rejetant la faute sur son prédécesseur au ministère, Charles Delacroix, à qui il attribuait la paternité de l'expédition d'Egypte. En juillet 1799, alors qu'il venait de rendre son portefeuille, il fit publier dans *le Moniteur* une incroyable notice dans laquelle, s'appuyant sur des papiers de son ministère, il écrivit : "J'avais dit qu'on m'attribuait l'expédition d'Egypte, mais ni la gloire, ni le blâme ne peuvent m'en appartenir, c'était un projet très ancien (...). Je viens de relire la lettre que le citoyen Delacroix écrivait au citoyen Magallon, le 29 thermidor an V (16 août 1796) (...). Il est impossible d'exprimer dans des termes plus clairs, plus énergiques, plus répétés, l'ardent désir d'une expédition en Egypte que le fait le citoyen Charles Delacroix"[172].

Que Bonaparte soit loin et bloqué en Orient ne gênait pas les gouvernants, rassurés sur l'impossibilité d'agir du général ambitieux. Son désir de pouvoir n'était un secret pour personne. On avait lu, dans les allées du pouvoir, l'éditorial du

[172] *Le Moniteur*, 7 thermidor an VII (26 juillet 1799). Magallon était ambassadeur à Constantinople.

premier numéro du *Courrier d'Egypte*, fondé au Caire dès le 24 juillet 1798. Le rédacteur en chef y avait inséré –sur commande– un portrait du général en chef, "républicain" et "homme de gouvernement"[173].

L'Egypte française

En Egypte, Bonaparte décida d'organiser le pays et de poursuivre les débris des Mamelouks. Desaix et une partie de l'armée prirent le chemin de la Haute-Egypte. Au nord, une administration d'occupation se mit en place : fortification du Nil, organisation des approvisionnements, installation d'un officier supérieur à la tête de chaque province avec, pour l'assister, un conseil (divan) de notables, maintien du pacha du Caire, perception des contributions par des employés coptes (donc des chrétiens) surveillés par des agents français, etc. Toujours prudent, le conquérant continua à se proclamer l'ennemi des seuls Mamelouks, ménageant les musulmans, adoptant parfois leurs vêtements et leurs coutumes, déclarant vouloir se convertir à l'Islam. Bonaparte se désigna lui-même aux populations comme "l'homme du destin, le digne enfant du Prophète, le favori d'Allah". Il ordonna que les caravanes de pèlerins se rendant à La Mecque soient protégées par des soldats français, fit participer toute l'armée à la traditionnelle fête du Nil, le jour anniversaire de la naissance du Prophète. Ce que le général Dupuy traduisait en langage cynique : "Nous trompons les Egyptiens par notre simili-attachement à leur religion"[174]. C'est donc non sans raison que Bonaparte a pu dire, plus tard, à Roederer, parlant du Concordat : "C'est en me faisant catholique que j'ai fini la guerre de Vendée; en me faisant musulman que je me suis établi en Egypte; en me faisant ultramontain que j'ai gagné les esprits en Italie. Si je gouver-

[173] L. Gabriel-Robinet, "Napoléon journaliste", *Les Annales Conferencia*, mai 1960, p. 8.

[174] Cité par J. Bainville, *Napoléon*, p 99.

nais un peuple de juifs, je rétablirais le temple de Salomon". On ne saurait plus clairement revendiquer son pragmatisme et son indifférence religieuse.

Tous les efforts déployés par le général en chef n'empêchèrent pas le peuple du Caire, travaillé en profondeur par les agents turcs et les tenants du *Djihad* (guerre sainte), de se soulever (octobre 1798). La tentative de révolte fut matée. Trois cents Français et plusieurs milliers d'insurgés furent tués. Après que 15 notables compromis eurent été exécutés, Bonaparte accorda son pardon à la population. Mais cette dernière ne s'accommoda jamais de la présence des Français dans la ville aux mille minarets.

Les savants venus de France avec les conquérants avaient pu commencer leur travail, ôter le sable qui recouvrait – parfois sur plusieurs mètres– les monuments, commencer des fouilles fécondes, relever des inscriptions. Bonaparte créa un Institut d'Egypte présidé par Monge, favorisa les recherches de Vivant Denon ("Il courait aux monuments comme un soldat court à la bataille" écrivit de lui un témoin), mit à la disposition des savants (comme Berthollet ou Geoffroy Saint-Hilaire) les moyens en hommes et en matériels dont ils avaient besoin. En juillet 1799, dans cette ambiance propice aux découvertes et à la naissance de l'égyptologie, l'officier du génie Bouchard allait découvrir la "pierre de Rosette" qui permettrait un jour à Champollion de déchiffrer les hiéroglyphes[175]. Quant à Denon, il ramènerait de l'aventure sa fameuse *Description de l'Egypte* qui fait encore aujourd'hui le bonheur des scientifiques.

Au sud, Desaix remporta quelques beaux succès, le 7 octobre 1798, à Sédiman, et le 22 janvier 1799, à Samhoud. Il pacifia –en douceur, nous disent les témoins– la Haute-Egypte. Il continua cette campagne en battant les Mamelouks de Mourad Bey à Bir el-Bar, le 2 avril 1799 et à Béni-

[175] Lorsque l'armée d'Egypte capitula, les Anglais se firent remettre tous les matériaux découverts. Ils forment aujourd'hui la majeure partie de la très belle collection égyptienne du British Museum.

Adin, le 16 avril. Accueillant pour les populations et généreux avec les vaincus, il gagna le surnom de "Sultan juste". Bonaparte le rappela près de lui. Il le souhaitait à ses côtés pendant l'offensive en Syrie qu'il avait décidée.

Bonaparte en Terre Sainte

A Paris, on continuait à penser au jeune héros de l'Italie, enfermé dans les déserts d'Egypte. En décembre 1798, le journal *Le Rédacteur* avait annoncé sa mort, prétendant avoir appris la triste nouvelle par des indiscrétions de la cour de Vienne. Un démenti dans les organes gouvernementaux avait rassuré les populations. On avait néanmoins commencé à chanter une complainte en l'honneur du malheureux :

Méchants, dans les lointains climats,
Vous exposâtes sa vaillance,
Croyant que la mort sur ses pas
Voudrait bien en priver la France[176]

La Turquie, aidée par les Anglais, avait décidé de jeter deux armées contre les Français : une en Syrie, une sur les côtes égyptiennes, près d'Alexandrie. Bonaparte décida de les battre l'une après l'autre. Il se dirigea d'abord vers la Syrie : El-Alrich (20 février 1799), Gaza (24 février) et Jaffa (7 mars) furent prises après de rudes et sanglants combats. A l'occasion de l'occupation de ces dernières places, les troupes de Bonaparte se livrèrent au massacre de milliers de prisonniers, hommes, femmes et enfants : "Tout fut mis à feu et à sang durant cette funeste journée, raconte un témoin. Nos troupes ne cessèrent de tuer que lorsqu'elles furent épuisées de fatigue à force de massacrer : ni le sexe ni l'âge, rien ne fut épargné". Leur chef fut informé des événements et n'empêcha rien. Il voulait ainsi frapper les esprits

[176] A. Ollivier, *Le Dix-Huit Brumaire*, 1959, p. 122.

et donner à réfléchir à ceux qui auraient l'audace de se joindre aux 8 000 hommes de l'armée ottomane. C'est le sens qu'il faut donner à la proclamation qu'il adressa quelques jours plus tard aux responsables locaux : "Il est bon que vous sachiez que tous les efforts humains sont inutiles contre moi (...). L'exemple qui vient d'arriver doit vous faire connaître que si je suis terrible pour mes ennemis, je suis bon pour mes amis, et surtout clément et miséricordieux pour le pauvre peuple"[177]. Il est équitable de dire que la cruauté était justement partagée. Malheur au soldat français qui tombait entre les mains de l'ennemi, comme ces plénipotentiaires envoyés au-devant d'une garnison qui furent, malgré leur drapeau blanc, arrêtés, décapités et leurs têtes exposées sur les remparts de la citadelle !

Les troupes étaient épuisées et l'armée inquiète : la peste venait d'apparaître dans ses rangs. La campagne n'en continua pas moins. Bonaparte ne parvint pas à s'emparer de Saint-Jean-d'Acre, ravitaillée depuis la mer par la flotte anglaise de l'amiral Sidney Smith et défendue notamment par un de ses anciens condisciples de l'école de Brienne, émigré pendant la Révolution, Phélippeaux. Il dut rebrousser chemin, tandis que ses lieutenants remportaient des victoires auxquelles on donna des noms merveilleux, ce qui pouvait servir à galvaniser l'opinion publique française nullement informée des difficultés de la campagne : Cana, Mont-Thabor, Nazareth. Menacé par l'arrivée d'une armée turque de secours, Bonaparte ordonna l'évacuation de la Terre Sainte. A Jaffa, et malgré l'opposition des médecins présents, il fit donner de l'opium aux pestiférés –dont son armée en retraite ne pouvait s'encombrer– et les abandonna aux Turcs qui les massacrèrent. C'est sans doute pour faire oublier cet épisode que, plus tard, il laissa Joséphine commander à Gros le fameux tableau sur lequel il figure, plein

[177] "Proclamation aux Cheiks, Ulémas et habitants de Gaza, Ramleh (Ramallah) et Jaffa", 9 mars 1799, *Correspondance*, n° 4022.

de courage et de bonté, venant prendre des nouvelles des pestiférés de Jaffa, touchant leurs bubons, en présence de subordonnés craintifs. Le grand homme, qui savait faire preuve de l'esprit de décision et de la *virtu* propres au *Prince* de Machiavel, était aussi –mais cela nous le savions déjà– un grand "communicateur".

La Syrie était perdue. Il fallait encore combattre la seconde armée turque qui avait débarqué près d'Aboukir. Le 25 juillet 1799, une éclatante victoire de Bonaparte permit d'écraser cette armée et de la rejeter hors du pays. Sans effacer le désastre naval de l'année précédente, cette victoire –à laquelle on donne aussi le nom d'Aboukir– tranquillisa l'armée d'Egypte[178].

[178] Sur la campagne d'Egypte, outre le livre de Benoist-Méchin précité, on peut consulter les ouvrages plus récents de H. Laurens, *L'expédition d'Egypte*, 1989 ou de J. Derogy et H. Carmel, *Bonaparte en Terre sainte*, 1992. Ces ouvrages font la part moins belle que par le passé au légendaire et au merveilleux d'une campagne qui fut l'une des plus dures des armées révolutionnaires.

IV

Le coup d'Etat permanent.

A Paris, le Directoire n'en avait pas fini avec les secousses électorales. Le balancier politique poursuivait sa course. En avril 1798, alors que Bonaparte s'apprêtait à assouvir sa "tentation d'Orient", de nouvelles élections avaient eu lieu pour remplacer près de la moitié des conseils. L'exécutif avait envoyé des émissaires dans tous les départements pour prêcher la modération aux électeurs, les poussant –en utilisant parfois des pressions illégales– à rejeter tant le jacobinisme que le royalisme. Le scrutin se déroula dans une très mauvaise ambiance, sur fond de mécontentement populaire devant la vie difficile, les approximations de la politique religieuse et la perspective de reprise de la guerre à grande échelle. Les assemblées primaires se déchirèrent. Certains royalistes avaient choisi de jouer la politique du pire et de favoriser les extrêmes. Depuis Fructidor, les partisans de Louis XVIII n'avaient pas pu redevenir une force organisée et menaçante, malgré la renaissance de nombreuses société philanthropiques[179]. Ils décidèrent de troubler l'ordre public et de perturber les élections. En utilisant le désordre créé par leurs agissements, ils espéraient imposer une solution monarchique.

On assista, dans certains départements, à la scission des assemblées électorales, chaque parti proclamant ensuite ses

[179] J. Godechot, *La contre-révolution*, 1984, pp. 361-364.

propres élus. Le résultat global fut, outre la perspective de nombreuses invalidations, une forte poussée de gauche. Le Directoire demanda son aide aux conseils qui lui restaient favorables, malgré la défaite de 120 de ses partisans, sur 187. Le 22 floréal an VI (11 mai 1798), une loi prononça la "rectification" des élections, permettant d'éliminer les adversaires des directeurs et de leur substituer leurs amis : 104 jacobins et 2 royalistes furent invalidés, certains départements furent "privés" de représentants au motifs qu'ils avaient "mal" voté, d'autres élections furent tout simplement inversées. L'armée n'avait pas eu à intervenir et le coup d'Etat avait toutes les apparences –mais seulement les apparences– de la légalité. Les députés dits "du juste milieu" avaient réussi à barrer le passage aux "exclusifs" (jacobins). "Mais cette fois, (l'exécutif) ne pouvait plus saisir le motif qu'il avait invoqué en Fructidor, le devoir de veiller sur la République. Pas de trahison, pas de complot en floréal an VI : simplement l'inconvénient d'une nouvelle majorité. Le Directoire ne s'embarrasse plus de précautions. Il fait ce qui l'arrange"[180]. Les nouveaux conseils n'avaient plus qu'à choisir un nouveau directeur. François de Neufchâteau fut désigné par le sort pour laisser la place. Jean-Baptiste Treilhard, révolutionnaire sincère devenu modéré, fut élu, alors même que, d'après la constitution, il n'aurait pu l'être car ayant quitté le conseil des Cinq-Cents depuis moins d'un an[181]. Ce fait allait avoir une certaine importance mais l'irrégularité passa alors presqu'inaperçue. Sieyès allait pourtant s'en rappeler, le moment venu, pour éliminer cet homme qu'il n'aimait pas. Avec Floréal, les conseils et le régime se trouvaient placés dans une situation proche de celle de la Législative. Comme en 1791, lorsque les valeurs politiques fortes de la Constituantes s'étaient vues interdire l'élection et avaient mené la lutte hors des organes constitutionnels,

[180] J.-D. Bredin, *Sieyès. La clé de la Révolution française*, p. 405.
[181] A cinq jours près.

l'opposition n'était plus dans les chambres. Elle devait agir au-dehors, dans les clubs, dans la rue ou, pis encore, dans des conspirations.

Sieyès, en réserve de la République

A la même époque, Sieyès –sans doute pour prendre du champ, ne pas être complice des irrégularités répétées du pouvoir et accroître encore le "besoin de lui"– demanda au Directoire de le nommer ambassadeur en Prusse, où il comptait nombre d'admirateurs chez les intellectuels. Sa demande fut acceptée presqu'avec enthousiasme. On était trop heureux de le voir s'éloigner de Paris, même si l'on était à peu près sûr que, sur le plan diplomatique, la nomination d'un pareil révolutionnaire –de surcroît régicide– serait mal prise par la cour de Frédéric-Guillaume III. On avait accepté le projet du général Bonaparte d'aller conquérir l'Egypte un peu plus tôt. En quelques jours, le Directoire s'était débarrassé, à leur demande, de deux gêneurs dangereux. Mais, contrairement à Bonaparte, Sieyès avait choisi une position d'attente peu éloignée de Paris. En cas de besoin, quelques jours de voyage suffiraient à être de retour dans la capitale.

La vie politique du Directoire continua sur le même mode. La modération affichée par le régime lui faisait rejeter tout ce qui n'était pas dans sa stricte ligne politique. En d'autres termes, qui n'était pas ami de Barras et des siens n'était pas ami du pouvoir, donc était un ennemi de la République. Il convenait de se situer d'abord par rapport aux hommes en place et peu importait d'être royaliste modéré, républicain libéral, monarchiste fanatique, homme d'ordre ou jacobin. Ce qu'il fallait, c'était réfléchir avant d'attaquer car tout succès partiel verrait une contre-attaque des directoriaux. Chacun attendait donc le coup d'Etat suivant, en espérant qu'il serait décisif.

A Paris, on parlait beaucoup de Sieyès. Son éloignement lui avait été bénéfique. Il apparaissait comme un recours valable. Le grand absent, lui, ne se plaisait pas à Berlin. Il n'en avait pas supporté l'hiver et, surtout, avait été, comme prévu, fort mal accueilli par les autorités. Ses détracteurs lui imputèrent plus tard l'échec d'un projet d'alliance entre la France et la Prusse. Trop cassant, trop rigide et, pour tout dire, trop régicide aux yeux de ses interlocuteurs, il aurait, en plus, comploté avec les partisans allemands de la Révolution, ce qui aurait achevé de ruiner son crédit. A l'inverse, ses amis jugèrent son action bénéfique car, lorsque la guerre reprit au printemps 1799, la Prusse, à défaut d'alliance avec la France, ne se joignit pas à la deuxième coalition.

Les élections de l'an VII furent une nouvelle alarme pour le Directoire. Les éliminés de floréal an VI (gauche) et de fructidor an V (droite) repartirent à l'assaut de la "forteresse". La poussée jacobine endiguée l'année précédente se confirma. Sur 315 sièges renouvelés, on comptait seulement 70 élus favorables à l'exécutif. On pouvait s'attendre à ce qu'Albert Vandal a appelé "la revanche des conseils". Le Directoire avait concentré ses efforts de propagande contre les jacobins. Leur victoire, même relative, apparaissait comme sa défaite. Certes, ce parti jacobin (ou "néo-jacobin") n'avait pas la puissance de ses devanciers. Il ne pouvait pas revendiquer plusieurs centaines de milliers d'adhérents à ses clubs, comme dans les belles années du gouvernement révolutionnaire. Il était devenu une sorte "d'attrape-tout", fédérant des oppositions variées, peu cohérentes quand aux réformes à promouvoir. On se rassurait sur la cohésion du mouvement en agitant des mots d'ordre déterminés. Il fallait "sauver la République". Ces jacobins étaient néanmoins remplis d'espoir. S'ils ne pouvaient compter sur la sans-culotterie parisienne, désarmée et sans ressort, ils avaient des alliés de poids dans l'armée. Bernadotte, commandant de l'aile gauche de l'armée du Danube, venait de démissionner, avait rejoint Paris et accusait publiquement le Directoire des défaites des armées françaises en Allemagne. Jourdan, autre général en vue, avait lui aussi abandonné son poste en pleine campagne. Il rentra à Paris –pour "raisons de santé"– où il devint le "chef de l'opposition" au Directoire[182]. Pour les directoriaux, le jacobinisme était devenu l'ennemi numéro un et... un bon argument pour durcir leurs positions. Car, si le danger était réel, les modérés avaient aussi intérêt à le grossir pour justifier les mesures qu'ils projetaient. Il n'était pas question cependant d'utiliser à nouveau les artifices de procédure de l'année précédente : 6 députés seulement furent invalidés.

La crise finale semblait se nouer. Tout l'édifice directorial se lézardait. A Toulouse, une "armée royaliste" comptant, sur le papier, plusieurs dizaines de milliers d'hommes avait pris l'offensive, attaquant les gendarmes, coupant les arbres de la liberté, développant bientôt l'agitation dans tout le Sud-Ouest. Cette guérilla allait se poursuivre et s'amplifier pendant toute l'année 1799. Elle allait culminer à l'été, avec un véritable soulèvement contre lequel les armées de la République, déjà fort sollicitées sur les théâtres extérieurs, devraient s'employer avec vigueur. Depuis novembre 1798, les départements belges s'agitaient. Dans l'Ouest, la chouannerie reprenait de plus belle. Les attaques de diligences et les coups de mains contre les agents du gouvernement se multipliaient. Dans ces contrées habituées à mener la vie dure aux "bleus", la deuxième partie de l'année 1799 allait être cruciale, même si les troupes directoriales ne perdirent jamais pied[183]. Sur le plan militaire, la deuxième coalition ne cessait d'enregistrer des succès. L'Italie était perdue, la Hollande menacée et la Suisse envahie. Même Bonaparte

[182] R. Valentin, *Le maréchal Jourdan (1762-1833)*, éd. 1953, p. 194. Né à Limoges, en 1762, Jourdan avait beaucoup profité du gouvernement révolutionnaire pour progresser dans sa carrière. Il ne fut pas inquiété après Thermidor car il n'avait cessé d'être un général victorieux : Wattignies (octobre 1793) et, surtout, Fleurus (26 juin 1794).

[183] Sur ces épisodes contre-révolutionnaires, voir la synthèse de L.-M. Clénet, *La Contre-Révolution*, Que sais-je ?, n° 2633, pp. 68-80.

connaissait des difficultés en Egypte –mais cela, la population l'ignorait. "Tout se décompose", notait justement un rapport au Directoire[184].

Les conseils se déchiraient. Le pouvoir politique était pris entre deux feux. Sur le plan militaire, à l'intérieur comme à l'extérieur, la Contre-Révolution semblait se livrer à ce que Jacques Godechot a appelé "le grand assaut". Au niveau institutionnel, les modérés et les ex-Thermidoriens devaient combattre une puissante poussée jacobine. Le 16 mai, les Cinq-Cents proposèrent le général Lefebvre[185] pour remplacer Reubell au Directoire. Les Anciens refusèrent cette pâle candidature au parfum jacobin et choisirent Sieyès, par 118 voix sur 205. Un courrier partit sur-le-champ pour Berlin[186] afin d'en avertir l'ambassadeur et le presser de rentrer en France. Cette fois, l'implacable ennemi de la constitution de l'an III et du Directoire avait un pied solidement posé dans la place. Son retour, sans être triomphal, était attendu et souhaité. En le choisissant, les Anciens avaient voulu montrer à l'exécutif que le moment était venu d'amender le régime et de nettoyer les palais officiels de tout ce qui l'empêchait d'évoluer. "L'élection (de Sieyès) montrait que les hostilités étaient ouvertes et même qu'il existait aux Anciens une forte minorité favorable à la révision. Barras avait aidé au succès de Sieyès, peut-être parce qu'il envisageait avec complaisance une révision, plus probablement pour tirer son épingle du jeu maintenant que la chute du Directoire était probable. Le cheval de Troie était dans la place, mais peu de gens sans doute imaginaient que Sieyès, théoricien du régime représentatif et libéral, allait être son fossoyeur"[187].

[184]G. Lefebvre, *Le Directoire*, p. 157.

[185]Ancien combattant de l'armée du Rhin, il était le mari de "madame Sans-Gêne". Il fut plus tard maréchal d'Empire et duc de Dantzig.

[186]Toujours prévoyant, Talleyrand avait envoyé son propre messager deux jours plus tôt.

[187] G. Lefebvre, *Le Directoire*, p. 158.

Le retour des jacobins

Le 9 juin 1799, Sieyès prit ses fonction. Dès les premiers instants, les anciens directeurs s'aperçurent que leurs rapports avec lui seraient difficiles. L'ex-ambassadeur se sentait en position de force. Il détestait Barras; La Revellière-Lépeaux avait vu son élection comme une "calamité". Mais Sieyès s'en moquait. Sa ligne était tracée : sus aux "vengeurs de Babeuf", guerre aux jacobins. Il voulait réformer ce régime sans prendre pour complices ceux qu'il considérait comme les responsables de la situation. Il décida de cultiver ses amis comme les hommes utiles dans les conseils et dans l'armée. Il accepta une alliance de circonstance avec Barras. Ayant échappé à quatre reprises au tirage au sort, pour le renouvellement du Directoire, celui-ci savait que sa carrière exécutive prendrait fin après les prochaines élections. Pour survivre politiquement, il devait s'allier à ceux qui voulait réformer, voire renverser le régime. Sieyès pouvait se servir de cette faiblesse de Barras pour se l'attacher. Aux Cinq-Cents, Boulay de la Meurthe et quelques autres (Bertrand du Calvados, Bergasse, etc.) lui apportèrent leur soutien. Il se rapprocha aussi de Lucien Bonaparte, frère du général, très influent, ainsi que d'autres "jacobins récupérables" (Furet et Richet), tel Poullain-Grandprey. Plus à droite, il rencontra fréquemment Cambacérès –à l'époque sans mandat politique– et enregistra les encouragements de Benjamin Constant.

Jusqu'à ce moment, le Directoire avait toujours su trouver au sein des conseils les soutiens nécessaires aux coups d'Etat qu'il fomentait. Sieyès renversa les données. Ce fut ce que l'on appelle, assez improprement le "coup d'Etat de Prairial an VII". Le 30 prairial an VII (18 juin 1799), dix jours seulement après son intronisation –ce qui nous fait supposer que l'affaire avait dû être préparée-, les conseils débarrassèrent l'ex-abbé de quelques gêneurs, sans pour autant que la gauche du conseil des Cinq-Cents ait abandonné sa volonté de le combattre[188].

Deux jours plus tôt, Poullain-Grandprey avait demandé au Directoire de répondre à une invite des Cinq-Cents et de venir exposer devant eux la situation déplorable dans laquelle se trouvaient les armées de la République. La chambre basse, suivie, quelques heures plus tard, par les Anciens, avait décidé de siéger en permanence jusqu'à ce que l'exécutif ait rempli ses devoirs sur ce point. Dans la foulée, les conseils se mirent à discuter des solutions les plus adéquates pour "faire face à la situation". Le Directoire, pour faire bonne mesure, s'était lui-même déclaré en permanence. La situation était bloquée. Bergasse l'avait débloquée en mettant en cause la régularité de l'élection de Treilhard. Les Cinq-Cents avaient voté sa déchéance sans sourciller et les Anciens avaient approuvé la mesure. La Revellière-Lépeaux avait proposé aux directeurs de résister en ne promulguant pas la loi. Sieyès, pas mécontent de se débarrasser de Treilhard, s'y était opposé, arguant du respect dû aux décisions du législatif. A la surprise de ses collègues, Barras s'était rangé aux côtés de Sieyès –c'est-à-dire du côté de celui qui lui paraissait le plus fort et le plus utile pour l'avenir– et Treilhard avait dû se retirer.

Le 17 juin, on avait élu Gohier pour succéder à Treilhard. Cet homme de loi avait eu son heure de gloire au début de la Révolution. En Bretagne, il avait activement participé aux événements pré-révolutionnaires de 1788, au sein des Etats de Bretagne. Elu à la Législative, il y siégea avec la gauche "brissotine", rédigea les rapports qui, après le 10 août 1792, aboutirent à la déchéance de Louis XVI et espéra un moment accéder au ministère de la Justice. On lui préféra

[188] La situation de Sieyès face aux Cinq-Cents était ambiguë. D'un côté, le nouveau directeur voulait son aide pour le débarrasser des directeurs les moins faciles à manoeuvrer. De l'autre, il s'apprêtait à combattre la frange jacobine. Au sein du conseil, les avis sur Sieyès étaient partagés : on le respectait comme grand révolutionnaire, mais on avait des scrupules à lui accorder un brevet de bon républicain.

Danton. Il rentra ensuite dans le rang, n'acceptant que des fonctions de magistrat, avant de changer d'avis et d'être élu au conseil des Anciens, en avril 1798. Républicain réputé complice de la Terreur –au moins par abstention-, il n'appréciait guère Sieyès. Celui-ci n'avait donc pas tiré avantage du renvoi de Treilhard et de la désignation de Gohier. Mais l'édifice directorial avait été ébranlé, ce qui ne pouvait pas desservir les partisans d'une profonde réforme.

Encouragées par ce premier succès, les chambres décidèrent de pousser leur avantage et de porter au Directoire de francs républicains, en remplacement de ceux dont elles doutaient. Elles s'attaquèrent à Merlin de Douai et La Revellière-Lépeaux, exigeant leur démission, ajoutant, pour se prémunir d'un coup de force directorial, que toute personne portant atteinte au législatif serait mise hors-la-loi. Au sein du Directoire, Sieyès –pourtant "ami" de Merlin– demanda à ses collègues d'obtempérer. Ils refusèrent. Barras s'emporta et les menaça. On leur envoya des délégations pour les faire plier, alors que les généraux Bernadotte et Joubert –qui venait d'être nommé à la tête de la garnison de Paris– étaient prêts à intervenir. Finalement, Merlin et La Revellière[189] capitulèrent. Sans attendre, les assemblées désignèrent Roger Ducos et le général Moulin pour les remplacer. En désignant deux hommes presqu'inconnus, les Anciens avaient choisi le moindre mal sur les listes très jacobines proposées par les Cinq-Cents.

Roger Ducos, né dans les Landes en 1747, avocat de formation, avait participé à la préparation des cahiers de doléances du tiers-état de Dax, en 1789, avant de devenir président du tribunal criminel de la ville, l'année suivante. Elu à la Convention, il avait voté la mort du roi –la seule

[189] Merlin de Douai accepta de servir le Consulat et l'Empire comme magistrat et conseiller d'Etat. Il fut même fait comte d'Empire. La Revellière-Lépeaux n'accepta jamais de prêter serment à Napoléon –qui appréciait son désintéressement– et resta à l'écart. Quant à Treilhard, il fut un chaud partisan de Napoléon qui le combla d'honneurs et fit déposer sa dépouille au Panthéon.

imprudence de sa carrière– puis avait conservé, pendant toute la Terreur, une grande distance. Il n'avait pas non plus bougé en Thermidor. Elu au conseil des Anciens, il avait vu son élection annulée en Fructidor. Sans rancune, il s'était retiré dans les Landes, avant que Barras ne vienne l'y chercher pour qu'il accepte de faire sa rentrée politique au Directoire, ce qui n'était pas rien pour cet anti-royaliste modéré, bien plus habile qu'on ne l'a dit. Dès les premières heures de son mandat, il se rapprocha de Sieyès et fut rapidement considéré comme sa créature.

De son côté, ingénieur-géographe avant 1790, Moulin était un militaire issu de la garde nationale parisienne. Il avait accompli en quelques années une brillante carrière dans les armées révolutionnaires, notamment en Vendée, avant d'exercer ses talents dans la capitale, en 1797-1798. Il passait pour un jacobin sincère et, lui aussi, pour un ami de Barras. On disait aussi –mais les salons étaient méchants !– qu'il était le premier surpris de sa nomination. Dans ses *Mémoires*, Marmont dit de lui qu'il était "le plus misérable des généraux français", ce qui est excessif. Les Cinq-Cents tentèrent de pousser les feux et de compléter le succès obtenu : une commission de 11 membres fut nommée, avec François de Nantes à sa tête, pour étudier une révision de la constitution. Ses travaux conduiraient à un projet visant à réduire les pouvoirs du Directoire. La réforme allaient être enterrée par les Anciens, décidément prêts à s'engager aux côtés de Sieyès.

L'ex-abbé aurait bien aimé aller plus loin. Incertain d'avoir acquis la majorité au sein du Directoire, il aurait tenté de se débarrasser aussi de Gohier et de le remplacer par Talleyrand. Cette manoeuvre avortée a donné à Gohier, dans ses *Mémoires*, l'occasion d'un portrait vengeur : "Egaré par son excessif amour-propre, (Sieyès) imaginait que toute la France avait les yeux sur lui; il se croyait le point de mire de tous les ennemis de la Révolution et se défiait également de tous ceux qui s'en disaient les amis"[190].

L'élimination de Gohier n'eut pas lieu et la nouvelle équipe directoriale fut arrêtée : Barras, Sieyès, Moulin, Ducos et Gohier. Les agents de Londres analysèrent la situation de la façon suivante : "Le nouveau Directoire apparaît aussi divisé que l'ancien. Seuls Gohier et Moulin marchent dans le sens des jacobins (...). Barras et Sieyès au contraire sont considérés par beaucoup comme les deux seuls personnages capables de s'opposer au torrent des jacobins. Tout dépend donc du cinquième larron : Roger Ducos. S'il se range aux côtés de Barras, on (neutralisera) les Conseils et on fera arrêter les plus remuants des députés (...). S'il se met avec Gohier et Moulin, les deux autres seront chassés"[191]. Une fois encore, si l'analyse de ces espions était juste dans ses grandes lignes, ils semblaient avoir tiré leurs opinions de la lecture assidue des journaux et non d'informations de première main. L'homme clé était bien Roger Ducos, mais il n'y eut pas longtemps à s'interroger sur ses choix. Il se rangea du côté de Sieyès, laissant Barras à la traîne et dans l'obligation de tenter de suivre Sieyès, sachant que ni Moulin ni Gohier ne pouvaient s'allier au "vainqueur de Thermidor" à la réputation détestable.

Sieyès avait su profiter de la tempête politique. Il tenait à présent les commandes de l'exécutif[192] et, ne sachant pas combien de temps cet état de grâce durerait, il voulait en tirer profit rapidement. Sa marge de manoeuvre était étroite car il avait dû parfois s'appuyer sur les jacobins. On flatta l'armée et les généraux. Joubert fut nommé en Italie et Championnet à l'armée des Alpes. Le gouvernement fut remanié : Cambacérès fut nommé à la Justice, Quinette à l'Intérieur, Lindet aux Finances, Fouché à la Police, Rein-

[190] *Mémoires de Louis-Jérôme Gohier, président du Directoire au 18 brumaire*, 1824, t. I, p. 37.

[191] M. Massie, *Le troisième consul. Roger Ducos*, Biarritz, 1989, p. 273.

[192] Il avait été élu président du Directoire.

hard aux Relations extérieures –avec l'assentiment de son prédécesseur Talleyrand, haï par la presse de gauche et éclaboussé par un scandale financier– et Bernadotte à la Guerre. Le ministère penchait nettement à gauche, mais aucun de ces hommes n'était resté un doctrinaire et encore moins un terroriste. Beaucoup étaient régicides, ce qui était une garantie pour la République, sinon pour le régime de l'an III. Rares étaient ceux qui ne voyaient pas un intérêt à finir la Révolution. Comme l'a écrit Stefan Zweig, paraphrasant Mirabeau, un jacobin ministre n'était pas forcément un ministre jacobin[193]. A moins que la situation politique ne change. Car la modération des ministres jacobins était aussi assise sur des circonstances fragiles. Leur parti avaient repris des forces tant dans les conseils que dans le pays. Ils pouvaient, en cas de besoin, parler haut et fort au Directoire, car ils se sentaient soutenus. Sieyès ne s'était appuyé sur eux que pour mieux les réduire ensuite. Lorsqu'il sentit un "glissement qui le menait vers un nouveau gouvernement révolutionnaire" (G. Lefebvre), il prépara activement sa contre-offensive.

La modération en danger

Les Cinq-Cents, dominés par la gauche, et les Anciens, modérés, prirent quelques initiatives dans une ligne jacobine pour faire face aux périls qui menaçaient la République. Le 27 juin 1799, on vota la loi Jourdan sur la "levée en masse". Le 12 juillet, on adopta la loi sur les otages : dans les départements insurgés, les administrations pouvaient prendre en otage les nobles, les parents d'émigrés et de rebelles; tout assassinat de fonctionnaire public permettait au Directoire de déporter quatre otages; les insurgés qui le souhaitaient pouvaient immédiatement bénéficier d'une amnistie et, passé un certain délai, seraient fusillés sur simple constata-

[193] *Fouché*, 1991, p.103.

tion d'identité. Le même jour –et dans la même veine-, les Cinq-Cents votèrent la mise en accusation des anciens directeurs Reubell, Treilhard, La Revellière-Lépeaux et Merlin de Douai. La chasse à tous ceux qui avaient fait preuve d'une modération suspecte aux yeux des jacobins était ouverte, particulièrement lorsque leur position politique était affaiblie. Les délais d'étude de la question de la culpabilité des accusés avant la transmission du projet de décret aux Anciens sauvèrent ces hommes d'un procès dont, compte tenu du regain de jacobinisme de la chambre basse, nul n'aurait pu préjuger du verdict. Fin juillet, on décida de réorganiser la garde nationale. Le 6 août fut votée une loi instituant un emprunt forcé de 100 millions.

Dans la rue et dans les clubs renaissants, les jacobins menaient aussi une campagne de grande ampleur. Début juillet, Jourdan porta un toast public "à la résurrection des piques". Les journaux de gauche attaquaient Sieyès et Barras, les accusant de comploter avec les royalistes. Au club dit "du Manège", près de 3 000 membres –dont la moitié des députés aux Cinq-Cents– se rencontraient dans le bruit, l'invective et la menace contre les ennemis du peuple et de la liberté.

Officiellement baptisé *Société des Amis de la Liberté et de l'Egalité*, ce club se donna Jean-Baptiste Drouet, le maître de postes de Varennes, pour président[194] . Il planta son arbre de la liberté, réclamant des mesures de "salut public" pour sauver "la patrie en danger". Pour l'ambiance, on se serait cru revenu cinq ans en arrière. Sur le fond, les jacobins

[194] Partisan inconditionnel de Marat et de Robespierre, dont il continuait à vanter les exploits dans ses discours enflammés, Drouet (1763-1824) avait été arrêté lors de la conspiration Babeuf et était parvenu à s'évader avec l'aide de... Barras. Réfugié en Suisse, puis aux Canaries, absent du procès qui lui fut intenté, il fut acquitté et put rentrer en France. Il quitta Paris lors de la fermeture du club du Manège et fut nommé commissaire du Directoire dans la Marne. Il se tint ensuite à l'écart des événements de Brumaire et devint sous-préfet de Sainte Ménéhould, terre de ses premiers exploits, de 1800 à 1814 (Voir G. Clause, "J.-B. Drouet, sous-préfet de Sainte-Ménéhould", *Revue de l'Institut Napoléon*, 1975, pp. 51-72).

avaient mis de l'eau dans leur vin, notamment en ce qui concernait leur programme social : si l'hostilité aux riches restait de mise, rien dans le programme n'était de nature à attirer les "masses" aux côtés de ces pâles successeurs de Robespierre et de Saint-Just. On en vint bientôt aux mains entre les militants modérés et jacobins. Le sang coula dans plusieurs villes de France, sans qu'on puisse assimiler ces échauffourées à un soulèvement.

La contre-offensive Sieyès

Devant la montée du péril jacobin, Sieyès et Barras, alliés par la force des choses, devaient réagir. Ils tentèrent, en vain, d'empêcher l'adoption puis l'application de la loi sur les otages. Le 14 juillet 1799, Sieyès prit la parole. Il adressa une proclamation aux Français, les invitant à mettre fin aux "funestes discussions", à retrouver les valeurs du 14 juillet 1789. Le président du Directoire venait de sortir du bois. Il allait s'appuyer sur le conseil des Anciens, seul organe constitutionnel aux mains des modérés. Sur proposition du député modéré Cornet, la chambre haute ferma la salle du Manège, dont le corps législatif avait normalement la jouissance car elle se situait dans l'enceinte des Tuileries, aux réunions de la Société des Amis de la Liberté et de l'Egalité qui se replia dans une église de la rue du Bac. Le très jacobin *Journal des Hommes libres*[195] attaqua avec violence les auteurs de ce "crime" et dénonça un complot des partisans de la Révolution de 1789 contre les héritiers de celle de l'an II. Sieyès appuya encore : au Puy, le 6 août, il célébra les vainqueurs de Thermidor. Quatre jours plus tard, il fut encore plus net dans un autre discours et, le 13 août, il ordonna la

[195] Dirigée par Pierre Antonelle, cette feuille créée au début du Directoire professait des opinions révolutionnaires héritées de la Terreur. Ses bêtes noires étaient les Thermidoriens.

fermeture de la salle de la rue du Bac. C'est Joseph Fouché, ancien jacobin terroriste[196] devenu ministre de la Police du Directoire, qui fit appliquer la mesure. Un triumvirat Sieyès-Barras-Ducos avait en main l'exécutif, mais la situation générale de la République n'était guère encourageante.

Les royalistes tentaient de profiter du désordre général et des luttes intestines du parti républicain. L'insurrection qui avait éclaté dans le Sud-Ouest s'acheva le 18 août par la défaite des insurgés à Montréjeau, au grand soulagement des directoriaux. Plus de 4 000 contre-révolutionnaires furent tués, 6 000 arrêtés et des centaines d'autres franchirent la frontière pour se réfugier en Espagne. Paris en fut toute émue et gagnée par un nouvel enthousiasme révolutionnaire. Les Cinq-Cents autorisèrent les visites domiciliaires. Sieyès fit saisir les journaux les plus royalistes et déporter leur personnel. Au passage, il en profita pour fermer aussi quelques feuilles jacobines.

Mais les jacobins étaient loin d'avoir dit leur dernier mot. Ils disposaient d'autres atouts. Ils avaient une majorité au conseil des Cinq-Cents, comptaient des amis au gouvernement, pensaient être soutenus par une partie de l'armée car Bernadotte, le ministre de la Guerre, était l'un des leurs. C'est vers lui que la presse jacobine porta ses regards, le flattant, l'encourageant à rejoindre les rangs des "défenseurs de la liberté". Pourtant, jusqu'à son accession au ministère, Bernadotte n'apparaissait pas comme un jacobin inconditionnel. En 1793, il s'était bien fait tatouer les mots "Mort aux Rois" sur l'avant-bras, mais cela n'était guère allé au-delà. Mais, l'appétit venant en mangeant, le général ne se montrait pas insensible à ces appels. Il multipliait les déclarations, les lettres et les ordres du jour écrits dans le plus pur style révolutionnaire et... comme un vieux jacobin mili-

[196] Comme l'écrit encore Stefan Zweig, il avait entre temps découvert "que l'argent avait meilleure odeur que le sang de 1793" (*Fouché*, p. 100).

tant[197]. Sieyès commença par s'en moquer : "Il se prend pour un aigle, il n'est qu'un merle". Mais, dans la coulisse, le directeur menait un travail de sape, discréditant Bernadotte –qui était un rival sérieux– auprès de ses collègues. Lorsqu'il le décida, il obtint son départ. Un arrêté du Directoire révoqua le général "néo-jacobin", au début de septembre.

Quelques jours plus tôt, sur la côte d'Egypte, un navire avait pris la mer. Bonaparte s'était résolu à quitter son armée et à rentrer à Paris.

[197] Bernadotte devint plus tard roi de Suède. On se demande s'il fit brûler son tatouage. Ses biographes suédois n'insistent jamais beaucoup sur l'épisode jacobin (voir, par exemple, T. Höjer, *Bernadotte, Maréchal de France*, 1943, p. 180 et suivantes).

V

Quelle épée ?

Avec le recul, la présence de Bonaparte dans la conspiration de Brumaire va de soi. Or, Sieyès a tout fait pour se passer du conquérant de l'Egypte à la personnalité trop affirmée et aux soutiens autrement plus importants que ceux dont bénéficiaient les autres "épées" possibles. Imaginons que Joubert –qui fut plus que pressenti par Sieyès pour être le bras armé du coup d'Etat– ne soit pas mort prématurément à Novi, les données auraient été modifiées. On ignore si l'ancien subordonné de Bonaparte aurait laissé la place, quoiqu'en ait dit plus tard ce dernier. On ne peut pas dire non plus dans quelle mesure les choix de Sieyès ne poussèrent pas Napoléon à abandonner son armée prisonnière de sa conquête égyptienne et précipiter son retour. Quoiqu'il en soit, dès que Bonaparte parut, les plans de Sieyès furent bouleversés et la conspiration changea d'âme.

Depuis des mois, Sieyès était décidé à franchir le Rubicon. Il savait son pouvoir éphémère, menacé autant par les forces politiques hostiles que par la mécanique électorale et constitutionnelle. Son accord avec Barras, même s'il n'était que de circonstances, lui permettait de maîtriser le Directoire, mais pour combien de temps ? Qui remplacerait le "vainqueur de Thermidor" une fois son mandat achevé ? L'alliance avec Roger Ducos se poursuivrait-elle indéfiniment ? Les élections de 1800 permettraient elles aux modérés de se refaire une santé par les urnes ? Autant de questions conjoncturelles dont Sieyès n'était pas sûr des réponses. Il y avait trop de paris à gagner pour parvenir à conserver la main. Et puis, Sieyès n'avait pas accepté de siéger au Directoire simplement pour jouir d'un traitement confortable et profiter du palais du Luxembourg. Il avait un projet de réforme. Il était donc décidé à aller encore plus loin dans cette voie. Son plan, mûri par des années d'amertume, fut mis en oeuvre dès son entrée dans l'exécutif. Il plaça aux postes importants des hommes qui n'étaient pas tous ses amis, mais qui, en cas de besoin, se rangeraient du côté du plus fort. Il commença à s'ouvrir franchement de ses projets à des financiers, car il fallait de l'argent pour réussir un coup d'Etat.

A son retour de Berlin, Sieyès avait vérifié que Carnot, réfugié en Suisse depuis Fructidor, n'envisageait pas de gêner ses plans. Les deux hommes jouaient sur un registre proche. En mars 1799, l'ex-abbé reçut l'épouse de La Fayette, alors tapi à Utrecht. Il voulait être sûr que le "Héros des Deux Mondes", en qui il n'avait aucune confiance, ne tenterait rien d'imprudent. "Qu'il fasse ce qu'il a fait jusqu'à présent, qu'il attende", confia-t-il à l'envoyée[198]. On dit aussi que Sieyès eut des échanges avec les partisans du duc d'Orléans... que l'on voit partout pendant la Révolution, sans vraiment le trouver quelque part. Il aurait pu entrer en contact avec les partisans du chef de la branche cadette par l'intermédiaire de Talleyrand. Et pour faire bonne mesure, on raconta encore que l'ex-abbé agissait en réalité pour le compte de Louis XVIII en personne. La régence devait être remise au duc d'Angoulême, récemment marié à la fille de Louis XVI. Là encore, Talleyrand aurait joué les entremetteurs, exigeant pour lui au passage, en cas de restauration, le titre de duc du Périgord et son affranchissement de l'état ecclésiastique[199]. Bredin remarque fort

[198] Correspondance de La Fayette, citée par E. Taillemite, *La Fayette*, 1989, p. 391.
[199] M. Poniatowski, *Talleyrand et le Directoire*, 1982, p. 800.

justement : "Le complot monarchique restera, pour tous les anciens combattants de la Révolution, l'explication habituelle, commode de tous les comportements qu'ils auront réprouvés. En réalité, rien n'étaye cette vieille légende, si souvent reprise pour accabler Sieyès"[200].

Tout aussi peu sérieuse apparaît l'accusation contre Sieyès d'avoir voulu placer sur le trône de France un prince de la famille royale de Prusse rencontré lors de son ambassade à Berlin. L'hypothèse est d'autant moins acceptable que son choix se serait porté sur le duc de Brunswick, le signataire du fameux "manifeste" de 1792. Certes, l'intéressé n'avait rien d'un affreux contre-révolutionnaire, contrairement à ce qu'affirme l'historiographie traditionnelle. Il pouvait même être considéré comme un homme des Lumières, ouvert aux idées nouvelles, lié –notamment par son appartenance à la franc-maçonnerie– à beaucoup d'acteurs de la première phase de la Révolution. Depuis 1794, même s'il restait proche du comte de Provence, il vivait retiré dans son duché et ne paraissait pas plus qu'il n'était nécessaire à la cour de Potsdam. Mais l'idée même de l'appeler sur le trône d'une nation qui en avait fait l'archétype du Prussien hideux était pour le moins baroque et vouée à l'échec. Cela n'empêcha pas Barras, Fouché, Jourdan, Lavalette (un des aides de camp de Bonaparte) et quelques autres d'affirmer dans leurs *Mémoires* que des contacts entre Brunswick (voire le prince Henri de Prusse) et Sieyès eurent lieu. En 1827, l'historien anglais Scott écrivit la même chose, disant tenir ses informations de Bernadotte, devenu depuis roi de Suède. La plupart de ces auteurs –qui ne produisent aucun document tangible et sont loin d'avoir été des amis de Sieyès– estiment que, découvrant le "complot prussien" après Brumaire, Bonaparte s'en serait servi pour neutraliser Sieyès.

[200] J.-D. Bredin, *Sieyès. La clé de la Révolution française*, p. 441.

Le vivier des ambitieux

Pour parvenir à ses fins, Sieyès savait qu'il lui faudrait recourir à l'armée, devenue l'arbitre naturel des conflits entre l'exécutif et le législatif. Il ne pouvait envisager de révision constitutionnelle, tant à cause de la situation politique qu'en raison de la procédure de révision de la constitution de l'an III. Car si la révision ne pouvait être demandée que par le conseil des Anciens sur lequel il pouvait compter, sa proposition devait être ratifiée par les Cinq-Cents. Pour que les modifications du texte fondamental soient adoptées, il fallait, en outre, que la proposition des Anciens et ratification des Cinq-Cents soient renouvelées trois fois... dans un délai de neuf ans. A ce moment –c'est-à-dire en 1808 !-, une assemblée de révision serait élue au suffrage universel et devrait, dans un délai de trois mois, voter un texte qui serait ensuite soumis au référendum. Dans ces conditions, aucune modification de la constitution n'était possible, ni même envisageable. Il fallait la forcer. Le coup d'Etat était une nécessité. Il permettait d'ouvrir la voie aux réformes en "nettoyant" le Directoire et les conseils de leurs membres indésirables.

Pour réussir, il fallait trouver dans l'armée un général prêt à entraîner les troupes et à s'effacer ensuite, avec les honneurs et la rémunération que mérité un tel rôle. Qui pourrait être ce général ? Les noms n'étaient pas si nombreux. Hoche était mort de la tuberculose en septembre 1797. Sieyès ne pouvait appeler ni Bernadotte ni Jourdan, réputés trop jacobins. Il fit même mieux, il les élimina : le premier fut chassé du ministère de la Guerre, le second, mauvaise tête ambitieuse, fut étroitement surveillé par la police de Fouché. Lefebvre, commandant les troupes de Paris, manquait de charisme et serait incapable d'électriser ses hommes. Restaient Joubert, Macdonald, Beurnonville, Moreau et Bonaparte.

Durant toute la Révolution, les militaires ont joué un rôle politique. La Fayette, Dumouriez, Bouillé[201], Pichegru et bien d'autres apparurent sur la scène, le plus souvent avec l'idée de bousculer –ou de renverser– les institutions en place. Il fallut attendre 1794 pour rencontrer dans l'armée d'authentiques enfants de la Révolution. Jusqu'alors, les cadres étaient souvent issus de l'Ancien Régime et leurs tentatives politiques eurent le plus souvent pour objectif de rétablir la monarchie. Avec les épurations successives et la montée en grades des jeunes chefs, la Révolution disposa de son propre personnel militaire. "Ils ont gagné la guerre !, s'exclame Pierre Miquel. L'année 1794 est celle de la victoire. Elle est aussi l'année des généraux. Jusque-là, ils étaient suspects. Gibiers de guillotine, taxés d'aristocratie, on allait volontiers voir tomber leurs têtes chenues. Ni Dillon ni le vieux Luckner ni même Custine, qui avait perdu Mayence, n'inspiraient au peuple de la pitié. On trouvait même plaisant qu'ils fussent à leur tour châtiés, au lieu de reprendre comme jadis leur place, après les campagnes désastreuses, dans les galeries de Versailles"[202]. Pendant la Révolution, on devint général dans son jeune âge, par sa valeur propre, mais aussi pour reformer les rangs éclaircis par les purges successives. Bonaparte, Hoche ou Marceau furent généraux à 24 ans, Ney à 27, Macdonald et Moreau à 29. Bernadotte (31 ans) et, surtout, Augereau (36 ans) faisaient figure d'anciens au moment de leur nomination.

A partir de Thermidor et avec l'effacement du peuple en armes, l'armée prit de plus en plus d'importance et ce d'autant que les directeurs comme les conseils lui demandèrent à plusieurs reprises d'intervenir –souvent avec brutalité– contre leurs opposants. De "creuset politique de la nation",

[201] Commandant des troupes de la place de Metz, Bouillé s'illustra dans la répression anti-révolutionnaire de Nancy (1790) puis fomenta –avec d'autres complices– la fuite de Varennes (juin 1791).

[202] P. Miquel, *La Grande Révolution*, 1988, p. 522. Dillon, Luckner et Custine furent guillotinés.

l'armée devint un "groupe de pression politique"[203]. On commença même à voir apparaître des uniformes dans les rangs du gouvernement, ce qui était peu propice à la suprématie du pouvoir civil. "Dans la politique du régime thermidorien, l'armée est une force omniprésente, même si le rôle qu'elle joue dans les affaires civiles est souvent tu et rarement accrédité"[204]. Quant aux troupes, sur le terrain, elles devaient à leurs généraux d'avoir surmonté les difficultés financières de l'Etat. Chaque commandant d'armée avait dû s'adapter, nourrir et équiper ses unités sur les pays conquis. Bonaparte excella dans ce domaine en Italie. Ainsi se créaient les clientèles les plus fidèles. Depuis les débuts du Directoire, les sentiments républicains et patriotiques des soldats s'étaient émoussés. L'esprit de l'an II était oublié, "la flamme n'était plus entretenue" (Albert Soboul). Cette tendance n'avait fait que s'accroître alors que dans le pays, la conscription était de moins en moins bien acceptée. Le vide idéologique avait fait le lit des ambitions personnelles des chefs et on commençait à voir des généraux se mêler ouvertement de politique. "En fait, tous ces généraux se détestaient entre eux, s'épiaient mutuellement (...). Le pays attendait, réclamait confusément un sauveur; l'homme et le moyen était indifférent"[205].

On le voit, dans cette ambiance, trouver une épée sûre et modeste n'était pas chose aisée pour Sieyès. Il lui fallait rencontrer, dans "son" général, un auxiliaire désintéressé, jouissant de la réputation militaire d'un vainqueur et de l'image civile d'un républicain modéré. Les candidats n'étaient pas si nombreux. Sieyès s'accomoda sans peine de l'absence de Bonaparte qui, de toute façon, n'avait pas l'âme d'un simple exécutant et avait ses propres idées sur le gouvernement. Lorsque le vainqueur de l'Italie fut en Egypte,

[203] G. Carrot, *Révolution et maintien de l'ordre*, 1995, p. 457.

[204] A. Forrest, "L'armée et la politique sous le régime thermidorien", *1795. Pour une République sans Révolution*, Rennes, 1996, p. 275.

[205] P. Bessand-Massenet, *Quand la France attendait Bonaparte*, 1978, p. 271.

nullement désappointé, l'ex-abbé se mit en quête du soldat idéal.

Joubert

Joubert fut le candidat le plus sérieux au rôle de complice de Sieyès. C'est encore Talleyrand –dont le rôle dans la préparation des journées de Brumaire est décidément essentiel– qui fit les premières démarches auprès de lui, accompagné de son ami Sainte-Foy et de Sémonville. Dans ses *Mémoires*, Fouché écrit qu'en partant pour l'Egypte, Bonaparte aurait dit aux directeurs : "Je vous laisse Joubert"[206]. En quelque sorte, Sieyès le prit au mot. S'il n'était pas mort prématurément, Joubert aurait sans aucun doute remplacé son ancien chef pour le coup d'Etat. Preuve que Sieyès avait l'intention de se passer de Bonaparte, lorsqu'il prit ses fonctions au sein du Directoire, l'un de ses premiers actes fut d'annuler la mission qui avait été confiée à l'amiral Bruix de tenter de percer le blocus anglais pour aller chercher le vainqueur des Pyramides à Alexandrie. Cet ordre avait été envoyé à Bruix par le Directoire au début juin 1799, juste avant que Sieyès rentre de Berlin. L'amiral devait quitter Brest où ses vaisseaux étaient stationnés et se rendre sur la côte égyptienne, porteur d'un message sans équivoque : "Vous jugerez, citoyen général, si vous pouvez avec sécurité laisser en Egypte une partie de vos forces (...). Le Directoire vous autorise, dans ce cas, à conférer le commandement à qui vous jugerez convenable. Le Directoire vous verrait avec plaisir à la tête des armées que vous avez jusqu'à présent si glorieusement commandées". Il s'agissait donc, pour Bonaparte, de régler les problèmes extérieurs du régime et non de participer au règlement de ses difficultés intérieures. A ce message, Talleyrand avait joint ses propres idées pour l'avenir : il demanda à Bruix d'instruire le général de la situation

[206] Fouché, *Mémoires*, 1986, p. 52.

intérieure de la France. Sieyès rapporta ces instructions deux semaines plus tard. Pourquoi ? Voulait-il utiliser une autre procédure pour faire rentrer Bonaparte plus discrètement ? C'est possible mais peu probable. Voulait-il simplement conserver la maîtrise des opérations sans avoir ce Bonaparte dans les jambes ? C'est plausible. Car le nouveau maître du Directoire misait à présent sur Joubert.

Né à Pont-de-Vaux, dans l'Ain, en 1769, Barthélémy-Catherine Joubert était étudiant en droit lorsqu'il s'engagea, dès 1789, comme simple sergent dans la garde nationale. Il progressa régulièrement dans cette troupe bourgeoise et fut nommé lieutenant juste avant la déclaration de guerre d'avril 1792. Il intégra alors l'armée régulière, partit combattre en Italie et fut nommé général de brigade, fin 1795. Aux côtés de Bonaparte, il fut à Montenotte, Millesimo, Lodi et Castiglione. Son chef l'estimait et écrivit alors qu'il était "grenadier par le courage, général par les talents militaires"[207]. Mais cette "amitié" n'était pas sans faille et Joubert fit partie des généraux qui se plaignirent de la "morgue" de leur supérieur auprès du Directoire[208]. Après Rivoli, il fut l'homme de la poursuite des Autrichiens battus et atteignit le Tyrol, menaçant Vienne. En octobre 1798, après un bref passage à l'armée du Rhin, il revint prendre le commandement de l'armée d'Italie. Il se laissa approcher par Sieyès et eut, avec lui ou certains de ses amis, plusieurs réunions sur le thème d'une régénération de la République par un coup d'Etat. Mais le général était en appétit : dans le même temps, il rencontra des jacobins et des royalistes. En tout cas, il était prêt à jouer un rôle. Il fut nommé commandant de la 17e division militaire, celle de Paris. Talleyrand, toujours prêt à abandonner ce qu'il avait adoré, commença à trouver que Joubert remplacerait de façon acceptable un Bonaparte empêché.

[207] J. Tulard, "Joubert", *Dictionnaire Napoléon*, 1987, p. 978.
[208] A. Ollivier, *Le Dix-huit brumaire*, p. 75.

Pour ne pas éveiller les soupçons et rendre Joubert populaire, Sieyès lui demanda de reprendre du service en Italie. Ses succès –que l'on pensait devoir être faciles– le feraient connaître et apprécier, tout en ne l'éloignant pas trop de la capitale. Mais le jeune général perdit un temps précieux avant de rejoindre son poste : il venait de se marier et prolongea sa lune de miel pendant près d'un mois avant de songer à la gloire. Il quitta Paris, le 16 juillet 1799. Afin d'être disponible pour le coup d'Etat et compte tenu du temps qui avait été gaspillé, il lui fallait une victoire rapide et éclatante contre les Austro-Russes qui avaient repris l'offensive dans la Péninsule. Il décida donc de rechercher très vite un choc décisif et porta ses troupes dans la région de Novi. Il repoussa un petit parti ennemi à Acqui, le 13 août 1799. Deux jours plus tard, la bataille prévue eut lieu et se transforma en déroute pour l'armée française. Dès le début du combat, Joubert fut tué d'une balle.

Dans ses *Mémoires*, Fouché juge sa mort suspecte, insinuant, par pure malveillance, que Bonaparte n'y était pas étranger : "J'ai questionné les témoins oculaires de l'événement qui semblaient persuadés que la balle meurtrière était partie d'une mince (maisonnette), la mousqueterie de l'ennemi n'étant point à portée du groupe d'état-major au milieu duquel était Joubert (...). On a été jusqu'à dire que le coup était parti d'un *chasseur corse* de nos troupes légères. Mais n'essayons pas de percer un mystère affreux, par des conjectures ou par des faits trop peu éclaircis"[209]. Suivons les conseils de Fouché, dont les mémoires –qui, selon Jean Tulard sont d'un "intérêt certain"[210]– ne sont pas réputés pour être *sur tous les sujets* la meilleure source de l'histoire du Consulat et de l'Empire. Le terrible ministre de la Police s'est quelques fois laissé aller à des vengeances mesquines. Remarquons tout de même que la mort de Joubert servit les

[209] Fouché, *Mémoires*, p. 52. Souligné par nous.
[210] *Nouvelle bibliographie critique des mémoires sur l'époque napoléonienne*, Genève, 1991, p. 123.

intérêts de Bonaparte, même si le grand homme, à des milliers de kilomètres de là n'y fut pour rien. Comme l'a écrit un biographe, la mort de Joubert "s'explique naturellement par sa présence à la tête de ses troupes"[211].

A Sainte-Hélène, Napoléon tenta de minimiser les chances qu'aurait eues son ancien subordonné : "Joubert avait une haute vénération pour moi; à chaque revers éprouvé par la République, durant l'expédition d'Egypte, il déplorait mon absence. Se trouvant en cet instant chef de l'armée d'Italie, il m'avait pris pour modèle, aspirait à me recommencer, et ne prétendait à rien moins qu'à tenter ce que j'ai exécuté depuis en Brumaire. Seulement, il eut agi avec les jacobins. Les mesures et les intrigues de ce parti pour le mettre sur la voie de cette grande entreprise l'avaient porté au commandement de l'Italie (...). Mais Joubert fut tué à Novi (...). Il n'eut exécuté à Paris qu'une échauffourée, il n'avait point assez de gloire, de consistance, ni de maturité; il était de nature à acquérir tout cela; mais en cet instant, il n'était pas assez fait; il était trop jeune encore et cette entreprise était pour le moment au-dessus de ses forces"[212]. Tout ceci est, bien sûr, exagéré, sans parler de la prétendue "jeunesse" de Joubert qui était plus âgé que Bonaparte de quatre mois. Voulant se présenter, dans son exil, comme un empereur libéral et, en son temps, le sauveur de la Révolution, Napoléon avait besoin, pour représenter le juste milieu, que Sieyès soit favorable aux royalistes et Joubert aux jacobins[213], ce qui est trop simplificateur.

L'annonce de la mort de Joubert et de la défaite de Novi firent l'effet d'une bombe, alors qu'à Paris, Sieyès menait sa grande offensive contre les jacobins, multipliant les signes et

[211] E. Chevrier, *Le général Joubert*, 1860.

[212] *Mémorial de Sainte-Hélène*, t. II, p. 215.

[213] Après le coup d'Etat de Brumaire, et sur décision de Bonaparte, une rue de Paris –non loin de la rue de la Victoire– porta le nom de Joubert dont la dépouille fut inhumée à Toulon, jusqu'en 1818. Le général repose aujourd'hui dans sa commune natale, à Pont-de-Vaux (Ain).

proclamations, faisant interdire certains de leurs journaux, forçant Bernadotte à la démission, obtenant *in extremis* des Cinq-Cents qu'ils rejettent, par 245 voix contre 171, la proposition de Jourdan de proclamer "la patrie en danger". Le Directoire annonça la "douloureuse nouvelle"[214] de la mort du jeune général avec solennité. Pour la conspiration en marche, c'était une catastrophe. Sieyès voyait sa position affaiblie, tant par l'opposition des Cinq-Cents que par la perte de "son" général. Il fallait trouver une autre épée et elles n'étaient pas si nombreuses à pouvoir servir dans un coup d'Etat modéré.

Macdonald ? Beurnonville ? Augereau ?

Le problème de la succession de Joubert dans le projet de coup d'Etat de Sieyès ne fut véritablement réglé qu'au retour de Bonaparte, en octobre 1799. A ce moment, l'ex-abbé comprit qu'il ne gagnerait pas la partie tout seul. Mais il ne se contenta pas d'attendre que la providence lui donne un général pour réformer de force le régime de l'an III. Il tenta de convaincre d'autres épées, parfois simultanément à la manoeuvre Joubert. Des officiers supérieurs qu'il approcha, les historiens ont surtout retenu les noms de Macdonald, Beurnonville, Augereau et Moreau.

Dans ses *Souvenirs* –dont l'authenticité n'est pas discutée par les historiens-, Macdonald écrivit qu'il avait été contacté pour tenter un coup d'Etat : "Le Directoire était sans crédit, ni considération (...). On intriguait pour le renverser et l'on me proposa de me mettre à la tête du mouvement : je m'y refusais"[215]. Né en 1765, dans une famille d'origine écossaise, il était militaire depuis l'Ancien régime. Il s'était distingué lors des guerres révolutionnaires, aux armées du Rhin et d'Italie, sans jamais avoir été sous les ordres de Bonaparte.

[214] Proclamation du Directoire, citée par E. Bonnal, *Les armées de la République*, 1898, p. 223.
[215] *Souvenirs du maréchal Macdonald, duc de Tarente*, 1892, p. 114.

De retour en France après avoir subi une cuisante défaite à La Trébie (19 juin 1799) et avoir conduit l'évacuation de l'Italie après Novi, il avait été nommé commandant de la place de Versailles, preuve que Sieyès comptait sur lui. Macdonald ne précise pas, dans ses mémoires, qui était "on", mais Albert Vandal pense qu'il s'agissait de Sieyès. Pour l'anecdote, on relèvera que Macdonald allait épouser, en 1802, Félicité de Montholon, la veuve de Joubert.

Pierre Beurnonville était, quant à lui, d'origine modeste (fils d'un charron de Champignolle, dans l'Aube) et avait endossé l'habit militaire en 1774, à l'âge de 22 ans. Nommé général en mai 1792, il avait combattu à Valmy. Ministre de la Guerre en février 1793, il avait démissionné deux mois plus tard. Envoyé en inspection par la Convention, livré à l'ennemi lors de la trahison de Dumouriez, il fut échangé deux ans plus tard, avec quelques autres otages, contre la fille de Louis XVI. Après un passage à l'armée du Nord, il devint inspecteur de l'infanterie de l'armée d'Angleterre. Malgré ses malheurs avec Dumouriez, cet ancien officier des Suisses du comte d'Artois avait la réputation d'être favorable à la monarchie. Il fréquenta le club de Clichy qui envisagea de le faire élire au Directoire. Mais cet homme prudent prit soin de ne pas se mettre en avant et refusa. A défaut d'être une épée populaire dans l'armée, Sieyès lui trouvait des qualités de fermeté et des convictions suffisamment modérées pour l'approcher. Lorsque le retour de Bonaparte fut annoncé, le directeur tenta d'en faire un contrepoids au "vainqueur de l'Egypte" en le nommant au conseil des généraux... ce qui n'empêcha pas Beurnonville de se rallier au coup d'Etat dès ses premières heures[216].

Augereau apparut aussi dans la liste des épées envisagées par Sieyès, pour en être écarté immédiatement, compte tenu de ses opinions jacobines et de son faible sens politique.

[216] Diplomate et organisateur de la garde nationale sous le Consulat et l'Empire, Beurnonville trahit Napoléon en 1814, suivit le roi à Gand aux Cent-Jours, vota la mort de Ney. Louis XVIII le fit marquis et maréchal de France.

Ce solide gaillard sans scrupules avait participé avec bonheur au coup d'Etat de Fructidor. Il en avait été tout transformé. Son succès lui était "monté à la tête". Il s'était imaginé devenir directeur, en récompense des services rendus. Il se rapprocha de Barras et multiplia les démarches pour obtenir le poste. "Lassés des discours d'Augereau", les directeurs le nommèrent à la tête de l'armée d'Allemagne, autant pour le remercier de son action que pour s'en débarrasser[217]. Outre-Rhin, il finit d'indisposer tout le monde par ses proclamations jacobines, à un moment où il ne fallait pas inquiéter l'Autriche par un rappel du passé révolutionnaire. Le 29 janvier 1798, il fut déplacé et nommé commandant de division militaire, en poste à Perpignan. Toujours persuadé d'avoir à réaliser son destin, il démissionna et se présenta aux élections. Elu aux Cinq-Cents, en avril 1799, il se rapprocha de la faction de Jourdan ce qui le disqualifia définitivement aux yeux de Sieyès. Les conspirateurs gardèrent cependant un oeil sur lui : il faudrait, le moment venu, neutraliser ce militaire ambitieux.

Moreau

Moreau, enfin, fut contacté par Sieyès au début octobre 1799. Le général était de passage dans la capitale et se rendait en Allemagne pour prendre le commandement de l'armée du Rhin.

Révolutionnaire de la première heure, ce fils d'avocat rennais avait derrière lui une carrière impressionnante, aux Pays-Bas –sous Pichegru– et aux armées du Nord et de Rhin et Moselle. Après Bonaparte, il était l'un des généraux les plus connus et appréciés, tant dans l'armée qu'au dehors. "Moreau a été regardé par nombre d'historiens comme le type même de ces bourgeois talentueux qui se lancèrent

[217] L. Couturaud, *Augereau. L'enfant maudit de la gloire*, p. 71.

dans la Révolution comme dans une affaire intime : il lui sacrifia presque tout et reçut d'elle beaucoup puis s'effraya du cours radical qu'elle prit", écrit de lui Jean-Paul Bertaud[218]. Dès 1788, il avait milité pour les parlementaires bretons en rébellion contre le pouvoir central. Volontaire dans la garde nationale, créateur de la Fédération de la jeunesse bretonne et angevine, il avait rejoint l'armée à la déclaration de guerre. Proche de Dumouriez, il devint l'un des plus jeunes généraux des armées de la République et s'attacha à Pichegru. Il le remplaça à la tête de l'armée du Nord, en mars 1795. Un an plus tard, à la tête de l'armée de Rhin-et-Moselle, il porta l'offensive jusqu'aux portes de Munich, avant d'être forcé de reculer, en raison des défaites de Jourdan. Son armée était infiltrée par les royalistes et il eut l'occasion de saisir des papiers qui prouvaient la trahison de Pichegru. Contrairement à Bonaparte, il se garda bien de communiquer ces preuves au Directoire. En Fructidor, par loyauté envers son ancien chef, il avait donc tenté de couvrir Pichegru. Son patriotisme –au sens révolutionnaire du terme– s'était refroidi. Le gouvernement le priva de son commandement pendant de longs mois, avant de le renvoyer en Italie pour assurer un intérim.

L'expérience ayant été un succès, Moreau venait d'être nommé à l'armée du Rhin lorsque Sieyès demanda à le voir. Le général apparaissait, par simple addition des circonstances (haine des jacobins qui avaient mis son père à mort, silence suspect –car on aurait aimé qu'il condamne nettement le royalisme– au moment de Fructidor mais rachat lors de son passage en Italie), comme un modéré capable de s'intégrer dans des projets de rétablissement de l'ordre, sans être gênant puisque sa popularité dans l'armée avait décliné depuis "l'affaire Pichegru". C'est ce qui attira Sieyès. Le 4

[218] "Moreau", *Dictionnaire historique de la Révolution française*, 1989, p. 765.

octobre 1799[219], il convoqua Moreau pour lui proposer d'entraîner l'armée dans un coup d'Etat. Le général lui fit savoir qu'il ne se sentait pas de taille pour une telle entreprise et demanda quelques jours de réflexion. Une semaine plus tard, lorsque Sieyès le reçut, en compagnie de Baudin des Ardennes, membre influent du conseil des Anciens, Moreau leur annonça le débarquement de Bonaparte en Provence. Baudin ne put retenir sa joie[220].

Quant à Moreau, il déclina l'offre de Sieyès : "Voilà votre homme; il fera votre coup d'Etat mieux que moi".

[219] P. Savinel, *Moreau, rival républicain de Bonaparte*, Rennes, 1986, p. 72. On peut s'étonner que l'auteur ait choisi l'adjectif "républicain" pour qualifier le rival de Bonaparte. Il semble bien, en effet, que, dès le début du Directoire, Moreau se soit rapproché des royalistes.

[220] Baudin mourut le lendemain de cette entrevue, soi-disant des suites des "secousses de joie" provoquées par la nouvelle du retour de Bonaparte, ainsi que le dira Garat dans son éloge funèbre (P. Séguin, *240 dans un fauteuil*, p. 541). Dans ce cas, ironise l'historien Tersen, il fut la seule victime du coup d'Etat de Brumaire.

VI

Le retour du sauveur.

Un hasard bénéfique –mais fut-ce bien un hasard ?– a voulu que Bonaparte soit de retour en France au moment précis où il fallait qu'il rentre. La situation politique était mûre pour un coup d'Etat. La conspiration de Sieyès était en panne d'épée. Le public, conditionné par les journaux, attendait que paraisse le sauveur. Ce retour ne fut pourtant pas chose aisée, sur le plan maritime et militaire. La Méditerranée était cadenassée par les escadres anglaises, celle de Sidney Smith mouillait au large d'Alexandrie, celle de Nelson croisait non loin des côtes de l'Italie. Par ailleurs, s'éclipser et laisser croupir en Egypte de bonnes troupes qui n'avaient pas démérité était risqué pour la réputation du général en chef. Et pourtant, tous ces miracles s'accomplirent, Bonaparte galopa vers Paris et, en quelques semaines, organisa, fédéra, domina une conspiration qui accomplit Brumaire dans la foulée, ce que Tersen –souvent moins nuancé dans sa critique de Napoléon– appelle "la série des probabilités mal élucidées, que nous désignons par le nom de *hasard*"[221].

Il y a trop de légende dans une version aussi naïve des faits et il faut nous pencher sur un aspect important de la préméditation du coup d'Etat, des réseaux qui agissaient pour Bonaparte en métropole pendant sa campagne d'Egypte et

[221] E. Tersen, *Napoléon*, 1959, p. 60.

de l'aide –involontaire ou non– que lui apportèrent ses ennemis anglais pour lui permettre d'aller renverser le Directoire. Il faut tenter de répondre aux interrogations formulées par Norvins, l'un des premiers biographes de Napoléon : "On ne peut expliquer par quel prodige, au jour où il mit la voile, et jusqu'à son arrivée en France, la mer se trouva libre pour le passage de quatre bâtiments qui portaient Bonaparte et sa suite. L'historien qui veut résoudre ce problème balance entre la fortune du héros et une politique étrangère"[222]. Norvins, qui, avant d'écrire l'histoire de Napoléon, avait été un "haut fonctionnaire" du Consulat et de l'Empire, connaissait trop bien son monde et son époque pour livrer à ses lecteurs une réflexion aussi transparente, sans avoir sa petite idée de la réponse.

Complicités anglaises ?

Avant la destruction de la flotte, Bonaparte recevait des nouvelles de France et pouvait communiquer avec ses amis et le gouvernement. Il avait ainsi suivi les événements politiques du pays et apprit... que Joséphine le trompait. Il s'était ouvert de son "chagrin domestique" (sic) à son frère Joseph et lui avait recommandé, sans qu'on sache s'il parlait de politique ou de famille, de s'occuper de l'avenir : "Je peux être en France dans deux mois. Je te recommande mes intérêts"[223]. A cette époque, il jugea que ni l'infidélité de Joséphine ni les malheurs de la République ne justifiaient son départ de l'armée. L'heure était à l'assouvissement de sa tentation d'Orient.

Depuis le désastre naval d'Aboukir, Bonaparte était, selon l'expression consacrée, prisonnier de sa conquête, situation rendue encore plus inconfortable par le demi-échec de la campagne de Syrie. Dans l'impossibilité de recevoir des

[222] Norvins, *Histoire de Napoléon*, éd. 1839, t. I, p. 262.
[223] Cité par A. Ollivier, *Le Dix-huit brumaire*, p. 111.

renforts de France, il ne pouvait compter que sur des effectifs faibles et appelés à diminuer encore. Au Directoire, il avait lancé des appels aussi pressants que vains : "Il est nécessaire que vous nous fassiez passer des armes et que nous recevions des secours. Les événements de la guerre et les événements naturels font mourir du monde". Puis, comme pour rassurer l'exécutif sur son désir de rentrer en France, il concluait, avec un rien d'hypocrisie, et invoquait son ignorance de ce qui se passait à Paris : "Je ne me permets dans cette lettre aucune réflexion sur la position de la République, puisque, depuis dix mois, je n'ai plus aucune nouvelle. Nous avons tous une confiance entière dans la sagesse et la vigueur des déterminations que vous prendrez"[224]. La trajectoire de Bonaparte était bloquée dans cette prison de sable, ce pays resté hostile. Ses succès sur les Turcs, notamment l'éclatante victoire terrestre d'Aboukir, avaient repoussé le danger immédiat, mais l'inactivité et le simple maintien de l'ordre n'étaient pas de nature à le contenter. Il se doutait bien que, pendant qu'il brûlait sa jeunesse au soleil de l'Egypte, les événements avançaient à grande vitesse à Paris.

Car si Bonaparte était prisonnier, il n'était pas complètement isolé. Il est possible –sinon certain– qu'il reçut des lettres envoyées, soit par des proches, soit par le gouvernement. Mais, si ce fut le cas, elles furent rares. C'est l'amiral anglais Sidney Smith qui le tint le mieux informé de l'évolution de la situation politique de la France.

William Sidney Smith était un des grands amiraux anglais de son temps. Grand rival de Nelson, qu'il détestait et qui le lui rendait bien, il avait à son actif de nombreux coups de main audacieux et avait engrangé une réelle popularité en réussissant à s'évader de la prison du Temple où l'avait conduit une opération audacieuse (mais manquée) sur la Seine, qu'il avait remontée très haut avec son vaisseau de guerre. A Saint-Jean d'Acre, il n'avait pas peu participé à la

[224] Lettre du 10 février 1799, *Correspondance*, n° 3952.

défaite de Bonaparte en ravitaillant la forteresse par la mer. Il était ensuite venu relever Nelson devant Alexandrie pour assurer le blocus de l'Egypte. Il n'avait pas de sympathie pour Bonaparte et donc aucune raison de l'aider. Il le fit pourtant, et à plusieurs reprises.

Dans un premier temps, profitant de la présence à son bord de plénipotentiaires français venus négocier un échange de prisonnier, l'amiral anglais fit passer à Bonaparte, juste après la bataille terrestre d'Aboukir, une grosse liasse de journaux français et anglais contenant toutes les nouvelles du continent depuis des mois. Ces feuilles révélaient la reprise des opérations militaires, la nouvelle coalition contre la France, les premiers revers des armées de la République et les informations politiques sur le début de la crise de l'an VII. De quoi donner au héros l'idée de partir sauver sa patrie et au conspirateur l'envie de rentrer profiter du moment. Les témoins racontèrent plus tard qu'à la lecture des journaux transmis par les Anglais, Bonaparte entra dans une violente colère, s'en prenant au gouvernement qui avait perdu tout ce que lui avait gagné suite à la campagne d'Italie. Sa décision de rentrer fut prise à ce moment.

La deuxième fois où Sidney Smith aida Bonaparte fut lorsque les bateaux qui emmenaient le Français et sa suite vers la France ne furent pas inquiétées à leur départ d'Egypte. A ce moment, l'amiral anglais était, officiellement, parti au ravitaillement plus au nord. Il manquait d'eau potable et de vivres. Il s'éloigna donc de la région d'Alexandrie, sans laisser derrière lui assez de bâtiments pour contrer une tentative française. On a dit que l'amirauté britannique avait sciemment laissé Bonaparte s'échapper, pour deux raisons. D'une part, le départ du général signifiait la fin réelle de l'expédition française. Privée de son animateur, l'armée d'Egypte perdrait son âme et son ambition. La route des Indes serait à nouveau exempte de risques. C'est ce qu'écrit Henri Laurens, historien de la campagne d'Egypte : "La conduite de Sidney Smith tend à faire passer la sécurité des Indes avant la guerre contre la Révolution". De plus, les rivalités entre les amiraux anglais firent que celui qui devait empêcher toute fuite laissa faire pour gêner son ennemi Nelson[225]. D'autre part, la situation en France causait de graves problèmes à l'Angleterre, elle aussi empêtrée dans des problèmes de politique intérieure en Irlande. Des années de guerre avaient entamé la foi des politiciens en leur cause, nécessité des investissements et le versement d'indemnités importantes aux autres puissances de la coalition. Un coup d'Etat à Paris, le rétablissement de l'ordre –voire des Bourbons– serait un premier pas vers la paix. Londres n'était pas hostile à un renversement du Directoire, et pourquoi pas par Bonaparte. De nombreux historiens anglais se disent convaincu que le départ d'Egypte fut non seulement souhaité, mais favorisé par le cabinet de Londres. Dans la capitale britannique, des caricatures circulaient, évoquant clairement cette hypothèse, comme celle représentant le "Spectre de Buonaparte (sacrifié par le gouvernement français) apparaissant au Directoire", sur laquelle un fantôme brandissant une épée lançait aux directeurs apeurés : "Régicides, parricides, matricides, fratricides, voilà le résultat de votre insatiable soif de conquêtes (...). Allez, meurtriers de sang froid, puisse ce crime empoisonner votre vie".

On peut encore ici poser l'hypothèse de travail d'une intervention discrète de Talleyrand. Réputé pour son anglophilie, l'ancien évêque conservait des liens avec les milieux gouvernementaux britanniques. Il fut constamment accusé par ses opposants de faire le jeu de Londres, ce qui, compte tenu du personnage et de ses travers, ne serait guère étonnant. Alors, puisqu'il avait décidé de jouer ou de se servir de la carte Bonaparte, pourquoi ne pas imaginer (car, faute de documents, nous ne pouvons faire plus) qu'il soit allé jusqu'à convaincre ses interlocuteurs anglais de l'importance d'un

[225] Voir sur ce point les quelques pages fort convaincantes de Derogy et Carmel, *Bonaparte en Terre sainte*, pp. 460 et suivantes.

retour de Bonaparte pour arriver à finir la guerre ? Si on les épluchait, les archives publiques et privées anglaises, autrichiennes, russes ou allemandes pourraient apporter de belles surprises aux chercheurs napoléoniens sur les manoeuvres, manipulations et trahisons diverses qui, immanquablement, émaillèrent les divers épisodes de la période.

Quelles qu'aient été les motivations de Sidney Smith, qu'il ait ou non tenu ses supérieurs informés de ses projets, que ceux-ci lui aient ou non ordonné de laisser fuir le général français, il rendit, en définitive, un fier service à Bonaparte.

Le départ d'Egypte

Dès que sa décision fut prise, Bonaparte s'ouvrit de son projet de retour à quelques proches, comme son chef d'état-major Berthier, l'amiral Gauteaume et son secrétaire Bourrienne. Au général Desaix, il confia même qu'il rentrait à Paris pour prendre en mains les affaires du gouvernement. Il ordonna de préparer une flottille et pria Ganteaume de lui signaler le meilleur moment pour quitter l'Egypte. Quatre bateaux furent préparés dans le plus grand secret, dont les frégates *Muiron* et *Carrère*. Puis, le général rejoignit Le Caire et poursuivit ses activités comme si de rien n'était. Il se choisit un successeur en la personne de Kléber[226], mais se garda de l'avertir de la subite promotion dont il allait être l'objet. En partant, il lui laisserait une longue lettre et quelques instructions. Il y expliquait sans détail les raisons de son départ et promettait que, dès son arrivée en France, il

[226] Ce choix était justifié par le fait que Kléber était connu à Paris. Bonaparte ne l'aimait guère et aurait pu voir en lui un rival prestigieux. Kléber fut rendu furieux par le départ de Bonaparte. Il adressa un rapport amer et accusateur à Paris. Son texte parvint dans la capitale après le coup d'Etat. Kléber mourut assassiné par un musulman, le jour où Bonaparte, devenu Premier Consul, remporta la bataille de Marengo.

enverrait une escadre pour évacuer l'armée d'Egypte... et des comédiens pour distraire les troupes[227].

Le 19 août 1799, Ganteaume envoya un message à Bonaparte pour l'avertir que la croisière anglaise avait quitté la rade d'Alexandrie. Le 22 au matin, accompagné de Berthier, Murat, Lannes, Marmont, Berthollet et Monge, le général en chef de l'armée d'Egypte embarqua à bord de la frégate *Muiron*, baptisée du nom d'un de ses aides de camp qui s'était fait tuer en le protégeant de son corps à Arcole. Avant de quitter sa conquête, il déclara à Menou, venu lui faire ses adieux : "Mon cher, tenez-vous bien, vous autres ici. Si j'ai le bonheur de mettre le pied en France, le règne du bavardage est fini"[228].

On lut bientôt aux troupes la proclamation d'adieu de leur commandant en chef : "Les nouvelles d'Europe m'ont décidé à partir pour la France. Je laisse le commandement au général Kléber. L'armée aura bientôt de mes nouvelles; je ne puis en dire davantage. Il me coûte de quitter les soldats auxquels je suis le plus attaché; mais ce ne sera que momentanément, et le général que je leur laisse a la confiance du gouvernement et la mienne"[229]. On a lu de plus brillantes proclamations de Napoléon.

Pour avoir abandonné l'armée d'Egypte, Bonaparte doit-il être considéré comme un déserteur ? C'est ce que pense l'historien Henri Guillemin : "Dans le plus grand secret, Bonaparte prépare donc son évasion, sa trahison. Il va s'enfuir, et charger Kléber de se débrouiller avec ses Mame-

[227] *Correspondance*, n° 4374. On peut lire également la lettre que Bonaparte envoya au gouverneur du Caire, le général Dugua, dans laquelle il lui parle "des circonstances où se trouve la France", pour justifier son départ, et lui promet des secours "dans le courant de l'hiver", dans C. Andebaud, "Le général de division Dugua", *Revue de l'Institut Napoléon*, 1996-I, p. 26.

[228] *Mémorial de Sainte-Hélène*, t. II, p. 254, confirmé par Montholon, dans ses *Mémoires de Napoléon*, t. II, p. 223.

[229] *Correspondance*, n° 4380. Sous la conduite de Kléber puis de Menou, l'armée d'Egypte remporta encore quelques succès avant d'être contrainte à la capitulation, le 27 septembre 1801.

loucks, ses imams et ses fellahs"[230]. Tout ceci semble, bien sûr, très exagéré et un rien provocateur. Rappelons d'abord que l'intention du Directoire avait été, avant le retour de Sieyès, de rapatrier Bonaparte. L'autorisation fut répétée à plusieurs reprises dont, une dernière fois, le 20 septembre 1799. Il est vrai que cet ultime appel était ambigu. Le gouvernement avait informé le commandant de l'armée d'Egypte qu'il l'attendait, ainsi "que les braves soldats qui (étaient avec lui)", ce qui laisse supposer que c'est avec son armée que Bonaparte devait rentrer. Qu'il n'ait pas reçu ces ordres ne change rien au sentiment du gouvernement, à moins que celui-ci n'ait pas joué franc-jeu : on était prêt à l'autoriser à rentrer, pour l'une ou l'autre raison. Même après avoir annulé les instructions données à l'amiral Bruix, Sieyès prétendit avoir voulu organiser un moyen plus discret de faire rentrer une si belle épée. On peut douter de sa sincérité, mais c'est –tout de même !– l'un des perdants du retour de Bonaparte qui l'a dit.

Le seul fait historique qui compte est que le "vainqueur de l'Egypte" est rentré en France et a réalisé son coup d'Etat. Plus intéressante pour la compréhension de ce fait est la mécanique politique et personnelle d'une telle résolution. Le parti pris par Bonaparte était courageux, car risqué pour sa réputation. Il avait des projets de prise du pouvoir. Il venait d'apprendre que la situation mûrissait. Il ignorait ce qui se passait réellement à Paris, en cet été 1799. Il ne souhaitait pas que l'affaire se fasse sans lui. Il n'avait qu'une seule solution : rentrer. S'il échouait, sa carrière était finie et, cette fois, l'accusation de désertion aurait eu une valeur "historique" car on n'aurait pas manqué de le lui reprocher.

Les vrais questions sur le retour de Bonaparte sont ici : sa décision est-elle vraiment dûe aux seuls journaux que les Anglais lui ont transmis ? au contraire, quelqu'un a-t-il pu communiquer avec lui et lui faire savoir que le moment était

[230] H. Guillemin, *Napoléon tel quel*, 1969, p. 65.

venu de regagner Paris ? si tel était le cas –ce que nul n'a encore pu prouver-, qui était ce complice ? quels réseaux ont travaillé à la prise du pouvoir par Napoléon, à peine plus d'un mois après son retour ?

"Je devais me trouver où ma présence pouvait être le plus utile"

Le 30 septembre 1799, la *Muiron* et les bateaux l'accompagnant jetèrent l'ancre dans le port d'Ajaccio. En raison de l'absence de vent, Bonaparte resta une longue semaine dans sa ville natale, retrouvant sa maison de famille –où il installa son état-major-, se jetant dans les bras de sa nourrice, ce que la Légende n'a pas manqué d'illustrer. Il en profita pour parfaire sa connaissance de la situation de la République. Apprenant l'entrée de Moulin au Directoire, il interrogea Berthier : "Qu'est-ce que c'est que le général Moulin ?". L'aide de camp lui répondit : "Je n'en ai jamais entendu parler". Selon Lavalette, aucun des hommes qui l'entouraient ne put le renseigner[231]. Cette fois, sa décision était prise. Il rentrait pour débarrasser le pays des "avocats". On le vit jeter au sol des liasses de journaux en s'exclamant : "Ah ! Je n'arriverai pas à temps, j'arriverai trop tard !"[232]. A Paris, pour Sieyès, le compte à rebours avait commencé. Il attendait Moreau pour avoir enfin son épée. Les vents ne voulurent pas qu'il en soit ainsi. Il se levèrent dans la soirée du 6 octobre.

Trois jours plus tard, en milieu de journée, le général Bonaparte et sa suite étaient de retour sur le continent, à Fréjus. "L'enthousiasme fut universel lorsqu'on apprit que le général Bonaparte était à bord des frégates", disent les relations "officielles", publiées sous le Second Empire[233]. Vers 6 heures du soir, on partit pour Paris. Les autorités locales avaient dispensé les voyageurs de la quarantaine.

[231] *Mémoires et souvenirs du comte de Lavalette (1769-1830)*, 1994, p. 223.
[232] A. Ollivier, *Le Dix-huit brumaire*, p. 150.
[233] "Retour du général Bonaparte en Europe", *Correspondance*, n° 4383.

"Mieux vaut la peste que les Autrichiens" leur firent dire les historiens de la Légende. Des courriers avaient précédé le petit cortège, apportant ce qu'ils pensaient être une "bonne nouvelle" au Directoire. Lyrisme encore chez Anatole France qui, dans *Clio*, attribue à Bonaparte, alors que la *Muiron* s'approche des côtes de France, "la vision éclatante et confuse d'armes et de toges; une immense clameur remplit ses oreilles dans le silence de la mer"[234].

Le 10 octobre, le général en chef de l'armée d'Egypte avertit le gouvernement de son retour : "Citoyens directeurs, depuis mon départ de France, je n'ai reçu qu'une seule fois de vos dépêches; elles me sont arrivées le 5 germinal (26 mars), devant Acre; elles étaient datées du 14 brumaire (4 octobre) et 5 nivôse (26 décembre); elles me donnaient la nouvelle de nos succès contre Naples, ce qui me faisait conjecturer une guerre prochaine sur le continent; et dès lors j'ai pressenti que je ne devais pas rester longtemps éloigné de France". Ainsi, Bonaparte semblait avouer avoir préparé son départ de longue date. Mais il ne suffisait pas que la guerre reprenne. Il fallait que la République soit en danger. Après avoir affermi la position de son armée en Egypte, le général avait lu les journaux anglais. "Je n'ai pas pensé devoir calculer les dangers; je devais me trouver où ma présence pouvait être le plus utile. Animé de ces sentiments, je me serais enveloppé dans mon manteau et serais parti sur une barque, si je n'eusse eu de frégates (...). J'ai traversé plusieurs croisières anglaises : j'ai des obligations à l'activité et aux bonnes manoeuvres du contre-amiral Ganteaume d'avoir débarqué à Fréjus sans aucune espèce d'accident. Je serai à Paris presqu'en même temps que ce courrier; mais l'air sec et froid qu'il fait ici me saisit et me fatigue extrêmement : ce qui m'occasionne un retard de trente ou quarante heures"[235].

[234] Cité par Tersen, *Napoléon*, p. 61.
[235] *Correspondance*, n° 4382.

Le "clan" Bonaparte

Dans la capitale, la famille et les amis de Bonaparte n'étaient pas restés inactifs pendant que leur héros faisait la guerre en Egypte. On a du mal à croire que Bonaparte ait pu, seul, prendre le pouvoir avec facilité moins d'un mois après son retour en France. Certes, les lézardes étaient nombreuses et profondes dans l'édifice directorial. Mais il fallut bien que certains agissent pour retarder les opérations de Sieyès et préparer le terrain au général empêché, en espérant avec foi son retour. Le hasard de la mort de Joubert aida bien. Les préventions des conspirateurs de tout poil à l'encontre de Sieyès firent aussi beaucoup. Mais pour que l'idée de faire appel à Bonaparte devienne évidente au point que dès qu'il parut, il devint le principal acteur du coup d'Etat, il y eut encore beaucoup d'actions souterraines et de préparatifs qui aboutirent à créer un dispositif quasiment prêt lorsque le "sauveur" entra dans Paris. Au premier rang de ces travailleurs de l'ombre, dont on ignorera sans doute toujours la plupart des exploits, on peut placer Lucien et Joseph Bonaparte.

Lucien passait pour être un franc jacobin. C'était oublier l'importance des relations familiales qui unissaient la fratrie des Bonaparte, que le comte de Provence appelait, avec mépris, le "clan". Agé de 24 ans, en 1799, Lucien avait été destiné par sa mère à l'état ecclésiastique mais avait profité de la Révolution et de très mauvaises notes de conduite pour échapper à la prêtrise, rentrer en Corse et militer au club des jacobins d'Ajaccio. En mai 1793, l'enfant rebelle fut à l'origine de la rupture de sa famille avec le chef corse Paoli qui avait livré l'île aux Anglais et que Lucien accusa publiquement de trahison. Les Bonaparte furent contraints de se réfugier sur le continent. Dans le Midi, Lucien prit le nom de "Brutus Bonaparte", se proclama "citoyen sans-culotte", épousa –sans en informer sa mère-, la fille d'un aubergiste, Catherine –rebaptisée par ses soins Christine– Boyer. S'opposant souvent à son aîné Napoléon, qu'il traitait (déjà) de "tyran", il lui dut pourtant la liberté lorsqu'au cours de l'été 1795, il fut emprisonné à Aix-en-Provence pour ses excès. Commissaire civil à l'armée de Nord, il obtint sa mutation en Corse où il se fit élire représentant du département au conseil des Cinq-Cents. Il n'avait pas l'âge requis par la constitution mais avait utilisé l'acte de naissance de son frère Joseph pour se vieillir. Toujours classé jacobin, il était remuant en politique et heureux en affaires puisqu'il gagna beaucoup d'argent en spéculant sur la course maritime. En prairial an VII (juin 1799) il fut l'un des plus actifs députés dans la lutte des conseils contre le Directoire. L'arrivée de Sieyès le transforma. L'ex-abbé l'attira à lui et le gagna à ses thèses de réforme constitutionnelle. Lucien Bonaparte se voyait de l'avenir. Il réussit à dominer son ambition d'être le premier lorsqu'il s'agit d'aider son frère. Il fit taire ses convictions jacobines pour se ranger dans le camp des conspirateurs[236]. L'ambitieux jeune homme n'était pas désintéressé : le succès de son aîné était aussi pour lui un formidable tremplin.

Aîné des Bonaparte –il avait un an de plus que Napoléon-, Joseph était plus calme et sage que son intrépide cadet Lucien. Marié à Julie Clary –la soeur de Désirée qu'il jeta dans les bras de Bernadotte, après sa rupture avec Napoléon-, il avait embrassé la carrière diplomatique, après un bref passage dans les rangs des commissaires aux armées. Elu aux Cinq-Cents, en avril 1797, le Directoire l'avait utilisé pour diverses missions, à Parme en mars 1797, puis à Rome, où il fut ambassadeur, de mai à décembre. Des émeutes ayant éclaté contre les Français dans la Ville Sainte, Joseph s'en était retiré et était rentré à Paris pour reprendre son siège à la chambre basse. En octobre 1798, il avait acquis l'une des plus belles propriétés de la République, le domaine

[236] Voir G. Martineau, *Lucien Bonaparte, prince de Canino*, 1989.

de Mortefontaine, à 40 km au nord de la capitale[237]. Député "mondain et lettré"[238], peu actif aux Cinq-Cents, il recevait beaucoup et créa, sans le vouloir toujours (car il sembla parfois se désintéresser du destin de Napoléon) un réseau de relations qui, le moment venu, fut utile. Tandis que Lucien s'agitait aux Cinq-Cents, affirmait ses convictions jacobines tout en se laissant séduire par Sieyès, Joseph se sentait attiré par des intellectuels tels Cabanis, un idéologue modéré, ou Andrieux, écrivain et membre libéral de la chambre basse[239].

Tout laisse penser que la famille Bonaparte eut deux occupations importantes pendant le séjour de Napoléon en Egypte. D'une part, elle se scandalisa de la conduite de Joséphine qui trompait ouvertement son mari[240]. D'autre part, elle continua à progresser dans la société directoriale, cultivant notamment Barras qui apparut, une fois encore, comme le protecteur de ces Corses ambitieux. Le directeur choya Jérôme et Louis, les cadets, entretint en continu les aînés sur l'avenir militaire *et* politique qu'il projetait pour leur glorieux général de frère.

[237] Racheté aux héritiers du banquier Durney, guillotiné pendant la Terreur, Mortefontaine se composait d'un petit château de style Louis XIII, de son parc, de 274 hectares de prés, 295 hectares de bois et friches, deux moulins, des étangs, des potagers et un hameau. Le tout fut vendu pour 258 000 francs, plus 5 000 francs de rente annuelle. Joseph dépensa une somme équivalente pour la remise en état. Ces sommes étaient importantes et laissent deviner de quelle fortune disposaient les Bonaparte à l'issue des campagnes de Napoléon. La famille Clary (riches négociants marseillais) dut également aider. Il est impossible que ses seuls traitements aient permis à Joseph de s'offrir un tel domaine.

[238] Voir G. Girod de l'Ain, *Joseph Bonaparte*, Paris, 1970, p. 77.

[239] Voir le récit de Joseph dans *Mémoires et correspondance politique et militaire du roi Joseph, publiés, annotés et mis en ordre par A. du Casse*, 1853, t. I, pp. 73 et suivantes.

[240] Louis Garros est allé jusqu'à écrire : "Disons-le de façon nette : la décision de rentrer en France, Bonaparte l'a prise (...) lorsqu'il a su que son épouse le bafouait publiquement" (*Napoléon, cet inconnu*, 1950, p. 44). Il ne nous semble pas, même si nous pensons que Bonaparte a reçu des correspondances, y compris après Aboukir, qu'il ait puisé sa motivation pour rentrer en France dans ses malheurs familiaux. Ses ambitions étaient toutes politiques et, mis à part une grande scène ponctuée des pleurs de Joséphine, il ne se préoccupa guère de cet aspect secondaire.

A la fin de l'été 1799, et après avoir semblé soutenir les ambitions de son beau-frère Bernadotte, Joseph prit nettement le parti de Napoléon. A partir de ce moment, selon les témoignages du temps, il ne cessa de répéter partout qu'un seul général pourrait, avec Sieyès, sauver la République : son frère. L'aîné des Bonaparte est parfois réputé pour avoir eu des échanges épistolaires avec Napoléon, en dépit du blocus de l'Egypte par les Anglais. Cela n'est pas prouvé, même si les éléments renforçant cette impression sont nombreux. Il y a, par exemple, dans la *Correspondance* de Joséphine un billet à Barras qui intrigue. Daté de 1799, sans autre précision, par les historiens qui ont travaillé sur l'édition de cette correspondance, il est ainsi libellé : "Je n'ai point vu Joseph, mon cher Barras. J'ai appris qu'il avait reçu une lettre de (Bonaparte). J'en sais quelques détails"[241]. Un tel billet ne peut, nous semble-t-il, avoir été écrit après le débarquement de Bonaparte à Fréjus, puisqu'à ce moment-là, tout Paris savait que le général était de retour et que Joséphine, pensant surtout à sauver son ménage, préparait ses malles pour aller à la rencontre de son époux. Si donc les frères Bonaparte ont correspondu, cela montrerait que les coup d'Etat fut préparé de plus longue date qu'on le croit, et en France même, par les frères et les alliés de Napoléon. Autre indice, un billet dans lequel Talleyrand annonce à Barras qu'il vient de recevoir des nouvelles de Bonaparte. Daté du 17 messidor an VII (5 juillet 1799), le billet est ainsi rédigé : "Citoyen directeur, j'ai reçu par la voie de Tunis une lettre pour Madame Bonaparte : si vous allez dîner chez elle, voulez vous bien avoir la bonté de la lui remettre"[242]. Quelles lettres Talleyrand pouvait-il recevoir pour Joséphine, en

[241] *Impératrice Joséphine. Correspondance. 1782-1814*, 1996, n° 145 (l'édition de cette correspondance est dûe à C. Chevallier, M. Catinat et C. Pincemaille).

[242] Ce billet, nous semble-t-il inédit, nous a été communiqué par le docteur Maurice Catinat. Qu'il en soit ici remercié. La "voie de Tunis" ne fut pas la seule utilisée : Corfou et l'Italie semblent avoir été aussi un point de passage de cette correspondance entre Bonaparte et la France.

dehors de celles de son mari, surtout *par la voie de Tunis*, port probablement moins surveillé par les croisières anglaises que ceux de la Basse-Egypte ?

On ne pourra (hélas !) aller plus loin, faute de connaître le contenu des lettres entre Joseph, Talleyrand, Joséphine, voire Barras, et le vainqueur des Pyramides. Ce qui est certain, c'est que Joseph envoya un messager en Egypte pour presser son frère de rentrer. Cet envoyé tardif, un grec nommé Bourbaki, ne réussit pas à joindre le destinataire et c'est après son débarquement à Fréjus que le conquérant eut connaissance de cette démarche. Joseph se trouvait à Mortefontaine lorsqu'il apprit l'arrivée du vainqueur des Pyramides (ce qui pourrait éliminer l'hypothèse qu'il ait été derrière l'organisation du retour de Napoléon). Accompagné de Lucien et Louis, du général Leclerc, marié à sa soeur Pauline, l'aîné des Bonaparte décida d'aller au-devant de son frère.

La marche triomphale

La masse des témoignages et rapports administratifs disponibles concernant le retour de Bonaparte nous engage à penser que celui-ci fut triomphal. "Explosion de joie inouïe !", s'exclama Jean Massin, qui habituait pourtant ses lecteurs à moins d'enthousiasme[243], tandis qu'Albert Vandal se laissa aller aux inévitables envolées de son époque : "Tel reparaît le ressort caché de ce peuple et telle est la vertu stimulante de cet homme"[244].

Le 11 octobre 1799, Bonaparte entra à Avignon : "La foule était immense, écrivit un témoin, le général Boulart. A la vue du grand homme, l'enthousiasme fut à son comble, l'air retentit d'acclamations et du cri de *Vive Bonaparte !* et cette foule, et ce cri l'accompagnèrent jusqu'à l'hôtel où il

[243] *Almanach du Premier Empire*, 1965, p. 116.
[244] *L'avènement de Bonaparte*, t. I, p. 239.

descendit (...). Dès cette époque, on le regardait comme appelé à sauver la France de la crise où l'avait jetée le pitoyable gouvernement du Directoire et les revers de nos armées"[245]. Partout, l'arrivée de Bonaparte provoqua ce type de réactions populaires. On l'entourait et on l'acclamait. S'il entrait en soirée dans une ville, on l'illuminait et les vivats poussés par la foule ne cessaient que tard dans la nuit. Tous les témoins de cette remontée vers Paris –comme Bourrienne ou Thiébault– attestent de la popularité intacte du vainqueur de l'Italie[246]. En célébrant ses victoires, y compris en les amplifiant, le Directoire avait créé ce "mythe du sauveur" dont il ne pourrait plus dépouiller Bonaparte. A Valence (le 12 octobre), à Lyon (le 13), à Chalon (le 14), à Nevers (le 15), les autorités municipales vinrent au devant de lui, lui rendirent hommage, tandis que la population hurlait de joie.

Dans ses *Mémoires*, le général Marbot, qui n'était alors qu'un simple hussard, raconta comment, avec son père, nommé à la tête d'une brigade en Italie, il croisa le "vainqueur de l'Egypte" : "Nous n'étions plus qu'à quelques lieues (de Lyon) et changions de chevaux au relais de Limonest, lorsque nous remarquâmes que tous les postillons avaient orné leurs chapeaux de rubans tricolores, et qu'il y avait des drapeaux pareils aux croisées de toutes les maisons. Nous étant informés du sujet de cette démonstration, on nous répondit que le général en chef Bonaparte venait d'arriver à Lyon ! Mon père, croyant avoir la certitude que Bonaparte était encore en Egypte, traita cette nouvelle de conte absurde; mais il resta confondu, lorsque, ayant fait appeler le maître de poste qui arrivait à l'instant de Lyon, celui-ci lui dit : *j'ai vu le général Bonaparte que je connais parfaitement, car j'ai servi sous ses ordres en Italie*". Marbot et son père poursuivirent leur route vers la capitale des Gaules : "Plus

[245] Cité par J. Tulard et L. Garros, *Itinéraire de Napoléon au jour le jour*, p. 132.
[246] Sauf, peut-être, pour les bandits "royalistes" qui volèrent ses bagages à Aix-en-Provence.

nous approchions, plus le flot populaire était compact, et en arrivant à la porte, nous la vîmes couverte de lampions et gardée par un bataillon de grenadiers. C'était là que logeait le général Bonaparte (...). Choqué de voir le peuple de Lyon courir au-devant de Bonaparte comme s'il eût été déjà le souverain de la France, mon père déclara qu'il désirait partir le lendemain". Marbot père, qui avait commandé la garnison de Paris, eut cependant deux longues réunions avec Bonaparte. Il n'en révéla pas le contenu à son fils mais lui fit comprendre que le "vainqueur de l'Egypte" avait essayé de le rallier à quelque projet. Marbot aurait abrégé la conversation, avant de reprendre la route de l'Italie[247].

Plus loin, un jacobin, orateur de son club, aurait lancé –ce qui semble pour le moins exagéré-, selon Marmont : "Allez, général, allez battre et chasser l'ennemi, et après nous vous ferons roi". A Fontainebleau, ce fut l'armée qui le fêta. A écouter certains amateurs de légende, le "vainqueur de l'Egypte" accomplissait même des miracles, par sa seule présence. Ainsi, à Nevers, les conscrits qui refusaient de rejoindre leur affectation avaient décidé, à la vue de Bonaparte, de se soumettre et de faire leur devoir. Plusieurs jours après le retour du général dans la capitale, l'administration municipale de Pontarlier envoya un rapport au Directoire : "La nouvelle de l'arrivée de Bonaparte a tellement électrisé les Républicains que plusieurs d'entre eux ont versé des larmes et que tous ne savaient si c'était un rêve"[248].

A Paris, l'annonce du débarquement de Fréjus se répandit dans la soirée du 13 octobre et fut accueillie de la même façon. Au Théâtre-Français, on interrompit la représentation pour annoncer la nouvelle. La salle, debout, applaudit et, après cet entracte imprévu, nul ne fit plus attention aux efforts des acteurs[249]. Au Palais-Royal, lieu traditionnel de réunion des foules de la Révolution, on commença à se

[247] *Mémoires du général-baron de Marbot*, 1983, t. I, pp. 56-61.
[248] Cité par Benoist-Méchin, *Bonaparte en Egypte*, p. 312.
[249] *Mémoires de A.C. Thibaudeau (1799-1815)*, 1913, p. 1.

réunir et à commenter l'événement. La *Gazette de France* du lendemain écrivit : "Rien n'égale la joie que répand le retour du général Bonaparte (...). C'est le seul événement qui, depuis longtemps, ait rallumé l'enthousiasme populaire".

Au moment où la nouvelle parvenait aux directeurs, Sieyès était en conférence avec Baudin des Ardennes et Moreau qui décréta: "Voici votre homme". Cette réponse encombrait bien l'ex-abbé. Il se voyait doté d'une épée "trop longue pour lui" (Lucien Bonaparte). Mais que dire de la réaction de ses collègues ! Ils furent abattus, à l'instar de Gohier qui fut informé de la "surprise de Fréjus" alors qu'il soupait au Luxembourg avec... Mme Bonaparte. Celle-ci le rassura : son mari ne revenait pas pour attenter à la liberté, mais il fallait que lui, Gohier, choisisse de se joindre à lui pour l'aider dans ses entreprises. Joséphine prit ensuite congé, décidée qu'elle était d'aller au-devant de Napoléon. Elle avait beaucoup à se faire pardonner, à commencer par sa liaison publique et prolongée avec un jeune officier, Hippolyte Charles.

Le 14 octobre 1799, les directeurs se réunirent pour adopter un parti. L'ambiance était morose et Sieyès particulièrement taciturne. Le retour de Bonaparte risquait de le priver de la direction de la conspiration, voire de donner une chance réelle à une conspiration qui se passerait de lui. Rien ne pouvait le dispenser de croire que Bonaparte allait s'allier à Barras, son protecteur, et que les deux hommes pouvaient lui brûler la politesse dans la course au pouvoir. Son premier mouvement fut donc de tenter de discréditer Bonaparte. Il posa la question de savoir si le commandant de l'armée d'Egypte avait le droit d'être en France. En d'autres termes, n'avait-il pas abandonné son poste et ses troupes au milieu des périls ? Boulay de la Meurthe, présent à la réunion, s'enflamma : selon lui, il fallait mettre le déserteur hors-la-loi et laisser la justice régler son sort. "Qu'il soit, après, guillotiné, fusillé ou pendu, c'est un mode d'exécution : peu m'importe", se serait-il exclamé[250]. Bernadotte opina dans le même sens. Mais les hommes assemblés au Luxembourg se rendirent compte qu'accuser Bonaparte n'aurait servi qu'à déclencher un soulèvement populaire, sans parler de la difficulté qu'il y aurait à trouver, à Paris, des soldats sûrs pour procéder à l'arrestation et, ensuite, garder l'accusé. Ils concoctèrent une communication alambiquée aux chambres, noyant l'information du jour dans l'annonce des dernières victoires des armées de la République : "Le Directoire vous annonce avec plaisir (sic) qu'il a aussi des nouvelles de l'armée d'Egypte. Le général Berthier a débarqué à Fréjus avec le général en chef Bonaparte". Au moment où la phrase fut prononcée, les Anciens comme les Cinq-Cents –ces derniers ne se doutant pas de ce qui les attendaient– éclatèrent en vivats qui couvrirent la voix des messagers d'Etat.

Décidément, il faudrait bien s'adapter au retour de Bonaparte. Puisqu'on ne pouvait le combattre, il fallait tenter de l'utiliser, de s'en faire un allié et de l'éliminer ensuite. C'est la tactique que choisit Sieyès qui, croisant Lucien Bonaparte sur le point de partir à la rencontre de son frère, lui lança : "Le sort en est jeté (...). Nous n'avons pas dans notre pays d'institutions publiques capables d'imposer des limites à l'enthousiasme de la foule (...). C'est autour de votre frère, maintenant, qu'il faut tous nous grouper". Le directeur avait décidé de faire contre mauvaise fortune bon coeur. Puisqu'il n'avait pas le choix, il devait se réjouir du retour de Bonaparte.

[250] Selon les *Mémoires* de Barras. Boulay changea vite d'avis.

IIIe partie

Brumaire.

I

Les vieilles duchesses.

"Pour mon propre compte toute ma part dans le complot d'exécution se borna à réunir à heure fixe la foule de mes visiteurs, et à marcher à leur tête pour saisir la puissance. Ce fut du seuil de ma porte, du haut de mon perron, et sans qu'ils en eussent été prévenus d'avance, que je les conduisis à cette conquête : ce fut au milieu de leur brillant cortège, de leur vive allégresse, de leur ardeur unanime que je me présentai à la barre des Anciens pour les remercier de la dictature dont ils m'investissaient"[251]. Si on écoute Napoléon raconter Brumaire à Las Cases, l'affaire apparaît simple. Nulle manoeuvre, nulle négociation, nul complot de "préparation" –mais simplement un complot d'exécution– ne furent nécessaires pour réussir le coup d'Etat. Comme s'ils avaient reconnu en lui le meilleur et le plus capable d'entre eux, ceux qui voulaient régénérer la République se rallièrent sans broncher au "vainqueur de l'Egypte" et le suivirent, en confiance, dans l'aventure. La prise du pouvoir ne fut qu'une formalité puisque l'investiture du dictateur fut parlementaire et de plein gré.

Fondement de la Légende, le *Mémorial* est loin de nous raconter ce qui se passa vraiment en Brumaire an VIII. Lorsque Bonaparte rentra à Paris, rien n'était encore finalisé dans son esprit. Il avait la volonté d'agir, par la force s'il le

[251] *Mémorial de Sainte-Hélène*, t. II, p. 4.

fallait. Mais la force n'était pas tout, si tant est que le "vainqueur de l'Egypte" pouvait alors en disposer. Il fallait la compléter d'appuis politiques et financiers qui ne pouvaient être assurés par les seuls amis de ses frères ou par des dignitaires que Napoléon avait quittés depuis plus d'un an. Il lui fallait des alliés sûrs dans la place. Il lui fallait développer un principe légitime, à défaut d'une base légale et constitutionnelle. La panoplie du nécessaire représentait un dispositif complexe et long à mettre en place. Rentré d'Alexandrie avec quelques aides de camp, Bonaparte n'exerçait, en France, aucun commandement. Pis encore, certains des généraux présents en métropole lui étaient hostiles. Or, pour réussir un coup de force, il lui fallait, au moins, disposer de la garnison de Paris, voire de la garde des conseils et du Directoire. Un tel pouvoir ne pourrait lui être octroyé que par des complices au gouvernement. Pour gagner un temps précieux, pour brûler les étapes, il était souhaitable de s'allier à Sieyès et d'annexer la conspiration que l'ex-abbé avait mis des mois à échafauder. Deux conspirations devaient fusionner : celle de la volonté échevelée et celle du politique blanchi sous le harnais, celle du génie-joueur et celle du calculateur.

"L'absolution nationale"

Au matin du 16 octobre 1799, Bonaparte entra dans Paris et se rendit directement à son domicile de la rue de la Victoire. Il le trouva vide. Joséphine, partie à sa rencontre, l'avait manqué. L'absence de sa femme provoqua la colère du général. Dans un premier mouvement, il y trouva un motif supplémentaire pour demander le divorce. Ni sa mère, ni sa soeur Caroline qui arrivèrent sur ces entrefaites – et qui détestaient "la" Beauharnais– ne tentèrent de le détourner de ce projet. Malgré ses peines conjugales et ses projets politiques, Bonaparte s'accorda un peu de repos. A l'issue de cette courte pause, il reçut la visite de Réal, commissaire du Directoire près l'administration de Paris –ce qui lui donnait la haute main sur la police de la capitale– et ami de Barras. Si l'on en croit les *Mémoires* de Fouché, Réal aurait été un des "correspondants secrets" de Napoléon pendant la campagne d'Egypte[252]. En début de soirée, le général se rendit chez Gohier, président en exercice du Directoire, qui lui demanda de se présenter à l'exécutif le lendemain, pour un accueil plus solennel. Gohier témoigna plus tard qu'il accueillit "froidement" le revenant : "Vous arrivez à propos pour célébrer avec nous le triomphe de vos compagnons d'armes". A l'inverse, à Sainte-Hélène, Napoléon estima qu'il n'avait qu'à se louer de l'amabilité de son interlocuteur.

Le président du Directoire considérait que le retour de Bonaparte était inutile et dangereux pour la République. En même temps, il eut sans doute du mal à s'expliquer le caractère triomphal de la remontée vers Paris du "vainqueur de l'Egypte", ainsi que le montrent ses mémoires : "Bonaparte, en s'échappant d'Egypte, se flattait de trouver la République dans l'état déplorable où il l'avait réduite[253]. Débarqué à Fréjus (...), il la retrouva triomphante ! Le bruit de nos victoires l'étonne, et l'eût bien autrement déconcerté, s'il n'avait été reçu avec le même enthousiasme que si c'eût été lui qui les eût remportées (...). Le peuple, toujours si sensible à la perte de ses défenseurs, l'âme toute remplie de celle de Joubert (...) crut voir, dans le retour de Bonaparte (...) l'ombre de ce jeune héros"[254].

Pour sa "visite officielle" au Directoire, Bonaparte –qui s'était coupé les cheveux et avait renoncé à les poudrer– choisit un costume auquel nul ne s'attendait : chapeau rond, redingote de drap olive avec un sabre turc à la ceinture. Malgré cet accoutrement baroque, la foule et les soldats de

[252] Fouché, *Mémoires*, p. 59. Il fait décidément peu de doute que Bonaparte a pu correspondre avec la France après Aboukir.

[253] NDLA : à cause de Campoformio.

[254] Gohier, *Mémoires*, t. I, p. 196.

la garde le reconnurent et c'est sous les vivats qu'il pénétra dans le palais du Luxembourg. "L'étrangeté de son nom, dont l'orthographe était mal connue, et de sa tenue, son arrivée soudaine des lointains pays d'Orient accroissait la curiosité de la foule"[255]. Les directeurs, moins romantiques que la population et sachant à quoi s'en tenir, écoutèrent en silence le rapport de deux heures et demi que leur fit Bonaparte sur sa campagne d'Egypte. Il justifia son retour par les mauvaises nouvelles qu'il avait reçues sur la situation extérieure de la France. Puisque, poursuivit-il, le peuple attribuait ces revers à son absence, il s'était cru autorisé à quitter son armée pour rentrer à Paris. Théâtralement, il ajouta, en touchant son épée : "Citoyens directeurs, je jure qu'elle ne sera jamais tirée que pour la défense de la République et celle de son gouvernement". On pourrait dire trivialement qu'un tel serment ne "mangeait pas de pain", en attendant la suite des opérations. Gohier répondit, au nom de ses collègues. Il rappela que la politique extérieure du Directoire ne visait qu'à rechercher une paix honorable. Il donna acte au général de ses sentiments républicains et lui promit que le gouvernement l'emploierait bientôt sur quelque théâtre extérieur. On s'embrassa et Bonaparte ressortit sous les acclamations d'une foule plus nombreuse qu'à son arrivée. Les témoignages et les journaux du temps attestent d'une vraie popularité du "vainqueur de l'Egypte", au moins à Paris où la population, sur-politisée par dix années de Révolution et de liberté de la presse, était bien informée sur les événements et les hommes du jour. Lors de son entrevue avec les Directeurs, il n'avait pas été question de la "désertion" de Bonaparte. "Le Directoire se résigna de bonne grâce à enregistrer l'absolution nationale"[256].

[255] J. Thiry, *Le coup d'Etat du 18 brumaire*, 1947, p. 47. Le choix d'une tenue "turque" pour la visite au Directoire se justifiait aussi par le fait que les uniformes de Bonaparte avaient été dérobés, près d'Aix-en-Provence.

[256] A. Vandal, *L'avènement de Bonaparte*, t. I, p. 244.

Constitution d'une équipe

Après avoir résolu ses soucis conjugaux –Joséphine était revenue et, après une grande scène, son mari lui avait pardonné-, Bonaparte se préoccupa de mieux saisir la situation politique. Il n'avait guère à se déplacer pour consulter, sonder et rallier : tout le monde voulait le voir. On se pressait devant l'hôtel de la rue de la Victoire, guettant ses allées-venues, quémandant un rendez-vous, espérant être bientôt dans la confidence. Car nul ne doutait que le "vainqueur de l'Egypte" allait passer à l'action. On avait tant murmuré et, parfois, espéré qu'une "épée" viendrait remettre de l'ordre dans le pays que le retour du "héros" avait mis la société politique en ébullition. Lui sélectionnait ses audiences et allait au plus utile. C'est ainsi que Regnaud de Saint-Jean d'Angély, Talleyrand et Roederer furent reçus parmi les premiers.

Regnaud, ancien administrateur des hôpitaux de l'armée d'Italie et jadis responsable de la rédaction du journal *La France vue de l'Armée d'Italie*, très lié à Bonaparte, avait accompagné le général jusqu'à Malte, au début de la campagne d'Egypte. Nommé commissaire du Directoire dans l'île occupée, il avait abandonné cet éphémère conquête pour cause de maladie, avant que les Anglais s'en emparent. Il retrouva son ancien chef dès son retour à Paris, et lui servit d'intermédiaire pour nouer des contacts préliminaires.

Roederer était un révolutionnaire de 89, ancien procureur général-syndic de la Seine au moment du 10 août 1792, pourchassé par les jacobins et finalement rallié au Directoire, faute de mieux[257]. Républicain modéré, membre de l'Institut, "un des meilleurs esprits de l'oligarchie révolutionnaire, combinaison rare de talents pratiques et philosophiques"[258], il dirigeait le *Journal de Paris* et le *Journal d'Economie Publi-*

[257] Voir notre ouvrage, *Roederer (1754-1835)*, Metz, 1990.

[258] F. Furet, "Dix-huit brumaire", *Dictionnaire critique de la Révolution française. Evénements*, 1992, p. 111.

que, feuilles très lues par les milieux politiques et dans lesquelles il donnait de véritables leçons de modération. Ainsi, il ne cachait pas son aspiration à voir un gouvernement concentré, triompher dans la République : "L'ordre ! L'ordre ! Voilà l'objet de toute constitution, la tâche de tout gouvernement, le principe de toute prospérité publique"[259]. Pendant la campagne d'Italie, il s'en était pris brutalement à Bonaparte, qu'il accusait de "tenir" le gouvernement par les subsides qu'il lui envoyait. A son retour de Mombello, le général l'avait rencontré chez Talleyrand. Ils avaient vidé l'abcès et Roederer s'était mis à considérer d'un autre oeil ce petit homme botté au regard expressif et pénétrant. Bien qu'ami de Sieyès, il penchait en faveur de Bonaparte dont la capacité à rétablir l'ordre lui paraissait plus sûre. "Peu de jours après son arrivée, raconte Roederer, Bonaparte me fit inviter, par Regnaud de Saint-Jean d'Angély, de venir le voir. Je joignis l'expression de mes voeux au voeu général. Quand Bonaparte me demanda si je ne voyais pas de grandes difficultés à ce que la chose se fit, je répondis : *ce que je crois difficile, même impossible, c'est qu'elle ne se fasse pas, car elle est aux trois-quarts faite*"[260]. Le quart manquant était celui qui consistait à faire de Bonaparte le vrai meneur du coup d'Etat, annexant les trois-quarts mis au point par Sieyès et son entourage. Roederer, tantôt comme médiateur, tantôt comme franc partisan du général, allait s'y employer.

Pour Talleyrand, l'heure d'un nouveau choix, donc d'une nouvelle trahison, venait de sonner. Depuis le départ de Bonaparte pour l'Egypte, le "diable boiteux" avait continué son évolution prudente et intéressée dans la vie politique du

[259] *Journal d'Economie Publique*, 27 août 1796 (10 fructidor an IV). Sur la carrière de journaliste de Roederer et ses positions politiques sous le Directoire, voir notre article, "La presse républicaine modérée sous la Convention thermidorienne et le Directoire : Pierre-Louis Roederer, animateur et propriétaire du *Journal de Paris* et du *Journal d'Economie Publique*", *Revue Historique*, 1995, pp. 297-313.

[260] Roederer, *Oeuvres*, t. III, p. 295.

Directoire. Il avait (une première fois) trahi Napoléon en ne se rendant pas à Constantinople, comme il s'y était engagé, pour convaincre la Sublime Porte des bonnes intentions de la France directoriale. L'avenir immédiat se décidait à Paris et non à des centaines de lieues de la capitale, fût-ce pour y régler de grandes affaires diplomatiques. Talleyrand avait donc oublié Bonaparte pour miser sur Sieyès. Les deux hommes semblaient s'apprécier. Le "Grand Prêtre" se servait de l'ancien évêque d'Autun pour s'introduire dans les rouages du monde gouvernemental. Talleyrand se servait de Sieyès pour se maintenir aux affaires. Lorsqu'il dut quitter le gouvernement, il conçut de l'amertume à l'égard du directeur qui l'avait forcé à se retirer avec élégance plutôt que de sombrer dans un obscur scandale[261]. Talleyrand n'en avait pas moins soutenu la candidature de Joubert comme épée de la conspiration. Comme les autres, il avait été très abattu par la mort prématurée du général. Mais, à la différence de ses complices, l'ancien évêque d'Autun ne se laissait jamais désarçonner par un sort contraire et savait rebondir. Le retour de Bonaparte était pour lui une grande et bonne nouvelle. Il lui fallait seulement faire oublier sa conduite passée, ce qu'il fit sans difficulté. Le "vainqueur de l'Egypte" n'ignorait rien des hésitations de celui qui l'avait tant aidé à concrétiser sa "tentation d'Orient". Il en avait été déçu, mais chaque jour qui passait lui avait appris l'aune de la personne humaine et de la parole donnée, surtout en politique. A Sainte-Hélène, Napoléon reconnut qu'il lui fallait obtenir le ralliement de Talleyrand. Il employa, pour y parvenir, "toutes les ressources d'un esprit souple et insinuant pour se

[261] C'est ce qu'on a appelé "l'affaire Jorry", du nom d'un général que Talleyrand avait accusé d'avoir détourné une somme de 2400 livres qui lui avait été avancée, au nom du ministère, afin qu'il puisse gagner l'Italie pour s'y livrer à des activités d'espionnage. Jorry, arrêté puis relâché après avoir remboursé la somme, attaqua le ministre pour arrestation arbitraire et organisa une intense campagne de calomnie, avec le soutien de la presse jacobine et de Barras. Talleyrand, éclaboussé, ne put faire autrement que de s'éloigner du gouvernement... en laissant son portefeuille à Reinhard, un homme à lui.

concilier un suffrage qu'il lui importait de captiver"[262]. Il accueillit bien l'ancien ministre des Relations extérieures. En violant sa parole (de se rendre à Constantinople), Talleyrand avait, certes, "trahi" Bonaparte, et c'est ainsi que ce dernier l'entendait. Mais les talents de l'ancien évêque étaient nécessaires, si l'on voulait aller plus loin dans la marche au pouvoir. Il connaissait mieux que quiconque les rouages de la machine gouvernementale et administrative du Directoire. Le grand seigneur d'Ancien Régime, au style cynique et onctueux, était une énigme et un phare pour le nobliau corse. Il était surtout un allié de choix.

Le général et l'évêque défroqué reprirent leur collaboration. "Au point où l'on en était, s'excusa presque Talleyrand dans ses *Mémoires*, il fallait vouloir ce qu'il voulait; les événements le rendaient maître de la négociation"[263]. Quoiqu'il en ait dit, l'ex-ministre suivit –et parfois précéda– la conspiration de Brumaire dont il fut un des membres essentiels. Il avait tant de revanches à prendre et d'ambitions à assouvir...

Après Regnaud, Talleyrand et Roederer, Bonaparte ouvrit plus largement sa porte sur laquelle le fidèle Berthier veillait avec rigueur. On put noter les visites de Maret, de l'amiral Bruix, de Boulay de la Meurthe –qui ne semblait plus avoir envie de faire fusiller ou pendre le général[264]–, de membres influents des conseils, de ses frères Lucien et Joseph. Barras (reçu cordialement, il serait intervenu pour empêcher la répudiation de Joséphine), Moulin et Gohier (entièrement subjugué par Mme Bonaparte) rendirent aussi les visites attendues. L'Institut –qui venait de récupérer du même coup Monge et Berthollet qui ne tarissaient pas d'éloges sur

[262] *Correspondance*, t. XXX, p. 307.

[263] *Mémoires de Talleyrand*, t. I, p. 272.

[264] Au fond, Boulay était un modéré. Dès qu'il se sentit rassuré sur les intentions de Bonaparte à l'égard de Sieyès, il se rallia à lui et devint un "brumairien" actif. Voir O. Voilliard "Boulay de la Meurthe", *Grands notables du Premier Empire. Meurthe. Moselle. Meuse*, 1984, pp. 13-14.

le "vainqueur de l'Egypte"– envoya sa délégation, marquant le soutien des idéologues au jeune général.

Bonaparte rendit également quelques visites, aux directeurs ou aux ministres. Il rencontra ainsi le ministre de la Justice, Cambacérès. Le personnage l'intéressait particulièrement, non pas tant pour ses fonctions actuelles que pour ses réseaux. Franc-maçon de vieille date, très introduit dans les milieux d'affaires, Cambacérès était, en outre, un profond juriste aux projets foisonnants et, en tout cas, une personnalité qu'on devait attirer dans le mouvement. Flatté par la visite du Héros, le ministre de la Justice semble avoir adhéré à ses projets sans trop se faire prier, tout en gardant une prudence de chat aux moments difficiles[265].

L'opposition de Bernadotte

Plus important encore, les officiers de la garnison de Paris vinrent présenter leurs respects : Bonaparte refusa de les recevoir en délégation pour ne pas être accusé de tenter de les détourner du Directoire. Il était trop tôt pour se découvrir. Cela ne l'empêcha pas d'accueillir individuellement bon nombre de généraux. L'un d'eux, Thiébault, a raconté sa visite rue de la Victoire : "Le général Bonaparte étant arrivé le 16 octobre, (...) je me présentai le 18 à sa porte; il était sorti et je m'inscrivis. Le 21, je retournai chez lui; il y avait beaucoup de monde; il fit un pas vers moi lorsque je m'approchai, m'accueillit à merveille, reçut avec bienveillance les félicitations que, au sujet de son retour, j'adressai à la France dont ce retour comblait les voeux; enfin, il me dit, quand je fis place à un autre : *je compte vous revoir*"[266]. Il revit le général quelques jours plus tard et aborda le sujet de la régénération de la République lors du déjeuner. Chaque fois qu'un officier semblait pouvoir être intégré à la conspiration,

[265] Voir P.-F. Pinaud, *Cambacérès*, 1996, p. 111.
[266] *Mémoires du Général Baron Thiébault (1792-1820)*, 1962, p. 148.

Bonaparte agissait de la sorte et indiquait le nom de l'officier à Berthier. Ce dernier était chargé de conserver la liste des amis sûrs et des alliés potentiels. Il inscrivait l'adresse de chacun afin qu'on puisse, le jour venu, retrouver tout le monde et faire parvenir des invitations ou des instructions.

A Bernadotte, Bonaparte parla de "la nécessité de changer de gouvernement". Selon Rousselin de Saint-Albin, proche de l'ancien ministre de la Guerre, il s'attira une cinglante réplique du mari de Désirée Clary : "Mais général, quoique vous ayez quitté l'Egypte, vous me feriez croire que vous y êtes encore par la manière dont vous ignorez la France (...). Je suis bien loin de désespérer du salut de la République, et je la crois assez forte pour avoir raison de ses ennemis, tant intérieurs qu'extérieurs"[267]. Ainsi, Bonaparte n'était pas attendu par tous avec le même enthousiasme. Bernadotte l'appelait avec mépris "le transfuge" et s'était ouvert à Moreau des dangers que, selon lui, la République courait. A ce moment, Bonaparte confia à Bourrienne : "Je crois bien que j'aurai Bernadotte et Moreau contre moi. Mais je ne crains pas Moreau; il est mou, sans énergie (...). Mais Bernadotte ! Il a du sang maure dans les veines, il est entreprenant et hardi; il est allié à mes frères; il ne m'aime pas (...). Ce diable d'homme est d'ailleurs peu susceptible de séduction; il est désintéressé, il a de l'esprit"[268]. Bien que sentant ses positions et celles de Bernadotte inconciliables, Bonaparte choisit de poursuivre sa relation avec lui, ne serait-ce que pour mieux le contrôler et utiliser sa franchise pour en savoir plus. Il s'invita donc à déjeuner chez son rival, eut toujours un mot gentil pour lui, chaque fois qu'il le croisa dans Paris. Surtout, il le fit inviter par son frère Joseph pour une décisive partie de campagne à Mortefontaine.

[267] Cité par J. Savant, *Tel fut Barras*, 1955, p. 244.

[268] Bourrienne, *Mémoires*, t. II, p. 31. L'entrevue eut probablement lieu le 27 octobre.

L'entrée en scène de Fouché

Alors que les jacobins prenaient leurs distances, plusieurs journaux attaquèrent Bonaparte, l'accusant d'avoir déserté ou de s'être enfui pour ne pas avoir à faire face à une mutinerie générale de l'armée d'Egypte. Dans d'autres partis, on murmurait que Bonaparte allait entrer au Directoire ou encore qu'il tentait de se s'entendre avec les royalistes. La propagation de telles nouvelles était destinée à faire évoluer le sentiment populaire à son égard : ainsi, ce héros était comme les autres et voulait aller "à la soupe". La vérité sur ces allégations est qu'il fut sans doute envisagé de faire entrer Bonaparte au Directoire. L'intéressé l'a lui même reconnu, à Sainte-Hélène. Gohier affirme dans ses mémoires que c'est Moulin qui aurait été porteur de la proposition [269]. Napoléon hésita peut-être. La situation politique, les intrigues, l'impression (justifiée) qu'on voulait, en réalité, le détourner de ses projets –de son destin ?– en l'enfermant dans la constitution de l'an III, lui firent décliner les offres.

Devant l'hôtel de la rue de la Victoire, une foule de badauds attendait d'entrevoir le Héros, criant de joie chaque fois qu'il sortait, ce qui était rare. Il se rendit néanmoins aux Invalides pour rendre visite aux soldats hospitalisés. Au théâtre, chaque fois qu'il se disait que Bonaparte viendrait assister à une représentation, on affichait complet.

Enfin, on annonça Joseph Fouché, ministre de la Police.

Le "mitrailleur de Lyon" avait profité de l'absence de Bonaparte pour se faire une "amie" –en fait une espionne– de Joséphine, lui versant des secours pour qu'elle puisse faire face à ses folles dépenses: "Barras me l'avait recommandée, écrit Fouché, je l'avais comprise dans les distributions clandestines provenant du produit des jeux. Je lui remis, de la main à la main, mille louis, galanterie ministérielle qui

[269] Bonaparte n'aurait pas pu entrer au Directoire sans une modification de la constitution. Il n'avait que 30 ans et l'âge requis pour être directeur était de 40 ans (art. 134 de la constitution de l'an III).

acheva de me la rendre favorable. Je savais par elle beaucoup de choses car elle voyait tout Paris (...). Ce que j'appris de tous côtés finit par me persuader que Bonaparte nous tomberait des nues"[270]. Sans véritable parti, le ministre de la Police était prêt à se mettre au service du plus fort, non sans avoir au préalable, dûment vérifié ses chances de l'emporter. En se rendant rue de la Victoire, il voulait faire comprendre à Bonaparte, qui se méfiait de lui, qu'il envisageait de le soutenir dans ses projets, si ceux-ci étaient sérieux. Le général le fit attendre plus d'une heure dans l'antichambre : il le connaissait mal et ne se doutait pas de la puissance de ce policier sans scrupules qui contrôlait Paris. Réal serait alors intervenu pour convaincre le général de se faire de Fouché un allié[271]. La conversation fut directe, claire et sans faux-semblants. Selon les écrits de Sainte-Hélène, l'exposé que fit Fouché sur l'état de la République et les différentes solutions possibles acheva de convaincre Bonaparte de la possibilité de franchir le Rubicon. Dans le même temps, le général se fit une plus juste idée des services que pourrait rendre le ministre de la Police. Introduit chez les jacobins, dont il était issu, il pourrait, le cas échéant les neutraliser. Grâce à ses espions, il saurait apprécier l'état d'esprit des faubourgs, le jour du coup d'Etat venu, et tuer dans l'oeuf toute tentative hostile à la remise en ordre. Enfin, au besoin, sa police procéderait aux arrestations nécessaires et maîtriserait la presse. Dans ses *Mémoires*, Fouché fit l'aveu de sa complicité : "On a prétendu que je n'avais été pour rien dans ces trames salutaires; que j'avais louvoyé, mais que j'en avais recueilli les fruits avec une grande souplesse. Certes, le moment où j'écris n'est pas favorable pour revendiquer

[270] Fouché, *Mémoires*, p. 59.

[271] Les mémoires des témoins (Lecouteulx, Fabre de l'Aude) affirment que Fouché fut mis dans la confidence des projets de Bonaparte dès la première entrevue. Si tel fut le cas, le terrain avait dû être préparé de longue date –mais par qui ?– auprès d'un ministre aussi soupçonneux et expérimenté. Voir J. Thiry, *Le coup d'Etat du 18 brumaire*, p. 61.

l'honneur d'avoir contribué à élever Bonaparte (...) : la révolution de Saint-Cloud aurait échoué si je lui avais été contraire"[272]. Le ministre de la Police avait un peu raison. Mais, si un accord objectif fut passé entre Bonaparte et Fouché dès cette première rencontre, aucun des deux hommes ne se découvrit. Jusqu'au moment où il fut sûr de la réussite du coup d'Etat, Fouché tint plusieurs fers au feu.

Quels alliés politiques pour Bonaparte ?

Après plusieurs jours de consultations, Bonaparte se rendit compte qu'il ne pourrait rien réaliser seul. Alors, que faire ? S'allier aux jacobins aurait été possible. Le club du Manège aurait fort bien pu le considérer comme un des siens, en se forçant un peu. En choisissant cette voie, Bonaparte savait qu'il ne serait qu'un pion, un chef provisoire qui serait éliminé dès la première occasion, tant il était constant que les jacobins ne savaient se donner durablement à un homme. Se tourner une fois encore vers Barras, c'était non seulement se joindre au parti des "pourris", mais surtout, c'était abandonner toute ambition politique de haute vue et se contenter d'entrer dans le cercle du pouvoir par la petite porte. Depuis son retour, Bonaparte avait pu constater à quel point son ancien protecteur était discrédité aux yeux de l'opinion et de ses collègues. Sa vénalité scandalisait. De son côté, si Barras avait des projets de prise du pouvoir, le rôle qu'il assignait à Bonaparte était celui d'un exécutant. Une fois l'affaire accomplie, le directeur le nommerait à la tête d'une armée... pour mieux l'éloigner. Bonaparte n'était pas décidé à entrer dans ce jeu. Il ne voulait pas discréditer sa conspiration en s'associant à un personnage aussi usé. C'est ce qu'à Sainte-Hélène, il confia à Bertrand : "Je pensais à marcher avec Barras plutôt qu'avec Sieyès, parce que je le connaissais le premier; que j'avais en lui une ancienne connaissance; que

[272] Fouché, *Mémoires*, p. 63.

j'étais fait à ses manières. Mais Barras se conduisit fort gauchement et ne jugea pas la position : il me proposa de m'envoyer commander en Italie (...). Cela me parut sans but et je renonçai à rien faire avec lui"[273]. Même si son ambition était immense, Bonaparte ne voulait pas simplement prendre le pouvoir. Il voulait vraiment, disait-il, réconcilier les Français, réformer l'Etat et conserver les principes de 89. Ce qu'il souhaitait, c'était ouvrir le champ de son pouvoir. Le coup d'Etat était un moyen, non une fin.

Restait Sieyès, dont la conspiration "prête à l'emploi" n'attendait plus qu'une épée. Celle de Bonaparte pourrait faire l'affaire. Mais il y avait un problème de taille : les deux hommes, s'ils se connaissaient à peine, ne pouvaient pas se sentir. Avec un projet constitutionnel mûri, des soutiens parlementaires et politiques solides, l'ex-abbé ne pouvait livrer un coup d'Etat "clé en main" au revenant d'Egypte. De son côté, Bonaparte ne voulait pas offrir sa popularité et son aura militaire à un homme qui, bien qu'opposant au régime, n'était pas moins l'un des cinq directeurs. Sans s'être vus, les deux hommes étaient rivaux. Ils ne pouvaient s'allier sans négociation.

L'entente Bonaparte-Sieyès était l'objet de toutes les supputations. L'ambassadeur de Prusse à Paris, Sandoz-Rollin écrivit à son gouvernement : "Le général Bonaparte a dit : "sachons corriger les vices de notre constitution et sachons jouir des fruits de nos travaux, j'y coopérerai de tout mon pouvoir". Corriger les vices de la constitution, on dit que cela a trait à un engagement arrêté entre le sieur Sieyès et lui"[274]. De son côté, Lacretelle écrivit : "Les patriotes n'avaient qu'une idée, qu'une passion, l'union de Sieyès et de Bonaparte"[275]. Même Sieyès était conscient que l'issue était proche. Il aurait déclaré à ses collègues de l'exécutif : "Le Directoire est foutu. Le fossoyeur qui va creuser sa tombe

[273] Bertrand, *Cahiers de Sainte-Hélène. 1818-1819*, p. 278.
[274] Cité par M. Poniatowski, *Talleyrand et le Directoire. 1796-1800*, p. 813.
[275] Cité par J.-D. Bredin, *Sieyès. La clé de la Révolution française*, p. 450.

est arrivé"[276]. Les deux hommes devaient s'entendre pour réussir. Encore fallait-il qu'ils se parlent et acceptent de consolider ensemble leurs projets. Ni l'un, ni l'autre n'avouait être prêt à le faire. Il fallait négocier, et négocier vite. Un querelle protocolaire –qui, en effet, devait faire le premier pas ?– empêcha, durant de longues journées, que le dernier acte commence. "Nous avons joué aux tabourets, comme de vieilles duchesses", plaisanta plus tard Bonaparte.

[276] Cité par M. Massie, *Le troisième consul Roger Ducos*, p. 319.

II

La fusion des conspirations

Le 22 octobre 1799, Bonaparte et son épouse se rendirent au Luxembourg, à l'invitation de Gohier, pour une réception offerte à quelques membres de l'Institut. Au salon, ils s'aperçurent que le président du Directoire avait également convié Sieyès qui était –comme Bonaparte– membre de la prestigieuse compagnie. Mais, pour le général, la surprise n'était pas bonne et sa femme s'en ouvrit à Gohier qui allait être fort embarrassé de son initiative puisque, pendant le repas, Bonaparte et Sieyès ne s'adressèrent pas la parole. Ce rendez-vous manqué ne valait pas mieux que la réception officielle organisée par le Directoire quelques jours plus tôt. L'initiative de Gohier n'était pas très adroite, si elle était destinée à forcer la main aux conspirateurs –ce qui est peu probable lorsqu'on connaît l'opposition que le président du Directoire allait manifester au moment du coup d'Etat. A la fin du repas, Sieyès se plaignit au président du Directoire : "Avez-vous remarqué la conduite de ce petit insolent envers le membre d'une autorité qui aurait dû le faire fusiller ?". Si Sieyès savait conspirer –ce qui ne fait aucun doute-, il devait bien se douter que son rapprochement avec Napoléon ne se ferait pas publiquement, au beau milieu d'agapes mondaines, en présence de nombreux convives. Peu importait, pour l'heure, à Bonaparte d'avoir froissé Sieyès : on peut même être sûr que son attitude distante était destinée à faire "monter la pression" sur le directeur. Le lendemain, il confia à Bourrienne : "J'ai affecté, à un dîner que j'ai fait hier, chez Gohier, de ne pas regarder Sieyès qui en était, et j'ai vu toute la rage que ce mépris lui causait (...). C'est un homme à système que je n'aime pas"[277].

S'il négligea Sieyès lors de la réception, le "vainqueur de l'Egypte" passa beaucoup de temps avec le général Moreau qu'il rencontrait pour la première fois. Les deux hommes échangèrent d'aimables compliments, sous l'oeil intéressé du président du Directoire. Le surlendemain, Roederer fit publier dans le *Journal de Paris* un entrefilet destiné à montrer à ses lecteurs que la toile militaire était tissée : "Depuis deux jours, tandis que le public parle de Bonaparte, Bonaparte parle de Moreau, de sa modestie, de son civisme". Le subterfuge fonctionna à merveille puisqu'une bonne partie de la presse parisienne emboîta le pas : on commença à écrire que les deux généraux étaient intimes et partageaient les mêmes convictions. Ceux qui auraient pu croire qu'on dresserait ces chefs prestigieux l'un contre l'autre en étaient pour leurs frais. Deux jours avant le coup d'Etat, Bonaparte offrit d'ailleurs à son "rival" un damas orné de diamant, pris en Egypte, d'une valeur de 10 000 francs. On le fit encore savoir à l'extérieur. La tactique du "vainqueur de l'Egypte" consistait à endormir ou à faire douter Moreau. Peu enclin à agir par lui-même, celui-ci ne pourrait, au pire, que se tenir en dehors de l'action et, au mieux, qu'accompagner le mouvement. Car Moreau et Bonaparte n'étaient pas devenus amis. L'avenir le prouva[278].

Contre toute attente, Bonaparte allait, dès le lendemain du dîner chez Gohier, faire le premier pas et commencer sa conquête de la conspiration. A ce moment, les deux projets de coup d'Etat apparaissaient inconciliables, en raison des caractères de leurs chefs de file. Et pourtant, malgré les apparences, la "fusion" était en marche. Talleyrand et Roe-

[277] Bourrienne, *Mémoires*, t. II, p. 28.
[278] Voir P. Savinel, *Moreau, rival républicain de Bonaparte*, pp. 73 et suivantes.

derer, amis de Sieyès et partisans de Bonaparte, avaient joué dans l'ombre un rôle important. Tout en assurant leur général de leur fidélité, ils l'avaient convaincu d'annexer Sieyès. Lucien Bonaparte avait aussi beaucoup parlé de l'ex-abbé à son frère. Il lui avait révélé les plans mis au point par le comité de conspirateurs qui l'entouraient et avait montré que la régénération à la Bonaparte était compatible avec celle prônée par le directeur. Lucien avait encore développé les projets constitutionnels de Sieyès : trois consuls pour un exécutif resserré, une politique de réconciliation nationale, un régime d'ordre. Cela plaisait bien à Napoléon. Il pouvait être l'homme de l'action et Sieyès celui des projets... en attendant mieux pour lui. La rencontre, de toute façon, était inévitable. Elle eut lieu le 23 octobre 1799[279].

Négociations secrètes

Au matin de ce mercredi, Bonaparte se rendit à l'Institut pour reprendre son fauteuil au milieu des idéologues. Il accepta d'être inscrit dans une commission, comme si de rien n'était. Ce faisant, il affichait un désir d'occuper un rôle "normal" dans la société. Pourquoi aurait-on dû s'inquiéter du comportement d'un homme dont le premier souci était de reprendre sa place dans les institutions du Directoire[280] ? Les plus naïfs purent se dire que le général hésitait et, en tout cas, n'avait pas programmé son affaire pour tout de suite. Quittant l'Institut, il se rendit au Luxembourg, eut un

[279] Vandal, Thiry, Ollivier, Garros et Tulard situent à cette date le premier pas de Bonaparte. Les journaux du temps les ont inspirés. D'autres auteurs pensent que cette rencontre importante eut lieu le 1er novembre, soit 8 jours seulement avant le coup d'Etat, ce qui semble impossible. Dans ce genre d'accord, le non-dit est souvent important. Dès le 23 octobre, on s'accorda, sans peut-être se le dire, pour faire la route ensemble. C'est alors que commencèrent les négociations, d'abord par personnes interposées puis, après le 1er novembre, d'homme à homme.

[280] Quelques jours plus tard, Bonaparte prononça devant ses pairs une conférence sur le projet de canal auquel il s'était intéressé en Egypte et que Ferdinand de Lesseps allait réaliser soixante ans plus tard.

entretien avec Gohier, puis Moulin et, enfin, Sieyès et Ducos. On aura noté que Barras fut exclu de cette tournée directoriale. Aux deux premiers, le général tint un langage franc sur ce qu'il pensait de la situation de la République. Au passage, il critiqua les projets "prussiens" de Sieyès. On ignore ce qu'il dit ensuite à Sieyès lui-même et à Ducos, mais tout laisse penser que, pour la première fois, le contact fut établi sur le coeur du problème. Bonaparte termina sa soirée au théâtre. Il était décidément redevenu un citoyen (presque) ordinaire.

Le lendemain, 24 octobre[281], ce furent Sieyès et Roger Ducos qui rendirent la politesse en rendant visite à Bonaparte dans son hôtel de la rue de la Victoire. Cette fois, on entra dans le vif du sujet : "On convint que la France n'était ni gouvernée ni administrée, que la situation de la République appelait un changement constitutionnel. Bonaparte vanta son pouvoir, mais déploya en même temps toutes ses ressources de séduction. Sieyès s'offrit à le seconder franchement, pourvu que le but poursuivi en commun fût seulement de sauver la patrie et de sauver la liberté"[282].

La fusion venait de se réaliser. Pourquoi Sieyès avait-il, en apparence, cédé la première place si rapidement ? La réponse peut être trouvée dans l'analyse des rapports de force. Bonaparte allait réussir à s'assurer le soutien de l'armée, du moins c'est ce que laissaient croire ses amis en répandant dans tout Paris la liste des chefs militaires qui étaient venus lui rendre visite. Et, c'est vrai, Moreau avait semblé rentrer dans le rang. Lefebvre était venu "au rapport". Berthier, Lannes et Murat, de retour d'Egypte dans les bagages de leur chef, avaient démultiplié l'opération de séduction. Par ailleurs, Bonaparte avait su nouer des liens publics avec des

[281] Nous avons ici retenu la chronologie de Jean Tulard (*Itinéraire de Napoléon*). Elle diffère d'une journée de celle de Vandal (*L'avènement de Bonaparte*) qui place la visite des directeurs le 3 brumaire an VIII, soit le 25 octobre 1799. Le *Moniteur* confirme que la visite des deux directeurs eut bien lieu le 24 octobre.

[282] Vandal, *L'avènement de Bonaparte*, t. I,p. 259.

hommes essentiels, tels que Fouché, Réal, Talleyrand, Roederer, qui lui assuraient un soutien politique de premier plan, sans parler de Barras qui, après tout, pouvait fort bien conclure une alliance avec son ancien protégé. Sieyès et Ducos pouvaient aussi nourrir des doutes sur le soutien à espérer de Moulin (un général !) et de Gohier (le soupirant de Mme Bonaparte). En ne s'alliant pas avec Bonaparte, Sieyès prenait le risque de voir le "vainqueur de l'Egypte" se tourner vers ses collègues et néanmoins... ennemis. Autre point marqué par le général, son frère Lucien, porté par l'émotion provoquée par le retour de Napoléon, venait d'être élu président du conseil des Cinq-Cents[283]. Bien que jacobin, turbulent et souvent en opposition avec son frère, Lucien ne pouvait apparaître que comme un allié de celui-ci. Enfin, le retour en force des jacobins n'avait pas été miraculeusement arrêté par l'arrivée de Bonaparte. Les journaux poursuivaient leur campagne contre les directeurs modérés, les accusant –à juste titre– de vouloir attenter à la constitution. Bonaparte pourrait encore s'appuyer sur eux et sur Bernadotte[284] pour mener un contre-coup d'Etat, si le besoin s'en faisait sentir.

En dépit de ces éléments défavorables, la position de Sieyès était une position de départ pour les négociations. Le directeur n'avait pas capitulé. Il avait appâté Bonaparte, l'avait fixé dans la conspiration modérée. Il fallait à présent examiner les détails. C'est à ce moment que Sieyès pourrait regagner le terrain cédé le premier jour. Il disposait de l'appui de Ducos et d'une bonne partie du conseil des Anciens. Il bénéficiait de sa réputation et, si l'on ose dire, de son "ancienneté" de conspirateur.

[283] La présidence du conseil des Cinq-Cents était renouvelée mensuellement. La présence de Lucien "dans le fauteuil" (c'est d'ailleurs "son" fauteuil qui sert encore aujourd'hui à l'Assemblée nationale) allait se révéler d'une très grande importance (P. Séguin, *240 dans un fauteuil*, p.p. 1044-1045).

[284] L'entrevue Bonaparte-Bernadotte du surlendemain, dont nous avons fait état plus haut, ne pouvait que confirmer les craintes de Sieyès.

Les négociations entre Sieyès et Bonaparte commencèrent sur ces bases incertaines. Pour les garder secrètes, elles furent confiées au duo Talleyrand-Roederer. Ce dernier a décrit la procédure dans ses *Oeuvres* : "Dans les douze ou quinze jours qui précédèrent le 18 brumaire, j'allais tous les soirs chez Bonaparte, et j'avais avec lui un entretien particulier. Bonaparte ne voulait rien faire sans Sieyès. Sieyès ne pouvait provoquer Bonaparte. Talleyrand et moi fûmes les deux intermédiaires qui négocièrent entre Sieyès et Bonaparte. Tous les yeux étaient ouverts sur l'un et l'autre. Nous nous étions interdit toute entrevue particulière et tout entretien secret. Talleyrand était l'intermédiaire qui concertait les démarches à faire et la conduite à tenir. Je fus chargé de négocier les conditions politiques d'un arrangement : je transmettais à l'un et à l'autre leurs vues respectives sur la constitution qui serait établie et sur la position que chacun y prendrait; en d'autres mots, la tactique de l'opération était l'objet de Talleyrand, le résultat était le mien. Talleyrand me mena deux fois le soir au Luxembourg, où Sieyès logeait comme directeur. Il me laissait dans sa voiture, et entrait chez Sieyès. Quand il était assuré que Sieyès n'avait ou n'attendait personne d'étranger (...), on m'avertissait dans la voiture où j'étais resté, et la conférence avait lieu entre Sieyès, Talleyrand et moi. Dans les derniers jours, j'allais ouvertement chez Sieyès, et même j'y dînai"[285]. Sur ces épisodes et sur son rôle dans les négociations, Talleyrand resta muet dans ses *Mémoires*. La part prise par les deux compères fut pourtant essentielle. "On les voyait, bras dessus, bras dessous, aller de maison en maison, nouer les fils des intelligences qui devaient comploter la fin du régime (...). Tout cela n'allait pas toujours sans ennui car Roederer se morfondait souvent pendant des heures au fond du fiacre –ni sans risque, car la police surveillait le manège du ci-devant ministre. Tout cela se passait la nuit, les activités de

[285] Roederer, *Oeuvres*, t. III, p. 296.

Talleyrand étaient des activités de chouette, oiseau de Minerve. Il se couchait à trois heures et se levait à midi"[286].

Lors d'une de ces nuits passées à comploter, Talleyrand, Roederer et Bonaparte s'étaient réunis chez l'ancien ministre des Relations extérieures. Vers une heure du matin, on entendit au dehors un grand bruit de voitures et le pas de nombreux chevaux. Chacun pensa qu'on venait les arrêter. On souffla les bougies, on se posta derrière les volets. On put enfin respirer : le vacarme était dû à un accident de voiture qui avait nécessité l'intervention de la gendarmerie. "Nous rîmes beaucoup, le général et moi, raconta Talleyrand, de notre panique qui n'était toutefois que bien naturelle, quand on connaissait, comme nous, les dispositions du Directoire et les extrémités auxquelles il était capable de se porter"[287].

Que faire de Barras ?

Il était indispensable de sonder et de surveiller les autres directeurs, singulièrement Barras qu'il faudrait rallier ou neutraliser le jour venu. Sieyès ne voulait pas le prendre pour complice : il était trop lié à l'histoire du régime et trop unanimement détesté. Bonaparte n'avait pas encore d'idée arrêtée sur le rôle que pourrait tenir son ancien protecteur.

Pour surveiller Gohier et Moulin, on utilisa Roger Ducos. "Ce rôle de mouchard, plutôt déplaisant, cadre assez bien avec l'idée que l'on se (faisait) du personnage dont il n'y (avait) pas lieu de se méfier", écrit Michel Massie[288]. Il n'empêche que cet homme aurait pu tout faire capoter s'il avait eu une ambition personnelle et si, par exemple, il s'était allié à deux de ses collègues –et pourquoi pas Barras– pour faire contrepoids. Il n'en eut jamais l'intention, s'étant lié à Sieyès et pensant sincèrement que Bonaparte n'aspirait à

[286] J. Orieux, *Talleyrand*, p. 361.
[287] Talleyrand, *Mémoires*, t. I, p. 272.
[288] *Le troisième consul, Roger Ducos*, p. 320.

aucune tyrannie, mais à la régénération de la République. Il pensait que l'opération serait une sorte de Fructidor où, après épuration et réforme constitutionnelle, la vie reprendrait son cours, à l'abri d'un régime représentatif protecteur des droits et libertés issu de la Révolution de 1789. En présence de Sieyès, "Ducos se prononça dès cet instant une fois pour toutes, confia Napoléon à Las Cases. Le général seul pouvait les sauver, disait-il; et dès lors il se déclarait désormais de son avis en toutes choses. Sieyès s'en mordit les lèvres; mais il dut en faire autant"[289]. Dès les premières tractations, Roger Ducos fut assuré qu'il jouerait un rôle de premier plan dans le nouvel exécutif. Il n'avait donc rien à craindre pour son avenir... à condition que le coup d'Etat réussisse. Le personnage n'était pas aussi pâle qu'on l'a écrit, pour avoir pris, si tôt, un risque aussi grand.

Sieyès et Bonaparte s'employèrent à endormir Barras en lui faisant miroiter un avenir possible après la prise du pouvoir. Le général le fréquentait autant qu'il pouvait, profitant de ses passages au Luxembourg pour le saluer et parler avec lui, l'invitant aussi à passer le voir rue de la Victoire. Sa résolution de se passer de Barras ne fut prise que dans les jours qui précédèrent le coup d'Etat. Soit par fidélité, soit parce qu'il pensait que le directeur avait encore de la puissance, il le ménagea. Fouché et Réal l'y poussaient. Mais Barras, qui, dans sa vie, avait exécuté tant de coups d'Etat, jouait les coquettes, prétendant qu'on n'obtiendrait rien de lui s'il n'en était pas appelé au peuple. En réalité, il savait à peu près tout de la situation, sauf la place qu'on lui avait réservée[290]. Lors d'une rencontre avec Bonaparte au Luxembourg, le directeur joua "la comédie de l'abnégation". Selon lui, il ne fallait pas toucher à la constitution de l'an III, mais

[289] *Mémorial de Sainte-Hélène*, t. II, p. 5.

[290] Bien implanté dans les milieux de la capitale, Barras était tenu informé par des hommes qui avaient été contactés par les conspirateurs. Les généraux Macdonald et Beurnonville en firent partie, par l'intermédiaire d'Ouvrard, dans les jours précédant le coup d'Etat (*Mémoires de J.-G. Ouvrard*, 1826, t. I, p. 42).

simplement modifier la composition du Directoire. Il proposa à Bonaparte d'y entrer et même d'en prendre la tête. Il y mit néanmoins une condition : le général devait se cantonner dans le rôle que lui fixaient la constitution et ses collègues. Son élection devrait être régulière, sans en appeler aux militaires[291]. Sans conteste, le "vainqueur de Thermidor" jouait ses dernières cartes, tentait de faire vibrer la corde –distendue– de l'amitié entre lui et Bonaparte et faisait monter le prix de son adhésion à la conspiration.

Selon la relation officielle tirée des écrits de Sainte-Hélène[292], le sort de Barras fut scellé, dans l'esprit de Bonaparte, lors d'un dîner au Luxembourg, le 30 octobre 1799. On parla encore de coup d'Etat. Barras céda du terrain et convint qu'il fallait faire quelque chose pour sauver la République, y compris sans respecter les formes constitutionnelles. Il proposa de faire appel au général Hédouville, à la réputation de pacificateur, pour mettre le régime à la raison, promettant à Bonaparte de lui faire donner ensuite le commandement de l'armée. "Ton lot, c'est le militaire", lui déclara-t-il. Le directeur pensait-il vraiment qu'Hédouville pourrait jouer un rôle ou était-ce une provocation pour tester Bonaparte ? La seconde hypothèse nous paraît plus plausible. "Barras ne disait pas sa pensée, dit plus tard Napoléon. Sa contenance trahissait son secret. Cette conversation fut décisive". L'effet de la sortie du directeur fut inverse à celui recherché. A compter de ce moment, il fut exclu des plans de Bonaparte et de Sieyès –qui ne demandait pas mieux. Son élimination de la scène politique était inscrite au programme du coup d'Etat.

Bonaparte pouvait, à ce moment, d'autant mieux envisager de se passer de Barras que, la veille, une sorte de "séminaire" avait réuni des conspirateurs auxquels s'était joint Bernadotte. Le vainqueur de l'Egypte en avait conclu –

[291] E. Le Nabour, *Barras*, p. 270.
[292] Gourgaud, *Journal de Sainte-Hélène*, 1899, t. I, p. 469, et *Correspondance*, t. XXX, pp. 300 et suivantes.

un peu vite– que les jacobins de l'armée ne lui causeraient guère de difficultés. C'est à Mortefontaine, chez Joseph, que la réunion avait eu lieu, le 29 octobre 1799. Déjà actif dans la tentative de rapprochement entre Napoléon, Moreau et Bernadotte, l'aîné des Bonaparte avait organisé un dîner réunissant son frère Lucien, Talleyrand, Roederer, Regnaud de Saint-Jean d'Angély et quelques autres. Napoléon s'y était rendu avec Joséphine. Au passage, il avait pris le couple Bernadotte dans sa voiture[293].

L'objet de ce déplacement n'était pas que mondain. Pendant un jour et demi, les discussions allèrent bon train. Bonaparte et Bernadotte se promenèrent ensemble un long moment. Selon les témoins, les relations entre les deux hommes restèrent orageuses et le conspirateur en chef ne parvint pas à convaincre l'ancien ministre de la Guerre de le rejoindre. Au contraire, dès son retour à Paris, Bernadotte allait participer à une réunion de députés jacobins. Jourdan y proposa d'apporter à Bonaparte le concours de cette faction –qui contrôlait une bonne partie du conseil des Cinq-Cents. Ce faisant, la gauche parviendrait à diviser le parti modéré et à éliminer Sieyès. Augereau prit la parole pour s'opposer à une telle idée : selon lui, Bonaparte avait déserté en quittant l'Egypte et ne méritait qu'une sévère condamnation ou, pour le moins, des "coups de pied au cul" (sic). On en resta là, pour le moment. Pour la conspiration, les jacobins resteraient donc des ennemis.

Au matin du 30 octobre, pour se détendre avant de regagner Paris où il devait avoir avec Barras sa conversation décisive, Bonaparte entraîna Regnaud dans une promenade à cheval".En revenant le long des étangs, sa monture butte sur un rocher, désarçonné, il fait une mauvaise chute qui le laisse durant un long moment inconscient mais sans bles-

[293] Une échappée romanesque dans notre récit nous conduit à nous demander ce que purent se dire, dans la promiscuité de cette voiture, Désirée, le grand amour de jeunesse de Napoléon, qui le revoyait pour la première fois depuis leur rupture, et Mme Bonaparte. Le trajet entre Paris et Mortefontaine durait quatre heures.

sure"[294]. Après Joubert, la conspiration avait manqué de peu de perdre une deuxième épée.

Le piège se referme sur le Directoire... et sur Sieyès

Pendant que Sieyès et Bonaparte fusionnaient leurs ambitions, le Directoire ne restait pas inactif, même si Sieyès et Ducos faisaient tout ce qui était possible pour le paralyser. On continuait à chercher un point de chute à Bonaparte. Les journaux écrivirent qu'il "reverrait bientôt l'Italie", que l'armée allait être confiée à un commandement unique et bicéphale, avec Moreau et Bonaparte. On continuait à murmurer que Bonaparte allait accepter d'entrer au Directoire. Mais Moulin, Gohier et Barras savaient que rien de tout cela ne serait possible. Leur unique espoir résidait dans une rupture entre Sieyès et Bonaparte. En manoeuvrant bien, ils pourraient profiter du désir de l'ex-abbé de ne pas trop perdre dans la fusion des conspirations. Le calcul des directeurs n'était pas stupide. Loin d'être un godillot, Sieyès tentait de résister à l'ascendant de Bonaparte. On peut même dire qu'il se battit, à l'intérieur du complot, jusqu'à la dernière limite. Toute pression extérieure sur Bonaparte pouvait le servir. C'est pourquoi il avait participé à la grande scène que les directeurs imposèrent au général.

Le 28 octobre 1799, en effet, Bonaparte avait été convoqué par l'exécutif. L'objet de la discussion était son avenir. Il fallait, selon les directeurs, qu'il reprenne du service aux armées. Sieyès qui, en l'espèce, devait jouer avec finesse, avait tenté de calmer ses collègues qui étaient prêts à l'affrontement. A l'arrivée du général, les directeurs n'avaient pas le temps de parler : Bonaparte les avait attaqués. Prenant un air outragé, le "vainqueur de l'Egypte" avait parlé de soupçons qu'on lui avait rapportés : Barras l'avait récemment

[294] G. Mazel, "Joseph Bonaparte et Mortefontaine", *Revue de l'Institut Napoléon*, 1994-IV, p. 26.

accusé d'avoir amassé une grande fortune en Italie. Cette offense, avait-il dit, justifiait sa colère. Elle lui avait surtout permis de changer de sujet afin d'empêcher que celui de sa nomination à l'armée soit traité au fond. L'air courroucé, il avait lancé aux directeurs surpris de devoir se défendre alors qu'ils avaient prévu d'attaquer : "On a avancé ici que j'avais bien fait mes affaires en Italie pour n'avoir pas besoin d'y retourner. C'est un propos indigne, auquel ma conduite militaire n'a jamais donné lieu. Au reste, s'il était vrai que j'eusse fait de si bonnes affaires en Italie, ce ne serait pas aux dépens de la République que j'aurais fait ma fortune". L'allusion visait Barras qui n'avait pas sourcillé. Gohier avait tenté de venir au secours de son collègue, faisant remarquer que tout ce qu'un général en chef confisquait était, en fait, confisqué à la République. Il avait conclu le débat en affirmant que, de toute façon, le Directoire était convaincu de la probité de celui qui avait vaincu à Rivoli. Ce faisant, il avait pu effleurer –mais effleurer seulement– le sujet prévu : un général tel que Bonaparte ne devait pas se morfondre à Paris, tandis que les armées de la République souffraient sur les théâtres extérieurs. L'audience avait été interrompue lorsque Bonaparte, sans refuser formellement de prendre un commandement, avait avancé que sa santé, affectée par le long séjour en Egypte, était encore fragile et qu'il avait besoin de repos.

Bonaparte gagnait du temps, mais le désir de l'éloigner n'était pas éteint. Il devenait urgent de mettre au point, puis en oeuvre, un plan définitif. La fusion des conspirations devait prendre forme dans un projet concret. La lutte Bonaparte-Sieyès n'était pas aussi déséquilibrée qu'il y parut plus tard, lorsque les historiens analysèrent les conditions du coup d'Etat de Brumaire. On entra –enfin– dans la phase finale des négociations, et, cette fois, sans l'intermédiaire de Talleyrand et Roederer.

Le 1er novembre –soit une grosse semaine avant le coup d'Etat-, Bonaparte et Sieyès se retrouvèrent chez Lucien. Le matin même, Barras était venu, rue de la Victoire, faire des offres de service, s'excusant presque de son idée d'en appeler à Hédouville : on l'avait mal compris. Si quelque projet se méditait, on pourrait compter sur lui. Le "vainqueur de l'Egypte" n'avait pas répondu. Son choix était désormais arrêté : il marcherait avec Sieyès et contre Barras, s'il le fallait. Gohier analysa en ces termes l'état d'esprit de Bonaparte : "Bonaparte méprise Sieyès, c'est en le renversant qu'il (voudra) se placer à la tête du gouvernement français; mais si ce prêtre se trouve le seul qui puisse l'y porter, l'essentiel pour lui étant de parvenir au but qu'il se propose, il est prêt à s'associer à Sieyès"[295].

Dès son arrivée chez Lucien, et selon sa tactique habituelle, Bonaparte engagea la conversation. Il demanda à Sieyès –non sans l'avoir flatté en affirmant qu'il était le seul à pouvoir faire une constitution pour la France– si "ses dispositions étaient arrêtées"[296]. Le directeur répondit que sa réforme constitutionnelle était au point, ce qui n'était pas vrai. Bonaparte avait un coup d'avance. Il savait tout grâce aux confidences de Lucien et il choisit de contrer : "Je connais tout cela par ce que m'a dit mon frère; mais vous ne pensez pas sans doute présenter à la France une nouvelle constitution toute faite sans qu'elle ait été discutée posément et article par article". Connaissant la virtuosité de Sieyès dans les questions constitutionnelles et ne souhaitant pas engager de débat avec lui sur le sujet, Bonaparte n'alla pas plus loin. Mais ce qui était dit était dit : l'ex-abbé n'aurait pas les mains libres pour réformer les institutions; on avait des questions à lui poser, des idées à débattre, y compris dans un domaine où il passait pour un oracle. Le général mit fin à cet aspect de la conversation : "Ce n'est pas l'affaire

[295] Gohier, *Mémoires*, t. I, p. 213.

[296] Cette scène fameuse, évoquée par tous les historiens du 18-Brumaire, a été reprise des *Mémoires* de Lucien Bonaparte. Il convient donc d'être prudent car, comme tous les acteurs de l'histoire, Lucien profite de ses mémoires pour privilégier son point de vue et embellir son rôle.

du moment et nous n'avons pas de temps à perdre". Il préférait se concentrer sur le coup d'Etat et la façon de procéder pour s'emparer du pouvoir. Il serait toujours temps, une fois la tâche accomplie, de se préoccuper des nouvelles institutions qui, dans son idée, devraient être soumises à l'approbation populaire. Un gouvernement provisoire –composé de 3 consuls, selon le voeu de Sieyès– devait assurer la transition. Il était prêt à en faire partie, avec Sieyès et Roger Ducos. Le plan de Sieyès, dont certaines dispositions étaient déjà approuvées par Bonaparte, n'en était pas moins remis en cause pour ce qui concernait l'après-coup d'Etat. Le directeur voulait une révision accélérée de la constitution de l'an III. Pour respecter les formes, les conseils devaient voter une révision de la procédure de révision lui permettant d'imposer, dans la foulée, sa constitution idéale et –forcément– géométrique. Napoléon, avec ses idées d'appel au peuple et de discussion article par article, lui refusait *a priori* la réalisation du rêve de sa vie. Mais Sieyès avait-il le choix ? Techniquement, il fallait bien faire un coup d'Etat. Et sur ce point, c'est le général qui détenait les meilleures cartes. Quant à sa participation au pouvoir, elle n'était pas prévue dans le plan de Sieyès. A présent, Bonaparte exigeait de faire partie du Consulat. Il rassura Sieyès en laissant entendre qu'une fois les institutions définitives mises en place, il se réservait le droit d'opter pour le commandement d'une armée et de quitter, ainsi, le gouvernement.

Sieyès fut ébranlé par la fermeture du piège sur lui. Il tenta de résister. Mais Bonaparte avait un argument imparable : défenseur de la République, il exigeait qu'une commission se penche sur la nouvelle constitution et que le peuple soit appelé à se prononcer. Il pouvait jouer le républicain et le démocrate à moindre frais. Sans commission de constitution et sans référendum, lui, Bonaparte, refusait de participer à quoi que ce soit. Il prit congé et fixa l'heure de la décision définitive de Sieyès –à prendre ou à laisser– au surlendemain. Dans ses *Mémoires*, Lucien raconta l'abattement du directeur après le départ de son frère. A l'en croire, Sieyès s'imaginait, avant l'entrevue, que le général se serait contenté de jouer l'auxiliaire militaire pour obtenir des Anciens une décision favorable à la réforme, maîtriser les débordements des Cinq-Cents et réprimer d'éventuelles émeutes... un Fructidor pour modérés, en quelque sorte.

En dehors de toute considération tactique interne à la conspiration, la position de Bonaparte était sage, sur le plan politique. Une réforme du régime, même profonde, issue d'une violation de la constitution, n'assurait pas l'avenir si la légitimité populaire ne venait pas couronner le travail des constituants. Le Directoire avait tant souffert des coups d'Etat parlementaires ou directoriaux qu'il fallait afficher que celui-ci serait le dernier, ouvrant une ère nouvelle. Le meilleur signal était d'annoncer que le peuple trancherait et donnerait un nouveau départ à la République. Quant au texte de Sieyès, il pourrait servir de base de travail à une commission chargée de faire une proposition à la nation. Bonaparte voulait du collégial, nouveau signe d'attachement aux procédures révolutionnaires et manière détournée de maîtriser Sieyès. A l'extérieur de la conspiration, le général voulait apparaître comme le continuateur de l'oeuvre engagée en 1789. En cela, il rassurerait la gauche et les modérés. Par la présence de Sieyès, il entraînait le centre. Par l'élimination du danger jacobin, toujours vivace par les clubs et la majorité des Cinq-Cents, il plaçait les contre-révolutionnaires dans une position d'attente. Avant de bouger, ils auraient à coeur de vérifier si ce Bonaparte n'était pas, en réalité, un Monck français et si le Bourbons, comme jadis les Stuart, pouvaient espérer en ce général décidé à prendre le pouvoir.

III

L'argent du coup d'Etat.

Pour réussir un coup d'Etat, les circonstances et les rapports de force doivent être favorables. Il faut des meneurs, des complices bien placés, des gêneurs qui acceptent de ne pas bouger, des rivaux qu'il faut convaincre de rester en dehors de l'affaire. Il faut aussi de l'argent. Pour attirer dans la conspiration ceux qu'on ne meut pas par les bons sentiments et la philosophie politique, on doit acheter les uns, rémunérer les autres, récompenser les plus méritants. Il faut encore de l'argent pour la logistique, les proclamations que l'on imprime (alors, on paie cher pour que l'imprimeur garde le silence), les armes dont on peut avoir besoin (et les armes utiles dans ces circonstances s'achètent rarement chez l'armurier du quartier), les courriers que l'on dépêche (dont la discrétion sera proportionnelle à la somme perçue), etc. Cet argent doit être emprunté en grande partie, car il est rare que les conspirateurs disposent d'un trésor personnel suffisant, si tant est qu'ils acceptent de le miser. Et puis, l'emprunt crée des liens avec le pouvoir économique et financier qui, une fois engagé par ses deniers, ne peut plus faire marche arrière. Mais comme un coup d'Etat n'est pas un placement sûr, les financiers ne montent dans la barque que si ses chances d'arriver à bon port sont bien établies. On doit donc disposer d'un trésor de guerre avant le coup d'Etat (pour les frais) et après la prise de pouvoir (pour les remboursements), sauf à confondre, dans ce second cas, les finances publiques avec sa cassette personnelle.

Bonaparte et Sieyès durent surmonter cette sorte de difficultés. Si le succès de l'opération et la carrière de Napoléon l'ont parfois fait oublier, ces détails triviaux mais essentiels furent une préoccupation première des conspirateurs. Savoir qui finança le coup d'Etat de Brumaire est une question qui a toujours remporté un vif succès. Chacun a cherché, découvert une partie de la vérité, sans que la synthèse des découvertes et des suppositions sérieuses permette de faire mieux que d'approcher la vérité. Les hommes de Brumaire ne tinrent pas de livres de comptes. On ne saura jamais ce que coûta l'opération, ni où fut trouvé l'argent et encore moins qui en toucha. On peut néanmoins brosser un tableau approchant des dessous financiers de l'opération.

La fortune des Bonaparte

Première certitude relative, Bonaparte et Sieyès durent puiser dans leur cassette personnelle. Celle de Sieyès est mal connue. Jean-Denis Bredin pense qu'il ne devint riche que sous le Consulat[297]. Pour obtenir qu'il se tienne tranquille, on le dota de façon conséquente et on lui offrit des propriétés confisquées à des émigrés. Par contre, les études sur ce que possédait Bonaparte au moment de Brumaire ont été nombreuses.

En 1793, lorsque la famille Bonaparte fut chassée de Corse par les partisans de Pascal Paoli, elle partit sans rien, ou presque. Quant à Napoléon, il ne touchait que sa solde. Au retour de la campagne d'Italie, soit quatre ans plus tard, tous avaient fait fortune. Laetizia, la mère, avait suffisamment d'argent pour réhabiliter la maison familiale d'Ajaccio, la remeubler, entretenir ses autres propriétés corses et se lancer dans ce qui devint l'occupation de toute une vie : les

[297] J.-D. Bredin, *Sieyès. La clé de la Révolution française*, pp. 488-489.

placements. Pauline Bonaparte et son mari, le général Leclerc, achetèrent un hôtel particulier rue de la Victoire, non loin de celui qu'avait acheté Napoléon. Joseph Bonaparte (qui recevait régulièrement des fonds de son frère pendant la campagne d'Italie, équivalent, pour chaque versement, à plusieurs années de solde d'un général) avait le goût du luxe, pour ne pas dire la folie des grandeurs. Il acheta, dans Paris, un hôtel particulier conçu jadis par Gabriel et, plus tard, le domaine de Mortefontaine. Lucien Bonaparte, moins bien pourvu, mais nullement dans le besoin, parvint à racheter aux Leclerc une belle propriété. Enfin, pendant que son mari était en Egypte, Joséphine acheta le domaine de Malmaison. Le 21 avril 1799, un contrat d'achat fut signé devant notaire : 225 000 francs plus 37 516 francs pour le mobilier. Elle emprunta pour réaliser cette folie, mais il fallut que son mari rembourse les avances consenties. Selon Fouché, Bonaparte lui aurait envoyé au moins 80 000 francs pendant la première partie de la campagne. Joséphine –qui n'avait aucun revenu propre– dépensait sans compter (elle avait, dit-on, plus d'un million de dettes au retour de son époux), organisait des fêtes, ne se refusait aucun achat. Elle se tournait souvent vers le financier Lecouteulx qui lui avançait sans sourciller de belles sommes –dont 200 000 francs pour l'achat de la Malmaison-, persuadé qu'il était d'être remboursé par l'époux, le moment venu. Quelques jours après le coup d'Etat, Napoléon remboursa près de 2 millions aux fournisseurs de sa femme.

Bonaparte a fait de "bonnes affaires" en Italie. Sur 120 millions prélevés sur le pays durant la campagne de 1796-1797, la moitié seulement fut envoyée à Paris. L'autre moitié servit officiellement à la solde des troupes. Mais, note Bernard Simiot, "lorsqu'un proconsul, détenant des pouvoirs dictatoriaux, manipule des fonds considérables, il est bien rare que quelques parcelles d'or ne lui restent pas collées au bout des doigts. La morale qui fait un devoir aux commis de l'Etat de refuser un profit quelconque et une récompense en argent, est une morale très moderne"[298]. Cet auteur a raison : gardons-nous toujours d'interpréter l'histoire avec les valeurs et préoccupations d'autres époques. Il ne fait guère de doutes que des fonds italiens –les "ressources occultes" chères à Mathiez-, qui étaient pour une bonne part prélevées hors de tout contrôle et avec une comptabilité réduite, restèrent collés aux doigts du général en chef.

Autre source de richesse pour les Bonaparte, Lucien et Joseph –à la grande colère de Napoléon qui jugeait leurs procédés indignes et dangereux– avaient spéculé sur la course maritime et la perte (volontaire ou non) de bateaux de commerce (de nos jours cette pratique s'apparenterait à une escroquerie aux assurances). "Que les Bonaparte fissent alors de la course, comme plusieurs autres familles corses, un profit organisé, cela ne paraît souffrir aucun doute. Leurs opérations maritimes ont commencé en 1794, grâce, sans doute, à la première mise de fonds que le mariage (de Joseph avec Julie) Clary permit d'y consacrer. C'est d'ailleurs Joseph qui les dirige, avec le concours de (l'oncle) Fesch, qui se rend fréquemment en Italie pour les surveiller. Il a un compte à Gênes, chez le banquier Duranti; il en a un également à Livourne et un autre à Naples. Lucien, partie à l'affaire (...), obtiendra à diverses reprises, étant aux Cinq-Cents, des lettres de marque pour les vaisseaux que le syndicat familial fait armer en course. Madame Laetizia touche ses parts de bénéfice et s'y montre même fort attentive"[299].

Ainsi, l'ensemble de la famille Bonaparte avait plus que "quelques" biens et fonds, fortune bâtie en grande partie grâce aux saisies et retenues de Napoléon lors de ses campagnes. Mais les possessions des Bonaparte étaient placées dans l'immobilier et la terre. Seules leurs liquidités pouvaient être engagées rapidement dans l'affaire du coup d'Etat. Elles ne devaient représenter qu'une petite partie des sommes néces-

[298] *De quoi vivait Bonaparte ?*, 1992, p. 119.

[299] Cité, à partir de lettres d'un associé des Bonaparte, par G. Martineau, *Lucien Bonaparte*, p. 47.

saires qui se chiffrèrent en millions. Quoiqu'il en fut, l'affirmation de Roederer selon laquelle, en revenant d'Egypte, Bonaparte "n'avait pas 100 louis devant lui" est un pieux mensonge.

Beaucoup d'historiens pensent qu'en quittant l'armée d'Egypte, Napoléon emporta une somme rondelette, fruit des "impôts" prélevés dans le pays. Le chiffre de 2 millions a même été avancé. A Sainte-Hélène, Napoléon aborda le sujet avec Las Cases. Le soupçon était né d'un rapport de l'intendant général des finances de l'armée d'Egypte, Poussielgue, dans lequel il rendait compte au Directoire de la "désertion" du général en chef et le prévenait de ce que l'intéressé avait emporté avec lui la somme sus-dite. Pour le malheur de Poussielgue, lorsque son texte était arrivé à Paris, il n'y avait plus de Directoire, mais un Consulat avec Bonaparte à sa tête. C'est donc l'accusé qui avait examiné les griefs de l'intendant. Las Cases écrit : "A cette lecture, disait l'Empereur, j'éprouvai un vrai dégoût des hommes : ce fut le premier découragement moral que j'ai senti et, s'il n'a pas été le seul, du moins il a été peut-être le plus vif"[300]. On fera ici plusieurs remarques. La première consiste à noter, à l'appui de l'accusation de Poussielgue, que l'intendant général avait été, jusqu'alors, un fidèle de Bonaparte. Ce dernier l'avait nommé à l'Institut d'Egypte et lui confiait des missions de confiance. Sa dénonciation, si elle était fondée, tenait de la déception et de la révolte individuelle contre un chef qui laissait derrière lui une armée en situation difficile et sans moyens pour y faire face. A l'inverse, tous les historiens de la campagne d'Egypte, citant d'ailleurs les rapports de Poussielgue lui-même, notent que les finances de l'armée n'étaient pas en bon état, notamment parce que la levée des impôts avait un faible rendement. Les employés coptes chargés de cette besogne étaient fraudeurs et incapables. Pour détourner cette somme de 2 millions, il eut d'abord

[300] *Mémorial de Sainte-Hélène*, t. I, p. 155.

fallu qu'elle ait existé, ce qui n'est pas sûr lorsqu'on examine les livres de comptes. Enfin, le "trésor" de l'armée, c'est-à-dire les fonds emportés de France en Egypte, en mai 1798, aurait, selon la version habituelle et officielle, sombré avec le vaisseau *L'Orient*, lors du combat naval d'Aboukir[301].

Le soutien de la finance

Avec ou sans les fonds ramenés d'Egypte, Bonaparte et Sieyès avaient besoin de plus d'argent encore. On se tourna vers les richissimes fournisseurs des armées, les financiers et les banquiers. Les conspirateurs y rencontrèrent un bon écho. Leur action visait à faire rentrer les jacobins dans le rang. Or, ces derniers étaient interventionistes sur le plan économique. Le 6 août 1799, un emprunt forcé à taux progressif –qui frappait donc plus fortement les riches– d'une valeur de 100 millions avait été voté. En échange d'une abrogation de cette disposition, il est certain que les banquiers, les fournisseurs et les industriels étaient prêts à mettre "la main à la poche". L'emprunt forcé fut effectivement abandonné une semaine après le coup d'Etat. Le monde des nantis –duquel Sieyès avait toujours été proche– ne pouvait voir que d'un bon oeil l'avènement d'une équipe disposée à affermir les principes libéraux de 1789, à commencer par la vente des biens nationaux et la liberté du commerce et de l'industrie.

Dans les semaines qui précédèrent le coup d'Etat, les fournisseurs des armées avaient des raisons supplémentaires de s'inquiéter. Le scandale que constituaient certains de leurs contrats avaient à tel point indisposé la population que les politiques, poussés par des dénonciateurs jacobins, commençaient à remettre en cause leurs privilèges. Les Cinq-Cents avaient voté une proposition de loi visant à suspendre

[301] On peut se demander ce que faisait ce trésor sur un bateau en état d'alerte, compte tenu de la menace permanente de l'escadre anglaise, et à plusieurs centaines de kilomètres de l'état-major et de l'intendant général.

les "délégations", priorité donnée au règlement des factures des fournisseurs par les Finances publiques. Le texte se trouvait à présent sur le bureau du conseil des Anciens qui devait bientôt se prononcer. L'initiateur du projet, le jacobin Delbrel, devait écrire plus tard : "J'ai bien lieu de croire que ces compagnies furent des auxiliaires fort utiles de la révolution projetée. Sans doute, elles ne prêtèrent leur concours qu'à la condition que la résolution par moi provoquée et adoptée par le conseil des Cinq-Cents serait rejeté par celui des Anciens"[302]. Delbrel ne s'est pas trompé. Le 19 brumaire, au coeur du coup d'Etat –et alors qu'on pourrait croire que la chambre haute avait des soucis plus urgents-, le conseil des Anciens rejeta la proposition des Cinq-Cents. Le rapporteur du texte, Lebrun, avait même changé d'avis : une semaine plus tôt, il était favorable à l'adoption. Ce jour-là, il proposa de ne pas revenir sur les délégations des fournisseurs, si nécessaires alors que le pays était encore en guerre et que la levée en masse du printemps précédent imposait que l'on équipe et nourrisse des dizaines de milliers de nouvelles recrues. Cet épisode permit au député Cailly un beau moment d'hypocrisie parlementaire : "Rien n'est plus digne des législateurs d'un grand peuple que de s'occuper des intérêts privés des citoyens au milieu des plus grands dangers".

Collot, ancien fournisseur de viande de l'armée d'Italie, offrit à la conspiration, selon les sources, entre 500 000 et deux millions de francs. De lui, le général Clarke, envoyé par le Directoire en Italie pour surveiller Bonaparte avant de devenir un de ses fidèles, avait écrit, deux ans plus tôt : "On murmure à l'armée d'Italie que le général a des prête-noms dans les fournitures, que Collot, l'entrepreneur des vivres-viandes est son homme"[303]. Or, alors que le coup d'Etat se préparait, le fournisseur était en délicatesse avec l'Etat, pour

[302] Cité par A. Vandal, *L'avènement de Bonaparte*, t. I, p. 283.

[303] Cité par A. Ollivier, *Le Dix-huit brumaire*, p. 154. C'est Bourrienne, secrétaire de Bonaparte, qui avance la somme de 500 000 francs. La somme de deux millions est avancée par Fouché. Selon lui, cette somme "fit voguer l'entreprise".

cause de retard d'impôt. Il connaissait Bonaparte, fréquentait Talleyrand et Roederer. Il ne fait aucun doute qu'il apporta une aide financière à la conspiration, à l'exécution de laquelle, d'ailleurs, il participa en personne. Quant à l'autre fournisseur-vedette de la période, Ouvrard, son comportement avant et pendant les événements de Brumaire nous laisse penser que, s'il ne fut pas spontanément l'un des bailleurs de l'affaire, il finit par être contraint de s'y rallier.

Proche de Barras, Ouvrard rencontra Bonaparte chez le directeur, le 16 brumaire an VIII (7 novembre 1799), deux jours avant le début du coup d'Etat. Pour faire diversion et ne pas éveiller l'attention de Barras, le général entretint le grand fournisseur de ses plans d'invasion de l'Angleterre. Il en vint presqu'à lui promettre qu'il serait chargé d'équiper les troupes nécessaires à ce projet de "porter la révolution dans Londres". On en resta là. Mais Ouvrard était un homme malin et il avait compris le manège de Bonaparte. Il fut néanmoins pris de vitesse par les événements. Lorsque, au matin du 18 brumaire, il aperçut de sa fenêtre une cavalcade emmenée par le "vainqueur de l'Egypte" qui se dirigeait vers les Tuileries, lieu de réunion du conseil des Anciens, il comprit que, pour lui aussi, le moment de franchir le Rubicon était venu. De sa plus belle plume, il écrivit sur le champ à l'amiral Bruix : "Citoyen amiral, le passage du général Bonaparte se rendant au conseil des Anciens, quelques mouvements de troupes, me font pressentir qu'il se prépare du changement dans les affaires politiques. Cette circonstance peut nécessiter des besoins de fonds. Je vous prie, mon cher Amiral, d'être mon interprète de l'offre que je fais d'en fournir de suite. J'ai pensé que celui qui est chargé du service le plus important dans la partie que vous commandez pouvait, sans indiscrétion, vous faire pareille offre et que vous n'y verriez qu'une preuve de son dévouement pour la chose publique, au succès de laquelle il cherchera toujours à coopérer"[304]. Assurément, les millions d'Ouvrard ne contribuèrent pas au coup d'Etat, puisqu'il proposa de l'argent alors que l'affaire commençait. On relèvera encore que sa lettre était suffisamment vague pour qu'elle n'ait pas pu se retourner contre lui en cas d'échec de Bonaparte. Mais si Ouvrard ne finança pas Brumaire, Bonaparte n'oublia pas ses grandes possibilités financières et lui rappela bien vite ses élans de générosité du 18 brumaire, pour qu'il participe, avec ses collègues, au renflouement des caisses de l'Etat.

Autre source de financement du coup d'Etat, la banque n'était pas aussi clairement identifiée qu'aujourd'hui. Bien des hommes qui avaient réussi dans les affaires –dont des fournisseurs et des spéculateurs– s'étaient en outre établis comme "banquiers". Cette catégorie sociale avait besoin de calme politique et de paix extérieure pour poursuivre ses activités. L'emprunt forcé la visait particulièrement. Toute perspective d'abandon de projets impropres au développement des affaires financières l'intéressait. Le retour de Bonaparte lui fit entrevoir une occasion de placement qu'elle espérait bien être à long terme.

Dans "l'équipe" qui entoura le général pour la préparation du coup d'Etat, un homme connaissait bien les milieux financiers : Cambacérès. Homme politique de premier plan, il avait ouvert, lors d'une "traversée du désert" de deux ans, au début du Directoire, un très lucratif cabinet d'avocat d'affaires. Il s'était lié d'amitié avec Pierre-François Vieusseux, riche rentier parisien, qui l'avait orienté, en 1797, vers l'activité de conseil juridique. Etant l'un des meilleurs juristes du pays, Cambacérès avait bâti –honnêtement– une solide fortune et avait été en contact avec les plus riches banquiers de Paris dont il défendait les intérêts : Bastide et Sabatier, anciens fournisseurs reconvertis dans les placements, les frères Durand, banquiers du Sud de la France. Il

[304] Cité par J. Wolff, *Le financier Ouvrard*, p. 61.

fut encore le conseiller d'Ouvrard et de Michel, autre spécialiste des marchés militaires[305].

Avec l'aide de Cambacérès et d'autres conspirateurs proches des milieux d'argent (Sieyès, Talleyrand, voire Fouché), Bonaparte put s'assurer le soutien de banquiers et de financiers effrayés par la montée du jacobinisme et les retards pris par Sieyès pour y mettre un terme. Les noms de Perrégaux (banquier suisse qui finançait à la fois les gouvernements français et britannique et dont la fille était mariée à Marmont, aide de camp de Bonaparte)[306], Cretet (propriétaire fortuné de la Côte d'Or et député aux Anciens)[307], Nodler (qui reçut longuement le général dix jours avant le coup d'Etat) et Lecouteulx, richissime commerçant colonial, banquier et armateur, bailleur de Joséphine (à qui on aurait même proposé le ministère des Finances), Germain et Mallet (qui se rendirent rue de la Victoire quelques jours avant le coup d'Etat) sont souvent cités. Quant au manufacturier Richard, à Périer et à Récamier (dont l'épouse, Juliette, était assaillie de lettres d'amour par Lucien Bonaparte), il semble bien qu'ils attendirent la réussite de l'opération pour ouvrir leurs bourses. De même, les frères Bodin, proches de Joséphine, mais aussi de Barras, ne furent sans doute pas sollicités, pour éviter les fuites. Quant au richissime fournisseur aux armées Paulée, on ignore s'il finança quoique ce soit, mais il réussit, après le coup d'Etat à placer quelques-uns de ses protégés dans la haute adminis-

[305] P.-F. Pinaud, *Cambacérès*, pp. 92 et suivantes.

[306] La carrière de Perrégaux, postérieurement à Brumaire, renforce la présomption de participation financière au coup d'Etat de ce banquier et investisseur : régent de la Banque de France (1800), Légion d'honneur (chevalier en 1803, commandeur en 1804), funérailles nationales (1808). Perrégaux repose au Panthéon.

[307] Napoléon allait le nommer plus tard conseiller d'Etat et sénateur (1799), directeur général des Ponts et Chaussées (1800), gouverneur de la Banque de France (1806), ministre de l'Intérieur (1807-1809) et comte de Champmol (1808). Cretet se tua au travail... et mourut en 1809.

tration du Consulat, ce qui pourrait être un indice de sa participation financière à l'opération.

Une "avance" de 300 000 francs, dont on ignore la provenance, fut obtenue, dans l'après-midi du 18 brumaire, pour faire face aux "besoins du lendemain"[308]. De son côté, Fouché affirme avoir avancé 900 000 livres prélevées sur les fonds de son ministère. Selon les journaux du temps, dépouillés par Albert Vandal, une somme supplémentaire –et d'origine mystérieuse– de 2 millions fut mise à disposition des conspirateurs, dans le même après-midi. Vandal pense aussi que Defermon, commissaire de la Trésorerie, prit un peu d'argent dans les caisses de l'Etat et l'offrit à la conspiration. C'est possible. Defermon était l'un des rares parlementaires de son temps à avoir réussi à pénétrer le monde clos des "technocrates" de l'administration de la Trésorerie. Il apporta son aide au coup d'Etat car comment expliquer, autrement que par la reconnaissance de Bonaparte, la belle carrière qui fut ensuite la sienne : président de la section des Finances du conseil d'Etat, ministre d'Etat, gestionnaire du "domaine extraordinaire" de l'Empereur, soit plusieurs milliards[309] ?

Dans un courrier adressé à un ami émigré à Londres, le banquier Barillon résuma ce qu'avait ressenti sa profession à l'avènement de Bonaparte : "Alors arriva le 18 brumaire et le gouvernement réparateur de Bonaparte; tous les esprits s'exaltèrent et chacun entrevit l'aurore du bonheur et de la tranquillité intérieure; les hommes prirent d'autres idées et les choses changèrent de face"[310]. Le changement de régime était tant espéré par les brasseurs d'argent qu'on ne peut

[308] *Mémoires, souvenirs, opinions et écrits du duc de Gaëte, Martin-Michel-Charles Gaudin*, éd. 1926, t. I, p. 134.

[309] M. Bruguière, "Defermon ou Fermon des Chapelières", *Dictionnaire Napoléon*, p. 582.

[310] Lettre de Barillon à Greffulhe, 12 janvier 1802, citée par P. Bessand-Massenet, "Le 18 brumaire", *Napoléon*, 1968, t. I, p. 122 (sous la direction de Jean Mistler).

douter qu'ils prirent une grande part aux événements de Brumaire.

Le plan du coup d'Etat

Avec de l'argent et des hommes, le coup d'Etat avait sa logistique et son équipe. Il lui manquait un plan bien arrêté. Certes, Sieyès y pensait depuis des mois mais l'irruption de Bonaparte avait compliqué les choses. Les modalités de l'action devaient à présent tenir compte du caractère bouillant et autoritaire du jeune général. On s'accorda pour s'appuyer sur les institutions existantes pour obtenir la réforme en profondeur du régime de l'an III. Il n'était pas question de se contenter de la force. Il fallait parer le coup d'Etat des attributs de la légitimité. "La pensée maîtresse du plan était d'employer les autorités existantes à leur propre destruction et d'immoler presque constitutionnellement la constitution"[311]. On disposait de soutiens au sein du Directoire. Roger Ducos et Sieyès voulaient se débarrasser de Barras. Bonaparte hésitait encore à se servir de son ancien protecteur. Des ministres, et non des moindres, s'étaient ralliés : Fouché (auquel on cacha toutefois les détails de l'opération, preuve qu'on n'avait pas entière confiance en lui), Cambacérès (Justice), Quinette (Intérieur), Reinhard (Relations extérieures). De fortes personnalités (Talleyrand, Roederer, Benjamin Constant, Cabanis, Marie-Joseph Chénier...), des hauts fonctionnaires du gouvernement (comme l'administration du département de la Seine, convaincue par Réal et Joseph Bonaparte). Des députés sûrs des Cinq-Cents (dont le président Lucien Bonaparte) et des Anciens (dont le président Lemercier) avaient été mis dans la confidence. La garnison de Paris et son chef Lefebvre accepteraient, pensait-on, de se placer sous les ordres de Bonaparte. De nombreux officiers supérieurs (Sébastiani,

[311] A. Vandal, *L'avènement de Bonaparte*, t. I, p. 269.

Sérurier, Bruix, Macdonald, Beurnonville et, bien sûr, Murat[312], Lannes, Leclerc, etc.) figuraient sur les listes tenues par Berthier.

Les dangers étaient toutefois réels. Les jacobins n'étaient pas moins forts qu'au début de l'été. Ils dominaient encore les Cinq-Cents, leurs clubs poursuivaient leur activité fiévreuse. Leur presse, dont le *Journal des Hommes Libres*, attaquait chaque jour Sieyès, l'accusant de préparer un "système oligarcho-royal". Elle s'en prenait peu à Bonaparte car, à son sujet, les jacobins ne savaient pas encore à quoi s'en tenir. Dans certains faubourgs de Paris, on parlait de la reconstitution des sections, voire de l'armement des anciens sans-culottes –ce à quoi Fouché ne croyait guère. Les directeurs Moulin et Gohier ne marcheraient pas avec Sieyès et Bonaparte. Le nouveau ministre de la Guerre, Dubois-Crancé, un des hommes de Thermidor, et son prédécesseur, Bernadotte, avaient marqué leur hostilité au projet. On ne savait pas encore ce que ferait Moreau. Les jacobins, le trouvant trop modéré, ne l'aimaient pas, mais il était populaire dans l'armée. Au sein de celle-ci, très républicaine, il y aurait de fortes résistances, surtout en province et sur les théâtres extérieurs. Pour contrer tous ces adversaires réels ou supposés, il fallait que le coup d'Etat se déroule rapidement, presque par surprise, loin des faubourgs de la capitale.

Le plan en fut arrêté dans les dix premiers jours de Brumaire. Les détails ne furent connus que par Sieyès, Bonaparte et quelques très proches complices. Ils décidèrent d'utiliser les articles 102 et suivants de la constitution. Ces dispositions avaient été introduites dans le texte de l'an III pour permettre aux conseils, sur décision des Anciens, de s'éloigner de Paris et de siéger dans la ville de leur choix, en cas de troubles graves dans la capitale. La mesure d'éloignement avait été complétée par une interdiction formelle

[312] Constant, le valet de chambre de Napoléon, affirme dans ses *Mémoires* que Murat n'était pas au courant des préparatifs de coup d'Etat, ce qui est impossible, compte tenu du rôle que tint cet officier les 18 et 19 brumaire.

faite aux députés de poursuivre leurs travaux à Paris, après la décision de transfert, sous peine de se rendre coupables d'un "attentat contre la sûreté de la République". Le même délit était appliqué aux membres du Directoire ou à tous les citoyens qui tenteraient de s'opposer à la translation. Ces articles étaient pratiques pour les conspirateurs de Brumaire : ils s'éloignaient de la foule parisienne, neutralisaient les directeurs hostiles pendant cette première phase et disposaient d'un argument juridique pour réprimer tout mouvement du conseil des Cinq-Cents ou des faubourgs. Il permettaient aussi de cristalliser le "jacobinisme" au sein de la chambre basse : si la gauche pouvait s'appuyer sur environ 220 députés en temps normal, l'isolement pouvait faire réfléchir les moins hardis et faire tomber leur nombre à moins de cent hommes vraiment décidés. On s'arrangea avec les partisans de Sieyès au conseil des Anciens pour que le lieu de repli des conseils soit le château de Saint-Cloud. Ce site offrait des avantages : il n'était pas éloigné de Paris mais en était séparé par les méandres de la Seine. On en contrôlerait les accès en occupant les ponts. La solution retenue présentait néanmoins un inconvénient : le coup d'Etat devait s'étaler sur deux journées, la première pour décider la translation, la seconde pour mener l'opération juridique de changement de régime à son terme. Il faudrait donc redoubler de vigilance dans le contrôle de tous les éléments hostiles, surtout pendant la nuit.

Quels motifs trouver à la translation des conseils ? Il y en avait un tout fait : le complot jacobin. Les clubs, l'excitation des Cinq-Cents faisaient peser sur le régime modéré une réelle menace. On parlerait, le moment venu, de soulèvement, de risques pour la constitution, du retour de la guillotine et des "buveurs de sang". La plus grande partie de la presse modérée avait été convaincue de l'imminence d'un soulèvement. On avait prévu quelques "bons" articles pour le matin du deuxième jour, afin de mieux convaincre la population parisienne.

Depuis plusieurs jours, le littérateur Arnault, beau-frère de Regnaud, publiait, sur commande, des articles enflammés, mettant en valeur Bonaparte, le seul homme capable de sauver la patrie. Car après avoir décidé le départ du corps législatif pour Saint-Cloud, les Anciens devraient nommer Bonaparte à la tête de l'armée. Officiellement investi, il pourrait prendre le commandement de la garnison de Paris et assurer la "sécurité" des conseils. Pour que le coup d'Etat réussisse, une telle mesure devait être prise par les Anciens qui, constitutionnellement, n'en avaient pas le pouvoir. Pour que la chambre haute puisse délibérer sur ce sujet, il faudrait s'être débarrassé du Directoire. La nature constitutionnelle n'aimant pas, elle non plus, le vide, la chambre haute pourrait s'engager dans la brèche. Il fallait donc convaincre Barras de se réunir à Sieyès et Ducos pour démissionner avec eux. On ferait la même démarche –à tout hasard– auprès de Gohier et Moulin. Ainsi, les conseils se trouveraient dans la même situation que la Législative, en août 1792, après le renversement de la royauté. Les chambres seraient dans l'obligation de créer elles-mêmes de nouvelles institutions pour suppléer le défunt Directoire.

Une fois nommé à la tête des troupes de la capitale, Bonaparte disposerait d'environ 7 000 hommes d'infanterie et de cavalerie, plus une artillerie nombreuse. Ces effectifs seraient complétés par des compagnies de vétérans et deux bataillons d'auxiliaires peu sûrs. On s'appuierait donc plutôt sur les troupes régulières les plus anciennes. La plupart des chefs de la garnison de Paris avaient été nommés par Bonaparte, à l'époque où il commandait l'armée de l'Intérieur. Deux régiments de dragons et une demi-brigade d'artillerie avaient fait la campagne d'Italie. Le 21e Hussards était le régiment d'origine de Murat et avait participé aux événements de Vendémiaire.

Sur le plan militaire encore, il fallait s'assurer de la participation de la garde des conseils. La constitution de l'an III avait prévu la création de ce corps de 1 500 hommes qui auraient dû être recrutés parmi les gardes nationaux des départements, dans un souci d'éviter un recrutement trop parisien. Cette garde ne devait dépendre que des conseils et leur être dévouée. Le texte ne fut jamais appliqué et les 1 500 citoyens furent remplacés par 1 280 gendarmes appelés "grenadiers-gendarmes"[313]. Leur chef était nommé par le Directoire, sur proposition des "inspecteurs de la salle" (questeurs). Il dépendait à la fois des conseils et du commandant de l'armée de l'Intérieur à qui il était hiérarchiquement rattaché. L'indépendance de la garde des conseils était une fiction. Bonaparte en prendrait donc automatiquement le commandement, d'autant mieux que son chef, Blanchard, avait promis de se rallier. Il ne resterait plus, ensuite, qu'à s'assurer et à vérifier le dévouement ou, pour le moins, l'abstention de ses hommes, ce qui était une inconnue qu'on pourrait maîtriser avec un peu de doigté et une bonne propagande relayée par les officiers. Si l'on se remémorait leur attitude de Fructidor où ils laissèrent violer les conseils, ces soldats ne devaient pas être prêts à se faire tuer pour la défense des chambres. La garde du Directoire, soit 250 grenadiers commandés par Jubé, était dans le même cas. Jubé avait, lui aussi, rejoint les conspirateurs.

Le deuxième jour du coup d'Etat, à Saint-Cloud et sous la menaçante protection des troupes de Bonaparte, Sieyès et ses amis feraient pression sur les conseils afin qu'ils décident une profonde réforme, seule solution possible pour sortir de la crise institutionnelle née de l'auto-dissolution du Directoire : régime transitoire confié à trois consuls, nomination de deux commissions législatives pour rédiger une constitution et la faire ratifier par le peuple, ajournement des réunions des conseils pour trois mois. L'emploi de la force militaire était exclu du plan.

La date du coup d'Etat fut fixée au 16 brumaire an VIII (6 novembre 1799). Mais Bonaparte imposa à Sieyès que

[313] G. Carrot, *Révolution et maintien de l'ordre*, pp. 418-423.

l'opération soit reportée de deux jours : il espérait encore rallier en douceur les jacobins et avait prévu une série d'entretiens avec leurs chefs militaires pour le 16. Le 15 brumaire, si l'on en croit les *Mémoires* de Lucien Bonaparte, le directeur accepta le report et déclara à son complice : "Tout, général, est arrêté suivant vos désirs. Tout est convenu pour le 18; et peut-être eût-il mieux valu que ce fût pour demain, car les faubourgs sont prêts à se lever. Voilà la minute du décret qui vous confère le commandement de toutes les troupes. Voici la résolution des Anciens qui vous propose comme consul provisoire avec Roger Ducos et moi. Nous préférons deux commissions législatives au lieu d'une. Chaque conseil nommera sa commission, et s'ajournera pour trois mois. Les consuls sont chargés de travailler avec les deux commissions à la constitution consulaire qui sera de suite présentée à l'acceptation du peuple"[314].

L'ex-abbé allait donc disposer de deux jours supplémentaires pour parfaire sa connaissance des chevaux. Il avait pensé qu'au milieu de tant de militaires, il lui faudrait se donner un air plus martial. Il ne pouvait tout de même pas se rendre sur les lieux du coup d'Etat dans une voiture attelée. Selon les *Mémoires* de Réal et du valet de chambre Constant, depuis plusieurs jours et chaque matin, Sieyès prenait donc des leçons d'équitation, dans le jardin du palais du Luxembourg et "les promeneurs se rassemblaient en foule pour jouir de l'air gauche et raide du nouvel écuyer"[315].

[314] Cité par A. Ollivier, *Le Dix-huit brumaire*, p. 178.

[315] *Mémoires de Constant, premier valet de chambre de l'Empereur, sur la vie privée de Napoléon*, Genève, 1969, t. I, p. 17. Constant, trop heureux de ridiculiser Sieyès, comme le firent tous les mémorialistes favorables à Bonaparte, en rajoute peut-être un peu.

IV

Les derniers jours du Directoire.

Le 15 brumaire an VIII (6 novembre 1799), Bonaparte avait accepté d'assister, en compagnie de Moreau, à une cérémonie-dîner offerte par les conseils des Anciens et des Cinq-Cents. L'organisation de cette réception avait posé tant de problèmes diplomatiques entre jacobins et modérés qu'on s'était résolu à mettre les places en souscription, pour la somme de 30 francs. Finalement, 750 souscripteurs (500 députés et 250 "extérieurs" aux conseils) se pressaient dans l'église Saint-Sulpice, appelée alors "Temple de la Victoire"[316], richement décorée pour l'occasion. Le prétexte de la fête était d'honorer deux héros militaires de la République : le "vainqueur de l'Egypte" et l'un des rares généraux à avoir commandé trois grandes armées (Nord, Rhin-et-Moselle, Italie), affublés par le poète de service –et selon la mode antique de l'époque– des noms de "Scipion et Fabius français".

Bonaparte arriva sur place vers 6 heures du soir, dans la même voiture que ses compagnons d'Egypte. Une foule nombreuse se pressait aux alentours, malgré les rumeurs d'attentat qui avaient circulé pendant toute la journée. Dans l'après-midi, certains citoyens s'étaient inquiétés : ils avaient assisté à la livraison de grandes caisses que l'on avait prestement dirigées vers les sous-sols de l'église. Craignant qu'il

[316] D'abord Temple de la Raison, Saint-Sulpice devint celui de la Victoire et haut-lieu des Théophilanthropes.

s'agisse d'une "machine infernale", ils avaient prévenu les organisateurs. Ceux-ci les avaient rassurés : les caisses contenaient les bouteilles de vin qui devaient être consommées lors du banquet[317].

La foule accueillit l'apparition de Bonaparte par des acclamations. Les vivats et les cris favorables à la paix couvrirent quelques exclamations hostiles d'un parti de jacobins qui s'était mêlé aux badauds. A l'intérieur du Temple de la Raison, l'atmosphère de la soirée fut glaciale. Des groupes s'étaient formés par affinités et on ne parlait qu'à mi-voix, malgré la musique des orgues. On chuchotait, on se dévisageait, on observait et on se savait observé. Assis à la table d'honneur, à côté de Lucien, président des Cinq-Cents, Bonaparte eut l'air de s'ennuyer durant l'heure qu'il passa au banquet, ne mangeant que des oeufs et des poires que Berthier, disent les mémorialistes, avait apportés dans ses poches. Les "Egyptiens" craignaient l'empoisonnement de leur chef. Ce dernier ne s'anima que lorsqu'on lui demanda de porter un toast. "A l'union de tous les Français !", lança-t-il en levant son verre. Moreau, lui, avait bu "à tous les alliés fidèles de la République !". Bonaparte fit ensuite rapidement le tour des invités, prononça quelques paroles aimables, lança quelques oeillades complices, puis disparut, suivi de Berthier, Bourrienne et... Moreau, avec qui il eut une dernière conversation. Incapable d'agir, le "Fabius français" se résigna à considérer "Scipion" comme un "allié fidèle" de la République.

Arnault, Gohier et Fouché attendaient Bonaparte, rue de la Victoire[318]. Il aurait révélé au premier que le coup d'Etat avait été fixé au 18 brumaire. Cela est peu croyable car,

[317] A. Vandal, *L'avènement de Bonaparte*, t. I, p. 292; J. Thiry, *Le 18 brumaire*, pp. 85-86; A. Ollivier, *Le Dix-huit brumaire*, p. 175.

[318] Voir Bourrienne, *Mémoires*, t. II, p. 41 et suivantes; Thiébault, *Mémoires*, p. 152, Arnault, *Souvenirs d'un sexagénaire*, 1909, t. IV, p. 357.

même si Bonaparte connaissait bien le littérateur[319], il n'avait aucune raison de dévoiler à ce point ses batteries. Toujours est-il que, d'après ses mémoires (qui mêlent le vrai et l'exagéré pour ce qui concerne son propre rôle), Arnault aurait couru chez Talleyrand qui, pour donner le change, avait organisé une soirée de jeux, en compagnie de Regnaud, Roederer et quelques invités n'étant pas dans la confidence. Ainsi, chaque conspirateur s'employait à pas modifier son emploi du temps, à pratiquer ses loisirs favoris, à faire comme si de rien n'était. Mais, comme nous l'avons vu, dès la nuit tombée et les bougies soufflées, la conspiration s'animait.

C'est ce qui se produisit encore ce 15 brumaire. Chez Lucien, Bonaparte et Sieyès mirent au point définitivement les grandes lignes de l'opération[320]. De leur côté, Talleyrand, Réal, Fouché et Joseph Bonaparte se rendirent chez Barras. Selon le directeur, ils tentèrent de le convaincre que la solution constitutionnelle idéale pour l'avenir était un régime présidentiel. Une fois encore, le "vainqueur de Thermidor" fit la sourde oreille. A son avis, au milieu d'une Europe hostile, la République ne pouvait pas prendre le risque d'élire un simple citoyen, comme Washington ou Jefferson, au poste suprême. Il en allait de l'identité même du régime de la France : la République ne pouvait être dirigée que par un exécutif collégial et pluraliste, le seul qui puisse différencier la Grande Nation des monarchies héréditaires. L'attitude de Barras était surprenante. Il savait qu'un coup d'Etat se préparait, recevait des offres de service et n'y donnait pas suite, pour des raisons philosophiques, ce qui lui ressemblait peu. Fut-il, comme l'a prétendu l'un de ses

[319] Arnault était lié à Lucien Bonaparte et, surtout, au général Leclerc, depuis 1795. Il fréquentait Napoléon depuis la campagne d'Italie. Il avait participé au début de la campagne d'Egypte, quittant l'expédition à Malte pour soigner Regnaud.

[320] Selon la version "officielle" publiée dans la *Correspondance*, t. XXX.

biographes[321], un "pur" qui voulut sauver le Directoire ? Son attitude passée montre qu'il s'était jusqu'alors davantage soucié de sa survie politique que de la défense du régime. Au contraire, voulait-il faire "monter les enchères" et n'accorder son concours qu'au dernier moment, afin de récupérer une partie de la mise ? C'est plus probable et plus conforme à toute la vie de cet homme qui ne pouvait ignorer la haine que nourrissait Sieyès à son égard et la volte-face de Bonaparte. La partie qui s'était engagée n'était pas facile pour lui. Il choisit donc de tenter sa chance en se faisant prier.

Neutraliser les jacobins

Le 16 brumaire (7 novembre) aurait dut être le jour du coup d'Etat. Bonaparte avait voulu laisser une dernière chance aux jacobins. Son emploi du temps montre qu'il tenta de rallier leurs chefs, dans un dernier effort. Sieyès, de son côté, tenta de s'opposer à ces démarches. Il estimait qu'on ne devait pas mêler la gauche à une révolution conservatrice. Bonaparte insista et finit par l'emporter. Lucien, à la jonction entre les jacobins et les intérêts familiaux, lui apporta son soutien. Pour Bonaparte aussi, il importait de préparer les lendemains du coup d'Etat. Ses politesses aux jacobins pourraient lui permettre de les appeler à son secours si son bras de fer avec Sieyès tournait à son désavantage.

La journée "jacobine" de Bonaparte commença par un déjeuner avec Jourdan, Bernadotte et Moreau, auxquels s'étaient joints Talleyrand, Volney[322] et Roederer. La discussion alla assez loin car, après les banalités d'usage sur

[321] J. Savant, *Tel fut Barras*, p. 250 et suivantes. Le célèbre historien n'a pu éviter le travers de certains biographes qui trouvent toujours de bonnes raisons et des excuses au comportement de leur personnage. Sur la réunion du 15 brumaire, voir également L. Bigard, *Le comte Réal, ancien jacobin*, Versailles, 1937.

[322] Né en 1757, Volney était membre de l'Institut, après avoir été, au début de la Révolution, un politicien modéré, tant à la Constituante qu'au moment de la Terreur. Républicain sincère, il était aussi un apôtre de la modération.

l'état de la République et l'incapacité des directeurs, Bonaparte entreprit de faire dire à Jourdan que sa faction ne s'opposerait pas à un coup d'Etat. Jourdan aurait alors fait des offres de service afin que Bonaparte accepte l'aide des jacobins : "J'étais de ceux, écrira Jourdan, qui détestaient (le) despotisme (du Directoire); j'étais révolté de l'incapacité des directeurs, des vexations et des dilapidations de leurs agents, et je partageais l'opinion de ceux qui croyaient nécessaire d'éloigner les hommes sans talent et sans moralité (...) Mais mes amis et moi, nous étions bien éloignés de vouloir opérer cette révolution par des moyens violents et d'avoir la pensée de rétablir l'horrible gouvernement de 1793". C'était peut-être vrai pour le général. Mais, bien que considéré comme le "chef" des jacobins, il n'avait aucune autorité "hiérarchique" sur eux. Le vainqueur des Pyramides déclina la proposition d'alliance, sans toutefois blesser son interlocuteur : "Je ne puis rien faire avec vous et vos amis, vous n'avez pas la majorité. Vous avez effrayé les conseils par la proposition de déclarer la patrie en danger et vous votez avec des hommes qui déshonorent vos rangs (...). Je suis convaincu de vos bonnes intentions et de celles de vos amis, mais, dans cette occasion, je ne puis marcher avec vous. Au reste, soyez sans inquiétude, tout sera fait dans l'intérêt de la République"[323]. Durant ce long entretien, Bonaparte évita de montrer à quel point son projet était avancé et, pour ne pas alerter Jourdan –qu'il soupçonnait de préparer quelque chose de son côté-, il lui cacha, autant qu'il fut possible, ses liens avec Sieyès. Le leader des jacobins, ne souhaitant pas la guerre civile, décida d'attendre et de voir ce que donnerait la tentative de Bonaparte. En cas d'échec, on verrait bien.

Dans la journée, Bonaparte revit Roederer, Réal, Bruix, Marie-Joseph Chénier et quelques autres, chez Fouché (encore un jacobin, mais, celui-ci, bien assagi). Le ministre

[323] "Le dix-huit brumaire. Extrait des Mémoires du maréchal Jourdan", *Carnet Historique et Militaire*, 1901, pp. 161-172.

de la Police ne savait pas tout ce qui se tramait. Mais il était favorable à la conspiration et le serait d'autant plus que Bonaparte parviendrait à contenir, puis à éliminer Sieyès. Longtemps, Fouché, aidé de Réal, avait tenté de rapprocher Bonaparte et Barras, puis, constatant que ses efforts étaient vains, il avait abandonné son vieil ami directeur pour se jeter dans les bras du général. Il avait demandé à sa police de lui trouver toutes les informations sur les conspirations dont Paris bruissait... et s'était bien gardé de transmettre la vérité au Directoire. Quelques jours plus tôt, rencontrant Gohier chez Joséphine, il lui confirma que la "conspiration" n'existait que dans des têtes échauffées. Alors que Mme Bonaparte, invoquant les menées jacobines, se récriait, Gohier lui aurait dit : "Faites comme le gouvernement, ne vous inquiétez pas de ces bruits-là. Dormez tranquille"[324]. A Bonaparte, en revanche, Fouché parla d'une conspiration jacobine qui pourrait bientôt éclater. Dans ses *Souvenirs*, Arnault prétend que son déclenchement était prévu pour le 20 brumaire. Sans doute le littérateur a-t-il voulu trop en écrire dans ses mémoires. Il n'empêche que, d'après Bourrienne, Fouché aurait lancé, le 14 brumaire, un avertissement : "Dites donc à votre général de se hâter; s'il tarde, il est perdu"[325].

Le soir, Bonaparte se rendit chez les Bernadotte qui donnaient à souper à une trentaine de convives. A la fin du repas, les deux généraux se retrouvèrent au jardin. Bonaparte déploya tous ses charmes pour tenter de persuader le mari de Désirée. En vain. Il lui faudrait donc faire surveiller de près les agissements de Bernadotte, pendant le déroulement du coup d'Etat.

[324] Arnault, *Souvenirs d'un sexagénaire*, t. IV, p. 244. Gohier croyait assez facilement ce que lui racontaient les policiers. Dans ses *Indiscrétions d'un préfet de Police de Napoléon* (t. I, p. 3) Réal écrivit : "Les Directeurs, à quelques exceptions près, croyaient à la police comme on croit en Dieu; et Gohier était à lui seul plus crédule que tous les autres". Fouché et Réal lui firent aisément croire, semble-t-il, que rien de sérieux ne se tramait.

[325] Bourrienne, *Mémoires*, t. II, p. 47.

Les autres conspirateurs n'étaient pas non plus restés inactifs. Dans la matinée, Lucien Bonaparte et Lemercier avaient réuni une vingtaine de parlementaires pour peaufiner les sessions décisives des journées à venir. Sieyès avait travaillé au Luxembourg et poursuivi ses consultations. Il commença à écrire les décrets qui devraient être adoptés le jour du coup d'Etat, notamment celui que les Anciens voteraient pour la translation des conseils. Roederer et Regnaud de Saint-Jean d'Angély préparaient les textes des proclamations et des articles devant être insérés dans les journaux amis. Antoine Roederer, le fils du précédent, avait pris un emploi chez l'imprimeur Demonville. On lui avait aménagé une petite pièce afin qu'il puisse composer les proclamations (dont on avait caché certains textes à Sieyès) en toute tranquillité. Une fois imprimées, des affiches devaient être livrées au siège du département de la Seine, place Vendôme, en attendant d'être placardées sur les murs de Paris[326].

Derniers préparatifs et dispositif militaire

La veille du coup d'Etat fut employée à terminer les derniers préparatifs. Les présidents des conseils, les principaux députés et, surtout, les inspecteurs des Anciens et des Cinq-Cents poursuivirent leur travail : il faudrait convoquer discrètement les conseillers, présenter aux Anciens un texte bien préparé. Tout laissait penser qu'il serait voté, bien sûr, mais aucune éventualité ne pouvait être négligée. Au début de leurs conciliabules, les représentants du peuple avaient beaucoup commenté la rumeur qui s'était répandue dans la ville selon laquelle Bonaparte avait été arrêté et qu'on s'apprêtait à le fusiller avec ses complices[327]. La rumeur était fausse, évidemment, mais elle était un signe supplémentaire

[326] Roederer, *Oeuvres*, t. III, p. 299. On trouvera en annexe quelques textes préparés par Roederer, affiches ou articles publiés par son *Journal de Paris*.

[327] A. Ollivier, *Le Dix-huit brumaire*, p. 183.

de la nervosité générale et de la nécessité de passer à l'action. Cinq inspecteurs travaillèrent ce jour-là et pendant une partie de la nuit : Cornet (un modéré, originaire de Nantes et ancien président de l'administration départementale du Loiret), Courtois (un homme de Thermidor qui, ayant été chargé d'étudier les papiers de Robespierre, était détenteur de nombreux secrets sur les hommes du Directoire), Beaupré (un proche de Sieyès), Baraillon (inspecteur des Anciens depuis longtemps dans la confidence), Fabre (député de l'Aude, homme d'ordre persécuté sous la Terreur et qui avait une revanche à prendre sur les jacobins).

On profita encore de cette journée pour faire le tour des acteurs pressentis et de ceux dont on souhaitait l'abstention. Regnaud contacta Cambacérès et Lebrun (membre modéré des Anciens entretenant un vaste réseau dans tous les milieux). Si le ministre de la Justice, comme à son habitude, resta prudent tout en confirmant son engagement, Lebrun fit preuve d'une vraie retenue. Le premier était dans la confidence car son concours était indispensable pour parer des formes juridiques requises les actes du lendemain. Comme garde des Sceaux, il devait estampiller et publier les mesures prises. Bien que silencieux et réservé, Cambacérès pouvait être compté dans les alliés du coup d'Etat. Quant à Lebrun, s'il ne marchait pas, il fallait au moins qu'il se tienne tranquille et vote "bien" dans son conseil. On verra qu'il fit mieux encore. Au retour de Regnaud, Bonaparte perdit patience : "Qu'ils se décident aujourd'hui; sinon, demain il sera trop tard"[328].

Napoléon vit encore Barras, dans la matinée. Selon Bourrienne, il le quitta en le laissant "fort inquiet". Le directeur lui fit promettre de revenir le voir une fois la nuit tombée. Bonaparte promit. Mais il savait déjà qu'il ne viendrait pas. Barras avait perdu trop d'occasions de se rendre utile à la conspiration. Celle-ci, telle qu'elle était conçue, ne prévoyait

[328] Bourrienne, *Mémoires*, t. II, p. 47.

pour lui qu'un seul rôle : démissionner et disparaître de la scène politique. Le plan était si avancé qu'à présent, le concours du directeur et du parti des "pourris" n'était plus d'aucune utilité et, pis, pourrait constituer une gêne. Ce soir-là, vers 11 heures, c'est Bourrienne qui se présenta au Luxembourg. Il raconta la déception de Barras et ses mots désabusés : "Je vois que Bonaparte me trompe. Il ne reviendra pas. C'est fini. C'est pourtant à moi qu'il doit tout"[329].

Bonaparte s'occupa aussi des militaires qui devraient le soutenir le lendemain. Rares étaient ceux qui étaient informés de ce qui se tramait, mais les listes tenues par Berthier furent utiles. On y puisa d'abord le nom de tous ceux qui avaient manifesté le désir de rencontrer le général depuis son retour d'Egypte. Un billet leur fut envoyé, leur demandant de se présenter rue de la Victoire... à 6 heures du matin. Même si les militaires sont matinaux, l'heure était insolite. Le prétexte en était que Bonaparte partait en voyage dans la journée. D'autres messagers partirent vers les logements des 40 "adjudants" de Paris, officiers supérieurs de la garde nationale : il leur était demandé de se trouver aux Champs-Elysées à 7 heures du matin pour une revue. Le même ordre parvint aux colonels des trois régiments de cavalerie de la ville. Enfin, les anciens d'Egypte et les fidèles se virent fixer un rendez-vous potron-minet rue de la Victoire. L'ordre mentionnait que la convocation était pour le seul destinataire, façon claire de leur demander le secret.

Dans le courant de la journée, le général Sébastiani se présenta au domicile de Bonaparte. Ce jeune homme de 28 ans, à la carrière guerrière brillante et mouvementée, avait rencontré Bonaparte au moment de Vendémiaire, puis avait été sous ses ordres en Italie. Sa bravoure et ses origines corses avaient attiré l'attention du général en chef. Il ne l'avait pas emmené en Egypte, mais avait compris le parti qu'il pourrait tirer de leur amitié lors de son retour. Sébas-

[329] Bourrienne, *Mémoires*, t. II, pp. 47-48.

tiani avait été nommé à la tête d'un régiment de dragons qui avait fait la campagne d'Italie. Il fut mis dans la confidence du coup d'Etat très tôt et, lorsqu'il se présenta rue de la Victoire, ce 17 brumaire, il n'avait aucun doute sur ce qui allait se passer. Bonaparte lui demanda de placer ses dragons à pied sur la place de la Concorde, à deux pas des Tuileries et du Palais-Bourbon, sièges respectifs des Anciens et des Cinq-Cents[330]. Quant aux dragons à cheval, ils devraient, avec leur général, se rendre rue de la Victoire pour servir d'escorte à Bonaparte. Pour renforcer ce dispositif, Murat avait réussi à convaincre les officiers du 21e chasseur de rapprocher leur régiment du quartier où habitait Bonaparte[331]. Une fois prises ces dispositions, on fit prévenir Sieyès. Comme pour les affiches et proclamations, on lui cacha une partie de la vérité. Le piège était en train de se refermer sur le "Grand Prêtre". Bonaparte jouait sa carte et se servait de lui. La manoeuvre était parfaite car que pouvait faire Sieyès ? Proclamer qu'une conspiration se préparait, dire qu'il en était mais avait été grugé ? Certes, non. Il était prisonnier de son propre plan : l'épée se retournait contre lui, disposait de la force armée, avec ou sans nomination officielle d'ailleurs. S'opposer ouvertement au général, c'était conduire le pays à la guerre civile, coup d'Etat militaire contre coup d'Etat parlementaire, jacobins contre modérés, républicains contre monarchistes. Cela, malgré son désir de pouvoir, Sieyès ne le voulait pas. Il lui fallait donc continuer à suivre et tenter de manoeuvrer, après-demain, au sein du nouveau pouvoir. Terré au Luxembourg dans une sorte de placard auquel on ne pouvait accéder sans frapper à la porte selon un code précis[332], craignant à tout moment d'être

[330] Le Palais-Bourbon était devenu le siège de la chambre basse le 21 janvier 1798.

[331] Sur le rôle de Murat (somptueux cavalier, héros de l'Egypte et futur beau-frère de Bonaparte) les 18 et 19 brumaire, voir J. Tulard, *Murat*, 1984, p. 44 et suivantes

[332] J. Savant, *Tel fut Barras*, p. 248.

assassiné, au contraire d'un Bonaparte qui, habitué au danger, se montrait sûr de lui et en renforçait sa popularité, Sieyès était déjà vaincu. Les 18 et 19 brumaire allaient être pour lui deux journées de (mauvaises) surprises et de déception.

La soirée du 17 brumaire fut celle des derniers dîners et des ultimes manoeuvres nocturnes.

Thibaudeau, partisan du changement de régime qui n'aimait pas Sieyès, avait convié Pontécoulant, Maret –un homme de Talleyrand entré depuis peu au service de Bonaparte et qui allait réaliser une formidable carrière sous l'Empire-, Defermon, les députés Bigot de Préameneu et Beytz[333]. Lucien Bonaparte alla au bal avec Eugène de Beauharnais (devenu capitaine de chasseurs et aide de camp de son beau-père)[334] et Lavalette. Quant à Bonaparte, il se rendit chez Cambacérès qui offrait en son honneur un dîner de gala. Comme de coutume, le ministre de la Justice avait bien fait les choses. Les mets étaient nombreux. Les vins étaient fins. Il y avait-là bon nombre de généraux et de fonctionnaires. La plupart étaient dans la confidence, preuve que Cambacérès avait choisi son camp. Les convives avaient la tête ailleurs. Le repas fut "lugubre"[335] et bref.

De retour rue de la Victoire, Bonaparte donna quelques ordres. Cette nuit même, Joseph Bonaparte irait voir Bernadotte et l'inviterait à se rendre rue de la Victoire, à 6 heures, le lendemain matin. Un aide de camp courrait chez les généraux Macdonald, Moreau et Lefebvre pour leur faire la même invitation. Augereau ne serait pas prévenu. Ainsi, ceux en qui on avait le moins confiance seraient placés

[333] Thibaudeau, *Mémoires*, p. 4.

[334] Eugène de Beauharnais participa peu aux menées "brumairiennes" de son beau-père, se contentant de porter des messages, d'inviter des collègues à dîner (chaque aide de camp devait faire de même pour attirer des officiers à lui) donner le change en maintenant son emploi du temps de jeune homme (R. Blémus, *Eugène de Beauharnais. L'honneur à tout vent*, 1993, p. 85).

[335] P.-F. Pinaud, *Cambacérès*, p. 112.

devant le fait (presque) accompli. De son côté, Joséphine fit porter par son fils Eugène un billet à Gohier, le priant de venir déjeuner rue de la Victoire, en compagnie de son épouse : "N'y manquez pas; j'ai à causer avec vous sur des choses très intéressantes". Après 2 heures du matin, Bonaparte alla se coucher. Depuis peu, les inspecteurs de la salle distribuaient aux députés des Anciens une convocation pour le lendemain matin, à 8 heures. Comme on n'est jamais trop prudent, Sieyès n'avait pas fait convoquer tout le monde : seuls 150 membres du conseil étaient invités à participer à l'enterrement du Directoire. Les plus enragés seraient encore au lit alors que le premier acte se jouerait aux Tuileries.

V

18 brumaire : Le coup d'Etat constitutionnel.

Il était 5 heures du matin, ce 18 brumaire an VIII (9 novembre 1799)[336] lorsque des sous-officiers de la garde des conseils quittèrent les Tuileries, porteurs des convocations aux Anciens. Pendant toute la nuit, les inspecteurs et leurs aides avaient rédigé les documents officiels, préparé le déroulement de la séance prévue à 7 heures du matin, horaire inhabituel qui devait laisser penser aux cent cinquante représentants invités que quelque chose de grave se passait. Les Tuileries avait été discrètement encerclées par la garde des conseils. Vers 6 heures, les convocations avaient toutes été remises à domicile. Dans le même temps, le dispositif militaire se mettait en place. Sébastiani avait pris le commandement des dragons qui s'étaient mis en route vers les points névralgiques, dont le domicile de Bonaparte, ignorant un ordre, reçu de Dubois-Crancé, de consigner les régiments dans leurs casernes de la rive gauche de la Seine et

[336] Sauf renvoi particulier, le récit des deux journées de Brumaire est inspiré des travaux de A. Vandal, *L'avènement de Bonaparte*; A. Ollivier, *Le Dix-huit brumaire*; J. Thiry, *Le coup d'Etat du 18 brumaire*; J.-P. Bertaud, *1799. Bonaparte prend le pouvoir*, Bruxelles, 1987; A. Marie, *Napoléon à Saint-Cloud. Le coup d'Etat*, Saint-Cloud, 1954. Nous avons aussi utilisé, avec la prudence que doivent nous inspirer toutes les versions officielles, la relation que fit des événements le *Moniteur* des 20, 21 et 22 brumaire an VIII. La description incluse dans le tome XXX de la *Correspondance*, nous apparaît à peu près disqualifiée quant aux faits. Elle contient cependant des analyses générales que nous citerons.

d'attendre ses instructions pour prendre les armes. Ainsi, dans la nuit, le ministre de la Guerre avait eu vent de ce qui se préparait et avait essayé de l'empêcher. En désobéissant, Sébastiani fut le premier à franchir le Rubicon. Il fut bientôt rejoint sur l'autre rive –au propre comme au figuré– par les chasseurs dont Murat avait pris la tête. Leurs colonnes fusionnèrent pour descendre les Champs-Elysées et se diriger vers les Tuileries.

A la même heure, Roederer et son fils Antoine se présentèrent chez Talleyrand. Ils furent introduits dans les appartements de l'ancien évêque alors que celui-ci n'avait pas fini de s'habiller. Ils profitèrent du temps qu'il restait avant le début de l'action pour préparer un projet de lettre de démission "honorable" pour Barras. Roederer et son fils Antoine se mirent au travail. Talleyrand jugea que le résultat était convenable, prit le projet et entraîna ses amis vers le siège du département de la Seine où Réal les attendait[337]. Selon Roederer, Réal, ami de Barras, pensait encore que le directeur était complice de ce qui se préparait. C'est peu probable car, d'une part, Réal –qui avait choisi son camp très tôt– était impliqué dans les préparatifs du coup d'Etat depuis plusieurs semaines, et, d'autre part, depuis deux jours, Barras savait à quoi s'en tenir. L'attitude de Bonaparte ne lui laissait plus aucun doute et il s'en était ouvert à Bourrienne. Son dernier espoir résidait dans le poste qu'il occupait : on avait besoin de lui pour former une majorité dans le Directoire. C'est à ce moment qu'il pourrait monnayer sa participation. Pour leur part, les conjurés n'avaient aucune concession politique à faire à Barras. Ayant bien évalué le personnage, ils avaient décidé de l'acheter, en espèces, et de lui offrir la possibilité d'une sortie digne mais définitive.

[337] Roederer, *Oeuvres*, t. III, p. 300.

A 7 heures, la partie constitutionnelle du coup d'Etat commença, tandis que les troupes de Sébastiani prenaient position dans les jardins des Tuileries, sur les terrasses qui en avaient déjà tant vu et devant les grilles du château. Les Anciens prirent place sur leurs bancs et le président Lemercier à son fauteuil. Au nom des inspecteurs, Cornet s'adressa à ses collègues. Il révéla les raisons de cette réunion matinale. Elles étaient graves : un complot se tramait contre la représentation nationale, "les conjurés se rendaient en foule à Paris", tandis que leurs complices n'attendaient qu'un signal "pour lever le poignard sur les représentants de la nation, sur les membres des premières autorités de la République". Les inspecteurs n'avaient donc pas hésité à déranger les députés pour leur en faire part et leur proposer les solutions les plus adéquates : "Si des mesures ne sont pas prises, poursuivit Cornet, si le conseil des Anciens ne met pas la patrie et la liberté à l'abri des plus grands dangers qui les aient encore menacés, l'embrasement devient général, nous ne pouvons plus en contrôler les dévorants effets"[338]. Succédant à Cornet, Cornudet[339], Lebrun (dont les scrupules s'évanouissaient) et Fargues[340] dénoncèrent la conspiration jacobine et ses projets de rétablir la Terreur. Regnier, député de la Meurthe, en vint alors au fait : la constitution prévoyait une procédure pour sauvegarder la représentation nationale en lui permettant de siéger loin de Paris et d'échapper ainsi à ceux qui la menaçaient. Il proposa –dans un élan que les compte-rendus disent "spontané"– un décret

[338] *Journal de Paris*, 19 brumaire an VIII. Ce compte-rendu a été rédigé par Pierre-Louis Roederer et repris par le *Moniteur* du 20 brumaire.

[339] Représentant de la Creuse, il était réputé pour sa très grande modération.

[340] Ancien président de l'administration départementale des Basses-Pyrénées, ce thermidorien bon teint était entré au conseil des Anciens en avril 1799.

de translation et la nomination du général Bonaparte à la tête des troupes de la 17e division militaire[341].

L'absence des députés d'opposition explique qu'aucun débat n'eut lieu. Un décret en cinq articles fut voté : transfert des conseils au château de Saint-Cloud, interdiction de toute réunion des législateurs jusqu'au lendemain à midi, nomination du général Bonaparte à la tête des troupes et convocation de celui-ci devant les Anciens puis devant une commission composée des inspecteurs des conseils afin de se concerter sur la marche à suivre. D'après le décret, Bonaparte se voyait confier "la garde du corps législatif, les gardes nationales sédentaires, les troupes de ligne qui se trouvaient dans la Commune de Paris et dans l'arrondissement constitutionnel". En outre, tous les citoyens étaient invités à se conformer à ses ordres et à lui prêter main-forte "à sa première réquisition". A la demande de Sieyès, la garde du Directoire avait été omise de la liste des troupes placées sous les ordres du nouvel homme fort. Celui-ci rectifia de lui-même cet "oubli" en corrigeant de sa main le décret et en prenant *de facto* le commandement de cette troupe. Ces grenadiers se rallièrent au coup d'Etat avant même cette rectification, puisque leur chef, Jubé, fit sortir tous ses hommes, tôt le matin, et les dirigea sans hésiter sur les Tuileries. Sieyès ne trouva personne pour l'escorter, à la sortie du Luxembourg. Ses détracteurs ont dit qu'il avait prévu une entrée au château musique en tête et, fort de ses nouvelles connaissances équestres, fièrement monté sur un cheval blanc. Cette légende tient plus du désir de ridiculiser Sieyès et de le faire passer pour un niais ambitieux et à courte vue, que de l'histoire. Quant au ralliement des gardes, s'il fut effectif, les conjurés eurent toujours "à l'oeil" les

[341] Au fil de notre récit, on apprendra d'autres noms de complices de la préparation de Brumaire. Cornudet, Fargues, Lebrun et Regnier (qui, d'après un billet à sa femme retrouvé dans ses papiers aux Archives nationales, était terrorisé durant le coup d'Etat auquel il avait, dit-il, beaucoup oeuvré) ont été mis au courant dans les jours qui précédèrent le 18. Leur prestation aux Anciens était bien réglée.

défenseurs présumés des conseils et du Directoire, formés de "chenapans avérés, résidus des gardes-françaises de 1789, passant pour être truffées de jacobins"[342].

Dans la foulée de la nomination de Bonaparte, les Anciens votèrent une adresse aux Français, texte préparé lors des conciliabules des jours précédents, qui informait la population de la marche des événements : "Le conseil des Anciens use (du droit de déplacer les séances du corps législatif) pour enchaîner les factions qui prétendent subjuguer la représentation nationale, et pour vous rendre la paix intérieure; il use de ce droit pour amener la paix extérieure, que vos longs sacrifices et l'humanité réclament. Le salut commun, la prospérité commune, tel est le but de cette mesure constitutionnelle. Il sera rempli (...). Vive le peuple, par qui et en qui est la République !"[343]. Après ces votes attendus, Cornet et Baraillon reçurent la mission d'aller chercher Bonaparte. Le conseil des Anciens décida de rester en séance jusqu'à l'arrivée du nouveau commandant de la 17e division militaire, tandis que les inspecteurs restant se retiraient pour délibérer. Ils furent bientôt rejoints par Sieyès et Roger Ducos.

Au Luxembourg, Barras s'était levé à son heure habituelle et avait décidé de prendre un bain. C'est en tout cas le prétexte qu'il avança pour refuser de rejoindre Gohier et Moulin qui l'avaient fait appeler pour conférer avec lui. Le président du Directoire était affolé : ni Sieyès ni Roger Ducos n'étaient au palais qui n'avait plus de garde pour le défendre[344]. Barras fit savoir à plusieurs reprises que son bain était plus important que tout, à cette heure-ci. Plus tard dans la matinée, il prétexta qu'une aussi longue toilette l'avait indisposé : à présent, il était souffrant. Il demanda à

[342] F. Piétri, *Napoléon et le Parlement*, 1955, p.27.

[343] *Journal de Paris*, 20 brumaire an VIII.

[344] Dans ses *Souvenirs d'un sexagénaire* (t. IV, p. 364), Arnault raconte que Jubé avait fait fermer à clé la porte des appartements de Gohier. Il aurait fallu le secours d'un serrurier pour l'en faire sortir.

son secrétaire Bottot de se rendre aux Tuileries pour prendre des nouvelles et –ultime illusion– de lui rapporter l'éventuelle invitation de Bonaparte à le rejoindre.

Rue de la Victoire

La rue de la Victoire avait connu, ce matin-là, une animation inhabituelle. Certes, depuis trois semaines, les voisins de Bonaparte et les riverains s'étaient accoutumés aux allées-venues des voitures et au pas des chevaux conduisant les dignitaires du régime et les militaires auprès du général. Mais, cette fois, le remue-ménage avait commencé, alors que le jour n'était pas encore levé. Dès six heures, un long cortège d'officiers en grande tenue s'était présenté, chacun faisant mine de s'étonner de la présence de l'autre. Malgré les témoignages rédigés après-coup, on peut penser que ceux qui furent vraiment surpris de se retrouver en si nombreuse compagnie étaient rares. Le général Lefebvre, commandant de la 17e division militaire pour quelques minutes encore, s'était présenté parmi les premiers. Il avait montré quelque surprise de rencontrer, rue de la Victoire, ses propres aides de camp et les officiers supérieurs normalement placés sous ses ordres. La rapidité avec laquelle Bonaparte le convainquit de se joindre à lui montre bien qu'il était décidé, lui aussi, à marcher avec la conspiration. Il reçut en cadeau le sabre que le vainqueur des Pyramides portait en Egypte. Voilà comment un général réputé jacobin renonçait à ses engagements !

Avec Bernadotte, homme au caractère plus trempé, les choses ne furent pas aussi faciles. Accompagné de son beau-frère Joseph Bonaparte, il se serait présenté en habit civil[345] et aurait eu une vive dispute avec Napoléon qui lui aurait lancé : "Vous croyez peut-être compter sur Moreau, Mac-

[345] A Bonaparte qui lui faisait le reproche de n'être pas en uniforme, il aurait répondu : "Pourquoi y serais-je ?" (Bourrienne, *Mémoires*, t. II, p. 49).

donald, Beurnonville et quelques autres généraux ? Ils viendront à moi plus tôt que vous ne le pensez, car ils y sont déjà, et ils m'attendent depuis longtemps dans mon antichambre". Bernadotte aurait persisté dans son refus de coopérer. Il aurait néanmoins promis de ne pas se mêler de ce qui allait se passer, sauf si le Directoire l'appelait à son secours. Bonaparte se serait alors emporté : "Ah, pour cela je suis bien tranquille, ils ne vous emploieront pas; ils craignent plus votre ambition que la mienne; moi, je suis certain de n'en avoir point d'autre que celle de sauver la République". Bernadotte se serait alors retiré, Joseph l'entraînant chez lui pour un déjeuner auquel étaient également conviées des personnalités politiques qu'il valait mieux éloigner des Tuileries. On peut douter que cette scène ait vraiment eu lieu. Elle a été reprise des mémoires de Bourrienne et du général Sarrazin –qui écrivit même que son ami Bernadotte avait tiré son épée pendant la dispute. Ces deux mémorialistes ont été formellement démentis par Joseph Bonaparte qui affirma que Bernadotte et Napoléon ne s'étaient pas rencontrés, au matin du 18 brumaire. Le jacobin avait préféré rebrousser chemin à la vue du dispositif militaire encombrant la rue de la Victoire[346].

Les autres officiers avaient compris ce qui se passait et l'exaltation monta encore d'un cran lorsqu'apparurent les dragons de Sébastiani qui se rangèrent, sabre au clair, dans la rue de la Victoire. Les accès au domicile de Bonaparte avaient été bouclés, si bien que ceux qui avaient répondu à l'invitation matinale du général étaient à présent bloqués à l'intérieur d'un périmètre de sécurité. Ils s'écartèrent pour laisser passer la voiture de Cornet et Baraillon, flanqués d'un messager d'Etat, conformément à la constitution. Les trois hommes remirent le décret des Anciens à Bonaparte qui le montra à Lefebvre. Quelques minutes encore et des aides de

[346] P. Bessand-Massenet, *Le 18 brumaire*, 1965, p 105, d'après une "déposition" de Joseph Bonaparte, datée de 1830, devant une commission de spécialistes examinant à la loupe les mémoires de Bourrienne.

camp partirent aux quatre coins de Paris, qui pour organiser le placardage des décisions prises aux Tuileries, qui pour informer les chefs de corps du changement de commandement, qui encore pour lancer l'impression des proclamations préparées en secret par Roederer et Talleyrand. Les deux hommes étaient apparus rue de la Victoire un peu plus tôt. Bonaparte leur avait fait prêter le serment de ne rien révéler de ce qu'ils savaient. Pour une fois, Talleyrand tint parole.

Dans la matinée, on allait distribuer un pamphlet anonyme, en vérité écrit par Roederer, le *Dialogue entre un membre du conseil des Anciens et un membre des Cinq-Cents* et les Parisiens pourraient lire une affiche au titre évocateur : *Ils ont tant fait qu'il n'y a plus de constitution*[347]. Ces deux textes annonçaient, sous forme de question, la suite du programme : "Sieyès et Bonaparte ne pourront-ils restaurer cette constitution dégradée ?" Plus tard, les affiches officielles allaient informer les citoyens des mesures prises. Dans l'après-midi, les murs furent couverts de placards blancs : proclamation de Bonaparte à la population, proclamation du commandant de la 17e division aux armées et à la garde nationale, adresse du conseil des Anciens aux Français.

Entre 8 et 9 heures, Bonaparte, en petit uniforme de général, suivi des officiers chamarrés de la garnison, des anciens d'Egypte, des dragons et bientôt rejoint par les hussards de Murat, se mit en mouvement vers les Tuileries. Là, une foule nombreuse s'était massée, malgré le froid vif. Des acclamations se firent entendre au passage du cortège. En le voyant passer, Ouvrard envoya sa lettre à Bruix...

Les aides de camp de Bonaparte avaient, eux aussi, réuni des collègues pour les entraîner, presque par surprise, dans l'opération. Marmont raconta dans ses *Mémoires*, comment il pratiqua, lors d'un déjeuner auquel il avait convié des gradés : "J'en avais huit, dans une petite maison que j'occu-

[347] Voir annexes 2 et 3.

pais rue Saint-Lazare. Au milieu de notre déjeuner, Duroc arrive en uniforme et me dit : "Général, le général Bonaparte vient de monter à cheval (...); il me charge de vous porter l'ordre de venir (le) rejoindre". En peu de mots, j'expliquai à mes camarades ce dont il s'agissait; mon allocution fut vive et courte; je la finis en leur exprimant la conviction où j'étais de leur empressement à l'aider dans sa louable entreprise. Plusieurs m'objectèrent qu'ils étaient sans chevaux : la difficulté fut résolue en faisant sortir de mon écurie huit chevaux loués à un manège"[348].

Bonaparte à la tête de l'armée de Paris

Vers 10 heures, Bonaparte pénétra dans la salle des séances du conseil des Anciens, accompagné de Berthier, Murat, Marmont et, pour bien montrer qu'il avait la situation militaire en main, Macdonald, Beurnonville et Moreau. Le président Lemercier l'accueillit avec quelques mots aimables. Un secrétaire donna lecture du décret voté quelques heures plus tôt. Le général s'adressa alors aux députés : "La République périssait, vous l'avez reconnu : vous avez rendu un décret qui va la sauver (...). Aidé de tous les amis de la liberté, de ceux qui l'ont fondée, de ceux qui l'ont défendue, je la soutiendrai. Le général Berthier, le général Lefebvre et les braves qui sont sous mes ordres partagent mes sentiments. Vous avez rendu la loi qui promet le salut public; nos bras sauront l'exécuter. Nous voulons une république fondée sur la liberté, l'égalité, la propriété et sur les principes sacrés de la représentation nationale. Nous l'aurons, je le jure !" Le député Garat prit la parole et demanda qu'on étende le serment du général : il devait jurer de défendre aussi la constitution et les autres militaires devaient se joindre à lui. Le président empêcha Garat d'aller plus

[348] *Mémoires du maréchal Marmont, duc de Raguse*, 1857, t. II, p. 93. Duroc était alors aide de camp de Bonaparte.

loin en lui rappelant que, justement, la constitution interdisait que l'on débatte une fois pris un décret de translation. Des cris de *Vive la République !* clôturèrent la séance, Lemercier invitant ses collègues à se retrouver le lendemain à Saint-Cloud.

Bonaparte quitta la salle des délibérations et se rendit dans celle qu'occupaient Sieyès, Ducos et les inspecteurs. Ils attendaient l'arrivée des ministres complices de la conspiration. Bonaparte reçut les félicitations de tous et annonça qu'il allait passer en revue les troupes présentes aux Tuileries. Se rendant dans la cour, il aperçut Bottot, l'observateur envoyé par Barras. Montant le cheval noir que lui avait prêté l'amiral Bruix –car le vainqueur des Pyramides avait quitté l'Egypte sans ses montures-, Bonaparte harangua les troupes qui l'acclamèrent. Le général avait préparé son effet. Il s'adressa alors ostensiblement à Bottot et lui débita une diatribe préparée à l'avance : "Dans quel état j'ai laissé la France et dans quel état je l'ai retrouvée ! Je vous avais laissé la paix et je retrouve la guerre ! Je vous avais laissé des conquêtes et l'ennemi passe nos frontières ! J'ai laissé des arsenaux garnis et je n'ai pas retrouvé une arme ! J'ai laissé les millions de l'Italie et je retrouve partout des lois spoliatrices et de misère ! Nos canons ont été vendus, le vol a été érigé en système ! Les ressources de l'Etat épuisées ! On a eu recours à des moyens vexatoires, réprouvés par la justice et le bon sens ! On a livré le soldat sans défense ! Où sont les braves, les cent mille camarades que j'ai laissés couverts de lauriers ? Que sont-ils devenus ? Cet état de choses ne peut plus durer; avant trois mois, il mènerait au despotisme. Mais nous voulons la république, la république assise sur les bases de l'égalité, de la morale, de la liberté civile et de la tolérance politique. Avec une bonne administration, tous les individus oublieront les factions dont on les fit membres pour leur permettre d'être français. Il est temps enfin que l'on rende aux défenseurs de la patrie la confiance en laquelle ils ont tant de droits ! A entendre quelques factieux, bientôt, nous serions tous des ennemis de la République, nous qui l'avons affermie par nos travaux et notre courage. Nous ne voyons pas de gens plus patriotes que les braves qui sont mutilés au service de la République"[349].

Dans cet habile discours, tout avait été réuni pour se concilier les troupes : référence permanente à la République, aux "voleurs" qui avaient privé les armées de ce à quoi elles avaient droit, appel aux soldats pour qu'ils sauvent une nouvelle fois la liberté. Avoir pris Bottot pour cible était tout aussi habile : il représentait un maître discrédité, "pourri", complice des fournisseurs. Enfin, pour Barras, le message était clair : on n'avait pas besoin de lui.

Bonaparte contrôlait la situation et le fit sentir. Il avait les troupes, la force et l'ambition de prendre le pouvoir. Même ses alliés de la conspiration durent se douter que ce jeune homme ne rentrerait pas dans le rang une fois l'affaire faite. Croisant Augereau et Jourdan dans la cour des Tuileries, le commandant de la 17e division leur déconseilla de se rendre à Saint-Cloud le lendemain. S'ils ne suivirent pas le conseil, leur conduite allait être guidée par la prudence.

Gohier et Moulin éliminés

Quelques minutes après le vote des Anciens, Fouché s'était présenté au Luxembourg pour remettre le texte du décret à Gohier. Le président du Directoire avait eu le nez creux : le matin même, il avait laissé son épouse aller seule au déjeuner offert par Mme Bonaparte. Le piège était trop gros. Mme Gohier était arrivée rue de la Victoire juste avant le départ de Napoléon et de son état-major, ce qui avait permis au nouveau commandant de la 17e division militaire de savoir que le président du Directoire n'avait pas envie de se soumettre. Quant à Joséphine, elle reçut parfaitement sa visi-

[349] La harangue à Bottot était inspirée d'une adresse d'un club jacobin de Grenoble. Elle avait été préparée à l'avance et aurait dû être débitée, en cas de besoin, devant les Anciens.

teuse et tenta, durant toute l'entrevue, de la rassurer sur le sort réservé à son mari : si Gohier acceptait de coopérer, il y aurait une bonne place pour lui dans le nouveau régime.

En attendant, au Luxembourg, Gohier fit de sévères représentations à son ministre de la Police pour n'avoir pas su prévoir ce qui se passait. Fouché répliqua, sans vergogne, qu'il avait souvent averti les directeurs du danger. Il attendait à présent les ordres. Le président du Directoire n'avait pas l'intention de céder. Il en informerait Bonaparte au dîner que le général avait accepté de partager avec lui[350]. Sur ces entrefaites, il reçut des inspecteurs du conseil des Anciens un billet lui demandant de se présenter aux Tuileries où Sieyès et Ducos l'attendaient pour lui parler des dispositions du décret : "La commission s'empresse de vous faire part du décret de translation de la résidence du Corps législatif à Saint-Cloud. Le décret va vous être expédié, mais des mesures de sécurité exigent des détails dont nous nous occupons". Le contenu du décret n'était pas joint, preuve qu'on voulait se réserver l'effet de surprise. La "ficelle" était un peu grosse, d'autant plus que Gohier avait été instruit par Fouché des détails de la nomination de Bonaparte à la tête de la 17e division. Suivi de Moulin, le président du Directoire fit irruption aux Tuileries, dans la salle des inspecteurs, où il trouva Sieyès, Ducos, Bonaparte et plusieurs ministres, dont Cambacérès et... Fouché.

Quelques minutes plus tôt, le ministre de la Justice, voulant "se donner l'impression de n'être pas inutile dans (le) complot"[351], avait objecté qu'il lui revenait de donner au décret des Anciens un caractère exécutoire en le faisant publier au *Bulletin des Lois*. Or, cette formalité réclamait la signature de Gohier. Bonaparte s'était emporté : "Les légistes entravent toujours la marche des affaires". Cambacérès avait alors proposé une solution : puisque Gohier n'était pas

[350] Bonaparte, bien sûr, annula ce dîner.
[351] P.-F. Pinaud, *Cambacérès*, p. 114.

là, c'est qu'il était empêché pour raison de force majeure. Sieyès pouvait donc signer à sa place, ce qui fut fait sans attendre. A peine l'ex-abbé avait-il apposé son seing et le ministre de la Justice actionné les sceaux que Gohier arriva. Le ministre de la Justice lui expliqua la situation et le président du Directoire accepta de signer à son tour. Les formes de la constitution étaient respectées. Mais Gohier ne voulait pas en rester là. Il informa Bonaparte qu'il avait signé le décret parce que ses fonctions l'y obligeaient. Pour le reste, il ne voulait rien avoir à faire avec ce qui se préparait. Moulin renchérit et, à demi-mot, menaça Bonaparte d'en appeler aux faubourgs parisiens pour défendre la République. Le général ne pouvait en entendre davantage : "Il n'y a plus de Directoire", lâcha-t-il. Sieyès confirma : lui et Ducos étaient démissionnaires. Bonaparte exigea la démission des deux directeurs. Boulay de la Meurthe se fit insinuant : "Vous ne voulez pas, citoyen Gohier, qu'on mette à cette demande plus que de l'invitation". Le président du Directoire et Moulin refusèrent de s'effacer et déclarèrent se retirer au Luxembourg, donnant rendez-vous à tout le monde pour le lendemain, au château de Saint-Cloud.

Bonaparte dépêcha Moreau et 300 fantassins au Luxembourg, avec pour mission de tenir les directeurs Gohier et Moulin sous leur surveillance. Le prétexte en était qu'on redoutait une attaque du palais des directeurs par les jacobins, ce qui revenait à inverser les données. Les portes devaient être fermées et toute visite interdite. Moulin refusa de discuter avec Moreau, lui montra du doigt sa porte et lui intima l'ordre de se tenir dans l'antichambre : telle était, selon lui, la place d'un geôlier. Des membres des conseils venus aux nouvelles furent repoussés sans ménagement. Un message de protestation des deux directeurs aux conseils fut intercepté et envoyé à Bonaparte. Moulin et Gohier y écrivaient : "Un grand attentat vient d'être commis, et ce n'est sans doute que le prélude d'attentats plus grands encore. Le palais directorial est livré à la force armée; les magistrats du peuple, à qui vous avez confié la puissance exécutive, sont en ce moment gardés à vue par ceux-là même que, seuls, ils ont le droit de commander (...). C'est aujourd'hui, Représentants du peuple français, qu'il faut proclamer la République en danger".

Alors que Moreau s'assurait du palais du Luxembourg, des officiers et des sentinelles s'étaient postés au ministère de la Guerre pour y tenir en respect Dubois-Crancé. Lannes fut nommé gouverneur des Tuileries; Berruyer eut les Invalides; Murat plaça ses cavaliers à proximité du Palais-Bourbon, tandis que Sébastiani faisait surveiller par ses dragons le pont menant à la place de la Révolution. Afin de lui donner un rôle tout en l'éloignant du coeur de l'action, Macdonald fut dépêché à Versailles, place dont il assurait déjà le commandement. Sérurier, enfin, fut chargé d'emmener sur le champ la garde du corps législatif au château de Saint-Cloud et d'occuper le quartier du Point-du-Jour. Au milieu de ces mesures militaires et répressive, Bonaparte ordonna à Fouché de lever la mesure de fermeture des portes de Paris que le ministre de la Police, décidément incorrigible, avait ordonné, comme au temps de la Terreur. "Eh, bon Dieu ! Pourquoi toutes ces précautions ? Nous marchons avec la nation et par sa seule force. Qu'aucun citoyen ne soit inquiété, et que le triomphe de l'opinion n'ait rien de commun avec ces journées faites par une minorité", aurait-il déclaré[352]. Bonaparte ne voulait surtout pas dépendre d'initiatives non maîtrisées et qui pourraient être mal interprétées par l'opinion. En revanche, il laissa le ministre accéder à la demande de suspension de la municipalité de Paris, émanant de l'administration du département de la Seine –au sein de laquelle Réal jouait un rôle central. La Commune fut donc remplacée par des commissaires du gouvernement.

Autre forte tête qu'il faudrait contrôler, le ministre des Finances, Robert Lindet, avait refusé de se joindre à la

[352] *Correspondance*, t. XXX, p. 318.

conspiration, malgré les appels de Sieyès. Quelques jours plus tôt, il avait dédaigné l'assurance de conserver son ministère s'il soutenait le coup d'Etat : "Non, avait-il dit à Sieyès, je ne suis pas un conspirateur. La France ne se manquera pas à elle-même; il y a assez d'honnêtes gens qui surgiront quand le besoin en sera. Si vous réussissez, je rendrai mon compte qui est fort aisé : j'ai zéro en caisse". Après le vote du décret des Anciens, Cambacérès lui avait demandé de venir aux Tuileries. Il avait obtempéré mais refusé de se joindre aux ministres ralliés. Il s'était ensuite retiré. Il fut sans doute surveillé pendant les journées du coup d'Etat. Peine inutile : à 53 ans, Lindet, ancien membre du "grand" Comité de salut public avait décidé de se retirer de la vie politique[353].

Barras escamoté

"Il n'y a plus de Directoire", avait prématurément affirmé Bonaparte. En fin de matinée, il avait raison. Talleyrand et Bruix s'étaient fait annoncer chez Barras. Le directeur avait, dira-t-il plus tard, passé la matinée à essayer d'organiser la riposte, envisageant de monter à cheval et d'aller soulever le faubourg Saint-Antoine, en compagnie du général Debelle qui lui avait offert ses services. Nous devons douter de ce témoignage *pro domo*, d'autant plus que Debelle fut l'un des officiers qui se trouvaient rue de la Victoire avant le départ de Bonaparte et que nous savons, par les mémoires de Gohier, le soin que Barras prit à sa "toilette". Attendant de voir dans quel sens soufflait le vent, le directeur n'attendait qu'une chose : qu'on ait besoin de lui. C'est pour cette raison qu'il refusa d'écouter l'appel à la résistance que lui lancèrent Merlin de Thionville ou Mme Tallien qui avaient réussi à franchir le blocus du Luxembourg[354]. "Nous sommes aban-

[353] Voir F. Pascal, "Lindet face à Napoléon", *Revue de l'Institut Napoléon*, 1991-II, pp. 23-44.
[354] Voir, par exemple, J. Bertaut, *Madame Tallien*, 1946, pp. 222-223.

donnés. Nous crierions en vain : il n'y aura pas d'échos", aurait-il déclaré à sa maîtresse. Alors qu'il s'apprêtait à passer à table en compagnie d'Ouvrard –à l'attitude toujours aussi ambiguë-, il accueillit Talleyrand et Bruix avec anxiété. Certains ont prétendu, sans doute à tort, car cela ne cadre pas avec sa personnalité, que l'ancien évêque d'Autun était venu armé et prêt à utiliser les deux pistolets dissimulés sous son habit[355]. La mission du diplomate et de l'amiral était bien celle de deux "exécuteurs", mais politiques. Ils annoncèrent à Barras la démission de Sieyès et Ducos et, pour faire bonne mesure, celles de Gohier et Moulin. Ils ajoutèrent encore que le conseil des Cinq-Cents avait marqué son accord avec le décret des Anciens, ce qui était faux. Enfin, ils lui demandèrent sa démission. La capitulation de l'homme de Thermidor et de Vendémiaire se fit sans difficulté. Il apposa sa signature sur la lettre dictée le matin même par Roederer à son fils Antoine : "Engagé dans les affaires publiques uniquement pour ma passion de la liberté, je n'ai consenti à partager la première magistrature de l'Etat que pour le soutenir dans ses périls par mon dévouement, pour préserver des atteintes de ses ennemis les patriotes compromis dans sa cause, et pour assurer aux défenseurs de la patrie ces soins particuliers qui ne pouvaient leur être plus constamment donnés que par un citoyen anciennement témoin de leurs vertus héroïques, et toujours touché de leurs besoins. La gloire qui accompagne le retour du guerrier illustre à qui j'ai eu le bonheur d'ouvrir le chemin de la gloire; les marques éclatantes de confiance que lui donne le corps législatif et le décret de la représentation nationale m'ont convaincu que, quel que soit le poste où l'appelle désormais l'intérêt public, les périls de la liberté sont surmontés et les intérêts des armées garantis. Je rentre avec joie dans les rangs de simple citoyen, heureux, après tant d'ora-

[355] Par exemple, J. Savant, *Tel fut Barras*, p. 204.

ges, de remettre entiers et plus respectables que jamais les destins de la République dont j'ai partagé le dépôt"[356].

On notera que, dans la lettre préparée par Roederer et Talleyrand, aucune référence à Sieyès et aux autres membres de la conspiration ne peut être relevée. On n'y parle que de Bonaparte, déjà présenté comme le grand vainqueur du 18 brumaire.

Une fois la signature obtenue, Talleyrand remercia Barras d'être, une fois encore, le "sauveur" de la République. L'ancien ministre des Relations Extérieurs avait été autorisé à offrir, en échange de la démission, une coquette somme d'argent –soit deux millions peut-être avancés par Collot-, pour indemniser Barras de sa perte d'influence. Dans ses mémoires, le directeur confirma qu'une telle promesse lui fut faite mais que l'argent fut détourné par Talleyrand. C'est peu probable. Car, même si le vénal "diable boiteux" n'en avait jamais assez, Barras, oublié et méprisé par Napoléon, ne vécut pas dans la misère sous le règne de son ancien protégé. Mais il est vrai aussi que le vainqueur de Thermidor avait passé ses quelques années de pouvoir à détourner des fonds, à se faire payer des services. Il y avait là de quoi bien vivre. On ne saura donc jamais si Barras toucha ou non son argent.

Sa démission rendait sa présence inutile, voire encombrante, à Paris. Bonaparte envoya 100 dragons au Luxembourg. Ils devaient "faire l'honneur d'une escorte" à l'ex-directeur qui souhaitait partir se reposer sur sa terre de Grosbois, en Seine-et-Marne. En fin d'après-midi, selon le mot d'Albert Vandal, Barras "s'évada" de l'Histoire.

Le Directoire était dissous, *de facto*. Les conseils étaient transférés à Saint-Cloud. La partie constitutionnelle du coup d'Etat avait parfaitement réussi.

[356] Roederer, *Oeuvres*, t. III, p. 301. L'original, très lisible, alors même que Roederer a affirmé dans ses *Mémoires*, que Talleyrand l'avait froissé avant de le glisser dans sa poche, se trouve aux Archives nationales, dans les cartons du conseil des Anciens à qui la démission était adressée (C 592).

VI

Une journée de réflexion.

Le 18 brumaire, en début d'après-midi, le premier acte du coup d'Etat avait été joué. Le plan de Sieyès avait fonctionné. Les Anciens avaient transféré les conseils à Saint-Cloud. L'exécutif avait été immobilisé. "La trappe avait admirablement fonctionné, escamotant les directeurs" (M. Massie). Trois avaient démissionné. Deux étaient retenus au Luxembourg. Bonaparte maîtrisait la garnison de Paris. Si le régime de l'an III n'était pas encore à terre, on n'en était pas loin.

Le clivage Bonaparte-Sieyès commençait à se matérialiser. Le rôle de l'ex-directeur dans cette première journée avait été effacé. Son intelligence constitutionnelle avait été dépassée par le général qui avait de meilleures cartes en main. Ses 7 000 soldats, encadrés par des officiers supérieurs dévoués, lui donnaient un avantage essentiel sur ses partenaires. Au premier jour du coup d'Etat, la stratégie de Bonaparte s'était développée sans ambiguïté. Il n'avait pas mis Sieyès au courant de toutes ses dispositions militaires, l'avait privé de la garde du Directoire. Avec la complicité de Talleyrand, Roederer et Regnaud de Saint-Jean d'Angély, il avait affiché ses intentions dans les proclamations et pamphlets qui circulaient dans Paris. Sieyès était absent de ces textes dans lesquels le premier rôle était réservé au "héros", au "sauveur" de la République. Concernant l'avenir aussi, ces affiches étaient sans équivoque. On y insistait sur le rôle que Bonaparte devait jouer. Par avance, ses rédacteurs réfutaient l'idée qu'on lui donne un nouveau commandement militaire aux frontières : "C'est à Paris que Bonaparte doit être pour nous donner la paix". Comme on peut le lire dans les *Mémoires* de Fouché, on était en présence de deux partis unis vers le même but, "mais dont l'un semblait s'effrayer de l'ascendant du parti militaire"[357].

Malgré ses aspects constitutionnels, ce coup de force ne ressemblait pas à ceux qui l'avaient précédé. En apparence, les troupes de Bonaparte ne pouvaient rencontrer de résistance : les jacobins ne disposaient d'aucune force digne de ce nom dans la capitale, à moins de réussir à retourner l'armée contre son nouveau chef. La police de Fouché surveillait les faubourgs, dont le "roi", Santerre, celui qui avait accompagné Louis XVI à l'échafaud, ne représentait plus rien. Bonaparte avait prévenu Gohier : si les faubourgs venaient à bouger, il ferait arrêter et fusiller Santerre. Moulin l'avait, bien malgré lui, rassuré : Santerre ne pouvait pas mobiliser plus de quatre hommes. Et pour ce faire, encore eut-il fallu qu'il en ait envie : retourné à ses affaires, vivant confortablement de rentes foncières avantageuses, l'ancien brasseur et sans-culotte, dont le nom inquiétait tant, était devenu un notable calme et raisonnable. Autre "bête noire" présumée "jacobine", Bernadotte semblait –mais semblait seulement– avoir été raisonné par Joseph Bonaparte. Dubois-Crancé n'avait plus d'autorité sur rien. Augereau et Jourdan hésitaient. Moreau s'était soumis. Si quelques officiers avaient eu des velléités de résistance, ils avaient été noyés dans la masse de leurs collègues. Bonaparte pouvait à présent imaginer que le coup d'Etat conserverait ce tour quasi-constitutionnel. Les derniers adversaires, ceux qu'il faudrait affronter demain, siégeaient au conseil des Cinq-Cents. Ils n'étaient qu'une poignée.

[357] Fouché, *Mémoires*, p. 75.

Les jacobins préparent leur contre-attaque

La chambre basse s'était réunie dans la matinée, au Palais-Bourbon, sous la surveillance des dragons de Sébastiani. Après l'annonce du vote du décret de translation, les députés jacobins, voire quelques modérés qui tombaient des nues, avaient voulu débattre et résister. Le président Lucien Bonaparte leur rappela la constitution : ils ne pouvaient se réunir avant le lendemain, sous peine de poursuites. Il leva la séance, au grand mécontentement de la majorité qui se mit à crier : *Vive la République ! Vive la constitution !*. Par petits groupes, les députés s'étaient ensuite retrouvés en plusieurs lieux pour tenter d'organiser une riposte.

Jourdan et Augereau, un moment convaincus qu'il ne fallait pas se rendre à Saint-Cloud, changèrent d'avis après en avoir conféré avec Bernadotte[358]. Ils envisagèrent de proposer aux conseils de nommer ce dernier à la tête des troupes, dès l'ouverture de la séance du lendemain. Le mari de Désirée, appelé à Saint-Cloud, remonterait les rives de la Seine en prenant au passage le commandement des troupes échelonnées entre Paris et le château. Il paraîtrait au lieu de réunion des conseils et déclarerait Bonaparte hors-la-loi. Les députés jacobins présents, Destrem, Aréna, Grandmaison, Briot, Talot, Digneffe, Blin, Soulhié, Bigonnet et Delbrel, acceptèrent ce plan qui revenait à opposer Bernadotte et les Cinq-Cents à Bonaparte et les Anciens. Dans cette affaire où si peu de secrets pouvaient résister aux trahisons et aux tactiques personnelles, Bonaparte fut informé de ce qui se tramait par Saliceti. Ce jacobin bon teint avait des origines corses et connaissait bien Napoléon. Il avait été commissaire du Directoire à l'armée d'Italie avant de se faire élire aux Cinq-Cents. Ayant participé aux réunions des députés préparant la contre-attaque du lendemain, il se rendit rue de la Victoire et raconta tout au général. Colère, menaces et promesses de châtiment furent ensuite colportées par Salice-

[358] C'est en tout cas ce qu'affirma Barras dans ses *Mémoires*.

ti en sens inverse. Quelques députés jacobins en auraient été effrayé et auraient renoncé à paraître à Saint-Cloud. Ces défections, si elles eurent lieu, ne furent d'aucune conséquence, ni pour la conspiration, ni pour la "contre-conspiration" jacobine.

Autre souci, la fougue de Bonaparte et son comportement autoritaire pouvaient faire peur à ceux qui ne voulaient pas d'un coup d'Etat qui remette en cause la forme républicaine du gouvernement. La puissance réunie par le général était, pour les civils, un facteur d'inquiétude. Il avait beau s'échiner à utiliser un langage révolutionnaire, s'efforcer par ses manoeuvres d'empêcher les chefs jacobins de venir se frotter à lui à Saint-Cloud, ses ordres claquants, ses phrases sèches et le peu de cas qu'il avait fait des "politiques" durant cette première journée pourraient se retourner contre les conspirateurs à la première difficulté sérieuse. "C'était là le danger le plus pressant de la journée du lendemain, note justement Jean Thiry, et Bonaparte n'en avait pas mesuré l'étendue". Certains Anciens avaient lu les proclamations rédigées par Roederer et Regnaud. Ils y avaient appris qu'on entendait réformer en profondeur la constitution. A présent, alors même qu'ils militaient depuis des mois pour l'amendement du régime de l'an III, ils hésitaient. Albert Vandal avance, à tort, que c'est le seul Sieyès qui, dès le 18 brumaire, poussait à utiliser la troupe, les brimades et les arrestations pour en finir. L'ex-directeur savait bien qu'un coup d'Etat "militaire" ne pouvait que desservir ses projets en plaçant un César sur le devant de la scène. Il avait un intérêt direct à ce que l'affaire se déroule sans (trop) violer la lettre de la constitution. Le directeur démissionnaire était prêt à punir les jacobins, ses ennemis jurés. Mais, ce faisant, il mettait le pied de Bonaparte à l'étrier et avait peu de chance de pouvoir ensuite contrôler le général. Les choses ne furent pas simples et il est donc abusif de dire que seul Sieyès militait pour l'emploi de la force. Tout, en revanche, tend à montrer que Bonaparte était prêt, lui aussi, à rudoyer ses adversaires. Il jouait trop gros pour mesurer ses moyens. Gohier, Moulin, Dubois-Crancé étaient retenus contre leur gré. Les généraux jacobins avaient été menacés. Le dispositif prévu pour le lendemain était bien celui d'un coup d'Etat constitutionnel pouvant se transformer, en cas de besoin, en coup d'Etat militaire. Le 19 brumaire, Bonaparte et Sieyès tomberont d'accord sur les moyens, lorsque l'impatience et la nervosité du général rendront indispensable l'intervention de la troupe. Aucun des deux n'entraînera l'autre, même si Sieyès, plus expérimenté, semblera garder son sang-froid dans les difficultés. Mais la partie "militaire" du coup d'Etat ne fut qu'une parenthèse dans la marche parlementaire de la journée.

Les milieux d'affaires se réjouissent, le peuple approuve

Ces craintes et ces risques restaient cantonnés dans la sphère politique. Le Paris des affaires, alléché par les promesses des conspirateurs et l'inscription à l'ordre du jour du conseil des Anciens du vote sur les délégations des fournisseurs, reprenait espoir : le tiers consolidé, mesure de la confiance des investisseurs de l'époque, passa de 11,37 à 12,88 francs. Dans l'après midi, d'après les journaux, une somme de deux millions fut offerte au Trésor public par un anonyme. Si ce fait est peut-être inexact, son annonce publique visait à montrer aux populations que les nantis appréciaient ce qui était sur le point de se réaliser à Saint-Cloud : avec Bonaparte et Sieyès, on pourrait reprendre une activité économique normale, ce qui profiterait à tout le monde.

Le Paris populaire, qui n'avait pourtant jamais attendu que les milieux d'affaires lui indiquent la conduite à tenir, ne s'agitait pas. Il en avait perdu l'envie depuis des années. Le faubourg Saint-Antoine n'avait vu ni Santerre ni qui que ce soit d'ailleurs, quoiqu'en ait dit Bernadotte, des années plus tard, non sans se donner un rôle qu'il n'avait pas joué et des moyens qu'il n'avait jamais possédés, dans une lettre à Lucien Bonaparte : "Le faubourg Saint-Antoine était à moi; nous avions des armes et des hommes qui n'auraient pas été des jobards pour s'en servir sous mes ordres, mais tout a été de travers ce jour-là ! La faiblesse seule a triomphé"[359]. Si les jacobins s'agitèrent, ils le firent en pure perte, preuve que leur puissance populaire avait été laminée par quatre années de coups d'Etat directoriaux. Rentrant de Coppet, Mme de Staël se présenta à la barrière de Charenton. Elle y croisa le cortège de Barras partant pour son exil de Grosbois. Elle remarqua bien l'excitation des passants, entendit répéter partout le nom de Bonaparte mais fut frappée qu'en ce "jour de révolution" les rues soient aussi calmes[360]. Le soir du 18 brumaire, les théâtres affichèrent complet. "Ce premier acte du drame se passa sans sifflets, ni applaudissements, le plus simplement du monde"[361].

Conformément aux ordres de Bonaparte, les barrages aux entrées de Paris avaient été levés. Seuls subsistaient de petits détachements qui se contentaient de contrôler les papiers des voyageurs. Fouché avait fait placarder des avertissements : "Que les faibles se rassurent; ils sont avec les forts; que chacun suive avec sécurité le cours de ses affaires et de ses habitudes domestiques. Ceux-là seuls ont à craindre et doivent s'arrêter, qui sèment les inquiétudes, égarent les esprits et préparent le désordre. Toutes les mesures de répression sont prises et assurées; les instigateurs des troubles, les provocateurs à la royauté, tous ceux qui pourraient attenter à la sûreté publique ou particulière, seront saisis et livrés à la justice". Le ministre avait habilement montré du doigt les contre-révolutionnaires, qui n'étaient nullement à craindre, évitant de menacer les jacobins. Il restait prudent : si la gauche finissait par l'emporter, il disposerait, avec sa proclamation, d'un bon alibi pour prouver qu'il avait intrigué pour elle. Il en laissa faire l'aveu par les rédacteurs de ses

[359] P. Bessand-Massenet, *Quand la France attendait Bonaparte*, p. 272.
[360] G. de Diesbach, *Madame de Staël*, 1983, p. 238.
[361] Thibaudeau, *Mémoires*, p. 4.

Mémoires : "J'avoue que je n'étais pas moi-même très rassuré sur l'issue de la journée du lendemain"[362].

Vers le coup d'Etat improvisé

Aux Tuileries, pendant tout l'après-midi et la soirée, la conspiration poursuivit ses préparatifs pour la journée du 19 brumaire. Dans la salle des inspecteurs, Bonaparte reçut un grand nombre de visiteurs venus le féliciter ou l'assurer de leur soutien. On vit des députés, ses collègues de l'Institut et des fonctionnaires, des modérés et même des jacobins. Le monde politique et administratif de la capitale venait aux nouvelles, à défaut de se mettre toujours aux ordres. A cette heure, on avait tendance à présenter sa visite comme une soumission, en attendant de voir ce qui se passerait. Pouvait-on en vouloir à ces hommes qui, depuis dix ans, avaient connu tant de secousses et vécu tant d'opérations semblables à celle que menaient Sieyès et Bonaparte ? Dans un tel contexte, c'était à la conspiration de prouver qu'elle était capable de s'imposer et non à ces révolutionnaires fatigués de risquer tout sans rien savoir.

A Saint-Cloud, on avait commencé des travaux d'aménagement rendus nécessaires par l'état du château qui n'avait pas été occupé depuis le départ de Louis XVI et de Marie-Antoinette, en 1792. Après que la Convention eut renoncé à en faire un musée, celui-ci avait été dévolu à l'agrément des citoyens qui pouvaient s'y promener en toute liberté[363]. "Le château de Saint-Cloud, écrit un anonyme du XIXe siècle,

[362] Fouché, *Mémoires*, p. 76.

[363] Construit au XVIIe siècle, le château de Saint-Cloud fut une des plus belles propriétés de la famille d'Orléans, jusqu'à son "rachat", en 1785, par la reine Marie-Antoinette –lors d'une scandaleuse opération de spoliation qui ne contribua pas à rapprocher la branche cadette des Bourbons de son aînée. De ce palais, détruit par un incendie en octobre 1870 et rasé vingt ans plus tard, il ne reste que quelques vestiges et le parc, avec notamment un superbe système de fontaines et de cascades (voir S. Drigeard, "Le fabuleux domaine de Saint-Cloud", *Vieilles Maisons Françaises*, mars 1996, pp. 22-23).

est un édifice que tous les Parisiens connaissent pour l'avoir examiné du bout de l'avenue qui y conduit (...) si vous le regardez en arrivant de Paris, sa configuration extérieure vous semblera de ce côté un chef d'oeuvre de bizarrerie et d'incohérence. Tout au haut d'une montée ardue, roide, et flanquée de casernes et de guinguettes, s'arrondit en demilune un étroit espace qui communique avec la cour principale par des angles percés de droite et de gauche, irrégularité que les difficultés du terrain n'ont pas permis de corriger, et qui ne laisse pas de donner au monument la tournure d'un cloître, grâce au rideau de pierre qui en masque la façade. Le grand salon, dont la décoration n'a rien qui réponde au luxe fantasmagorique déployé à l'extérieur pour l'ornement des jardins, a été orné de peintures de Mignard; on y voit des nymphes, des Grâces, des Vénus; puis vient la galerie dite d'Apollon, percée de treize fenêtres sur chacun de ses côtés parallèles (...). Derrière le grand corps de logis et adossée au jardin, on a construit l'Orangerie"[364].

On disposait de peu de temps pour mettre les choses en ordre et accueillir dans de bonnes conditions quelques centaines de représentants du peuple, l'état-major de la 17e division militaire et tout le nécessaire pour que les conseils puissent fonctionner. L'Orangerie, reliée au château par une étroite galerie couverte, fut affectée aux Cinq-Cents, tandis que les Anciens héritèrent du grand salon de Mars et de la galerie d'Apollon. Les appartements devaient être occupés par Bonaparte, Sieyès, Ducos et leur suite. Les inspecteurs de la salle se contenteraient des petits salons. Les tapissiers s'affairaient, les menuisiers construisaient à la hâte les tribunes des orateurs[365], les perchoirs et quelques marches devant

[364] *Paris et Saint-Cloud au 18 brumaire*, 1832, p. 222. Cette brochure anonyme raconte le roman d'un jeune jacobin mêlé aux journées de Brumaire.

[365] L'entrepreneur de menuiserie Fayard était chargé de fournir et d'installer le matériel destiné à la salle des Anciens. Son devis (tribune, plancher, décorations, marchepieds, etc.) est conservé dans les cartons du conseil des Anciens aux Archives nationales (C 597). Le devis se monta à 528 francs, ramenés à 389 francs par les employés des Anciens.

figurer les bancs des députés. On avait livré du mobilier (sièges, tables pour les présidents et les secrétaires), des tentures et des tapis pour décorer un ensemble assez froid, des barrières pour contenir les spectateurs qui seraient admis à assister aux travaux des Cinq-Cents. Au dehors, le froid sec avait laissé la place à une pluie battante.

Vers 7 heures du soir, se tint l'ultime "assemblée générale" des principaux parlementaires conspirateurs. Autour de Bonaparte, Sieyès, Ducos et Cambacérès prirent place les représentants Lemercier, Regnier, Cornudet, Fargues, Lucien Bonaparte, Boulay de la Meurthe, Gaudin, Cabanis, Chazal et quelques autres. Aussi invraisemblable que cela puisse paraître, il n'y avait pas de plan détaillé des opérations du lendemain. Dans le camp de Bonaparte comme dans celui de Sieyès, on avait caché ses intentions en restant très vague sur la conduite à tenir une fois les conseils transférés à Saint-Cloud. Une discussion confuse s'engagea. On était d'accord sur la dissolution du Directoire et sur son remplacement par trois consuls provisoires chargés, avec l'aide de spécialistes peu nombreux, de préparer une nouvelle constitution. Pour arriver à ce résultat et conserver au coup d'Etat son apparence "légale", il fallait convaincre les conseils de voter ces mesures provisoires propres à régénérer la République. La tâche était délicate. Lucien –qui jouait lui aussi une carte personnelle importante– se disait fort de maîtriser toute opposition dans son conseil, pour peu qu'on le laisse agir comme il l'entendait. Le président des Cinq-Cents, qui ne s'était jamais distingué par sa modestie, présumait de ses capacités mais, dans cette ambiance où il fallait bien faire confiance aux bonnes volontés, on se surprit bientôt à compter sur lui. Au milieu des suggestions et avis les plus désordonnés, Sieyès proposa de priver les jacobins d'une partie de leurs forces en arrêtant préventivement une quarantaine de leurs députés. Bonaparte, qui était resté silencieux, prit la parole pour s'opposer à cette mesure. Le fit-il par souci de ne pas employer la force ou pensa-t-il qu'il pourrait s'appuyer sur les jacobins en cas de mauvais coup des partisans de Sieyès ? On l'ignore. Il y avait un peu des deux. Le général rêvait peut-être d'être investi par acclamations –ce qui nous fait douter qu'il ait eu une connaissance suffisante de la situation parlementaire. Il ne voulait pas, en tout cas, tomber dans les travers des coups de force précédents qui avaient épuré les chambres pour les dominer. Il ne voulait pas apparaître comme un continuateur des errements du Directoire et, en même temps, se préparait à toutes les éventualités. Il avait confié à Roederer l'ambiguïté de sa situation : "Je suis le plus civil des militaires". Toutes ses difficultés du lendemain allaient tenir dans cette ambition contradictoire, compte tenu des rapports de force de l'heure.

On se sépara, tard dans la nuit, sans avoir vraiment rien prévu pour le 19 brumaire. On partage ici l'étonnement d'Albert Vandal qui écrivit : "Finalement, le sort de la deuxième journée fut abandonné au hasard des inspirations individuelles, à l'indication des circonstances, à la fatalité propice, à l'impulsion donnée, au torrent de la volonté populaire, qui paraissaient devoir tout emporter. Ce fut une grande imprudence, car un fait n'arrive pas nécessairement en politique par cela qu'il apparaît inévitable". Chacun rentra chez soi. Bonaparte se coucha après une heure du matin. Il conclut cette première journée du coup d'Etat en disant à Bourrienne : "Cela n'a pas été trop mal aujourd'hui; nous verrons demain". Il plaça deux pistolets chargés à portée de main et s'endormit.

Départ pour Saint-Cloud

Le 19 brumaire, les premiers visiteurs de la rue de la Victoire trouvèrent Bonaparte en bonne forme et prêt à en découdre avec les conseils. Par son mépris de l'espèce parlementaire, il tenta de rassurer Cambacérès qui s'inquiétait de l'impréparation de cette journée décisive. Mais le ministre de la Justice, qui connaissait bien son monde, en voulait plus pour être tranquillisé. Tôt le matin, il était allé réveiller le député Chazal, prédécesseur de Lucien Bonaparte à la présidence des Cinq-Cents et qui, comme tel, serait appelé à le remplacer en cas de malheur. N'ayant pu assister à toute la réunion nocturne de la veille, il voulait s'informer des dispositions qui avaient été arrêtées. Il fut dépité d'apprendre qu'on s'en remettait presqu'au hasard. "On n'est fixé sur rien, lui déclara Chazal, je ne sais comment tout cela finira". On peut penser que Cambacérès tenta alors de préparer la relève de l'équipe à laquelle il s'était rallié. Ainsi, Jean Thiry écrit : "Cambacérès, esprit inquiet et prudent, jugea bon de prendre ses précautions. Il ne voulait point que même si les événements tournaient contre les conjurés, Paris put retomber au pouvoir des jacobins. Il courut trouver deux des chefs militaires restés à Paris dont les noms sont demeurés inconnus et il organisa immédiatement un triumvirat suppléant, pour le cas où celui constitué par Bonaparte, Sieyès et Roger Ducos échouerait à Saint-Cloud"[366]. Les propos tenus par Bonaparte, qui confirmaient ceux de Chazal, ne durent pas apaiser les craintes du ministre de la Justice.

Sans s'attarder sur les doutes de Cambacérès, Bonaparte appela les généraux et chefs de corps qui devaient participer à l'action. Les ordres claquèrent. Chacun fut informé de l'interdiction d'entreprendre le moindre mouvement sans en avoir reçu l'ordre. Berthier souffrait d'un pied : il lui fut proposé de rester à Paris pour se reposer. Il refusa, ne voulant pas quitter son chef. Lannes eut moins de chance. Blessé à la jambe à la bataille d'Aboukir, il avait des difficultés à se déplacer[367]. Malgré son insistance, Bonaparte refusa de l'emmener avec lui à Saint-Cloud. Il resterait aux Tuileries, dont il était gouverneur militaire. En revanche, Murat, qui

[366] J. Thiry, *Jean-Jacques-Régis de Cambacérès, archichancelier de l'Empire*, 1935, p. 63.
[367] A. Lafargue, *Jean Lannes, maréchal de France, duc de Montebello*, Auch, 1975, p. 102.

soignait lui aussi une récente blessure, fut autorisé à rejoindre les soldats dont on lui avait confié le commandement. Il était l'heure de partir. Lecouteulx s'approcha et proposa à Bonaparte de mettre à sa disposition pour la nuit une maison qu'il possédait à Auteuil. Si les choses ne se déroulaient pas comme prévu, on pourrait s'y réfugier ou, tout simplement, attendre une éventuelle troisième journée du coup d'Etat. Le général accepta. Il passa encore quelques instants avec Joséphine et, enfin, s'installa dans une voiture. Suivi par d'autres attelages transportant les civils, escorté par ses aides de camp et les dragons de Sébastiani, il prit la direction de Saint-Cloud, sous le regard d'une foule curieuse et, parfois, enthousiaste. Place de la Révolution, qui avait vu périr Louis XVI et tant de victimes de la Terreur, il aurait dit à Bourrienne : "Nous coucherons demain au Luxembourg ou nous finirons ici".

Talleyrand et Roederer, toujours inséparables, commencèrent leur journée dans le même état d'esprit. "Talleyrand et moi, raconte le second, allâmes ensemble à Saint-Cloud dans une maison convenue. Le jeune Roederer nous accompagnait, ainsi que Desrenaudes. Celui-ci, pendant toute la route, poussait de gros soupirs sur ce qui allait arriver. Il appelait cela le renversement de la constitution; il s'obstinait à la supposer entière, bien qu'on lui montrât les brèches qui étaient ouvertes de tous les côtés. Talleyrand et moi commençâmes par le raisonner; nous nous mîmes ensuite à plaisanter, et finîmes par être ennuyés de tant de lamentations. Nous trouvâmes au lieu de rendez-vous, à Saint-Cloud, plusieurs autres personnes attachées à Bonaparte, dont M. Collot, ancien fournisseur de l'armée d'Italie, qui dit en particulier à Talleyrand et à moi : *Bonaparte ne m'a rien dit, mais de précaution j'ai mis 500 louis dans mes poches; cela peut être utile*"[368]. La petite troupe de conspirateurs fut

[368] Roederer, *Oeuvres*, t. III, p. 301. Desrenaudes, prêtre défroqué, avait été le secrétaire particulier de Talleyrand, au temps où celui-ci détenait le portefeuille des Relations extérieures.

bientôt rejointe par trois obligés de l'ancien ministre des Relations extérieures, Montrond, Duquesnoy et Arnault, qui, durant toute la journée, allèrent aux nouvelles pour Talleyrand. Celui-ci, au moins aussi prudent que Collot, avait demandé qu'une berline attelée soit toujours prête dans une ruelle pour l'éloigner de Saint-Cloud. Il devait y avoir beaucoup de berlines en stationnement ce jour-là : Sieyès et Ducos avaient pris la même précaution.

La route qui mène à Saint-Cloud était encombrée de chevaux, de voitures et d'hommes à pied. Joseph Bonaparte tentait de retrouver son frère. Sieyès se frayait un passage, toujours flanqué de Ducos. Benjamin Constant, rentré la veille avec Mme de Staël, essayait de se rendre utile. Le matin même, il avait adressé un billet à Sieyès : "Citoyen Directeur, après le premier sentiment de joie que m'a inspiré la nouvelle de notre délivrance, d'autres réflexions se sont présentées à moi, peut-être y attaché-je trop d'importance et je vous conjure de les lire : je crois le moment décisif pour la liberté. On parle de l'ajournement des Conseils, cette mesure me paraîtrait désastreuse aujourd'hui, comme détruisant la seule barrière à opposer à un homme que vous avez associé à la journée d'hier, mais qui n'est que plus menaçant pour la République. Ses proclamations, où il ne parle que de lui, où il dit que son retour a fait espérer qu'il mettrait un terme aux maux de la France, m'ont convaincu plus que jamais que dans tout ce qu'il fait, il ne voit que son élévation. Il a cependant pour lui les généraux, les soldats, la populace aristocratique et tout ce qui se livre avec enthousiasme à l'apparence de la force"[369]. Tout cela, Sieyès le savait et devait y penser en se rendant à Saint-Cloud.

Sur la route, les badauds se mélangeaient aux militaires et aux députés. On se rendait à Saint-Cloud comme au théâtre, les acteurs et les spectateurs marchant ensemble. Thurot,

[369] Cité par F. Furet, "Dix-huit brumaire", *Dictionnaire critique de la Révolution française. Evénements*, p. 115.

secrétaire général du ministère de la Police, allait représenter Fouché qui avait préféré rester à Paris dont il ferait fermer les barrières, en fin d'après-midi. Il croisa son ancien camarade d'école Lavalette : "En le poussant de questions, écrivit celui-ci, il m'avoua que son ministre l'avait envoyé à Saint-Cloud pour être témoin de l'événement; mais qu'il fallait réussir à tout prix, car il connaissait assez son patron pour nous faire payer chèrement le crime de la défaite"[370]

[370] Lavalette, *Mémoires*, p. 233.

VII

19 brumaire : "Citoyens, vous êtes dissous !"

Saint-Cloud était en effervescence. Les grilles du château étaient fermées et gardées. Dans la cour, une haie d'honneur, formée des grenadiers des gardes des conseils et du Directoire –dont on avait, par précaution, doublé les rangs par des troupes de ligne– attendait l'entrée des officiels[371]. Dans l'avant-cour du château, des dragons et des fantassins de la garnison de Paris avaient pris position. Comme la constitution prévoyait que les séances des conseils étaient publiques, on avait autorisé environ 200 chanceux à entrer. Parmi ces spectateurs, les jacobins avaient réussi à placer leurs sympathisants. Les habitudes de l'an II n'avaient pas disparu des pratiques de la République. Le public des assemblées politiques s'était, certes, assagi depuis la Convention. Mais, aujourd'hui, la gauche espérait bien que les cris et les huées pourraient influencer les législateurs. Ce petit parti de spectateurs allait cependant évoluer dans un "parlement" encerclé par des troupes ayant reçu l'ordre de ne laisser personne s'approcher du lieu de réunion. S'échelonnant entre Paris et Saint-Cloud, les unités favorables à Bonaparte cadenassaient les environs. Dans les rangs, les soldats sem-

[371] Tous les grenadiers n'avaient pas été dirigés vers le château. Les officiers avaient sélectionné ceux en qui ils avaient confiance. Les autres restèrent, pour la journée, dans leur casernement. Cela ne rassura pas tout le monde. Le secrétaire de Sieyès, Grouvelle, rapporta dans ses témoignages l'inquiétude de son maître sur la fidélité de ces soldats. Ce sont eux, pourtant, qui tirèrent Bonaparte d'un mauvais pas, aux Cinq-Cents.

blaient "remontés" contre le régime. Les harangues et les promesses de leurs officiers n'étaient pas restées sans écho. On cite souvent ce vétéran s'exclamant : "Il est temps de foutre dehors ces orateurs, avec leur bavardage. Ils nous laissent depuis 6 mois sans solde et sans souliers; nous n'avons pas besoin de tant de gouvernants". Le caractère imposant du dispositif militaire avait été voulu dissuasif. Les événements qui allaient suivre font réfléchir sur le courage – y compris physique– des adversaires du coup d'Etat, ce 19 brumaire, à Saint-Cloud. Ils se battirent bien, voire même avec un certain panache, compte tenu des menaces qui les environnaient et du "lâchage" dont ils furent les victimes, de la part des généraux jacobins tels Bernadotte, Augereau et Jourdan.

Premiers signes de nervosité chez Bonaparte

Curieux, parlementaires, militaires avaient envahi la petite ville. Le château et ses alentours immédiats avaient l'aspect d'une fourmilière. Des commerçants ambulants, flairant les bonnes affaires, avaient établi leurs étals dans les rues adjacentes, tandis que les restaurateurs du cru avaient augmenté le nombre de couverts à servir. Ils avaient été bien inspirés. Les travaux d'aménagement des salles des séances avaient pris du retard. Prévue à onze heures, la réunion des conseils ne pourrait commencer avant une heure de l'après-midi. Les députés auraient le temps de déjeuner. Ce contretemps qui réjouissait les marchands n'était pas fait pour arranger la conspiration. Car, pendant que les tapissiers et les décorateurs tentaient de mener leur ouvrage à son terme, les Anciens et les Cinq-Cents se rencontraient dans une sorte de "congrès en plein air" (Vandal), échangeaient leurs idées et finissaient de se rendre compte du piège dans lequel on les entraînait. Les jacobins des Cinq-Cents n'étaient pas les moins actifs à réveiller les hésitants. Certains membres de la chambre haute, en principe dévoués à Sieyès, commençaient à trouver qu'on leur cachait bien des informations et que ce changement de régime prenait un tour imprévu. La présence de bataillons entiers sous les armes autour du lieu des séances, les ordres lancés la veille par Bonaparte et son ton incisif lors de la prestation de serment inquiétaient. Peut-être aussi Sieyès et Ducos avaient-ils tenté de resserrer les rangs et de faire front à l'inévitable tentation de Bonaparte de n'en faire qu'à son idée. Quoiqu'il en soit, plus le temps passait, plus la représentation nationale doutait.

Lorsque la voiture de Bonaparte et son escorte de dragons furent annoncées, la foule se massa le long de la route qui conduisait aux grilles du château. Au passage du général, des vivats retentirent, entrecoupés de quelques *Vive la Constitution !*, lancés par les partisans des jacobins puis, dans la cour, par les députés eux-mêmes. Tandis que son état-major –emmené par un Berthier boitillant– envahissait les pièces mises à sa disposition, Bonaparte se rendit dans les salles des séances pour constater l'avancement des travaux. Malgré le doublement des équipes et l'impatience du général, on allait avoir deux heures de retard.

Dans les appartements qui lui avaient été attribués, Bonaparte semblait nerveux et impatient. Le général Thiébault, qui, par prudence, avait passé toute la journée du 18 chez lui, s'était présenté à Saint-Cloud et avait rejoint ses collègues dans les salons adjacents à celui de Napoléon. Il raconta dans ses mémoires la scène dont il fut alors témoin : "Cette espèce d'arène ne convenait pas aux braves qui la remplissaient. Quelques minutes se passèrent dans cette situation, plus faite pour nourrir mon humeur que pour la dissiper; enfin, (...) une porte s'ouvrit et le général Bonaparte parut et dit : *Qu'on aille me chercher le chef de bataillon X.* Un aide de camp partit à l'instant et, peu après, revint avec ce chef de bataillon. Prévenu, le général Bonaparte reparut, et s'adressant avec la plus grande dureté à cet officier supérieur : *Par quel ordre avez-vous déplacé tel poste ?* . Et l'officier nomma la personne qui lui avait donné cet ordre, observant que ce n'était pas le premier ordre qu'elle eût reçu d'elle. La réponse avait été très convenable, ce qui n'empêcha pas le général Bonaparte de reprendre sur le ton de la plus vive colère : *Il n'y a d'ordre ici que les miens; qu'on arrête cet homme et qu'on le mette en prison.* Quatre séides se jetèrent sur le chef de bataillon et l'entraînèrent". Ecoeuré par cette scène, Thiébault décida de rentrer chez lui, malgré Berthier qui lui donnait l'ordre de rester[372]. L'attente avait de néfastes conséquences sur le caractère de Bonaparte.

Les conseils s'agitent.

A une heure trente, enfin, Lucien Bonaparte prit place dans son fauteuil et déclara ouverte la séance du conseil des Cinq-Cents. Il donna sans attendre la parole à Gaudin. Connaissant bien son rôle, celui qui, ce soir, allait être nommé ministre des Finances, dépeignit la situation du pays et les dangers qu'il courait. Il conclut en demandant qu'une commission soit nommée pour examiner la situation et proposer des solutions. La manoeuvre apparut évidente aux jacobins. En suspendant les travaux des Cinq-Cents jusqu'à ce que la commission ait rendu ses conclusions, on neutralisait la seule opposition au coup d'Etat. On laissait le champ libre aux Anciens pour parfaire l'oeuvre engagée la veille. La proposition de Gaudin fut accueillie comme il se devait par les jacobins et leurs alliés. Ces députés n'avaient pas passé leur après-midi du 18 et la nuit suivante à attendre les événements. Eux aussi avaient préparé leur réponse aux menées de Sieyès et de Bonaparte. Ils avaient décidé de n'accepter aucune manoeuvre et d'aller droit devant, au "contact" avec leurs adversaires. Des cris de *A bas la dictature !* s'élevèrent des bancs. Insulté, physiquement malmené,

[372] Thiébault, *Mémoires*, p. 154. L'anecdote est peut-être exagérée de la part d'un homme dont les souvenirs sont ceux d'une "mauvaise langue" (J. Tulard). Elle donne cependant une idée du "stress" qui s'était emparé de Bonaparte, le 19 brumaire.

Gaudin dut quitter la tribune. Lucien Bonaparte tenta de rétablir le calme. Il eut droit aussi à une bordée d'injures. Son bureau fut assailli par des députés rouges de colère, réclamant "la constitution ou la mort". Delbrel, l'un des meneurs jacobins, parvint à prendre la parole. Il exigea que chaque représentant du peuple renouvelle son serment de fidélité à la constitution. Sa proposition, au contraire de celle de Gaudin, souleva l'enthousiasme de ses collègues. Le député Grandmaison alla encore plus loin. Il proposa que les Anciens s'expliquent sur le soi-disant complot qui menaçait la République, sur la translation du corps législatif et la nomination de Bonaparte. Avant de croire au complot, les Cinq-Cents voulaient en avoir la preuve.

Heureusement pour Bonaparte, Sieyès et leurs amis –tenus informés par Lavalette qui faisait la navette entre la salle des séances et leur salon-, la dangereuse proposition de Grandmaison passa inaperçue. Les Cinq-Cents votèrent pour un renouvellement de leur promesse de défendre la constitution, avant tout autre débat. L'opération prendrait des heures et immobiliserait toute contre-attaque sérieuse. S'étant aperçu que cela revenait à suspendre les travaux de fait, avec l'avantage supplémentaire de bloquer les récalcitrant en un lieu unique, Lucien poussa pour que les opérations de prestation de serment commencent sans attendre. Il montra l'exemple et passa à la barre le premier[373].

L'erreur tactique des Cinq-Cents laissait le champ libre aux Anciens, dont la salle de réunion était enfin prête. Les

[373] Chacun devait paraître à la barre à l'appel de son nom. Le greffier prenait acte de chaque engagement. Lucien n'oublia aucune formalité. Seul le député Bergoeing, farouche anti-jacobin et adversaire de la constitution de l'an III, refusa de prêter serment. Il démissionna, le 29 brumaire, se privant ainsi volontairement de son indemnité (A.N., C 469). Ce député de Bordeaux avait, tout au long de la Révolution, montré un vrai courage dans la défense de ses convictions, refusant de voter la mort du roi, militant pour la Gironde et s'opposant au 13 vendémiaire. Après Brumaire, il fut assigné à résidence à Saint-Macaire. Il reprit du service auprès de Murat, devenu roi de Naples. Il vécut dans le sud de l'Italie jusqu'en 1824. De retour à Bordeaux, il y mourut quatre ans plus tard.

Anciens y pénétrèrent, vers 2 heures, au son de la *Marseillaise*, car rien, dans le cérémonial ordinaire n'avait été supprimé et l'orchestre du conseil avait fait le déplacement. Dès que les députés eurent pris place, plusieurs de ceux qui n'avaient pas été convoqués la veille demandèrent la parole pour protester et recevoir des explications. Fargues leur répondit qu'aucun de ses collègues n'avait été oublié –ce qui était un mensonge. Contre toute attente, le conseil des Anciens faiblissait. Ce fut encore plus évident lorsque certains représentants –Savary, Guyomar, Colombel[374]– exigèrent qu'on leur démontre qu'il y avait un complot. Le plan de Sieyès et Bonaparte connaissait des défaillances. La partie s'annonçait plus difficile –et moins rapide– que prévu. Au lieu de prendre les Cinq-Cents de vitesse, les Anciens commençaient par perdre un temps précieux, preuve que les aspects parlementaires du coup d'Etat n'avaient pas été bien préparés par Sieyès et ses amis. Pour empêcher tout débat sur le "complot", Cornudet objecta que, contrairement à la constitution, la chambre basse avait oublié d'avertir les Anciens qu'elle était en séance. On vota l'envoi d'un messager à l'Orangerie pour demander à Lucien Bonaparte de remplir cette formalité. Les travaux des Anciens furent suspendus pour un quart d'heure.

A 3 h 30 de l'après-midi, Lemercier reçut un courrier du secrétaire du Directoire, Lagarde, lui annonçant la démission de 4 des membres de l'exécutif[375]. Un cinquième avait été mis sous surveillance par Bonaparte. La première partie de cette information, nous le savons, était fausse : seuls

[374] Savary n'a aucun lien de parenté avec son homonyme qui fut ministre de la Police de Napoléon. Député de l'Eure à la Convention, il n'avait pas voté la mort du roi. Au moment de Brumaire, il ne pouvait pas être franchement classé parmi les jacobins. Son opposition du début de l'après-midi témoigne du trouble des modérés. Colombel (de l'Orne) avait été régicide. Guyomar (des Côtes du Nord) avait opté pour l'indulgence... avant d'être, sous le Directoire, un partisan inconditionnel de la fête du 21 janvier et de la mise à mort des souverains européens, en cas de victoire de la France.

[375] A.N., C 592.

Sieyès, Ducos et Barras avaient renoncé de "plein gré" à leurs fonctions. Gohier et Moulin étaient toujours prisonniers de Moreau au Luxembourg. Quoiqu'il en soit, il n'y avait plus de Directoire et les Anciens devaient à présent participer à son remplacement. Il aurait alors fallu, pour en finir, que la chambre haute se saisisse avec détermination du problème et se passe des Cinq-Cents pour prendre sa décision. Mais elle hésitait, balançait, discutait, commentait les implications juridiques d'une telle démarche. Quatre heures approchaient et les Cinq-Cents arrivaient aux dernières lettres de l'alphabet pour la prestation du serment de fidélité à la constitution.

Bonaparte aux Anciens

Bonaparte, Sieyès et Ducos se tenaient dans le salon qui leur servait de bureau. Les deux ex-directeurs avaient été fort inquiets lorsque Lavalette avait annoncé le serment des Cinq-Cents. "Jurer une partie de la constitution, passe, mais toute la constitution, c'est trop", s'était exclamé Sieyès. Les soucis de Bonaparte étaient ailleurs. L'impatience le gagnait et son énervement montait. Il avait reçu de Paris des nouvelles des faubourgs : "on" tentait d'agiter Saint-Antoine, sans d'ailleurs que cela soit dangereux. Mais qui sait ce qui pourrait se passer si l'affaire de Saint-Cloud s'embourbait ? Jourdan et Augereau, qui s'abstenaient de paraître aux Cinq-Cents, étaient venus au château, en début d'après-midi. L'ancien subordonné de Bonaparte avait conseillé d'abandonner le projet de coup d'Etat. Il avait fallu le menacer[376]. Les deux jacobins étaient repartis sans en dire davantage. Napoléon était d'ailleurs moins inquiet de l'attitude de Jourdan que de celle d'Augereau dont le piètre sens politique pourrait l'amener à tenter une folie. De son côté, Jour-

[376] L'altercation est racontée à la fois par Fouché et Joseph Bonaparte dans leurs mémoires.

dan, "homme adroit, loyal, patriote"[377], poursuivait dans la ligne qu'il avait arrêtée depuis le début de brumaire : il restait à l'écoute des événements, essayait même de jouer les conciliateurs pour éviter la guerre civile et la fracture définitive du camp républicain. En revanche, si les choses tournaient mal, il pouvait rapidement changer de stratégie et mener un contre coup d'Etat.

N'y tenant plus, Bonaparte appela ses aides de camp. Les Anciens avaient suspendu leurs travaux. Le général pouvait les rejoindre sans enfreindre la constitution qui prévoyait que nul ne pouvait paraître devant la chambre haute sans avoir été convoqué. "Les auteurs de la conjuration (avaient) compté sans l'irritabilité d'un tempérament qui, chez Bonaparte, (confinait) au nervosisme pathologique et le (rendait) incapable de supporter les palabres, les objections, les atermoiements et les hésitations de ceux qu'il (considérait) déjà comme des comparses", écrit durement Pierre Bessand-Massenet[378]. Par une porte dérobée, suivi de Bourrienne et Berthier, il fit donc irruption dans la galerie d'Apollon. Nullement surpris, Lemercier lui donna la parole.

La décision de Bonaparte de venir discuter avec les Anciens –dont il ne pouvait ignorer que l'état d'esprit était en cours de ramollissement– avait été prise dans l'impatience. Chef de guerre, le général savait décider vite, parce qu'il le fallait toujours, sur le champ de bataille. Il était rentré d'Egypte pour "faire taire les avocats" et n'entendait pas se soumettre à leur ultime désir de discourir. En politique, il semblait ignorer encore que l'on ne pouvait rien ordonner à une assemblée, qu'il pouvait être plus favorable d'attendre que d'agir. Il se proposa néanmoins de haranguer les Anciens, comme il l'aurait fait avec une compagnie de grenadiers. Son discours fit mauvais effet, d'autant que le candidat au pouvoir semblait avoir perdu son sang-froid et

[377] R. Valentin, *Le maréchal Jourdan*, p. 195.
[378] *Le 18 brumaire*, p. 32.

hachait ses phrases : "Citoyens Représentants, les circonstances où vous vous trouvez ne sont pas ordinaires : vous êtes sur un volcan. Permettez-moi de vous parler avec la franchise d'un soldat, et, pour échapper au piège qui vous est tendu, suspendez votre jugement jusqu'à ce que j'aie achevé. Hier, j'étais tranquille à Paris, lorsque vous m'avez appelé pour me notifier le décret de translation et me charger de l'exécuter. Aussitôt, j'ai rassemblé mes camarades, nous avons volé à votre secours. Eh bien ! Aujourd'hui, on m'abreuve déjà de calomnies. On parle de César. On parle de Cromwell, on parle du gouvernement militaire. Le gouvernement militaire, si je l'avais voulu, serais-je accouru prêter mon appui à la représentation nationale ? Citoyens Représentants, les moments pressent; il est essentiel que vous preniez de promptes mesures. La République n'a plus de gouvernement (...). Le conseil des Cinq-Cents est divisé; il ne reste que le conseil des Anciens. C'est de lui que je tiens mes pouvoirs; qu'il prenne des mesures, qu'il parle : me voici pour exécuter. Sauvons la liberté, sauvons l'égalité !"[379]. Tout cela n'était guère adroit. La référence permanente à la force militaire, la menace induite par chaque propos, l'impatience agacée de Bonaparte irritèrent les députés. Linglet l'interrompit : "Et la constitution !" Cette fois, le général perdit patience. Sa réponse fut cinglante : "La constitution ? Vous l'avez vous-mêmes anéantie. Au 18 fructidor, vous l'avez violée; vous l'avez violée au 22 floréal; vous l'avez violée au 30 prairial. Elle n'obtient plus le respect de personne". Puis, après quelques secondes de harangue supplémentaire, il revint à son objectif : "Que le conseil des Anciens se prononce. Je ne suis point un intrigant; vous me connaissez; je crois avoir donné assez de gages de mon dévouement à ma patrie. Ceux qui vous parlent de constitution savent bien que, violée à tous moments, déchirée à toutes les pages, la

[379] *Correspondance*, n° 4385. A ce texte officiel, réécrit avant sa publication, il faut ajouter, selon Bourrienne, que Bonaparte ponctuait chaque idée d'un : "Je n'ai plus que cela à vous dire".

constitution n'existe plus. La souveraineté du peuple, la liberté, l'égalité, ces bases sacrées de la constitution, demeurent encore : il faut les sauver". Et Bonaparte continua, comme pour se soulager : le vrai ennemi était le conseil des Cinq-Cents où une faction n'hésitait pas à s'élever contre les décrets de la veille. Oui, Barras lui avait proposé de prendre le pouvoir. Oui, Moulin avait voulu l'entraîner dans une conspiration jacobine. Oui, si "quelqu'orateur soldé par l'étranger" osait prononcer contre lui le mot de "hors-la-loi", il en appellerait à ses camarades et à ses troupes. "Souvenez-vous, poursuivit-il, que je marche accompagné du dieu de la guerre et du dieu de la fortune". Cette phrase, il l'avait déjà utilisée pour menacer les populations après le soulèvement du Caire. Elle ne pouvait être considérée que comme une tentative d'intimidation.

Sentant que son général risquait de scandaliser les Anciens, Cornudet intervint. Par ses seuls arguments, affirma-t-il, Bonaparte venait de prouver... l'existence d'une conspiration jacobine. Il fallait au plus vite exiger des Cinq-Cents les mesures appropriées pour combattre le péril. Et, si la chambre basse ne se décidait pas, ce serait aux Anciens de sauver la République.

Provoquant les murmures de réprobation des députés – notamment lorsqu'il fit allusion aux "braves grenadiers que je vois autour de cette enceinte"-, Bonaparte reprit la parole et conclut : "Recueillez-vous, Citoyens Représentants; je viens de vous dire des vérités que chacun s'est jusqu'ici confié à l'oreille, mais que quelqu'un doit avoir le courage de dire tout haut. Les moyens de sauver la patrie sont entre vos mains : si vous hésitez à en faire usage, si la liberté périt, vous en serez comptables envers l'univers, la postérité, la France et vos familles". Il se retira, sans avoir accepté de donner les noms des "conspirateurs" et les preuves de la menace jacobine qu'exigeaient de nombreux députés. Il venait de bousculer inutilement le conseil des Anciens. L'effet de son discours avait été déplorable. Bourrienne en convint, dans ses mémoires : "Il n'y avait pas la moindre suite dans tout ce qu'il balbutiait, il faut bien le dire, avec la plus inconcevable incohérence. Bonaparte n'était point orateur (...). Sa place était plutôt devant une batterie que devant le fauteuil du président d'une assemblée"[380].

Après le départ de Bonaparte, Lemercier sentit qu'on venait de gâter une chance d'en finir vite. Plusieurs députés prirent la parole pour défendre la constitution, considérée par eux comme la planche de salut de la patrie. La discussion fut violente. En quittant la galerie d'Apollon, Bonaparte croisa Augereau qui lui dit : "Te voilà dans une jolie position. Tu ferais mieux de renoncer". La réponse fut sans équivoque : "Tiens-toi tranquille ! Le vin est tiré, il faut le boire"[381].

Les "poignards" des Cinq-Cents

Vers 4 heures, les Cinq-Cents avaient fini l'appel nominal et la prestation de serment. Que de temps perdu ! Thibaudeau eut raison d'écrire : "L'inaction et l'imprévoyance du conseil furent d'autant plus inconcevables qu'il fut bientôt informé qu'on se disposait à le dissoudre par la force. Les représentants trouvèrent de la grandeur à attendre la mort sur leurs chaises curules, ou plutôt les baïonnettes qui devaient les en chasser"[382]. Les travaux de la chambre basse reprirent par la lecture de la lettre de démission de Barras. L'excitation était à son comble. On respirait l'atmosphère des assemblées révolutionnaires, le soutien du peuple en moins. Les jacobins, conduits par Destrem –dont la légende, toujours aussi défavorable aux adversaires de Bonaparte, veut qu'il ait copieusement arrosé son déjeuner–,

[380] Bourrienne, *Mémoires*, t. II, p. 60. Bourrienne aurait tenté d'empêcher Bonaparte de poursuivre sa harangue. "Vous ne savez pas ce que vous dites", lui aurait-il murmuré, en le tirant par la manche pour le faire sortir de la salle.

[381] *Mémoires et correspondance politique du roi Joseph*, 1853, t. I, p. 79.

[382] Thibaudeau, *Mémoires*, p. 47.

Bigonnet, Delbrel et Grandmaison harcelaient Lucien qui avait de plus en plus de peine à contenir les assauts. Soudain, la porte de la salle des séances s'ouvrit et Bonaparte entra, suivi d'une escorte de grenadiers.

Le général avait décidé de précipiter les événements. Puisque le danger était aux Cinq-Cents, il lui fallait l'affronter. Son impatience avait encore grandi et, malgré les observations de ses amis et son relatif échec devant les Anciens, il pensait soit pouvoir emporter la conviction des députés, soit les effrayer suffisamment pour qu'ils renoncent à résister. La parenthèse militaire du coup d'Etat commençait. Pour la première fois, la lettre de la constitution était violée et le plan de Bonaparte de prendre le pouvoir en respectant la procédure abandonné. "Le plan de Sieyès et la logique de Bonaparte excluaient la violence. Pourtant, il fallait couper court. Il était donc nécessaire d'avoir recours à la persuasion, d'entrer dans la salle des conseils, de parler aux députés, d'essayer de forcer, par de bonnes manières, la procédure parlementaire. l'origine de l'étrange conduite de Bonaparte se trouve dans ce qu'on a appelé son libéralisme"[383].

Quoiqu'il en soit, un général en armes pénétrait, en pleine séance, dans le sein du conseil. On devine l'accueil qui lui fut réservé. Deux à trois cents députés, les plus hostiles entraînant bon nombre de leurs collègues, se levèrent. *Mort au tyran !, A bas le dictateur !* furent les cris les moins hostiles. On en vint vite au plus menaçant : *Hors-la-loi ! Hors-la-loi !*. Plusieurs représentants tentèrent de barrer le passage au général et le bousculèrent. Bonaparte, qui avait laissé son escorte derrière lui et s'avançait seul, se sentit mal et faillit être "étouffé"[384] dans la cohue. Montrond, qui s'était approché de lui, lui glissa à l'oreille, pour lui faire reprendre ses esprits : "Général Bonaparte, ce n'est pas correct". On se demande s'il trouvait incorrecte l'irruption du militaire dans

[383] C. Malaparte, *Technique du coup d'Etat*, p. 141.
[384] Lavalette, *Mémoires*, p. 232.

la salle des séances ou sa quasi-perte de connaissance. Il fallut une intervention musclée de Murat, Lefebvre, Gardanne (un général très proche de lui que Bonaparte appelait "gros papa", en raison de son embonpoint) et de plusieurs grenadiers, emmenés par le colonel Rabbe, de la garde des Conseils[385], pour dégager le général et l'évacuer. Certains députés en vinrent aux mains avec les soldats. Le grenadier Thomé eut la manche de sa veste arrachée et fut légèrement blessé au bras. D'autres parlementaires tentèrent de frapper Bonaparte. La panique s'empara du public. Une confuse bousculade s'ensuivit entre ceux qui criaient *Vive Bonaparte !*, ceux qui soutenaient les jacobins et ceux qui tentaient de fuir par les fenêtres ou par la porte qu'ils obstruaient. La scène fut brève, violente, beaucoup plus confuse et moins glorieuse pour Bonaparte qu'ont voulu le montrer les peintres de l'épopée, tel François Bouchot, dont le célèbre tableau *Le général Bonaparte au conseil des Cinq-Cents*[386], montre un général calme et déterminé, protégé par deux grenadiers qui ressemblent un peu trop aux "grognards" de la Grande Armée, faisant face à une meute de députés vitupérant et se jetant sur lui, la toque instable et la toge en bataille.

Lors de cette courte mêlée, le député corse Aréna tenta-t-il de frapper Bonaparte avec un "poignard" ? La légende napoléonienne l'affirme et certaines peintures du temps n'hésitent pas à placer l'objet mythique dans les mains du jacobin. Il semble bien que cette affaire soit une fable, rendue crédible par "l'affaire" de la vareuse déchirée et la blessure du grenadier Thomé. Alphonse Aulard l'a montré dans

[385] Rabbe est connu des napoléoniens, non seulement pour son intervention du 19 brumaire, mais aussi pour son attitude et sa malchance lors de la conspiration du général Malet (1813). Abusé par les conspirateurs qui voulaient renverser l'Empire, il mit son régiment à leur disposition. Condamné à mort, il fut gracié et détenu jusqu'à la fin de l'Empire.

[386] Ce tableau, commandé par Louis-Philippe, en 1840, est exposé au Musée National de Versailles. Le grenadier Thomé se vit accorder, à la demande des consuls, une pension de 600 francs.

une étude parue au début du siècle[387]. La première mention de l'attentat fut le fait de Bonaparte lui-même, dans une harangue qu'il adressa à ses troupes après l'incident. Dans les minutes qui avaient précédé, les officiers –dont Marmont– étaient passés dans les rangs, parlant d'agression perpétrée contre leur général désarmé, ordonnant de ne pas bouger avant d'en savoir plus, faisant monter l'impatience des hommes et accréditant la thèse du "poignard". Lucien Bonaparte parla à son tour de "représentants du poignard". Le *Moniteur* du 23 brumaire relata la soi-disant tentative d'Aréna, alors que tous ses confrères s'en abstinrent. Quant au député, il s'est toujours défendu d'avoir tenté d'utiliser une arme, malgré la colère qui l'avait envahi, lorsque Bonaparte fit irruption aux Cinq-Cents. Il fit insérer, dans le *Journal des Républicains* du 23 brumaire, une lettre d'explication : "Le fait est faux. J'étais placé auprès de la porte qui donne sur le parc et, par conséquent, à l'extrémité opposée de la salle par où le général était entré"[388]. D'autres témoins de la scène le soutinrent dans ses dénégations, à l'inverse de quelques propagandistes de la légende. A décharge d'Aréna, on peut citer un témoignage du général Savary qui, s'il ne participa pas au coup d'Etat, fut, par la suite, un des collaborateurs les plus proches de Napoléon : "Plus ardent que ses collègues, un député va jusqu'à tenter de percer (Bonaparte) d'un poignard. On a prétendu que ce fait était faux. J'ai même entendu dire à des compatriotes du député qu'on en chargea qu'il était incapable de se porter à un tel excès. L'opinion contraire était néanmoins si bien établie, qu'il fut obligé de se réfugier à Livourne, d'où il en appela à l'équité

[387] A. Aulard, "Bonaparte et les poignards des Cinq-Cents", *Etudes et leçons sur la Révolution*, 1902. Le thème du poignard –qui fait référence à ceux qui frappèrent César– fut encore utilisé en octobre 1800. Une conspiration visant à assassiner Bonaparte fut découverte. Le frère d'Aréna, colonel de gendarmerie, en faisait partie. On prétendit que des armes de poing avaient été distribuées aux conjurés dans les couloirs de l'opéra. La conspiration –qui était réelle– prit immédiatement le nom de "conspiration des poignards".

[388] Cité par P. Bessand-Massenet, *Le 18 brumaire*, p. 153.

du Premier Consul (...). Le Premier Consul ne lui répondit pas; mais je ne l'ai jamais entendu dire qu'il eût remarqué le geste qu'on attribue à ce député"[389]. Dernier témoignage, le futur-général Petiet, fils d'un député aux Cinq-Cents complice du coup d'Etat, écrivit dans ses *Mémoires* : "L'anecdote des poignards était controuvée. Le grenadier Thomé, en faisant un mouvement brusque pour garantir le général Bonaparte de la colère de quelques députés, avait été blessé au bras par la baïonnette d'un de ses camarades, et non d'un coup de stylet, comme on s'était plu à le répéter"[390].

Que les poignards aient été brandis ou non, l'attitude des Cinq-Cents fut, à moyen terme, une aubaine pour Bonaparte. Que se serait-il passé si, au lieu de hurler et d'agresser le général, les députés étaient restés calmement à leur place et avaient entrepris de l'interroger posément sur la "conspiration", qui avait justifié la translation des conseils et le déploiement militaire autour du château de Saint-Cloud ? Qu'elle aurait été l'attitude du général si un nouveau Mirabeau lui avait lancé la phrase que le tribun de 1789 assena au marquis de Dreux-Brézé qui venait demander aux Etats généraux d'évacuer la salle du jeu de paume[391] ?

Quoiqu'il en soit, dans les faits, Bonaparte venait d'essuyer un sévère échec au conseil des Cinq-Cents. Il avait mal pesé le comportement des assemblées révolutionnaires. Madame de Staël devait décrire plus tard le sentiment qui habita les observateurs favorables et, peut-être, certains acteurs du

[389] *Mémoires du duc de Rovigo pour servir à l'histoire de l'empereur Napoléon*, 1829, t. II, p. 243. Au moment des faits, Savary –plus tard duc de Rovigo– se trouvait encore en Egypte, comme aide de camp de Desaix.

[390] *Mémoires du général Auguste Petiet, hussard de l'Empire*, 1996, p. 69. Au moment de Brumaire, Petiet-fils avait quinze ans. Il reprend ici ce que lui a raconté son père, présent dans la salle des séances. Petiet-père avait été ministre de la Guerre du Directoire (1796-1797) et soutenait le coup d'Etat. Son fils prétend qu'il ne fut pas mis dans la confidence avant les journées décisives. Petiet-père n'en fut pas moins un des allié de Bonaparte aux Cinq-Cents. Il fut conseiller d'Etat et sénateur, sous le Consulat et l'Empire.

[391] "Nous sommes ici par la volonté du peuple et n'en sortirons que par la puissance des baïonnettes" aurait répondu Mirabeau.

coup d'Etat : "Un de mes amis, présent à la séance de Saint-Cloud, m'envoyait des courriers d'heure en heure : une fois, il me manda que les jacobins allaient l'emporter, et je me préparai à quitter de nouveau la France"[392].

Et Curzio Malaparte, théoricien des coups d'Etat, de remarquer : "Dans tous les coups d'Etat, la tactique des catilinaires est de brusquer les choses, celle des défenseurs de l'Etat de gagner du temps. (Les conseils) avaient mis Bonaparte au pied du mur : la fuite ou la violence. Les "avocats" du Corps législatifs lui ont donné, sans le vouloir, une leçon de tactique révolutionnaire"[393].

Le repli de Bonaparte laissa Lucien seul face à la furia jacobine qui exigeait à présent que l'on mette le général hors-la-loi. Talot, hors de lui, s'adressa à ses collègues : "Bonaparte n'a pas le droit de pénétrer dans cette enceinte sans y être mandé. Voilà la vérité ! Vous ne pouvez rester dans cette position : vous devez retourner à Paris. Marchez-y, revêtus de votre costume, et votre retour y sera protégé par les citoyens et les soldats"[394]. Le président du conseil des Cinq-Cents garda son sang-froid. Il parvint à imposer le silence et tenta de justifier l'intervention ratée de son aîné : "Le mouvement qui vient d'avoir lieu dans le conseil prouve ce que tout le monde a dans le coeur, ce que moi-même j'ai dans le mien. Il était pourtant naturel que la démarche du général n'avait pour objet que de rendre compte de la situation des affaires ou de quelqu'objet intéressant les affaires publiques". A ces mots peu adroits car marqués du cynisme

[392] *Considérations sur les principaux événements de la Révolution française*, 1881, t. II, p. 237.

[393] *Technique du coup d'Etat*, p. 142.

[394] Cité par F. Collaveri, *La franc-maçonnerie des Bonaparte*, 1982, p. 38. Dans l'affaire de Brumaire, la franc-maçonnerie ne joua guère de rôle, si ça n'est de faciliter les rencontre entre les hommes. On trouve des francs-maçons dans les deux camps, à une époque où il était "normal" d'appartenir à une loge : Talot, Moreau, Jourdan, Cambacérès, Maret, Murat, Masséna, Chaptal, Joseph Bonaparte, Savary, etc. Selon François Collaveri, il y a une forte probabilité que Napoléon lui-même ait été initié en Egypte.

le moins apprécié des assemblées en ébullition, le chahut reprit de plus belle. La gauche réclamait toujours qu'on passe au vote sur le "hors-la-loi". Thibaudeau, témoin de la scène, objecta que si les députés avaient, à ce moment, bousculé Lucien Bonaparte et s'étaient emparés de son fauteuil, la conspiration aurait été mise en difficulté. La voie aurait été ouverte à des chefs comme Augereau, Jourdan, voire Bernadotte qui auraient pu entraîner les troupes[395]. Heureusement pour Napoléon, ces généraux ne tentèrent rien. Bien qu'adversaires du coup d'Etat, ils en devinrent ainsi les alliés involontaires. L'attitude frileuse de Jourdan a été justifiée par un de ses biographes : "Il n'a été chargé (par ses amis) d'aucune mission et, par suite, il n'a pris aucun engagement formel envers qui que ce soit"[396]. Et, c'est vrai, Jourdan attendait. Quant aux députés, ils se contentèrent de hurler et de frapper sur le bureau du président. Ce dernier laissa la présidence à Chazal qui poursuivit dans le même sens : puisque le conseil était troublé, on ne passerait pas au vote avant que les députés aient repris leur place... et leur dignité. On proposa la destitution du commandant de la 17e division, la mise à disposition de la représentation nationale de toutes les troupes de Paris. Chazal gagnait du temps. Il ne put cependant empêcher de passer au vote, ce qui fut fait. Le président intérimaire objecta que l'on ne pouvait, à cause du désordre, compter les voix. Il fallait donc recommencer.

Lucien Bonaparte monta à la tribune, non sans avoir dû se frayer un chemin entre ses collègues qui voulaient l'empêcher de parler, et put s'exprimer. Souvent interrompu, il lança : "Quand le calme sera rétabli dans cette enceinte, quand l'inconvenance extraordinaire qui s'est manifestée sera calmée, vous rendrez justice à qui elle est due". *Hors-la-loi ! Hors-la-loi !* fut la seule réponse des députés jacobins. Théâ

[395] Thibaudeau, *Mémoires*, p. 6.
[396] R. Valentin, *Le maréchal Jourdan*, p. 194.

tralement, Lucien retira sa toge et son écharpe. Rouge de colère, il hurla : "Je dois renoncer à être entendu et n'en ayant plus le moyen, je déclare déposer sur la tribune en signe de deuil, les marques de la magistrature populaire". Mais Lucien fut empêché de descendre de la tribune par quelques jacobins. Les partisans de Bonaparte supplièrent Chazal de lever la séance, ce qui eut le don de raviver les cris de leurs opposants. Lucien croisa le regard de Frégeville, favorable à la conspiration, et lui dit : "Avant dix minutes, il faut interrompre la séance ou je ne réponds plus de rien".

Le sang-froid de Lucien Bonaparte

En sortant du conseil des Cinq-Cents, Bonaparte avait rejoint Sieyès et Ducos. Il était survolté et noyé de sueur. D'énervement, il s'était gratté le visage et en portait des écorchures (Vandal). Il avait tellement perdu le contrôle de lui-même qu'il appela Sieyès "général", ce qui ne manqua pas d'inquiéter l'ex-abbé. Lorsque Sieyès avait appris l'initiative de son complice et l'accueil qui lui avait été réservé par les Cinq-Cents, il avait murmuré : "Le coup est manqué"[397]. Il fallait néanmoins réagir et l'ex-directeur, Murat et Leclerc argumentèrent pour une intervention musclée. Fargues préférait qu'on tente une dernière fois sa chance aux Anciens pour obtenir qu'ils confient le gouvernement à Bonaparte. Ce dernier hésitait encore et se remettait difficilement de ses émotions. Il était près de 5 heures.

Fargues fut envoyé au conseil des Anciens. On attendait son retour avec anxiété lorsque parurent Montrond et Duquesnoy, les observateurs de Talleyrand. Ils venaient porter

[397] "Souvenirs inédits d'Antoine Carlet, député de l'Isère au Conseil des Cinq-Cents", *Revue Napoléon*, 1950, n° 6, p. 22.

la nouvelle de la mise hors-la-loi de Bonaparte[398]. Celui-ci s'approcha de la fenêtre et cria, en direction de ses soldats : "Aux armes !" Les faisceaux furent rompus, les rangs se formèrent, tandis que le général apparaissait sur le perron, réclamant son cheval –qui piaffait autant que lui, nous disent les témoins. Bonaparte s'adressa aux troupes : "J'allais faire connaître (aux Cinq-Cents) les moyens de sauver la République et de nous rendre notre gloire. *Ils m'ont répondu à coups de poignards.* Ils voulaient ainsi réaliser le désir des rois coalisés. Qu'aurait pu faire de plus l'Angleterre ?" Puis, après une nouvelle cavalcade dans les rangs : "Soldats, puis-je compter sur vous ?" L'enthousiasme fut unanime, au moins parmi les troupes régulières, la garde des conseils semblant en retrait. A ce moment, Fargues revint du conseil des Anciens. La chambre haute flottait, ne savait que faire et, en tout cas, n'avait pas conféré le pouvoir à Bonaparte. Comme pour perdre un peu de temps pour attendre et voir, elle avait nommé une commission de cinq membres, présidée par Cornudet, pour étudier les questions imposées par la situation et proposer les mesures constitutionnelles appropriées. On ne savait pas ce qui pourrait sortir d'une telle initiative. Cette fois, il n'y avait plus à hésiter : il fallait utiliser la force pour modifier le cours des événements.

Bonaparte appela un capitaine et lui ordonna de se rendre dans la salle des Cinq-Cents pour "libérer" Lucien Bonaparte. Des hommes partirent en courant et furent accueillis par des vivats : les députés croyaient que le cri de *Vive la République !*, lancé par les soldats en pénétrant dans l'Oran-

[398] Il semble bien que la décision formelle de mettre Bonaparte hors-la-loi n'a pas été prise par les Cinq-Cents, sinon par "acclamations". Les compte-rendus officiels, évidemment épurés, n'en font pas état. De toute façon, la mise hors-la-loi aurait dû être ratifiée par les Anciens pour prendre effet. Montrond et Duquesnoy ont-ils forcé le destin au nom de Talleyrand, en prétendant que les Cinq-Cents avaient effectivement voté une motion contre Bonaparte ? On ne sait. L'ancien évêque ne se trouvait plus, d'après Lavalette et contrairement à ce qu'en dit Roederer, dans la "maison convenue" qu'il occupait mais dans les parages de l'Orangerie, au coeur de l'action.

gerie, était le signe d'un ralliement de l'armée aux représentants du peuple. Ils furent bien désappointés lorsque les grenadiers entourèrent le président et l'entraînèrent à l'extérieur. Les députés se précipitèrent aux fenêtres pour interpeller leur garde, agiter les bras ou insulter les auteurs du coup d'Etat.

Lucien Bonaparte, accompagné de son frère, se présenta sur le front des troupes. Son discours mérite d'être cité en entier : "Citoyens soldats, le président du conseil des Cinq-Cents vous déclare que l'immense majorité de ce conseil est dans ce moment sous la terreur de *quelques représentants du peuple à stylet*, qui assiègent la tribune, présentent la mort à leurs collègues et enlèvent les délibérations les plus affreuses. Je vous déclare que ces audacieux brigands, sans doute soldés par l'Angleterre, se sont mis en rébellion contre le conseil des Anciens et ont osé parler de mettre hors-la-loi le général chargé de l'exécution de son décret; comme si nous étions encore à ce temps affreux de leur règne, où ce mot, hors-la-loi, suffisait pour faire tomber les têtes les plus chères à la patrie. je vous déclare que ce petit nombre de furieux se sont mis eux-mêmes hors-la-loi par leurs attentats contre la liberté de ce conseil. Au nom de ce peuple qui, depuis tant d'années, est le jouet de ces misérables enfants de la Terreur, je confie aux guerriers le soin de délivrer la majorité de leurs représentants, afin que, délivrés des stylets par les baïonnettes, elle puisse délibérer sur le sort de la République". Se tournant vers son frère, Lucien Bonaparte poursuivit : "Général, et vous soldats, et vous tous citoyens, vous ne reconnaîtrez pour législateurs de la France que ceux qui vont se rendre auprès de moi; quant à ceux qui resteront dans l'Orangerie, que la force les expulse! Ces brigands ne sont plus les représentants du peuple, *mais les représentants du poignard*. Que ce titre leur reste, qu'il les suive partout ! Et lorsqu'ils oseront se montrer au peuple, que tous les doigts les désignent sous ce nom mérité de *représentants du poignard*. Vive la République !" La troupe explosa en cris de

Vive Bonaparte ! Lucien donna l'ultime "coup de clairon" par un trait de génie. Il se saisit d'une épée et la pointa sur la poitrine de Napoléon : "Je jure de percer le sein de mon propre frère si jamais il porte atteinte à la liberté des Français !"

Les officiers firent mettre la baïonnette au canon. Bonaparte appela Murat et lui ordonna de faire évacuer l'Orangerie. D'après la version officielle de la *Correspondance*, il précisa à son subordonné qu'il ne voulait pas que soit versée la moindre goutte de sang. On peut croire, en effet, que telle était la volonté des conspirateurs. Alors que les tambours battaient la charge, les soldats pénétrèrent sans ménagement dans la salle du conseil des Cinq-Cents. Comme la légende aime bien s'émerveiller des grands mots, gardons celui de Murat qui se plaça devant les "représentants du poignard" et leur lança : "Citoyens, vous êtes dissous !", puis, moins joli mais très efficace : "Foutez-moi tout ce monde-là dehors !" Au signal de Leclerc, les soldats avancèrent et poussèrent les députés vers le fond de la salle. Une seule issue était possible et c'est par les fenêtres que fut évacué le conseil des Cinq-Cents. A moins que, comme l'écrivit Petiet-fils, les choses se soient passées dans l'ordre et la dignité : "(Mon père) m'a dit souvent relativement à l'invasion de la force armée dans l'Orangerie de Saint-Cloud des choses fort opposées aux récits officiels que firent publier les consuls. Il prétendait que lorsque l'officier supérieur marchant à la tête des grenadiers s'était écrié : *Que les honnêtes gens se retirent ou je ne réponds plus de rien !*, chacun était sorti de la salle sans mot dire et qu'il était faux que personne eut sauté par les fenêtres pour s'évader plus rapidement"[399].

Le célèbre capitaine Coignet se régala, pourtant, dans ses *Cahiers*, du souvenir des députés en fuite : "Nous entendons des cris, et Bonaparte de sortir et de tirer sa petite épée, et

[399] *Mémoires du général Auguste Petiet*, p. 68.

de remonter avec un peloton de grenadiers de la garde. Et puis on crie plus fort; les grenadiers étaient sur le perron et dans l'entrée. Et puis nous voyons de gros messieurs qui passaient par les croisées; les manteaux, les beaux bonnets et les plumes tombaient par terre; les grenadiers arrachaient les galons de ces beaux manteaux"[400].

[400] *Les cahiers du capitaine Coignet*, édition de Jean Mistler, 1968, p. 54.

VIII

Le Consulat provisoire.

Quelques toges formant des taches écarlates sur l'herbe verte. L'Orangerie en désordre. Des députés s'égayant comme une volée de moineaux. Des militaires achevant leur besogne dans un dernier roulement de tambours. Voilà tout ce qui restait du conseil des Cinq-Cents, vers 6 heures du soir, alors que la nuit du 19 brumaire an VIII venait de tomber.

Manoeuvre aux Anciens

L'expulsion des députés de la chambre basse avait réveillé les Anciens. Un "représentant du poignard" avait pu pénétrer dans la galerie d'Apollon et les avait informés de ce qui c'était passé. Bien que nombre d'entre eux fussent complices de la conspiration, les Anciens avaient été choqués. Lucien apparut et demanda la parole. Il expliqua que les Cinq-Cents avaient été expulsés "sur son réquisitoire" en raison des excès des jacobins. Dans un acte d'indépendance qui traduisait ses hésitations, le conseil des Anciens demanda au frère du général Bonaparte de se taire et suspendit la séance. Trois quarts d'heure plus tard, la commission Cornudet ayant fait savoir qu'elle avait terminé ses travaux, Lemercier invita ses collègues à reprendre leur place. Les députés de la commission avaient élaboré un projet à partir d'un texte préétabli –peut-être par Sieyès et ses amis. Durant leurs délibérations, deux commissaires (sur cinq) s'étaient élevés contre une telle méthode qui enfermait le débat dans un périmètre restreint et faisait la part belle aux intentions des conspirateurs.

Cornudet monta à la tribune et, sans brusquerie, amena les Anciens où on voulait les mener. Selon lui, la dissolution des Cinq-Cents faisait que les Anciens étaient à présent "toute la représentation nationale". C'est donc à eux qu'il revenait d'adopter les mesures imposées par la situation. Ce qui venait de se passer ne signifiait pas que les militaires souhaitaient remplacer l'exécutif. Ils étaient entrés en action parce qu'il n'y avait plus d'exécutif. Mais Cornudet était persuadé que la soldatesque rentrerait dans le rang dès que les Anciens auraient pris des décisions essentielles. Enfin, il donna lecture d'un projet de décret :

"Le conseil des Anciens, attendu la retraite du conseil des Cinq-Cents, décrète ce qui suit :

– Quatre membres du Directoire exécutif ayant donné leur démission et le cinquième étant mis sous surveillance, il sera nommé une commission exécutive provisoire formée de trois membres.

– Le Corps législatif est ajourné au 1er nivôse prochain[401], époque à laquelle il se réunira de plein droit et sans autre convocation, dans la Commune de Paris.

– Il sera formé une commission intérimaire, prise dans le conseil des Anciens, seul existant, pour conserver les droits de la représentation nationale pendant cet ajournement.

– La commission législative intérimaire demeure autorisée à convoquer le corps législatif plus tôt si elle le juge convenable".

Le député Dalphonse, qui avait participé aux travaux de la commission Cornudet et avait protesté contre la méthode

[401] 22 décembre 1799.

qu'elle avait utilisée, prit la parole et demanda à ses collègues de ne pas adopter ce texte. Les Anciens ne tinrent pas compte de ses observations. Ils votèrent le décret, plus par crainte et lassitude qu'avec enthousiasme.

Ce texte, pourtant, ne pouvait satisfaire Sieyès et Bonaparte, pour plusieurs raisons. La première était qu'il ne constatait pas la disparition de fait des Cinq-Cents, mais simplement leur "retraite". La deuxième était qu'il ne parlait pas de réforme institutionnelle, mais simplement d'un "exécutif provisoire" qui, au mieux, remplaçait le Directoire dans une formation plus réduite. La troisième était qu'il ménageait la représentation nationale (soit les deux conseils) en lui donnant le pouvoir de troubler la marche solitaire des nouveaux gouvernants. Et, surtout, le texte ne nommait pas les membres de la commission exécutive.

Que s'était-il passé et pourquoi le "projet préétabli" donna-t-il un décret aussi insatisfaisant ? Si Cornudet avait en poche un projet de décret tout fait, il ne pouvait le tenir que de Sieyès. Or, le texte que les Anciens avaient adopté était loin de correspondre aux plans qui avaient été échafaudés. On pourrait voir ici une manoeuvre des politiques pour rester maîtres du jeu et éliminer Bonaparte. Car si les Anciens devaient élire les trois membres de la commission exécutive provisoire, Sieyès avait la possibilité de les diriger dans une autre direction que celle d'un triumvirat composé de lui-même, Bonaparte et Ducos. Même en l'absence de preuve, l'hypothèse n'est pas totalement gratuite. Elle s'inscrit dans une "logique" de ce coup d'Etat singulier, bras de fer permanent entre deux méthodes et deux conceptions. Il ne peut être exclu que le jeu de cache-cache entre le général et l'ex-directeur soit allé jusque-là.

Lucien Bonaparte rejoignit son frère et Sieyès, immédiatement après le vote du décret par les Anciens. Selon le président des Cinq-Cents, les deux hommes parurent ébranlés par le comportement de "fous furieux" adopté par les députés. Lucien représenta à son frère qu'il n'aurait pas dû paraître devant les chambres et les provoquer. On n'en serait pas là s'il avait laissé le coup d'Etat constitutionnel se faire en douceur. Sieyès proposa une solution : il fallait conserver secrète la délibération des Anciens et... reformer les Cinq-Cents pour disposer d'un contrepoids. Lucien approuva. Connivence inattendue entre Lucien et Sieyès ? Pourquoi pas ? Le frère de Napoléon, qui avait joué un rôle important dans la phase militaire, espérait beaucoup pour lui-même pendant cette journée et ne voulait pas abandonner le terrain gagné. L'expulsion des Cinq-Cents l'avait privé à la fois d'une tribune et du pouvoir que lui conférait la constitution. Il n'était pas mécontent de l'idée de l'ex-directeur qui le remettait en selle. Le fier insulaire n'était pas facile à manoeuvrer. Sieyès savait qu'en cas de nécessité grave, il prendrait, en dernière analyse, la défense de son frère, malgré leur rivalité. Mais le jeu en valait la peine : il fallait éviter la poursuite des actes militaires et revenir au style parlementaire dans lequel il se jugeait plus habile que les militaires.

Lucien décida d'envoyer rechercher le plus grand nombre possible de députés de la chambre basse et de les ramener à l'Orangerie. Des huissiers partirent aux quatre coins de Saint-Cloud. Ils parvinrent à rattraper entre 30 (Aulard) et 350 (version officielle) représentants du peuple[402]. La connaissance du nombre exact des présents à ce moment ne serait pas seulement anecdotique. En effet, l'article 75 de la constitution de l'an III prévoyait que le conseil des Cinq-Cents ne pouvait valablement délibérer que si 200 de ses membres étaient en séance. On comprend mieux pourquoi les conspirateurs affichèrent le nombre de 350 députés rattrapés dans les tavernes de Saint-Cloud. Aucun procès-verbal complet de la séance ne figure dans les cartons des

[402] La plupart des historiens adoptent la version d'Aulard, en augmentant légèrement ses chiffres, sans toujours en donner les raisons.

Archives nationales et notamment pas une feuille de présence qui permettrait de trancher ce débat.

Malgré ce dernier effort, certains acteurs du coup d'Etat avaient considéré que l'affaire était entendue. Ainsi, dès "la retraite" des Cinq-Cents, Talleyrand entraîna Roederer et quelques complices à dîner. L'une de ses amies, la dame Simons, plus connue sous son nom de jeune fille, mademoiselle Lange, avait dressé le couvert. La jeune femme était la maîtresse de Barras. Ce qui permet à Jean Orieux de grommeler : "Le coeur de (Mlle Lange) appartenait, comme on disait, à Barras. Soyons précis : il lui appartint jusqu'à ce soir-là. On se souvient que Barras avait été démissionné (...) par les soins de Talleyrand et, que non content de le priver de sa place, il l'avait aussi privé de trois millions de livres. Pour conclure, le 19, il lui prit sa maîtresse. La victoire du mal-jambé sur le Directoire était totale"[403].

Les Cinq-Cents...au secours du coup d'Etat

Curieux renversement des nécessités ! Les conspirateurs qui avaient mis toute leur énergie à empêcher les Cinq-Cents de leur barrer la route les appelaient maintenant à leur secours ! Certes, le faible nombre de représentants qu'on avait pu rattraper garantissait leur docilité et la démonstration de force de la fin d'après-midi avait calmé les ardeurs. Mais on se tournait à nouveau vers les organes constitutionnels, à défaut de respecter toutes les formes de la constitution.

Dans l'Orangerie, on avait remis un peu d'ordre et apporté des chandelles. Vers 9 heures, Lucien Bonaparte fit reprendre les travaux. Le président ne laissa à personne le soin d'enlever la décision : il dressa, une fois encore, le tableau d'une France à genoux et d'un peuple qui attendait tout de

[403] J. Orieux, *Talleyrand*, p. 365. L'auteur pense donc que Talleyrand "confisqua" l'indemnité de Barras.

cette soirée. L'ancien jacobin, il faut le lui concéder, avait le sens de la formule et une rhétorique exercée : "Cet ancien palais des rois où nous siégeons cette nuit solennelle atteste que la puissance n'est rien et que la gloire est tout. Si nous sommes indignes aujourd'hui du premier peuple de la terre; si, par des considérations pusillanimes et déplacées, nous ne changeons pas l'affreux état où il se trouve; si nous trompons ses espérances, dès aujourd'hui nous perdons notre gloire et nous ne garderons pas longtemps notre puissance : lorsque la mesure des maux se comble, l'indignation des peuples s'approche".

Lucien céda la parole au député Bérenger, de l'Isère. Ce grand spécialiste des finances publiques militait depuis longtemps pour l'exclusion des jacobins de la scène politique. Il proposa une motion que le "conseil" adopta sans coup férir : la représentation nationale marquait sa reconnaissance à Bonaparte, aux généraux et aux soldats qui l'avaient aidé à remplir sa mission d'assainissement de la chambre basse. Tous avaient "bien mérité de la patrie". L'arrêté devait être imprimé, envoyé aux armées et transmis, par messager d'Etat, au conseil des Anciens. Ainsi, par ce tour de passe-passe, l'expulsion *manu militari* du conseil des Cinq-Cents était effacée, puisque c'était pour le sauver que le commandant de la 17e division avait permis à ses grenadiers d'intervenir. Loin d'avoir violé les Cinq-Cents, il les avait libérés de la présence des "représentants du poignard". L'expulsion de la gauche était légalisée par les remerciements du conseil. Désormais affranchi de la menace jacobine, celui-ci pouvait valablement reprendre ses travaux.

Chazal, une des clés parlementaires de la conspiration, parla à son tour. Il fallait, selon lui, entériner les décisions du conseil des Anciens en les rendant plus précises. Supprimer le Directoire et créer une commission exécutive était une nécessité, donner les noms des membres de cette commission en était une autre. Il proposa, dans cet ordre, Sieyès, Ducos et Bonaparte. Suspendre le corps législatif pour une période donnée était sage, encore fallait-il garantir qu'à la reprise de ses travaux, il ne serait pas troublé par les jacobins. Il invita les députés à dresser une liste de proscrits qui ne retrouveraient pas leur siège, tandis que les autres conserveraient leurs indemnités pendant la vacance des chambres. Ce qui restait du conseil décida de nommer une commission "chargée d'examiner le projet de résolution concernant des mesures de salut public"[404]. Formée de Chénier, Chazal, Villetard et Jacqueminot, elle se donna Boulay de la Meurthe pour rapporteur. Elle devait étudier sans attendre les propositions de Chazal. Instruit par les malheurs de l'après-midi, Lucien Bonaparte ne laissa pas de répit à ses collègues. Il ne suspendit pas la séance et reprit la parole pendant que ses cinq collègues se retiraient.

L'attente fut brève. Boulay revint avec un avis favorable aux idées développées par Chazal. Cabanis le soutint longuement, tout en précisant qu'il souhaitait un régime libéral et non une dictature. Lucien argumenta et fit appel aux glorieuses références de 1789 : cette soirée allait être aussi mémorable que le serment du Jeu de Paume. Les "Cinq-Cents" votèrent le texte qui allait être la constitution provisoire de la France pendant un peu plus d'un mois.

Son contenu était "court et obscur", laissant toute latitude au pouvoir exécutif, à condition qu'il agisse vite[405]. Le directoire était dissous et remplacé par une "commission consulaire exécutive", investie de la plénitude du pouvoir directorial et composée de trois consuls[406] : Sieyès, Ducos et Bonaparte (dans cet ordre). Un tel choix allait permettre à *L'Ami des Lois* de la semaine suivante d'écrire : "Ce qui est singulier, c'est que la Révolution a pris sa force et son déve-

[404] A.N., C 469.

[405] On le trouvera le texte intégral de ce décret, rarement publié en entier, en annexe 4 (A.N., C 469).

[406] Sur la dénomination de cette fonction et l'influence de l'Antiquité sur les institutions révolutionnaires et impériales, voir J.-C. Assali, "Napoléon et l'Antiquité", *Revue du Souvenir Napoléonien*, n° 333, 1984, pp. 2-23.

loppement dans la réunion des trois ordres de l'Etat et qu'aujourd'hui, elle atteindra son véritable but par la réunion de trois magistrats recommandables qui, autrefois, appartenaient à chacun des trois ordres : Bonaparte à la noblesse, Sieyès au clergé, Roger Ducos au tiers état"[407].

Trois objectifs étaient fixés aux consuls : organiser l'ordre "dans toutes les parties de l'administration", rétablir la tranquillité intérieure, négocier une paix extérieure solide et durable. Le corps législatif ajournait ses travaux jusqu'au 1er ventôse (20 février 1800), soit deux mois de plus que dans le décret des Anciens. Avant de se séparer, chaque conseil devait élire une commission de 25 membres. Ces deux émanations du pouvoir législatif seraient chargées de statuer sur les objets urgents et les "changements à porter aux dispositions organiques de la constitution". Pour les lois ordinaires, leur champ de compétences était limité par la nécessité d'une proposition préalable des consuls. Pour la réforme des institutions, leur action devait avoir pour but de "consolider, garantir et consacrer inviolablement la souveraineté du peuple français, la république une et indivisible, le système représentatif, la division des pouvoirs, la liberté, l'égalité, la sûreté et la propriété". En ce domaine, les consuls étaient simplement autorisés à "présenter (leurs) vues". La limitation de leurs prérogatives en matière constitutionnelle était un frein important à une réforme rapide de l'Etat. Sieyès devait s'en frotter les mains et être consolé de ne pas avoir pu rédiger seul une nouvelle constitution : pour orienter les commissions législatives, il faudrait d'une part avoir une aura constitutionnelle et d'autre part savoir manoeuvrer en système parlementaire, même aussi restreint. L'ancien directeur pouvait croire que le sort lui devenait plus favorable et les républicains pouvaient penser avoir protégé la collégialité des décisions constitutionnelles.

[407] Cité par M. Massie, *Le troisième consul Roger Ducos*, p. 351.

En raison de leur comportement, 62 députés, dont 7 Anciens, étaient exclus de la représentation nationale. On ne s'étonnera pas de trouver dans la liste les noms de Talot, Aréna, Grandmaison, Briot, Destrem, Blin, Souilhé, Bigonnet et Delbrel. Malgré son relatif recul pendant ces journées, Jourdan était inclus dans la proscription[408]. Dans ses mémoires, Fouché écrivit que c'est Sieyès qui imposa ces proscriptions. Il voulait sévir avec force, dans une sorte de revanche inspirée par ses humiliations passées[409]. Napoléon aurait plus tard confié à son ministre de la Police qu'il s'était opposé à l'établissement d'une liste de députés à exclure. Même si l'avenir montra que Napoléon était réellement enclin au pardon, on relèvera que Fouché détestait trop Sieyès pour qu'on le croie sur parole.

Tous les députés exclus des conseils n'étaient pas des doctrinaires et plusieurs d'entre eux allaient tenter de rentrer dans le rang. Ainsi, l'obscur député jacobin Doche-Delisle envoya, penaud, une supplique à la commission législative du conseil des Cinq-Cents : "Proscrit par la loi du 19 brumaire, ma conscience, votre justice et celle du gouvernement me rassurent sur l'erreur qui m'a compris sur la liste fatale; je n'ai pas participé à aucun des excès et attentats qui ont été commis; pendant le peu d'instants où j'ai resté à la séance, j'ai conservé le plus grand calme et telle a été ma conduite habituelle au conseil. Je suis revenu à Paris auprès de mon épouse que j'avais laissée (...) et je ne l'ai pas quittée : toujours concentré au sein de ma famille, jamais je n'ai connu aucun parti et je jure que je n'ai aucune espèce de liaisons dans Paris; et je puis avoir erré dans mes opinions mais mes intentions étaient pures, je n'ai été influencé par qui que ce soit"[410]. Cette supplique confuse (et torturée) empêcha Doche-Delisle d'être déporté. Le coq ne chanta

[408] On le soupçonnait d'avoir voulu empêcher les soldats d'évacuer les Cinq-Cents.

[409] Fouché, *Mémoires*, p. 87.

[410] A.N., C 469. Lettre du 25 brumaire.

pas au moment de son reniement. Pas plus qu'il ne chanta d'ailleurs lorsque Delbrel, profitant de la protection de Murat, obtint, lui aussi, l'amnistie et accepta d'entrer dans la magistrature consulaire, puis impériale.

Après le vote du décret du 19 brumaire, Lucien Bonaparte, ne voulant pas abandonner son fauteuil et voulant prolonger son rôle historique, demanda aux consuls de se présenter devant les Cinq-Cents. Sieyès, Ducos et Bonaparte firent leur entrée au son du tambour. Lucien se lança dans une nouvelle harangue : "Citoyens consuls, le plus grand peuple de la terre vous confie ses destinées (...). La liberté française est née dans le jeu de paume de Versailles (...). Elle vient aujourd'hui de prendre la robe virile. Ecoutez, citoyens, les bénédictions de ce peuple et de ces armées, si longtemps le jouet des factions. Entendez aussi ce cri de la postérité : la liberté française, née dans le jeu de paume de Versailles, fut consolidée dans l'orangerie de Saint-Cloud. Les législateurs de l'an VIII furent les pacificateurs de la patrie"[411]. Immédiatement après la péroraison du président des Cinq-Cents, Sieyès, Ducos et Bonaparte prêtèrent un serment de "fidélité inviolable à la souveraineté du peuple, à la République française une et indivisible, à l'égalité, à la liberté et au système représentatif"[412]. Il était 4 heures du matin.

Les commissions législatives

Pour devenir définitive –respect des formes constitutionnelles oblige-, la loi proposée par les Cinq-Cents devait être votée par les Anciens. Un messager d'Etat (dont on ignore s'il fut précédé de la garde requise par le texte de l'an III !) se rendit à la chambre haute. Celle-ci avait profité du temps laissé libre par les délibérations des Cinq-Cents pour rejeter

[411] G. Martineau, *Lucien Bonaparte*, p. 79.

[412] Un serment, prononcé dans les mêmes termes, allait être exigé des fonctionnaires publics dans les jours qui suivirent.

la loi sur les délégations des fournisseurs. Elle s'apprêtait à discuter de quelques dispositions nouvelles du droit notarial lorsque le messager parut. Le vote sur le décret fut acquis sans difficulté, à l'unanimité des présents moins deux voix[413]. A nouveau, on appela les consuls qui renouvelèrent leur serment. Bonaparte monta à la tribune et donna l'accolade à Lemercier. On passa ensuite, dans l'une et l'autre chambre, à l'élection des commissions législatives.

Les 25 députés des Cinq-Cents élus par leurs collègues avaient presque tous participé à la Révolution depuis ses débuts. Ils n'étaient pas représentatifs –et pour cause– du conseil issu des dernières élections. Les baïonnettes de Murat et le décret étaient passés par là[414]. On ignore dans quelles conditions furent choisis les 25 élus. Le compte-rendu de la séance conservé aux Archives nationales est muet sur ce point. Seul le procès-verbal de l'élection donne quelques indications. Apparemment, une première liste fut établie. Des noms y furent raturés et remplacés par d'autres. Qui procéda au remplacement ? Le vote fut-il libre ou y procéda-t-on à partir d'une liste pré-établie ? Nous sommes incapables de répondre à ces questions. A l'arrivée, les républicains formaient une majorité écrasante de la commission législative des Cinq-Cents. On notait la présence de 10 conventionnels dont seulement 3 (Chazal, Chénier et Mathieu) avaient été régicides. Les seuls "jacobins" choisis étaient des repentis, comme Lucien Bonaparte ou Villetard. Cabanis, Boulay de la Meurthe, Chazal, Chénier étaient franchement complices de la conspiration. Quelques uns des élus étaient réputés pour leurs goûts royalistes, tel Arnould – qui avait même dû s'exiler après le 13 vendémiaire. Quelques camarades de combat des Girondins (Chabaud-

[413] Nous n'avons pu, hélas, identifier les deux audacieux. Quant au texte sur le notariat, il fut finalement voté le 25 ventôse an VIII et forme, encore aujourd'hui, le fondement de l'organisation de la profession de notaire.

[414] On trouvera la liste des députés des Cinq-Cents et des Anciens désignés pour faire partie des commissions législatives en annexe 5.

Latour, Bérenger, Thiessé) refaisaient surface et prenaient leur revanche sur l'ennemi jacobin. Tous ces hommes, quel que soit leur parcours révolutionnaire, étaient des "modérés", à la fin du Directoire.

La même remarque s'impose, avec encore plus de force, lorsque l'on examine la liste des membres de la commission législative des Anciens. Les révolutionnaires de 1789 y étaient nombreux : Garat, Regnier, Lenoir-Laroche, Lemercier, Goupil-Préfelne, Vernier, Herwin de Névèle. Suivaient les anciens députés à la Législative, comme Lebrun, Cornudet, Vimar, Depeyre, Sédillez. Deux conventionnels régicides (Perrin des Vosges et Laloy) allaient côtoyer deux anciens collègues ayant refusé de voter la mort de Louis XVI (Vernier et Porcher). Dans cette commission législative, les suspects de royalisme étaient plus nombreux que chez les Cinq-Cents : Sédillez, Goupil-Préfène, Chassiron. Aucun de ces hommes, même les régicides, n'était prêt à la moindre concession aux jacobins. Cornet, Lebrun, Vimar, Sédillez, Laussat, Herwin et Fargues avaient été arrêtés et détenus pendant la Terreur. Vernier avait été obligé de passer en Suisse. Dans l'ensemble, les choix des Anciens se portèrent sur un personnel conservateur, républicain modéré, souhaitant l'ordre avant tout.

Il était 5 heures du matin, le 20 brumaire an VIII. Les consuls avaient prêté serment. Les commissions législatives étaient constituées. Le coup d'Etat avait réussi.

Fourbus, les acteurs et figurants de la folle journée regagnèrent Paris, suivis de peu par les troupes qui, en rangs de parade, rentrèrent dans leurs cantonnements. Bonaparte confia à Bourrienne que son intention était de faire occuper militairement la capitale dès le lendemain. Il lui dit encore son sentiment d'avoir dit des "bêtises" devant les chambres, puis décida de rentrer chez lui.

Pendant les heures de délibérations des conseils, Bonaparte, Sieyès et Ducos, entourés "d'amis du pouvoir naissant accourus de Paris" (Vandal), avaient attendu et travaillé dans les bureaux qui avaient été aménagés dans le château. Vers 11 heures, Bonaparte avait dicté à son secrétaire une proclamation qui devait être placardée dans Paris et publiée par *Le Moniteur*. Ce texte, qui constitue, pour ainsi dire, la version officielle du coup d'Etat, mérite, malgré sa longueur, d'être entièrement cité. On y retrouve les thèmes classiques : liberté en péril, appel à un général désintéressé et sans parti, poignards –et même armes à feu– brandis par des députés des Cinq-Cents, etc. On y constate encore l'absence du nom de Sieyès :

"A mon retour à Paris, j'ai trouvé la division dans toutes les autorités, et l'accord établi sur cette vérité, que la constitution était à moitié détruite et ne pouvait sauver la liberté.

Tous les partis sont venus à moi, m'ont confié leurs desseins, dévoilé leurs secrets et m'ont demandé mon appui : j'ai refusé d'être l'homme d'un parti.

Le conseil des Anciens m'a appelé : j'ai répondu à son appel. Un plan de restauration générale avait été concerté par des hommes en qui la nation est accoutumée à voir des défenseurs de la liberté, de l'égalité, de la propriété : ce plan demandait un examen calme, libre, exempt de toute influence et de toute crainte. En conséquence, le conseil des Anciens a résolu la translation du corps législatif à Saint-Cloud; il m'a chargé de la disposition de la force nécessaire à son indépendance. J'ai cru devoir à mes concitoyens, aux soldats périssant dans nos armées, à la gloire nationale acquise au prix de leur sang, d'accepter le commandement.

Les conseils se rassemblent à Saint Cloud; les troupes républicaines garantissent la sécurité au dehors; mais les assassins établissent la terreur au dedans. Plusieurs députés du conseil des Cinq-Cents, armés de stylets et d'armes à feu, font circuler autour d'eux des menaces de mort.

Les plans qui devaient être opérés sont resserrés, la majorité désorganisée, les orateurs les plus intrépides déconcertés, et l'inutilité de toute proposition sage évidente.

Je porte mon indignation et ma douleur au conseil des Anciens. Je lui demande d'assurer l'exécution de ses généreux desseins; je lui représente les maux de la patrie qui les lui ont fait concevoir; il s'unit à moi par de nouveaux témoignages de sa constante volonté.

Je me présente au conseil des Cinq-Cents, seul, sans armes, la tête découverte, tel que les Anciens m'avaient reçu et applaudi; je venais rappeler à la majorité ses volontés et l'assurer de son pouvoir.

Les stylets qui menaçaient les députés sont aussitôt levés sur leur libérateur; vingt assassins se précipitent sur moi et cherchent ma poitrine. Les grenadiers du corps législatif, que j'avais laissés à la porte de la salle, accourent, se mettent entre les assassins et moi. L'un de ces grenadiers (Thomé) est frappé d'un coup de stylet dont ses habits sont percés. Ils m'enlèvent !

Au même moment, les cris de *hors-la-loi* se font entendre contre le défenseur de la loi. C'était le cri farouche des assassins contre la force destinée à les réprimer.

Ils se pressent autour du président, la menace à la bouche, les armes à la main; ils lui ordonnent de prononcer le *hors-la-loi*; l'on m'avertit; je donne l'ordre de l'arracher à leur fureur, et six grenadiers du corps législatif entrent au pas de charge dans la salle et la font évacuer.

Les factieux, intimidés, se dispersent et s'éloignent. La majorité, soustraite à leurs coups, rentre librement et paisiblement dans la salle de ses séances, entend les propositions qui devaient lui être faites pour le salut public, délibère et prépare la résolution salutaire qui doit devenir la loi nouvelle et provisoire de la République.

Français, vous reconnaîtrez sans doute à cette conduite le zèle d'un soldat de la liberté, d'un citoyen dévoué à la République. Les idées conservatrices, tutélaires, libérales, sont rentrées dans leurs droits par la dispersion des factieux qui opprimaient les conseils, et qui, pour être devenus les plus odieux des hommes, n'ont pas cessé d'en être les plus méprisables"[415].

Dans la voiture qui reconduisait Bonaparte rue de la Victoire avaient pris place Sieyès, Bourrienne, Gardanne et Lucien. Ils constatèrent –nous dit Bourrienne– qu'on avait préparé quelques illuminations, malgré l'heure matinale. Ils dépassèrent encore des soldats chantant le très révolutionnaire *Ça ira !*. On ignore si les deux nouveaux consuls esquissèrent un sourire.

[415] *Correspondance*, n°4389.

IVe partie

Le coup d'Etat consulaire.

I

Sieyès ou Bonaparte ?

Le 20 brumaire an VIII (11 novembre 1799), à 5 heures du matin, le Directoire n'existait plus. Un régime consulaire provisoire –à la durée de vie limitée par les textes– l'avait remplacé. Les difficultés de la République n'avait pas été résolues pour autant, en deux journées et demi. La France avait un pouvoir exécutif et des lambeaux de législatif. Mais elle n'avait ni gouvernement, ni finances publiques. Elle n'avait pas non plus de projet de politique générale clair car les conspirateurs avaient le plus souvent évité d'aborder ces questions dans leurs réunions préparatoires. On passait d'un exécutif à 5 à un pouvoir à 3, en application d'un décret qui se référait explicitement à la constitution de l'an III. Si les hommes avaient changé, le système n'avait pas encore été totalement renversé. Trois consuls, cela signifiait qu'on passait d'une majorité dans l'exécutif de trois à deux voix. Si les marges de manoeuvre étaient plus restreintes, les incertitudes subsistaient. Qui de Bonaparte ou de Sieyès tenait les rênes ? Qu'allait faire Ducos ? Comment allait réagir le pays ? Les jacobins allaient-ils tenter de réveiller et d'entraîner les faubourgs ? Les administrations départementales et municipales allaient-elles se soumettre au nouveau pouvoir ? L'armée serait-elle fidèle ? Les royalistes –au dedans et au dehors– allaient-ils se sentir encouragés par les circonstances nouvelles ? Toutes ces questions –et tant d'autres– durent hanter les courts instants de repos que s'accordèrent les consuls. La première étape de l'opération de Brumaire finissait... mais il y avait encore beaucoup à faire. Après avoir louvoyé pendant un mois, Bonaparte et Sieyès se trouvaient à la fois côte à côte et face à face. "Personne ne savait ce que donnerait le nouveau triumvirat, écrit Albert Ollivier. Bonaparte suscitait des espoirs, mais non une confiance absolue, ni un grand engouement populaire. On respectait son autorité, mais on ne le regardait pas comme une idole"[416]. De son côté, Vandal note : "Sieyès restait l'homme de confiance de la classe politicienne, parlementaire, philosophe, sans laquelle on ne pouvait marcher"[417]. Les décisions et les choix de Ducos, mais aussi ceux des conspirateurs du deuxième niveau (Talleyrand, Fouché, Roederer, Cambacérès, etc.), allaient être décisifs.

Bonaparte et Ducos face à Sieyès

Il était 10 heures du matin lorsque Bonaparte quitta la rue de la Victoire pour rejoindre ses deux collègues au Luxembourg. Sieyès et Ducos y avaient conservé leurs appartements. Celui de Barras était vide. Celui de Moulin s'était libéré dans la matinée, suite à "l'évasion" –souhaitée et facilitée– de l'ancien directeur. Quelques instants après, Louis Bonaparte était venu ordonner à Moreau, au nom de son frère, de libérer Gohier[418]. La traversée de la capitale se fit au milieu d'une foule curieuse, mais non enthousiaste.

[416] A. Ollivier, *Le Dix-huit brumaire*, p. 230.

[417] A. Vandal, *L'avènement de Bonaparte*, t. I, p. 420.

[418] Bonaparte avait décidé d'occuper les appartements de Gohier. Il ne s'installa au Luxembourg que le 24 brumaire (15 novembre), continuant à habiter rue de la Victoire (Bourrienne, *Mémoires*, t. II, p. 80). Moulin se réfugia sur ses terres et se fit oublier. Il se rallia ensuite à Bonaparte qui l'employa dans ses armées. Il mourut en 1810, après avoir été fait comte d'Empire. Gohier –que Napoléon estimait et que Joséphine protégeait– ne fut pas inquiété. Il se rallia en 1802, devint diplomate en Hollande, refusa le poste d'ambassadeur à Washington avant de se retirer de la vie politique. Il mourut en 1830, après avoir réglé ses comptes avec Bonaparte, dans ses *Mémoires*.

Dix années de Révolution avaient refroidi le peuple de Paris qui attendait pour voir.

Le général et l'ex-abbé eurent une conversation particulière de deux heures –dont on ne sait rien, sauf, une anecdote inventée pour nuire à la mémoire de Sieyès-, avant d'être rejoints par Ducos. Dès cette première séance, l'équilibre fragile qui avait subsisté, malgré les manoeuvres et les arrière-pensées, entre les deux meneurs du coup d'Etat fut rompu. Certes, Sieyès savait mieux que personne que sa situation était inconfortable : Bonaparte avait les moyens de l'empêcher d'accéder à son rêve de pouvoir. Sieyès n'avait-il pas déclaré à Joseph et à Cabanis, la veille du coup d'Etat, qu'une fois le pouvoir pris, il suffirait au général d'écarter du bras ses complices[419] ? Le diplomate prussien Sandoz-Rollin avait écrit à son gouvernement : "Toute l'autorité est véritablement entre les mains de Bonaparte; il dispose à lui seul de la force armée de Paris et peut-être même des armées éloignées (...). De quelque manière que Sieyès s'y prenne, il ne sera que secondairement en opinion et en influence"[420]. Cela ne signifiait pas que l'ex-abbé allait se rendre sans combattre.

Une première question importante devait être tranchée : qui présiderait le premier le Consulat provisoire et comment la présidence tournerait-elle ? On ne pouvait conserver la règle trimestrielle du Directoire défunt. D'après les récits "officiels" de Sainte-Hélène, Ducos, fidèle à ses choix antérieurs, aurait alors déclaré : "Général, il est bien inutile d'aller aux voix pour la présidence, elle vous appartient de droit"[421]. Sieyès aurait été obligé d'accepter. Alors, grand seigneur, Bonaparte aurait déclaré qu'il préférait que chacun préside à son tour, toutes les vingt-quatre heures. Il prendrait la première présidence puis on tournerait par ordre

[419] P. Bastid, *Sieyès et sa pensée*, p. 248. Il le répéta à Roederer, dans les mêmes termes, quelques jours plus tard.

[420] Cité par M. Poniatowski, *Talleyrand et le Directoire*, p. 850.

[421] *Correspondance*, t. XXX, p. 326.

alphabétique. Dans les cahiers de Sainte-Hélène, en revanche, Napoléon livra à Bertrand une version différente, dans laquelle sa volonté était plus affirmée et le rôle de Ducos effacé : "Lorsque les trois consuls furent nommés, Sieyès dit : *Choisissez un président. Je m'en charge,* dis-je en prenant le fauteuil. Sieyès fut étonné"[422]. Rien ne permet de trancher en faveur de l'une ou l'autre version car le compte-rendu de la séance ne donne que les conclusions. La *Correspondance* et les *Cahiers* s'accordent sur un point : Ducos choisit rapidement son camp. Selon la première, il confirma, dès les premiers instants du Consulat provisoire, qu'il était prêt à soutenir Bonaparte : "(Il) continua à voter dans le sens de Napoléon. Il eut même avec Sieyès de vives discussions à ce sujet; mais il resta inébranlable dans son système". Quant aux *Cahiers*, ils relatent que Napoléon déclara à Bertrand : "Ducos (...) opina constamment pour moi". Il ajouta que les deux anciens directeurs eurent une conversation sur le sujet, au cours de laquelle Ducos déclara à Sieyès : "Notre règne est fini. L'expérience doit nous éclairer : nous ne sommes pas en état de commander. Il est clair que la nation veut être commandée par un général. Vous n'y pouvez rien. Ce choix est accordé aux dangers. Il n'y a aujourd'hui de salut qu'en lui. Il nous faut nous résigner de bonne grâce à le seconder de tous nos moyens".

On ne saurait ici tant départager les versions successives données par l'Empereur déchu qu'authentifier des conversations rapportées dix-huit ans après les faits. Admettons néanmoins que, dans l'esprit, les choses et les raisonnements durent se rapprocher de ce qui fut raconté et transcrit à Sainte-Hélène. Constatons aussi que, dès les premières heures du Consulat provisoire, la position de Sieyès s'était effritée. Mais sa défaite, pour ce qui concerne le contrôle de l'exécutif, fut consommée lors de la désignation des ministres. Pour procéder à celle-ci, les trois consuls provisoires

[422] Bertrand, *Cahiers de Sainte-Hélène. 1818-1819*, p. 280.

décidèrent d'utiliser la salle des séances du Directoire au Luxembourg. Ils quittèrent les appartements de Sieyès et traversèrent la cour[423]. La garde était sous les armes, les tambours battaient et une petite foule les acclama... enfin.

Fausse histoire d'un détournement

En attendant de nommer les ministres, les trois consuls se seraient rendus coupables d'un détournement que raconte Napoléon dans le *Mémorial de Sainte-Hélène* et que prétend confirmer Fouché dans ses *Mémoires*, parus un an après ce qui, sur ce point, leur enlève beaucoup de leur crédibilité[424]. L'affaire mérite d'être abordée car, si elle est vraie –ce que nous croyons impossible-, elle montre comment Bonaparte voulut endormir Sieyès dès les premiers heures du Consulat et, si elle est inventée par Napoléon ou Las Cases, elle illustre une fois encore à quel point nous devons nous méfier du *Mémorial de Sainte-Hélène*.

Napoléon, sur son rocher perdu au milieu de l'Atlantique, aurait confié à Las Cases : "Sieyès est fort intéressé. Dès la première réunion des trois consuls, et dès qu'ils furent seuls, Sieyès alla mystérieusement regarder aux portes du palais si personne ne pouvait entendre; puis, revenant à Napoléon, il lui dit avec complaisance et à demi-voix, en lui montrant une sorte de commode : *Voyez-vous ce beau meuble ? Vous ne vous doutez peut-être pas de sa valeur ?* Napoléon crut qu'il lui faisait considérer un meuble de la couronne, et peut-être qui aurait servi à Louis XVI. *Ce n'est pas du tout cela*, lui dit Sieyès, voyant sa méprise; *je vais vous mettre au fait. Il renferme huit cents mille francs !!!* (Et ses yeux s'ouvraient tout grands) *Dans notre magistrature directoriale, nous avions réfléchi qu'un directeur sortant pouvait fort bien*

[423] Les appartements des consuls se situaient dans le Petit Luxembourg, tandis que la salle des séances étaient dans le Grand Luxembourg.

[424] On constate, d'ailleurs, que sur plusieurs points, les mémoires revendiqués par Fouché s'inspirent, jusqu'à les plagier, de certaines pages du *Mémorial*.

rentrer dans sa famille sans posséder un denier, ce qui n'était pas convenable. Nous avons donc imaginé cette petite caisse (...). Qu'en ferons-nous? Napoléon, qui avait prêté une grande attention et commençait enfin à comprendre, lui répondit : *Si je le sais, la somme ira au Trésor public; mais si je l'ignore, et si je ne le sais point encore, vous pouvez la partager, vous et Ducos, qui êtes anciens directeurs; seulement, dépêchez-vous, car demain, il serait peut-être trop tard.* Les collègues ne se le firent pas dire deux fois, observait l'Empereur; Sieyès se chargea hâtivement de l'opération, et fit le partage, comme dans la fable, en lion"[425]. Selon Las Cases, Sieyès se serait octroyé 600 000 francs, n'en laissant que 200 000 à Ducos. Fouché, pour sa part, écrivit : "Bonaparte, sachant (Sieyès) avide, lui abandonna le trésor privé du Directoire : il contenait 800 000 francs dont Sieyès se saisit; et faisant le partage du lion, il ne laissa qu'une centaine de mille francs à son collègue Roger Ducos. Cette petite douceur calma un peu son ambition"[426].

Cette invraisemblable affaire n'est confirmée par aucun autre document et a été inventée, soit par Napoléon pour discréditer Sieyès (mais alors, pourquoi en dit-il plutôt du bien ailleurs dans le *Mémorial* ?), soit par Las Cases. Ce dernier ajouta d'ailleurs une note sur le sujet, dans la seconde édition de son ouvrage (1824). Ayant reçu des lettres de protestation des amis de Sieyès, il fit marche arrière. Il concéda, d'une part, que les anciens directeurs "avaient incontestablement des droits sur cette somme" qui n'appartenait pas aux Finances publiques et, d'autre part, que, finalement, les détails dont ils s'agit avaient peut-être été "brodés" (mais il ne nous dit pas par qui). Il conclut en disant qu'il maintiendrait sa version dans les futures éditions car elle était importante "pour la gaîté du récit". Cet aveu nous renseigne sur la valeur historique du *Mémorial* et jette

[425] *Mémorial de Sainte-Hélène*, t. II, p. 5.

[426] Fouché, *Mémoires*, p. 82. Malgré un désaccord sur les sommes, la similitude des termes employés par Fouché et Las Cases est frappante .

la suspicion sur les récits qu'il contient, sauf à procéder à des recoupements avec des documents d'archives ou des témoignages plus sûrs.

Malgré les précautions et les quasi-excuses de Las Cases, le dossier n'était pas clos pour autant. Les ayant-droits de Moulin intentèrent, en 1836, un procès à Sieyès... pour récupérer 100 000 francs qu'ils estimaient avoir été soustraits aux droits de l'ancien directeur. S'étant "évadé" le 19 brumaire, ce dernier était rentré chez lui "sans un denier". Un tribunal les débouta de leur demande, faute de preuve.

Michel Massie, biographe de Ducos, a récemment clos, à notre sens, cette affaire du prétendu détournement de Sieyès. Cet auteur nous révèle la découverte, dans un dossier secondaire des Archives nationales, de divers documents. Ils confirment que la cagnotte des directeurs a bien existé et établissent qu'elle fut restituée par l'ancien secrétaire du Directoire Lagarde et versée au Trésor[427]. Il conclut : "Tout montre que les triumvirs, bien loin de se livrer, en petit comité à la dispute de deux chiffonniers qu'arbitrerait un troisième larron, se sont intéressés aux finances laissées par leurs prédécesseurs; d'autant plus normalement que Sieyès et Ducos n'y étaient pas étrangers, puisqu'ils représentaient les deux derniers directeurs en charge. Cet examen ne pouvait trouver son aboutissement logique que dans le versement au Trésor, du fonds de secours, sorte de caisse de solidarité de l'ancienne mutualité directoriale"[428]. Ainsi s'achève la légende voulue par Las Cases ou Napoléon d'un Sieyès vénal jusqu'à détourner, en cachette, des fonds "secrets".

[427] Ces documents, dont un procès-verbal de réunion des consuls du 21 frimaire an VIII, ont échappé à Aulard qui publia, en 1894, le *Registre des délibérations des consuls provisoires*, en utilisant le carton AF IV 3 (Minutes des Arrêtés des Consuls) des Archives nationales. Ceux cités par Michel Massie sont extraits d'une sous-série fourre-tout : "Organisation et service des Archives, dons et acquisitions".

[428] M. Massie, *Le troisième consul Roger Ducos*, pp. 357-368. Pour les détails, nous renvoyons le lecteur à cette longue (et efficace) démonstration.

Distribution des portefeuilles

Plus intéressantes et fondamentales furent les passes d'armes, à fleurets mouchetés, au sein du Consulat provisoire. Si Sieyès avait pu un instant imaginer que Bonaparte lui laisserait les coudées franches, il dut déchanter lorsqu'il s'agit de choisir les nouveaux ministres. Les portefeuilles importants furent distribués à la convenance du général.

Berthier, son chef d'état-major, fut nommé à la Guerre en remplacement de Dubois-Crancé. Ce dernier fut invité à se retirer de la vie politique. Outre son opposition au coup d'Etat, Bonaparte reprochait à l'ancien ministre du Directoire le désordre qui régnait dans son administration. Il eut beau jeu d'avancer les qualités d'organisateur de Berthier. La présence d'un fidèle à une place aussi essentielle lui assurait la mainmise sur la seule force organisée de la République. Né en 1753, ancien officier supérieur de l'armée d'Ancien Régime, réputé royaliste et sanctionné comme tel au début de la Révolution, Berthier avait rencontré Bonaparte à l'armée d'Italie, en 1796. Les deux hommes s'étaient appréciés et une sorte d'amitié inégale les liait. Militaire polyvalent, Berthier savait organiser, commander, payer de sa personne au combat. Il était un chef d'état-major idéal. Bonaparte était sûr qu'il ferait un bon ministre. Sieyès ne discuta pas sa nomination. Il était clair dans l'esprit de l'ancien directeur que, des trois consuls, seul Bonaparte pouvait régler avantageusement les problèmes militaires. Il était acquis qu'il devait avoir la haute main sur ce département, malgré les inconvénients que cela pouvait représenter pour Sieyès et Ducos. L'une des premières mesures prises par Berthier fut l'envoi de généraux fidèles dans chaque division militaire et dans les armées des théâtres extérieurs, tant pour obtenir des renseignements sur l'état des troupes que pour s'assurer de la fidélité des commandants en chef, qui n'était pas acquise.

A la Justice, Cambacérès conserva ses fonctions. Le nouveau pouvoir avait promis de lui permettre de réaliser l'un de ses rêves de juriste : engager la codification du droit français. L'article 14 du décret du 19 brumaire avait stipulé : "Les deux commissions (législatives) sont chargées de préparer un code civil"[429]. Depuis des années, Cambacérès militait pour une organisation et une simplification de la législation votée à flot continu par les assemblées révolutionnaires. Il avait soutenu un premier projet en août 1793, alors qu'il présidait la commission de la Législation de la Convention. Il était revenu à la charge après Thermidor et avait réussi à arracher le vote de quelques articles. En l'an IV, enfin, Cambacérès avait participé à la commission dite "de classification des lois". Les travaux n'avancèrent que très lentement, les commissions et les rapporteurs se succédant sans résultat. En l'an VIII, le projet de Cambacérès avait eu le temps de mûrir : lorsque la discussion du code civil commença, il produisit des centaines de pages de notes sur le sujet. Sieyès et Bonaparte tenaient la codification pour une réforme essentielle. Cambacérès s'en était réjoui dans une circulaire envoyée aux tribunaux dès le 19 brumaire. Sur le plan politique, il avait saisi que le rapport des forces était favorable au général. Il pouvait être considéré comme un allié pour Bonaparte. Il lui serait d'une grande utilité par sa connaissance du personnel administratif et politique, par ses idées juridiques pointues et une fidélité teintée d'une grande franchise qui n'allait pas se démentir pendant toute la durée de l'épisode napoléonien[430].

[429] Que la rédaction d'un code civil ait été élevée au rang de priorité en Brumaire est une preuve supplémentaire de la volonté d'un retour aux principes de 89 par les conspirateurs et leurs alliés. Dès les débuts de la Constituante en effet, la codification avait été l'une des grandes revendications des députés. Le 5 juillet 1790, il fut d'ailleurs décidé de mettre en chantier un "code général". Il ne vit le jour, pour sa partie civile, qu'en 1804.

[430] P.-F. Pinaud, *Cambacérès*, pp. 115 et suivantes. Cambacérès fut l'un des piliers civils du Consulat et de l'Empire.

Au ministère de l'Intérieur, Bonaparte fit renvoyer Quinette et désigner Laplace. Ce savant, géomètre, astronome, correspondant de la plupart des académies scientifiques d'Europe, qui avait choisi la politique pour assouvir sa soif de réussir, avait été l'un des soutiens les plus actifs du général au sein de l'Institut. Bonaparte le connaissait depuis de nombreuses années, puisque c'est Laplace, alors examinateur des élèves pour l'artillerie, qui l'avait interrogé lors de sa sortie de l'école militaire de Paris (septembre 1785). Surtout, à son retour d'Italie, le général l'avait beaucoup fréquenté et Laplace avait favorisé son élection à l'Institut. En le faisant nommer, Bonaparte payait sa dette aux idéologues. C'est d'ailleurs à l'Institut que le général réserva l'une de ses premières sorties officielles. Il y prit la parole durant quarante-cinq minutes pour la lecture d'un rapport qui lui avait été confié par la prestigieuse compagnie. A l'issue de la séance, il annonça personnellement à Laplace le choix des consuls. Il regretta plus tard cette décision et constata que, pour être un de ses fidèles, Laplace n'en était pas moins incapable d'occuper un poste aussi complexe et délicat que celui de ministre de l'Intérieur. A Sainte-Hélène, tout en reconnaissant les apports scientifiques de cet homme que l'Empire allait d'ailleurs honorer, Napoléon "exécuta" son éphémère ministre : "Laplace ne saisissait aucune question sous son vrai point de vue; il cherchait des subtilités partout, n'avait que des idées problématiques, et portait enfin l'esprit des infiniment petits dans l'administration"[431]. L'avenir montra qu'avec la nomination de Laplace et d'autres "idéologues" (au conseil d'Etat, au Sénat, etc.), non seulement Bonaparte payait sa dette, mais il la soldait.

Aux Relations extérieures –poste essentiel pour la France "consulaire" dont une des missions fixées par le décret du 19 brumaire était de parvenir à la paix générale-, Bonaparte avait, évidemment, pensé à Talleyrand. Il lui devait beau-

[431] *Correspondance*, t. XXX, p. 330.

coup et son expérience pourrait être précieuse. Mais la réputation de l'ancien évêque empêchait qu'il fut fait appel à lui dès le lendemain du coup d'Etat. On convint donc de conserver provisoirement Reinhard. Reçu dans la matinée, en compagnie de Roederer, Talleyrand se montra compréhensif et accepta de patienter. Il n'allait d'ailleurs attendre qu'une dizaine de jours, le temps que le titulaire du portefeuille soit envoyé en ambassade à Berne. Le 4 frimaire (25 novembre), l'arrêté de nomination de Talleyrand parut au *Moniteur* : "Le citoyen Reinhard ayant donné sa démission de ministre des Relations extérieures, les Consuls ont nommé, pour le remplacer, le citoyen Talleyrand-Périgord qui avait quitté cette place il y a cinq mois, à l'époque où un parti désorganisateur et proscripteur de tous les talents dominait toutes les autorités de la République"[432]. *L'Ami des Lois* vit dans ce retour de Talleyrand un camouflet aux jacobins : "Talleyrand, que les plates et absurdes calomnies des jacobins avaient forcé (...) de donner sa démission du ministère des Relations extérieures, vient d'y être reporté par les consuls de la République. Il était impossible de faire un choix plus propre à réaliser les espérances de la paix qui se répandent de toute part"[433]. A Cambacérès, qui le mettait en garde –déjà !– contre la versatilité de l'ancien ministre, Bonaparte déclara : "Je sais qu'il n'appartient à la Révolution que par son inconduite. Jacobin et déserteur de son ordre dans l'Assemblée constituante, son intérêt nous répond de lui"[434]. Même inquiétude chez ce républicain qui publia, à Mâcon, un pamphlet contre le retour de Talleyrand aux affaires : "Il est ex-noble, ex-courtisan, ex-prélat catholique romain, et cependant il parvient à s'élever au ministère, et ce ministère est celui des Relations extérieures (...). Que ce traître et ses semblables soient frappés par la foudre natio-

[432] *Le Moniteur*, 4 frimaire an VIII.

[433] A. Aulard, *Paris sous le Consulat. Recueil de documents pour l'histoire de l'esprit public à Paris*, 1903, t. I, p. 28.

[434] Cité par Morlot et Harper, *Talleyrand. Une mystification historique*, p. 347.

nale ! ou sinon, c'en est fait de la République"[435]. Il semble pourtant qu'à l'époque de Brumaire, Talleyrand avait –pour une fois– fixé ses opinions et opté –provisoirement– pour le parti de la fidélité. Il allait être bien utile pour rétablir les équilibres gouvernementaux, eut égard à la présence de Fouché dans le ministère.

Car, dans le choix des nouveaux ministres, le plus grand succès immédiat de Bonaparte fut, contre l'avis de Sieyès, le maintien de Fouché à la Police. Considéré comme un jacobin, le ministre s'était pourtant opposé au club du Manège, depuis des mois. Sieyès considérait que cela n'était qu'une manoeuvre destinée à donner le change. Pour lui, que Fouché se soit prononcé contre la faction jacobine ne signifiait pas qu'il avait cessé d'être jacobin. Il proposa donc de donner son portefeuille à Alquier. Ce régicide devenu modéré, alors receveur général de la Seine-et-Oise, avait peu d'expérience policière mais présentait pour Sieyès l'avantage d'être son ami. Bonaparte ne voulut rien entendre et présenta même les avantages que la présence de Fouché produirait. Il donnerait des garanties à la gauche et, par sa connaissance parfaite des milieux "terroristes", pourrait être utile à leur surveillance. Sieyès se laissa faire. Et Fouché de triompher dans ses *Mémoires* : "Je fus maintenu au ministère le plus important sans doute, malgré Sieyès, et en dépit des intrigues qu'on avait fait jouer contre moi. Bonaparte jugea mieux l'état des choses, il sentit qu'il lui fallait encore surmonter des obstacles; qu'il ne suffisait pas de vaincre, mais qu'il fallait dompter; que ce n'était pas de trop d'avoir sous la main un ministre aguerri contre les anarchistes. Il sentit également que son intérêt lui commandait de s'appuyer sur

[435] Dandelot l'aîné, *Masque arraché ou ma pensée contre Talleyrand-Périgord, encore ministre des Relations extérieures !!*, cité par J. Thiry, *Le coup d'Etat du 18 brumaire*, p. 220.

l'homme qu'il croyait le plus capable de le tenir en garde contre un fourbe devenu son collègue"[436].

Dès les premières heures du coup d'Etat, sur fond d'attentisme prudent, le ministre de la Police avait mis la machine répressive en marche et, à l'arrivée, pouvait apparaître comme l'un des vainqueurs de la journée. Le 20 brumaire, il lança un mandat d'arrêt contre 60 jacobins "en fuite" dont Aréna qui échappa aux séides du ministre. Certains furent pris et envoyés au Temple. Ils furent relâchés quelques jours plus tard. La première proclamation de Fouché reconduit fleurait bon la Révolution, ce qui dut, davantage encore, agacer Sieyès. Le ministre appelait à la rescousse "tous les amis de la république et de la liberté". Il ajoutait : "Bientôt, les bannières de tous les partis seront détruites : tous les Français seront ralliés sous l'étendard républicain"[437]. C'était là donner une interprétation un peu biaisée des intentions des consuls. Certes, ils ne remettaient pas en cause la République. Mais ils affichaient aussi leur intention de rassembler les Français et non de les contraindre à abandonner leurs idées pour se fondre dans le moule républicain.

Fort de ces nominations qui lui étaient favorables, Bonaparte laissa à Sieyès le choix du ministre des Finances. Malgré les promesses faites à Lecouteulx, l'ancien directeur proposa Gaudin, un expert en finances publiques qui avait passé sa vie dans les bureaux des ministères successifs, de l'Ancien Régime à la Convention, avant de se retirer de l'activité au début du Directoire. Référence rassurante pour Bonaparte, Gaudin –qui avait refusé le portefeuille six mois plus tôt– était ami du richissime maître de poste de Paris, Lanchère, ex-concessionnaire des transports de l'armée d'Italie (et qui finança peut-être un peu le coup d'Etat). Il fut donc reçu sans attendre par les consuls. Sieyès le félicita

[436] Fouché, *Mémoires*, p. 83. Le fourbe dont il est question est, bien sûr, Sieyès. Quelques jours après la nomination de Fouché, Alquier fut nommé ambassadeur à Madrid.
[437] *Le Moniteur*, 23 brumaire an VIII.

et lui proposa de retrouver Bonaparte dans une autre pièce. "Je trouvai (...) un personnage qui ne m'était connu que par la haute renommée qu'il s'était déjà acquise; d'une taille peu élevée, vêtu d'une redingote grise, extrêmement maigre, le teint jaune, l'oeil de l'aigle, les mouvements vifs et animés (...). Il vint à moi de l'air le plus gracieux"[438]. En quelques instants, Gaudin fut admis, prêta serment. Deux heures plus tard, il remplaça Lindet dans son bureau ministériel. Dans la soirée, il fut convoqué par Bonaparte, rue de la Victoire, pour une conversation approfondie sur les finances publiques. Leur situation n'était guère brillante. Selon ses *Mémoires*, Gaudin n'avait trouvé que 167 000 francs dans les caisses de l'Etat et un découvert de 212 millions, non compris 262 millions d'arriérés de solde et de traitement (pour les militaires et les fonctionnaires). "Concevez-vous quelque chose de plus pitoyable que (le) système de finances (des directeurs) ?", demanda Bonaparte à Bourrienne.

On conserva Bourdon de Vatry à la Marine. Ce haut fonctionnaire efficace ne resta pas longtemps à son poste. Ayant refusé l'envoi de deux bateaux à Malte, malgré l'ordre de Bonaparte, il dut renoncer à son portefeuille. Dès le 22 novembre, Forfait le remplaça. Avec lui, Bonaparte pouvait être tranquille. Membre de l'Institut, Forfait avait été l'un des organisateurs de l'expédition d'Egypte. Il le connaissait et lui était dévoué.

Dernier poste à pourvoir, celui de secrétaire des consuls fut confié à Maret. Cet ancien avocat était entré en diplomatie au début de la Révolution et... au service de Bonaparte après son retour d'Egypte. Son nouveau rôle était important. Il devait préparer les séances des consuls –qui tinrent 39 séances, entre le 11 novembre et le 24 décembre–, rédiger leurs résolutions, communiquer les ordres aux fonc-

[438] Gaudin, *Mémoires*, p. 45. Gaudin ne dit pas la vérité, lorsqu'il laisse croire que Bonaparte ne le connaissait pas avant cette entrevue. Membre des Cinq-Cents, il avait participé au moins à une réunion des conspirateurs et, lors du coup d'Etat, il avait eu l'attitude d'un homme sachant parfaitement son rôle.

tionnaires et en vérifier l'exécution. Avec un tel homme, Bonaparte disposait d'un rouage essentiel de l'action quotidienne de l'exécutif. On conserva, comme secrétaire-adjoint, Joseph Lagarde, ancien secrétaire du Directoire.

Sur le plan politique, le ministère était habilement constitué. Cambacérès rassurait la société bourgeoise et les hommes d'affaires de Paris. Fouché figurait –mais figurait seulement– la Révolution "jacobine". Reinhard était un modéré. L'entrée de Talleyrand devrait attirer les hommes de l'Ancien Régime. Laplace symbolisait les idéologues. Berthier était le seul dont la présence ne répondait pas à un calcul d'équilibre. Son seul titre était d'être un proche de Bonaparte. Il exprimait la volonté de son chef : contrôler l'armée, quelles que soient ses tendances.

Dès le 20 brumaire, Bonaparte avait encore renforcé son ascendant sur ses collègues consuls. Il disposait de la force militaire, avait su se mettre en avant dans les journaux et les proclamations, avait su rallier ceux qui n'aimaient pas Sieyès (et ils étaient nombreux). A présent, avec derrière lui Roger Ducos, les ministres de la Guerre, de l'Intérieur et de la Police générale –en attendant d'avoir l'un des siens aux Relations extérieures et de rallier définitivement Cambacérès-, il pouvait avancer sans gêne. Si Sieyès n'était pas vaincu, il était encore affaibli. Il ne lui restait plus qu'une arme : le parlement-croupion hérité des journées de Brumaire. Seuls ces 50 rescapés des conseils pouvaient jouer le rôle de (dernier) contrepoids institutionnel.

Avant de clore leur première réunion, les consuls adoptèrent une proclamation aux Français : "La constitution de l'an III périssait. Elle n'avait su ni garantir vos droits ni se garantir elle-même. Des atteintes multipliées lui ravissaient sans retour le respect des peuples. Des factions haineuses et cupides se partageaient la République. La France approchait enfin du dernier terme d'une désorganisation générale. Les patriotes se sont entendus. Tout ce qui pouvait vous nuire a été écarté. Tout ce qui pouvait vous servir, tout ce qui était resté pur dans la représentation nationale, s'est réuni sous la bannière de la liberté. Français, la République, raffermie et replacée dans l'Europe au rang qu'elle n'aurait jamais dû perdre, verra se réaliser toutes les espérances des citoyens et accomplira ses glorieuses destinées. Prêtez avec nous le serment que nous faisons d'être fidèles à la République une et indivisible, fondée sur l'égalité, la liberté et le système représentatif"[439]. Le nom de Bonaparte –qui avait présidé la première séance du Consulat provisoire– allait figurer devant celui de ses deux collègues sur les affiches, ce qui allait renforcer l'opinion dans l'idée qu'il était le vrai auteur du coup d'Etat, le vrai "sauveur" de la République, et que ses deux collègues le suivaient. Selon Napoléon, au sortir de cette première réunion, Sieyès aurait déclaré à Chazal, Talleyrand, Boulay de la Meurthe, Roederer et Cabanis : "Messieurs, vous avez un maître. Bonaparte veut tout faire, sait tout faire, et peut tout faire. Dans la position où nous nous trouvons, il vaut mieux nous soumettre que d'exciter des divisions qui amèneraient une perte certaine"[440]. Même apocryphe, l'expression résumait bien la situation au soir du 20 brumaire, douze heures seulement après la fin du coup d'Etat.

[439] *Correspondance*, n° 4391.
[440] *Correspondance*, t. XXX, p. 326.

II

Esquisse d'une politique.

Bonaparte et Sieyès avaient beaucoup promis et proclamé avant comme pendant le coup d'Etat. Loin des intrigues internes qui avaient commencé en son sein, le nouveau pouvoir devait à la fois donner des "signes" et produire des actes confirmant sa détermination à "sauver la liberté, l'égalité et le système représentatif". Les mesures attendues par la population et les milieux d'affaires concernaient la réconciliation nationale, la paix extérieure et le redressement des finances publiques, préalables indispensables à la réunion de tous les Français autour de l'idée de République –car il n'avait jamais été question d'une autre forme de régime– et à la normalisation du pays. Si la première journée du Consulat provisoire fut consacrée à la mise en place de l'exécutif et de ses agents ministériels, il n'y avait pas une minute de plus à perdre pour agir. Même si ce Consulat provisoire ne dura que quelques semaines, il faut s'intéresser aux premières mesures qui furent prises. Elle préfigurèrent ce qu'allaient être les années les plus flamboyantes de l'histoire de Napoléon, celles du Consulat.

Le premier souci des consuls consistait à asseoir leur pouvoir, aussi bien à Paris qu'en province. La capitale était calme et on surprit même certains de ses habitants à fêter l'avènement du Consulat provisoire. Les journaux avaient bien accueilli l'affaire de Saint-Cloud et les oppositions n'étaient pas visibles. Bernadotte avait disparu. Moreau avait exécuté les ordres. Jourdan et ses amis, exclus du conseil des Cinq-Cents, se terraient à leur domicile ou étaient, pour quelques jours encore, au Temple. Quant aux royalistes, particulièrement absents du coup d'Etat, on ignorait quelle serait leur réaction, une fois leur surprise passée. En province, la nouvelle des événements mettrait plusieurs jours à arriver dans les départements les plus éloignés. Il fallait donc aller au moins aussi vite que les courriers et les journaux. Berthier l'avait compris, qui avait envoyé des officiers dans toutes les divisions militaires et aux armées pour porter la bonne parole et tuer dans l'oeuf les velléités de résistance. Pour les consuls, il fallait priver les oppositions de leurs soutiens populaires par l'affichage d'une bonne volonté... désarmante. Chaque camp eut droit à ses signaux et à ses mesures apaisantes.

Réconcilier la France

Pour les consuls provisoires et singulièrement pour Sieyès, le coup d'Etat avait d'abord été mené pour barrer la route aux jacobins. Les interventions de Bonaparte aux conseils et les proclamations étaient allées dans ce sens. Il fallait en tirer les conséquences. La clientèle du coup d'Etat n'attendait que cela. Le nouveau pouvoir décida d'opérer dans deux directions : entamer le processus de réconciliation et empêcher les jacobins de nuire.

La première mesure de réconciliation fut adoptée dès le 22 brumaire (13 novembre), avec l'abrogation de la loi sur les otages du 12 juillet 1799. Ce texte de circonstances avaient été dénoncé par tous les modérés. Au lieu de calmer l'insurrection et les menées royalistes, il les avait radicalisées. Il revenait à prendre en otage des innocents pour faire pression sur leurs parents luttant du côté de la Contre-Révolution. En une demi-journée, Fouché produisit un rapport[441], la proposition d'abrogation fut rédigée par les consuls, approuvée par les commissions législatives et promulguée. Il est vrai qu'avant le coup d'Etat, le conseil des Cinq-Cents travaillait à une modification de la loi, ce qui avait préparé les esprits. Les consuls avaient décidé d'aller plus loin, en rayant tout simplement le texte de l'ordre juridique. Bonaparte en personne se rendit à la prison du Temple, fit ouvrir les cachots et procéda à la libération de plusieurs otages, leur disant : "Une loi injuste vous a privés de votre liberté; mon premier devoir est de vous la rendre"[442]. De retour au Luxembourg, le général aurait dit à Bourrienne : "Quels animaux que ces directeurs ! A quel état ces gens-là ont réduit les établissements publics ! Mais, patience, je mettrai ordre à tout cela"[443] .

Sieyès ne se contentait pas de cette mesure. Il voulait frapper durement le parti jacobin en lui coupant la tête. Il voulait des proscriptions, une sorte de "vengeance". Il demanda au ministre de la Police de dresser une liste de personnes à déporter, la mit en forme et la fit signer à ses collègues Bonaparte et Ducos. En application de l'article 3 de la loi du 19 brumaire, qui chargeait les consuls de rétablir la tranquillité intérieure, 37 individus devaient être déportés en Guyane, parmi lesquels Destrem, Aréna, Mamin (l'un des assassins de la princesse de Lamballe, lors des massacres de septembre 1792), Lebois (animateur de différents clubs jacobins et ancien auteur du *Père Duchesne*). Vingt deux autres jacobins étaient assignés à résidence –ce qui ne valait guère mieux, en dehors du climat– sur les îles de Ré et Oléron, dont Grandmaison, Talot, Briot et, surtout, Jourdan. Ces mesures décapitaient le parti jacobin. Elles pou-

[441] Publié au *Moniteur* du 23 brumaire an VIII, on pouvait y lire –ce qui, sous la plume de l'ancien "terroriste" ne manque pas de sel– que la loi sur les otages, "enfantée par les passions", était bien dans la nature "des gouvernements faibles" qui n'agissent "comme dans l'enfance, que par des mouvements de fureur". Voir l'ensemble du dossier, expédié en une journée, A.N., C 469.

[442] *Le Moniteur*, 26 brumaire an VIII.

[443] Bourrienne, *Mémoires*, t. II, p. 154.

vaient aussi inquiéter l'opinion révolutionnaire et encourager les royalistes. En dressant une telle liste de répression et en favorisant des mesures aussi excessives, Fouché prétendit plus tard avoir voulu provoquer un choc au sein de l'exécutif et arracher sa clémence. Méfions-nous, sans les rejeter totalement, des *Mémoires* du ministre de la Police générale.

La publication de l'arrêté par *Le Moniteur* fut rapide. Cambacérès refusa de publier le texte au *Bulletin des lois* –ce qui lui aurait donné une force exécutoire– avant de s'être entretenu avec Bonaparte. Roederer –que l'on ne peut soupçonner d'avoir aimé les jacobins– le soutint en publiant des articles hostiles aux proscriptions dans son *Journal de Paris* : "Quelle est grande et généreuse, cette opposition des gens de bien contre une mesure de rigueur qui ne devait atteindre que leurs persécuteurs ! Elle sera mémorable, cette noble et pacifique insurrection de l'opinion publique en faveur de la justice et de la morale"[444]. Bonaparte reconnut s'être laissé entraîner par Sieyès, alors qu'il était encore sous le coup des événements du 19 brumaire. Il accepta que l'arrêté ne soit pas promulgué. Le ministre de la Justice fit répandre la nouvelle dans Paris et dire que Bonaparte avait tout fait –y compris en s'opposant à Sieyès– pour que le pardon soit l'un des premiers actes du Consulat provisoire[445]. L'arrêté existait bien, mais sa non-promulgation lui enlevait toute force. *Le Moniteur* concéda qu'il avait publié le texte "par erreur". Bonaparte fit publier la radiation officielle de Jourdan de la liste du (presqu') arrêté consulaire. Bernadotte et Jourdan avaient été reçus par Fouché qui leur avait expliqué que c'était Sieyès qui était derrière cette tentative d'élimination d'un des grands généraux de la Révolution. Le 24 novem-

[444] *Journal de Paris*, 9 frimaire an VIII.

[445] *Eclaircissements inédits de Cambacérès*, cités par Vandal et repris par tous les historiens du 18-Brumaire. Cambacérès a rédigé des mémoires qui n'ont pas été publiés. Sous la direction du professeur Jean-René Suratteau, madame Châtel de Brancion a travaillé sur ce manuscrit. Ni son mémoire, ni, surtout, les *Eclaircissements*, n'ont été publiés, ce qui nous fait penser que l'intérêt des écrits complets de Cambacérès n'est pas aussi "immense" qu'on a longtemps pu le croire.

bre, Napoléon répondit même à une lettre que Jourdan lui avait adressée quelques jours plus tôt : "Vous avez été froissé dans la journée du 19. Enfin, voilà les premiers moments passés, et je désire bien vivement voir constamment le vainqueur de Fleurus sur le chemin qui conduit à l'organisation, à la véritable liberté et au bonheur. Mais, dans quelque position que les événements vous placent, ne doutez pas, je vous prie, de l'amitié que j'ai pour vous"[446]. Le même jour, il fit porter une autre lettre, sur le même thème, au député Beytz qui avait émis, par écrit, des critiques sur l'affaire de Brumaire : "Ralliez-vous à la masse du peuple. Le simple titre de citoyen français vaut bien, sans doute, celui de royaliste, de clychien, de jacobin, feuillant, et ces mille et une dénominations qu'enfante l'esprit de faction, et qui, depuis dix ans, tendent à précipiter la nation dans l'abîme d'où il est temps enfin qu'elle soit tirée pour toujours. C'est à ce but que tendront tous mes efforts. C'est là uniquement qu'est désormais l'estime des hommes pensants, la considération du peuple et la gloire"[447].

En s'opposant à Sieyès et en le faisant savoir, Bonaparte apparaissait comme le réconciliateur de la République. Il appuyait à présent sur un ressort propre à lui donner de nouveaux avantages. Alors que Sieyès se révélait amer et revanchard, le général se montrait magnanime, y compris avec ceux qui avaient tenté de lui barrer le chemin lors du coup d'Etat. Qu'il ait été ou non sincère a peu d'importance : sur le plan politique, l'argument était porteur. Il correspondait aux attentes de l'opinion. Ses alliés, d'ailleurs, sentirent le parti qu'on pourrait tirer de cette politique. Fouché se démena pour faire libérer un maximum d'otages. Talleyrand intervint auprès du ministre de la Police pour que son ennemi personnel, Jorry, soit radié de la liste des

[446] *Correspondance*, n° 4397. Jourdan fut élevé à la dignité de maréchal d'Empire en 1804, mais ne fut ni richement doté ni employé sur les grands théâtres militaires. "Je l'ai maltraité", concéda Napoléon à Sainte-Hélène.
[447] *Correspondance*, n° 4398.

déportés. Il communiqua sa lettre aux journaux. Ainsi, le "vainqueur de l'Egypte" refusait publiquement de poursuivre jusqu'à ses ennemis les plus décidés pour ne pas diviser davantage le pays.

Cela n'empêcha pas les bavures. La police était zélée. Plusieurs dizaines de personnes, dont plusieurs députés, furent arrêtées et détenues au Temple, même en l'absence de listes de proscriptions. L'ancien député Sonthonax, qui n'avait pas été réélu en l'an VII, fut du nombre. Ami de Réal, il adressa une lettre de protestation à celui-ci : "Nous sommes ici quinze qui se voient pour la première fois en prison; j'en excepte Charles Hesse et les deux ex-députés Quirot et Dorimond. Au milieu de ces prisonniers d'Etat, dont l'importance pourrait être au moins contrôlée, on trouve quatre malheureux de la rue Saint-Jacques et deux de leurs femmes âgées chacune de 65 ans. Les uns et les autres avec l'habit de leur atelier, sans argent, sans ressources, et à la charité des gens aisés qui suppléent à l'insuffisance de la ration"[448]. Touché, Réal obtint la libération des malheureux. Les politiques durent attendre encore un peu.

Le 3 nivôse (24 décembre), Bonaparte rendit publique une nouvelle amnistie. D'importantes personnalités, de "droite" comme de "gauche" furent autorisées à rentrer en France : "fuctidorisés", comme Carnot ou Barthélemy, "terroristes", comme Barère et Vadier. Carnot et Barthélemy ne se firent pas prier pour revenir à Paris. Le premier devint même ministre de la Guerre, d'avril à octobre 1800. Le second fut envoyé au Sénat, dès février. Barère ne fut pas moins zélé : il proposa ses services à Bonaparte qui n'accepta de se servir de celui qui avait présidé la Convention pendant le procès de

[448] J. Destrem, *Le lendemain de Brumaire*, 1911, p. 1. Sonthonax devint une des cibles favorites de la police du Consulat et de l'Empire. Cet ancien Girondin, qui avait passé une partie de la Révolution outre-mer, fut sans cesse inquiété, mêlé – parfois contre toute vraisemblance– à toutes les conspirations, exilé, enfermé. Il mourut en résidence surveillée, en 1813. Il avait été arrêté comme "complice passif" (sic) de la conspiration Malet.

Louis XVI qu'en 1803. Quant à Vadier, ancien babouviste présumé, déporté "administrativement" par le Directoire, malgré son acquittement par les tribunaux, il se retira –sous haute surveillance– de la vie publique.

Réconcilier, pour Bonaparte, cela n'était pas seulement mettre les jacobins à la raison. Il fallait aussi faire cesser les rebellions royalistes qui se poursuivaient un peu partout en France. La ligne de partage entre la clémence affichée avec l'abrogation de la loi sur les otages et la répression des mouvements insurrectionnels était étroite. Il fallait pourtant la suivre. Les hommes de Brumaire, pour modérés qu'ils aient été, comptaient dans leurs rangs beaucoup de républicains sincères, sans parler des régicides. L'un d'eux, Fouché, semblait vouloir jeter encore un peu d'huile sur le feu, écrivant, dans une circulaire du 27 novembre, que la patrie rejetait "éternellement de son sein" les émigrés. La tactique du ministre de la Police était, décidément, difficile à cerner. Bonaparte fit répondre, dans le journal *Le Diplomate* qu'il ne voulait privilégier "ni bonnets rouges, ni talons rouges"[449]. Ce que recherchait le nouveau pouvoir, c'était une sorte de juste milieu, réclamant de chaque parti sa part d'efforts pour mener l'oeuvre de réconciliation à son terme. Après avoir frappé les jacobins lors des journées de Brumaire, il fallait à présent retirer à la Contre-Révolution l'illusion que le coup d'Etat pourrait lui profiter. Le *Journal de Paris* travailla encore l'opinion dans ce sens : "Il n'y a et ne peut y avoir de réaction à la suite du 18 brumaire. Les hommes qui l'ont fait n'ayant emprunté ni les bras ni le crédit d'aucune faction"[450].

Aux signes, il convenait d'adjoindre une action "de terrain". Au moment du coup d'Etat, la grande offensive

[449] Allusion à des signes de reconnaissance vestimentaires des révolutionnaires et des royalistes : bonnet phrygien pour les premiers, bottines de maroquin rouge pour les seconds.
[450] *Journal de Paris*, 29 brumaire an VIII.

contre-révolutionnaire de l'été 1799 s'était essoufflée. Mais, notamment dans l'Ouest et le Sud-Ouest, l'activité des bandes armées royalistes n'était pas négligeable. Les 18 et 19 brumaire, Redon était tombée entre leurs mains[451]. Des négociations avaient été engagées entre le Directoire et les chefs vendéens. Le général Hédouville –encouragé, dès le lendemain du coup d'Etat par Berthier– discutait avec Mme Turpin de Crissé. Cette femme habile parvint à convaincre quelques chefs de l'insurrection de conclure une trêve qui débuta dès le 2 frimaire an VIII (23 novembre 1799). La position des "blancs" était que la loi des otages avait déclenché le soulèvement. Dès lors qu'elle était abrogée, les raisons de lutter avaient disparu. Ils acceptèrent une suspension d'armes. En réalité, ils cherchaient à gagner du temps. Ils s'imaginaient que le comte d'Artois allait bientôt les rejoindre pour faire contrepoids au nouveau gouvernement. Ils espéraient que l'Angleterre leur enverrait argent et armes. Il faudrait encore au Consulat de longues années pour parvenir à la pacification. Les généraux français reçurent l'ordre de poursuivre la lutte contre ceux qui refusaient la trêve. L'Ouest allait encore être le théâtre de quelques belles batailles entre "blancs et bleus". Mais, déjà, la politique du Consulat s'était formée : la réconciliation nationale visait tous les partis mais ne consistait ni à restaurer la monarchie ni à reprendre les exclusions révolutionnaires.

Restait le problème épineux de la liberté de culte et des rapports entre l'Eglise et la République. Pendant le Consulat provisoire, Bonaparte ne put rien commencer, malgré des opinions déjà bien établi. A son retour d'Egypte, il avait fait part à des ecclésiastiques rencontrés dans la région de Valence de son intention de résoudre la crise religieuse, y compris en négociant et en faisant des concessions aux

[451] Sur ces épisodes, voir, par exemple, E. Erlannig, *La résistance bretonne à Napoléon Bonaparte. 1799-1815*, 1986.

catholiques[452]. La suppression des persécutions contre les prêtres réfractaires, la restitution des lieux de culte, la fin de l'obligation de dire la messe le décadi seraient pour plus tard. En attendant, malgré l'adoucissement prévu des mesures antireligieuses, la libération de quelques curés et un décret interdisant la déportation des prêtres ayant prêté serment, Laplace se crut autorisé à écrire dans une circulaire que "les superstitieux" ne devaient pas plus se réjouir que les royalistes du nouvel état des choses[453]. Le 20 novembre, on arrêta encore dans Paris des crieurs et colporteurs qui vendaient des publications favorables au rétablissement du culte catholique, tandis qu'une semaine plus tard, le bureau central de la Police demandait à son ministre "de déclarer aux prêtres catholiques que l'intention formelle des consuls (était) de ne pas permettre que les ministres des cultes abusent de leur influence pour arrêter la marche du gouvernement et le triomphe des principes républicains". Voilà qui était loin de la politique qu'allait mener le Grand Consulat, malgré la décision prise dans les derniers jours de brumaire de remettre en vigueur une loi de l'an III qui autorisait les fidèles à disposer de leurs lieux de culte. Bonaparte dut encore davantage regretter d'avoir donné, avec le portefeuille de Laplace, un gage aux idéologues. Il est vrai que, d'une part, les administrations étaient encore peuplées de jacobins hostiles à la religion et que, d'autre part, l'Eglise traversait elle aussi une grave crise. L'occupation de Rome par l'armée française, la déportation suivie de la mort de Pie VI avaient désorganisé la puissance temporelle du Saint-Siège. Au moment de Brumaire, il n'y avait pas de Pape et la désignation de son successeur était au coeur d'un grave conflit d'influence entre l'Autriche et l'Italie. Le conclave ne s'ouvrit, à Venise, que le 30 novembre –soit trois mois après

[452] Selon J. Leflon, *Histoire de l'Eglise. La crise révolutionnaire. 1789-1846*, 1949, P. 158.
[453] *Le Moniteur*, 3 frimaire an VIII (24 novembre 1799).

la mort de Pie VI– et le nouveau pontife ne fut élu que le 14 mars 1800[454].

Sans attendre, et pour montrer ses bonnes dispositions, Bonaparte ordonna que les honneurs funèbres soient rendus à la dépouille de Pie VI.

Contrôler l'armée

Autre difficulté qu'il fallait aborder dès le lendemain du coup d'Etat, l'attitude de l'armée face au nouveau pouvoir n'était pas acquise. Il était pourtant essentiel d'obtenir le ralliement de la seule force vraiment organisée dans la République, alors que les administrations étaient, soit inexistantes, soit se déchiraient dans des luttes intestines. Certes, durant les journées de Brumaire, l'armée avait joué un rôle capital et conforme à ce qu'en attendaient les conspirateurs. Mais les troupes concernées étaient celles de la garnison de Paris, bien préparée par les adjoints de Bonaparte et, dans l'ensemble, plutôt favorable au vainqueur des Pyramides. L'adhésion de ces unités et leurs adresses rédigées dans les jours qui suivirent l'affaire de Saint-Cloud n'ont guère de valeur pour apprécier le comportement général de l'armée. Le 9e Régiment de Dragons, qui avait participé, en première ligne, au coup d'Etat félicita les consuls dans le *Moniteur* du 23 brumaire. Pour ne pas être en reste, le 8e Régiment fit insérer ses propres louanges dans le numéro du lendemain : "Ô mémorable journée ! Ô 18 brumaire ! que, loin d'être comparée aux autres, tu vas causer de bien !". Enfin, pour compléter ce bref tour d'horizon de la prose laudatrice des militaires de la 17e division militaire, citons

[454] C'est le candidat de l'Espagne, le cardinal Barnabé Chiaramonti qui fut élu,à la grande fureur de Vienne, sous le nom de Pie VII. Ce fut une bonne nouvelle pour la France. Contrairement à ses prédécesseurs, Chiaramonti ne s'était jamais montré fondamentalement hostile à la République. En 1797, il avait écrit aux fidèles de son diocèse : "La forme du gouvernement démocratique adoptée par vous ne répugne nullement à l'Evangile; elle exige au contraire toutes les vertus sublimes qui ne s'apprennent qu'à l'école de Jésus-Christ" (J. Leflon, p. 165).

encore cette ode aux acteurs du coup d'Etat, dans laquelle Bonaparte occupe une place de choix. Nous la devons aux officiers et sous-officiers du 19e régiment de Chasseurs, stationné à Compiègne :

A toi, Célèbre journée du 18 brumaire;
A toi, courageux conseil des Anciens, par qui elle est née
A vous, membres fidèles du conseil des Cinq-Cents,
qui l'avez fécondée;
A vous tous, braves, par qui elle a triomphé;
A vous, dignes consuls, dans les mains desquels elle a été remise
A toi, Bonaparte, héros immortel,
dont le dévouement, l'énergie et la sagesse ont tant fait pour
elle;
Gloire, Gloire et mille fois Gloire ![455]

Qu'en fut-il dans les unités stationnées en province ou à l'étranger ? La situation des armées était précaire, en raison des retards de solde et de l'impéritie administrative. Il fallut, par exemple, plus d'un mois à Berthier pour disposer d'un état exact des corps existants, tant les rapports faisaient défaut. Ses envoyés, aussi incroyable que cela puisse paraître, durent d'abord... compter les unités et les hommes pour avoir une vue d'ensemble. L'armée de l'Intérieur qui, par définition, ne pouvait se nourrir sur un pays conquis souffrait du délabrement des Finances. Les envoyés de Berthier à Besançon, Grenoble, Périgueux, Lille –où la garde nationale refusa d'intervenir contre les insoumis– signalèrent à leur ministre un taux de désertion particulièrement élevé et une grogne générale dans les unités en raison du dénuement de tous. Seules les places de Metz et Nancy semblent avoir échappé à l'agitation[456]. Parfois, on fut contraint d'organiser des colonnes mobiles pour ratisser des secteurs entiers et

[455] Adresse à la commission législative du conseil des Anciens, 25 brumaire an VIII, A.N., C 592.
[456] A. N., AF IV 1090, extraits de la correspondance des généraux.

arrêter les déserteurs et les insoumis. A l'intérieur comme à l'extérieur, l'armée usait et abusait des réquisitions, ce qui ne faisait que creuser la dette publique et mécontentait les populations. Il fallut plusieurs années au Consulat pour faire le bilan de ces pratiques. Les armées du Rhin, d'Helvétie et d'Italie n'étaient guère mieux loties que celle de l'Intérieur, sur des théâtres de guerre qui avaient vu passer et repasser les belligérants et avaient déjà tout donné de ce qu'on pouvait y prélever. Seule l'armée du Nord, qui avait pris l'offensive en Hollande parvenait à s'assurer de l'essentiel[457].

Quant à l'esprit public aux armées, il n'était pas unanimement favorable au coup d'Etat. Certes, les cartons d'archives recèlent des adresses enthousiastes. On peut en citer quelques-unes, prises au hasard : pour le général Lecourbe, l'armée du Rhin a accueilli la nouvelle du coup d'Etat "avec des transports d'allégresse"; le général Thuring se veut lyrique : "Ô Bonaparte, tes glorieux exploits sont profondément gravés dans tous les coeurs; tu assureras le triomphe de la patrie mais tu donneras la paix à l'Europe. La France aura un gouvernement naturel et tu changeras nos larmes de douleur en pleurs d'allégresse"; le même Thuring remet les autres consuls à leur place : "Et vous, Sieyès et Roger Ducos, magistrats distingués par vos vertus et vos profondes connaissances, nous nous félicitons de vous voir affectés à être les collaborateurs du héros que nous possédons"; dans le même registre, si le 22e de cavalerie envoya ses félicitations aux trois consuls, son texte ne s'adressait qu'à Bonaparte[458]. Mais tous les militaires ne marquèrent pas leur enthousiasme.

Beaucoup d'adresses conservées aux Archives nationales sont remarquables par leur ton républicain et l'absence de référence marquée à Bonaparte. Ainsi, les officiers d'un

[457] Dans ses écrits de Sainte-Hélène, Napoléon a donné une description sans concession de la situation des armées. Malgré quelques nuances, les études postérieures montrent que l'Empereur déchu n'a guère forcé le trait.

[458] A. N., AF IV 1444.

régiment auxiliaire du Jura écrivirent simplement : "Nos familles, longtemps éplorées ne verseront plus de larmes parce qu'elles seront certaines que nos bras ne seront plus employés que pour la gloire de notre patrie et pour la conservation de leurs intérêts les plus chers". Le général Régnier (armée du Rhin) se réjouit :"Le gouvernement de la grande nation sera respecté. Le royalisme et l'anarchie seront terrassés et la République sera triomphante"[459]. L'armée de la fin du Directoire était bien républicaine.

Il y eut aussi de nombreuses contestations des événements de Brumaire. Des officiers renoncèrent à réclamer de leurs subordonnés le serment de fidélité que les consuls exigeaient d'eux. De l'armée d'Italie, Masséna écrivit à Bonaparte : "L'esprit de l'armée n'est pas du tout en faveur des journées des 18 et 19 brumaire. Dans (certaines divisions), l'opinion se prononce fortement contre elles. On tient hautement des propos injurieux contre le gouvernement; (certains) chefs donnent publiquement l'exemple. C'est ainsi qu'ils disent que les soldats n'ont pas tort de quitter leur poste, puisqu'on ne leur donne pas de pain"[460]. A l'armée du Nord, Marmont, envoyé par Berthier, fut fort mal reçu par ses collègues et ses rapports ne furent pas tendres. L'une des premières décisions prises par Bonaparte fut de rappeler – pour le laisser se morfondre à Paris– le général républicain Brune, qui venait pourtant de remporter de brillants succès.

Dans les divisions militaires de l'Intérieur, les résistances furent tout aussi vives. On citera ici le cas exemplaire –mais non isolé– du général Treich, commandant la place de

[459] A. N., AF IV 1444.

[460] Cité par A. Vandal, *L'avènement de Bonaparte*, t. I, p. 473. Au moment du coup d'Etat, Masséna commandait en Suisse une puissante armée de 80 000 hommes. Bonaparte le jugeait peu sûr (Masséna avait fréquenté le club du Manège et était considéré comme partisan des jacobins) et le faisait surveiller par le général Nicolas Ducos, frère du consul et qui avait été son aide de camp avant la campagne d'Egypte. Le 25 novembre, Masséna fut nommé à la tête des 35 000 soldats démoralisés de l'armée d'Italie. Tout en lui laissant un commandement, Bonaparte l'avait affaibli.

Marseille. Après le coup d'Etat, il fit placarder dans Marseille une proclamation qui se voulait être un complément de celle des consuls : "Il est bien difficile d'ajouter encore à la proclamation parfaitement frappée, imprimée, affichée sur les murs de cette commune (...). Comme elle est rassurante, comme elle retrace les hauts faits du héros qui fixe les regards de l'Europe, que dis-je ? de l'univers entier ! comme elle nous présente les gages qu'ont aussi fournis à la révolution les collaborateurs qu'on lui a donnés pour sauver la République (...). Vive la République, plus que jamais". Le lendemain, Treich adressa, non sans un certain courage, une lettre aux consuls : "Citoyens consuls, vous ne recevrez point de ma part les félicitations de la flatterie; si j'ai à féliciter, c'est ma patrie dont vous allez fixer les destinées; je laisse aux hommes d'affaires leurs vaines protestations de respect et de dévouement, un militaire ne doit avoir pour lui que ses faits et sa conduite. Il sert son pays et il se tait (...)"[461].

Comme il fallait s'y attendre, Treich fut destitué, trois jours plus tard, comme plusieurs dizaines d'officiers supérieurs. Bonaparte en signa l'ordre *seul*, en marge d'un tableau dressé par Berthier[462]. Dans la foulée, le ministre de la Guerre lui soumit une liste de généraux sans emploi qu'il fallait placer, en raison de leur position favorable au nouveau pouvoir.

Rechercher la paix.

L'agitation dans l'armée étaient, certes, dûe au républicanisme de certains cadres et aux arriérés de solde. Mais le taux élevé d'insoumission et de désertion prenait sa source dans la lassitude de la population face à la continuation de

[461] A. N., AF IV 1444, proclamation aux Marseillais du 4 frimaire an VIII (25 novembre 1799) et lettre du général Treich aux consuls de la République, 5 frimaire an VIII.

[462] Les feuilles de travail sont souvent complétées de sa main. Sieyès et Ducos n'intervinrent aucunement dans les affaires militaires. A. N. AF IV 1300 ^{B}.

la guerre. "Le cri unanime est la paix !", avait écrit Fouché dans l'un de ses premiers rapports. Pour Bonaparte et Sieyès, la fin du conflit avec une alliance européenne peu cohérente, mais toujours dangereuse (Russie, Angleterre, Autriche, Etats allemands ou italiens) fut un souci immédiat. La coalition avait perdu toute solidarité interne. Déjà affaiblie par la neutralité de la Prusse, qui l'avait empêchée d'ouvrir un second front, elle devait faire face à la mauvaise humeur du tsar Paul 1er qui, furieux des défaites de ses armées en Suisse, accusait l'Autriche de ne pas l'avoir aidé. Le 23 octobre 1799, il avait adressé de sévères représentations à Vienne et avait décidé de retirer ses forces du champ de bataille. De leur côté, les Anglais et les Autrichiens voyaient d'un mauvais oeil l'occupation d'Ancône et d'Otrante par la flotte russe. Pour l'empêcher d'aller plus loin dans cette campagne maritime, la flotte britannique entreprit d'assiéger Malte sans attendre son homologue russe, ce qui motiva le retrait par le tsar de ses moyens navals[463].

A l'étranger, Brumaire ne fut connu que quelques jours après son déroulement. Il ne fut pas pris plus au sérieux que les autres coups d'Etat précédents. Les cours de Londres, Saint-Pétersbourg, Vienne, Berlin, Madrid, Naples se dirent que la France directoriale continuait à s'enfoncer dans l'anarchie, avec ce nouveau coup de force annuel. A Londres, en attendant d'y voir plus clair sur les intentions du nouveau pouvoir, les journaux ministériels se contentèrent de railler le "héros corse" –dont on peut penser que leur gouvernement avait facilité l'évasion d'Egypte-, tandis que le *Times* s'insurgeait contre l'idée de traiter avec le régicide Sieyès[464].

De son côté, le nouveau pouvoir ne voulut pas bouleverser l'organisation de la diplomatie française. Les fonctionnaires en poste à l'étranger furent confirmés dans leurs fonctions, à

[463] Voir J. Droz, *Histoire diplomatique de 1648 à 1919*, pp. 218-219; P. Kennedy, *Naissance et déclin des grandes puissances*, 1991, pp. 160-161.

[464] Analyse des papiers anglais, 18-30 frimaire an VIII (9-21 décembre 1799), A.N., AF IV 1564.

condition de prêter serment au Consulat. Reinhard leur écrivit dès le lendemain du coup d'Etat. Après les avoir rassurés sur le caractère républicain du nouveau gouvernement de la France, il leur demanda de le présenter aux puissances auprès desquelles ils étaient accrédités comme avide de rechercher un paix "honorable et solide"[465]. Quant aux agents étrangers en poste à Paris (c'est-à-dire les représentants des pays amis ou en paix avec la France), ils furent officiellement informés du coup d'Etat le 22 brumaire. Dans sa lettre circulaire, le ministre des Relations extérieures restait prudent et remettait à plus tard la recherche de la paix, mettant surtout en avant la nécessité de mettre d'abord de l'ordre dans la République : "Les rapports politiques de la France avec les autres peuples, les rapports diplomatiques de son gouvernement avec les autres gouvernements restent les mêmes; seulement la réunion éclatante de toutes les volontés, secondée par une direction éclairée, énergique et unanime qui sera donnée à la force publique, en assurant désormais les destinées de la République française, doit relever aux yeux des gouvernements étrangers la valeur des rapports politiques qui les attachent à nous"[466].

Les approches directes du nouveau gouvernement français pour engager des négociations avec les ennemis de la France n'intervinrent qu'à la fin décembre, notamment par deux célèbres lettres de Bonaparte au roi d'Angleterre et au "roi de Hongrie et de Bohême"[467]. Au premier, il écrivit no-

[465] Lettre circulaire du ministre des Relations extérieures aux agents extérieurs de la République, 21 brumaire an VIII.

[466] Lettre du ministre des Relations extérieures aux ministres étrangers, 22 brumaire an VIII.

[467] A proprement parler, "l'empire d'Autriche" n'exista pas avant la création de la Confédération du Rhin par Napoléon (1806) qui mit fin au Saint-Empire Romain Germanique, créé à la dislocation de l'empire de Charlemagne par Otton 1er (962) et sur lequel, d'ailleurs, depuis l'échec de Charles Quint et le traité de Westphalie, les Habsbourg n'exerçaient plus qu'un autorité nominale. Jusqu'à cette date, son souverain était "roi de Bohême et de Hongrie, archiduc d'Autriche" et empereur du Saint-Empire. Seuls les premiers termes de ce titre étaient porteurs d'une réalité politique.

tamment : "La France, l'Angleterre, par l'abus de leurs forces, peuvent longtemps encore, pour le malheur de tous les peuples, en retarder l'épuisement; mais, j'ose le dire, le sort de toutes les nations civilisées est attaché à la fin d'une guerre qui embrase le monde entier". Au second, il proposa aussi d'arrêter l'effusion de sang, mais sans mettre la France et l'Autriche sur un pied d'égalité[468]. Les deux cours firent la sourde oreille. C'est au Grand Consulat qu'il appartint donc, après Marengo, de marcher plus résolument encore vers la paix.

Les difficultés de la coalition n'était pas très bien connues à Paris mais le furent de mieux en mieux dans les semaines qui suivirent le coup d'Etat. La France voulait en finir avec sept ans de combats, mais pas à n'importe quel prix. Et si des cris de *Vive la Paix !* avaient parfois salué la prise de pouvoir de Bonaparte, ils s'adressaient au vainqueur de l'Italie, qui avait réussi à imposer la paix dans la victoire. Il fallut attendre de longs mois (et quelques batailles supplémentaires) avant que les premiers traités soient signés. Les quelques semaines du Consulat provisoire ne permirent pas –ne serait-ce qu'à cause des distances et du temps nécessaire aux courriers pour joindre les autres capitales– d'engager le processus de paix européenne que la population et, on peut le dire, ses nouveaux dirigeants souhaitaient. Talleyrand a, d'ailleurs, bien défini la situation de cette époque : "Parmi les puissances étrangères amies de la France, il n'y en avait aucune à qui le renversement du Directoire ne dût être agréable ou tout au moins indifférent. Un changement de disposition de leur part n'était pas à craindre, on n'avait point de démarches à faire pour le prévenir. Quant aux puissances hostiles, c'était par de nouvelles victoires seulement qu'on pouvait espérer de les ramener à des sentiments pacifiques"[469].

[468] *Correspondance*, n° 4445 et 4446.
[469] Talleyrand, *Mémoires*, t. I, p. 274.

Lorsque Talleyrand retrouva le portefeuille, Bonaparte prit rapidement les rênes de la diplomatie française, avec le consentement du nouveau ministre. Après la Police, la Guerre, l'Intérieur et la Justice, le général s'empara d'un nouveau pan du pouvoir. Lors d'une conversation privée, dont Bourrienne et Talleyrand lui-même ont rendu compte dans leurs mémoires, le ministre insista pour ne travailler qu'avec Bonaparte. Les affaires à traiter étaient délicates et ne pouvaient être étalées lors des conseils, fussent-ils peuplés de consuls provisoires. Napoléon, bien sûr, accepta cette proposition qui augmentait encore sa mainmise sur les affaires de l'Etat. Mais si Talleyrand s'était imaginé prendre l'ascendant sur un jeune général inexpérimenté, il dut vite déchanter. Il n'allait guère avoir l'occasion de développer ses aptitudes pour une diplomatie tortueuse, autrement qu'en sous-main. Les réunions de travail en tête-à-tête se multiplièrent et le ministre se transforma en simple exécutant des ordres brefs et nets de celui qu'il commençait –déjà– à appeler "le Premier Consul".

Restaurer les finances

Les signaux émis par le Consulat provisoire allaient dans le sens de ce qu'avaient promis les ex-conspirateurs. Leur tâche était immense et ne put être accomplie en quelques semaines. Ils décidèrent, en revanche, de presser le pas en matière financière. Les milieux d'affaires avaient salué l'avènement du Consulat provisoire avec enthousiasme : la rente, qui était à 11 francs dans les jours précédent le coup d'Etat, passa à 14 francs, le 20 brumaire, et à 20 francs le lendemain[470]. Mais, en ces matières, les "capitalistes" attendaient plus qu'une remise en ordre politique. Ils allaient se montrer

[470] La rente avait été créée après la déroute financière de 1797. Elle était perpétuelle et à 5 %. Le capital de départ était de 100 francs. Napoléon considérait que la rente était le baromètre de la confiance du public. Elle passa à 70 francs en 1801 et culmina à 90 francs en 1807.

méfiants pendant de longues années à l'égard d'un régime dont ils doutaient de la pérennité.

Le nerf de la guerre faisait cruellement défaut. Avec l'aide efficace de Gaudin, les consuls provisoires tentèrent de renflouer rapidement les caisses de l'Etat. Avec ses 167 000 francs en caisse, le ministre des Finances ne pouvait pas aller loin. Il lui fallait faire rentrer de l'argent frais. L'emprunt forcé progressif instauré par le Directoire –et qui avait été à l'origine de sa chute de popularité sans précédent– fut supprimé, ce qui privait l'Etat d'importantes recettes. Mais comme le ministre des Finances –règle immuable– reprend toujours d'une main ce qu'il donne de l'autre, une taxe de 25 centimes additionnels fut instauré sur les impôts de l'an VII. Une telle mesure n'était pas plus populaire que l'emprunt progressif. Gaudin s'en expliqua franchement devant la commission du conseil des Cinq-Cents, dans des termes applicables à toutes les époques : "Dans toutes les mesures des finances, il faut d'abord considérer leurs effets, soit matériels, soit d'opinion, sur les personnes qui ont de l'argent, des denrées ou du crédit à Paris. On peut avancer hardiment que, dans la situation où se trouve la République, un impôt qui causerait des dommages durables à l'agriculture et au commerce, mais qui ne serait pas un signal de sauve-qui-peut pour les capitalistes de Paris, aurait des effets moins funestes que celui qui, sans présenter les mêmes inconvénients, attaquerait l'opinion des capitalistes, car les circonstances forcent le gouvernement de recourir à eux presque chaque jour. Il est assurément très fâcheux de se trouver dans la main d'hommes qui n'ont, ou ne peuvent croire ne pas avoir toujours des intérêts conformes à ceux de la chose publique, mais cela tient à des faits qu'on ne peut séparer en un instant. C'est à tirer le meilleur parti des hommes, des choses et des circonstances, tels qu'ils sont les uns et les autres, que consiste la sagesse du législateur, aussi bien que le talent de l'administrateur"[471]. En d'autres termes, le ministre Gaudin n'avait aucune confiance dans le civisme des "capitalistes" et préférait en appeler à la masse des contribuables pour renflouer les caisses de l'Etat.

En attendant ces rentrées fiscales –dont le rendement était aussi soumis à une profonde réorganisation des administrations chargées de leur collecte-, il fallait bien assurer le quotidien. On commença par emprunter : Collot prêta 500 000 francs, les riches génois fournirent 2 millions, un prêt de 4 millions et demi fut sollicité des commerçants de Hambourg. En Hollande, Marmont fut envoyé proposer aux marchands d'Amsterdam de gager un colossal emprunt sur le fameux Régent, le plus beau joyau de la couronne de France. Le gouvernement hollandais refusa : il ne croyait pas que ce nouveau régime français tiendrait davantage ses promesses que les précédents.

Tous les efforts du gouvernement et des consuls n'étaient pas suffisants. On décida de vendre des terrains et des immeubles appartenant à l'Etat. Bonaparte envisagea de créer une nouvelle monnaie de papier. Le souvenir des assignats et l'opposition de la commission des Anciens lui firent abandonner cette idée. Le 24 novembre 1799, il convoqua les grands banquiers parisiens (Perrégaux, Davillier, Germain, Sévène, Fulchiron, Millet, Delessert, Récamier). Il leur expliqua la situation des finances, réitéra ses promesses d'un gouvernement modéré et exigea d'eux une avance de 12 millions. Les banquiers firent mine d'accepter... et fournirent 3 millions. Pour trouver les 9 millions manquants, Gaudin fut autorisé à créer une loterie.

Bonaparte n'avait pas dit son dernier mot. Les affaires financières lui donnèrent l'occasion d'une vengeance contre Ouvrard. Le général n'avait toujours pas digéré le comportement du fournisseur lors du 18-Brumaire. Etre resté auprès de Barras était un signe d'opposition. Pour ne rien

[471] *Le Moniteur*, 28 brumaire an VIII.

arranger, Ouvrard s'était rendu à Grosbois quelques jours plus tard. Le consul lui fit savoir qu'il attendait de lui une contribution aux avances faites par les capitalistes de Paris. Le chiffre de 12 millions fut même avancé. Ouvrard ne bougea pas avant janvier 1800 et, au lieu de répondre à la question qui lui était posée, se contenta de réclamer le remboursement d'une avance de 10 millions qu'il avait jadis consentie au Directoire puis, de proposer un plan de redressement des Finances publiques. Fin janvier, Bonaparte fit arrêter Ouvrard, confisquer les approvisionnements qu'il entreposait près de Paris. Sous la pression des milieux d'affaires, il le fit relâcher quelques temps plus tard[472].

Avec ou sans Ouvrard, le Consulat provisoire et, plus tard, le Grand Consulat assurèrent l'essentiel. Mais ils ne parvinrent pas à endiguer l'endettement de l'Etat. Ainsi, aux 90 millions d'arriérés de l'an VII, s'ajoutèrent 20 millions de créances en l'an VIII, sans parler des dettes cumulées par la République que l'on peut penser proche (voire supérieures) à un montant de 500 millions. Le remboursement ne put se faire que progressivement, au moyen de rentes à taux faibles et peu intéressants pour ceux qui, bon gré, mal gré, avaient prêté de l'argent à l'Etat[473].

Dans le mois qui suivit le coup d'Etat, les consuls multiplièrent les mesures symboliques qui engageaient le pays sur la voie de la politique promise. Mais ni Bonaparte ni Sieyès ni Ducos ne disposaient d'une "baguette magique" qui allait transformer la situation. Tout au plus, le Consulat provisoire mit sur pied les premières fondations d'une oeuvre que Bonaparte allait poursuivre seul, une fois réglé le problème essentiel, celui du pouvoir.

[472] J. Wolff, *Le financier Ouvrard (1770-1846)*, pp. 69 et suivantes.

[473] Voir J. Wolff, "Les insuffisantes finances napoléoniennes. Une des causes de l'échec de la tentative d'hégémonie européenne", *Revue du Souvenir Napoléonien*, n° 397, sept.-oct. 1994, pp. 5-20.

III

L'élimination de Sieyès

La lutte pour la domination du Consulat provisoire ne cessa pas pendant qu'étaient prises les premières mesures. En deux mois, de son retour d'Egypte (16 octobre 1799) à la mise en oeuvre de la nouvelle constitution (13 décembre 1799), Bonaparte réussit à la fois à s'emparer du pouvoir et à le confisquer à ses complices du coup d'Etat. Il fallut, pour parvenir à ce résultat, dominer le parti de Sieyès, le réduire, le neutraliser, avant de l'éliminer. En la matière, nul doute que la supériorité de Bonaparte est à rechercher dans sa maîtrise des forces armées et, singulièrement, de la garnison de Paris. Pour ses adversaires, la "barre était placée très haut". Mais on ne doit pas oublier que, sur le plan politique, Sieyès fut rapidement abandonné par certains de ses soutiens –à commencer par Ducos– qui virent en Bonaparte un chef plus cohérent, plus simple, plus ambitieux. Pourquoi ne pas le dire, lorsqu'on ne sait plus analyser rationnellement les rapports de force, ces hommes furent aussi attirés par le "génie" de Bonaparte. La mainmise du général sur les ministères ne fit qu'ajouter à ce déséquilibre congénital de la conspiration à présent victorieuse. Restait à jouer le dernier acte, véritable "coup d'Etat consulaire", qui consista à confisquer les institutions et à ne laisser à Sieyès que la portion congrue.

Les deux commissions législatives créées par le décret du 19 brumaire avaient chacune nommé une section chargée de préparer une nouvelle constitution, sur les bases fixées dans la nuit du 19 au 20 brumaire. Les Cinq-Cents avaient choisi Boulay de la Meurthe, Lucien Bonaparte, Chazal, Daunou, Marie-Joseph Chénier et Chabaud-Latour. Les Anciens avaient désigné Regnier, Garat, Lenoir-Laroche, Laussat et Lemercier. Les rapports de force dans ces commissions étaient déséquilibrés. Chénier, Cabanis et Lemercier semblaient pencher du côté de Bonaparte. Boulay de la Meurthe, Chazal, Daunou –qui fut l'un des principaux rédacteurs de la constitution de l'an III-, Garat et Chabaud-Latour[474] apparaissaient plutôt proches des idées de Sieyès, à défaut de toujours apprécier l'homme. Lenoir-Laroche[475] et Laussat[476] ne se déclareraient que plus tard. La procédure retenue pour l'adoption du nouveau texte constitutionnel était inspirée de celle de l'an III : les Cinq-Cents proposaient et les Anciens décidaient. Les réunions pouvaient se tenir en présence des consuls, ce qui facilitait leur intrusion dans le processus. Compte-tenu de la domination des partisans de Sieyès dans la première chambre, l'affaire pouvait mal s'engager pour Bonaparte. Les amis de l'ex-directeur –qui jouait là sa meilleure carte– se firent pendant plusieurs semaines son porte-parole fidèle. Lors de réunions nocturnes, les législateurs permirent au projet constitutionnel de Sieyès d'avancer lentement, Daunou tenant la plume et rédigeant les procès-verbaux, Roederer faisant la navette entre les appartements du général et ceux de l'ancien directeur. L'oracle du droit constitutionnel distillait ses idées avec parcimonie, bien qu'il eut dicté ses pensées à Boulay de la Meurthe. Celui dont on disait qu'il avait, depuis dix ans, élaboré la constitution idéale se faisait prier, désirer, préten-

[474] Ancien militaire et élu du Gard aux Cinq-Cents, il s'était montré assez discret durant le coup d'Etat. Sa présence dans la section constitutionnelle montre qu'il n'y fut pas défavorable.

[475] Ancien monarchiste fraîchement rallié à la République.

[476] Arrêté comme suspect, puis relâché en 1793, il avait été payeur de l'armée des Pyrénées avant d'être élu aux Cinq-Cents.

dant devoir mettre de l'ordre dans ses papiers avant de révéler ce que Mme de Staël appela "la nouvelle arche d'alliance", fondée sur l'idée-clé de la théorie de Sieyès : "L'autorité vient d'en haut, la confiance vient d'en bas".

La mécanique constitutionnelle selon Sieyès

Le 27 brumaire, le *Moniteur* fixa le programme constitutionnel du Consulat provisoire : "La France veut quelque chose de grand et durable. L'instabilité l'a perdue, c'est la fixité qu'elle invoque. Elle ne veut pas la royauté, elle est proscrite; elle veut l'unité dans l'action du pouvoir. Elle veut que ses représentants soient conservateurs paisibles et non novateurs turbulents. Elle veut enfin recueillir le fruit de dix ans de sacrifices".

On murmurait que Sieyès avait trouvé la formule idéale, celle qu'il avait jalousement cachée lors de la création de la constitution de l'an III. Lui déclara, au lendemain du coup d'Etat, qu'il n'avait rien de prêt. "Ce législateur singulier, a écrit Thiers, méditait toujours, mais n'écrivant pas beaucoup plus qu'il n'agissait, n'avait jamais écrit sa constitution. Elle était dans sa tête, et il fallait l'en faire sortir"[477]. Boulay de la Meurthe se proposa comme secrétaire, pour aider l'ancien directeur à mettre ses idées au net. Il raconta plus tard les conditions de ce travail –auquel se joignirent parfois, du 11 au 21 novembre 1799, Roederer et Daunou– dans sa *Théorie constitutionnelle de Sieyès*[478]. L'édifice pyramidal du maître voulait tenir compte de *toutes* les leçons des échecs constitutionnels de la Révolution, depuis le texte de 1791 jusqu'à celui de l'an III. Il était assis sur un suffrage universel contrôlé, épuré et organisé sous forme de listes de notabilités constituées par l'élection successive d'un dixième des membres des listes précédentes : 6 millions d'électeurs

[477] A. Thiers, *Histoire du Consulat et de l'Empire*, éd. 1845, t. I, p. 74.
[478] *Théorie constitutionnelle de Sieyès. Constitution de l'an VIII. Extraits des Mémoires inédits de M. Boulay de la Meurthe*, 1836.

élisaient ainsi 600 000 citoyens inscrits sur des listes communales qui élisaient à leur tour 60 000 citoyens formant les listes départementales qui élisaient encore 6 000 notables nationaux. Depuis 1791, l'"inventeur" de la théorie de la souveraineté nationale avait évolué. Les conséquences de l'élection ne pouvaient plus être la toute-puissance des assemblées. Il fallait les assujettir à un organe régulateur, extérieur aux luttes politiques, tout en conservant un caractère représentatif –sans être à proprement parlé "démocratique"[479]. Un "collège des conservateurs" de 100 membres cooptés garantissait la "pureté constitutionnelle" en contrôlant les listes de notabilités. Il choisissait encore les 400 membres d'un "Jury législatif" et un "Tribunat" chargé de "mettre le corps en action" (sic). La discussion des lois était organisée de la façon suivante : face aux 400 du jury législatif, deux tribunes accueillaient le Tribunat, chargé de rappeler la voix du peuple, et un conseil d'Etat, représentant les intérêts du gouvernement.

Au sommet de la pyramide de Sieyès était installé un "Grand Electeur", richement doté (5 millions) et logé au château de Versailles. Chargé de l'observation "de l'horizon politique" (sic), ce haut personnage nommait (et révoquait dans certains cas) 2 consuls, l'un pour les affaires extérieures, l'autre pour les affaires intérieures. Chacun avait un gouvernement et un conseil d'Etat à sa disposition. A la lecture d'un tel projet, on se demande comment certains contemporains –et de nombreux historiens[480]– ont pu se pâmer devant un ensemble aussi fumeux, compliqué, hors des réalités et, pour tout dire, incompréhensible. Dans la France de l'époque, suivre Sieyès dans son "saucissonage" des fonc-

479) "La démocratie brute est absurde", dicta Sieyès à Boulay. La plupart des brumairiens –dont Bonaparte– pensaient comme lui.

480) Jean Thiry est l'un de ces historiens. On a même trouvé des constitutionnalistes pour découvrir un certaine "ingéniosité" technique à l'édifice de Sieyès (Voir Prélot et Boulouis, *Institutions politiques et droit constitutionnel,* 1980, pp. 366-369). Vandal est plus mesuré : l'édifice de Sieyès tenait théoriquement mais, pour durer, il ne fallait aucun mouvement.

tions étatiques eut été une folie encore plus politique que constitutionnelle, après le risque de déstabilisation pris en l'an III. A force de vouloir empêcher les différents pouvoirs de trop concentrer l'autorité, Sieyès en était arrivé à inventer une machine qui ne pouvait pas fonctionner, une chimère constitutionnelle.

"Quel étrange projet ! s'exclame Jean-Denis Bredin. Certains y ont vu l'aboutissement de la folie constitutionnelle de Sieyès. A force de réfléchir, d'échafauder des théories, de dresser des plans, Sieyès en était venu à une constitution délirante, à une horlogerie aussi compliquée que baroque"[481]. Les amis de Bonaparte décidèrent de ne prendre chez Sieyès que ce qui était applicable et ne contredisait pas les ambitions immédiates de leur favori. Ce faisant, ils suivaient le chemin que Roederer avait déjà indiqué en l'an III, pour s'y retrouver dans la complexité des idées du "Grand Prêtre" : "Il est très facile de critiquer les obscurités de Sieyès, son défaut de didactique, ses abstractions souvent inutiles, ses analyses quelquefois inexactes ou tronquées, son néologisme parfois bizarre et fatigant; mais est-il beaucoup d'ouvrages d'une contexture parfaite et d'un style correct où l'on rencontre de telles idées ? Pour moi, je trouve plus de profit et même, je le confesse, plus de plaisir à ramasser, à mettre en réserve, à arranger, à nettoyer les richesses brutes et mélangées que cet homme nous jette pêle-mêle du fond de la mine qu'il exploite"[482].

[481] J.-D. Bredin, *Sieyès. La clé de la Révolution française*, p. 473.

[482] *Journal de Paris*, 12 août 1795. Bien que lui-même théoricien rigide, Roederer savait composer avec les événements, citant souvent Rousseau qui écrivait dans le *Contrat social* : "Il faut étudier la société par les hommes et les hommes par la société; ceux qui voudront traiter séparément la politique et la morale n'entendront jamais rien à aucun des deux".

Le pragmatisme de Bonaparte

Les séances des sections constitutionnelles commencèrent par les hésitations de Sicyès qui, chaque jour, apportait une nouvelle idée. Il proposa d'abord ses listes de notabilités. Formées à partir du suffrage universel, elles étaient un vivier dans lequel les pouvoirs supérieurs pouvaient puiser. On pourrait en extraire les maires, les administrateurs départementaux, les ministres, les députés, des juges de cassation, les ambassadeurs et des conseillers d'Etat. Bonaparte –qui connaissait par Fouché la teneur des dictées de Sieyès à Boulay– objecta qu'une telle liste serait définitivement fermée aux talents et qu'on renvoyait ainsi le peuple dans ses quartiers, en lui retirant tout pouvoir. Mais si le général tenait à une participation active du peuple, il n'en faisait pas une question de principe. Il accepta encore la division des pouvoirs entre plusieurs "corps" : un pour le gouvernement, un pour discuter les lois, un troisième pour les approuver et un quatrième pour assurer l'équilibre du tout. Pour Sieyès comme pour Bonaparte, cette solution évacuait l'un des maux des assemblées révolutionnaires : le bavardage des "avocats".

L'affrontement ne pouvait avoir lieu sur ces sujets importants, certes, mais jugés secondaires par les protagonistes. De plus, les constituants étaient encadrés dans leur travail par ce que Jacques Godechot a appelé les "options irréversibles"[483] que constituaient les principes de 1789 et dont les brumairiens avaient fait leur référence : égalité devant la loi, abolition du régime féodal et défense de la propriété, gouvernement guidé par la constitution, régime représentatif. L'organisation "technique" de ces principes par le nouveau texte était plus libre et, du point de vue de Bonaparte, les mesures préconisées par Sieyès et qui allaient dans le sens

[483] J. Godechot, "Sens et importance de la transformation des institutions révolutionnaires à l'époque napoléonienne", *Revue d'Histoire Moderne et Contemporaine*, juillet-septembre 1970, pp. 796-813.

d'un exécutif fort et dans la réduction des pouvoirs des corps qui l'entouraient, ne pouvaient être mauvaises. L'opposition entre les deux hommes était, au contraire, inévitable si les pouvoirs et l'organisation "du sommet" étaient de nature à empêcher le prochain chef de la République de diriger effectivement le pays. Elle vint donc lorsque fut abordé le projet de créer un "Grand Electeur", sur le modèle du projet rapporté par Boulay.

Jusqu'à présent, tout s'était passé comme si la répartition des rôles avait été la constitution pour Sieyès, l'administration pour Bonaparte. Le général avait paru observer les événements. En réalité, il avait, lui aussi, des idées constitutionnelles, plus directes, plus pratiques et moins fumeuses que celles de Sieyès. Il en avait exposé une partie dans diverses correspondances, dont sa fameuse lettre à Talleyrand, en septembre 1797[484]. Les idées générales de Sieyès ne lui déplaisaient pas *a priori*. Que l'autorité vienne d'en haut lui convenait fort bien. Comme militaire, il concevait la concentration du pouvoir au sommet d'une pyramide de compétences. Le pouvoir devait être "fort et stable", selon sa propre expression. Que la confiance vienne d'en bas, même sous forme de sélections successives par les listes de notabilités, ne lui déplaisait pas non plus, comme enfant du siècle des Lumières et de la Révolution. Mais l'institution du Grand Electeur le menaçait dans la conception qu'il se faisait de son propre rôle dans le nouveau régime. Roederer lui rendit compte de la proposition de Sieyès : "(Il) fut fort long à comprendre ce système; enfin il tomba sur le point important : Est-ce que je vous entends bien ? me demanda-t-il. On me propose une place où je nommerai tous ceux qui auront quelque chose à faire, et où je ne pourrai me mêler de rien ! C'est bien cela, répondis-je; mais c'est avoir beaucoup à faire que d'avoir à chercher, à étudier et à connaître tous les hommes capables de servir l'Etat dans les grandes

[484] Voir annexe 1.

places. Quoi ! répliqua Bonaparte, vous voulez que les ennemis de la France apportent la guerre dans son sein; que des généraux moins heureux que moi, ou ayant moins la confiance du soldat se laissent battre, et que moi, qui me suis fait craindre de toute l'Europe, je reste les bras croisés dans mon fauteuil de Grand Electeur ! Cela est impossible : la constitution le dirait cent fois, que la nation ne le souffrirait pas. Je ne ferais pas un rôle si ridicule. Je veux être consul avec Sieyès et Roger Ducos, ou rien. Plutôt rien que d'être ridicule"[485]. Bonaparte n'avait pas l'intention de tomber dans un piège aussi grossier alors qu'il disposait d'un ascendant politique et militaire sur Sieyès. Il voulait le pouvoir exécutif, à la rigueur avec Sieyès et Ducos, mais sûrement pas se faire dérober le succès du coup d'Etat. "Le point et le seul qui tracassait Bonaparte était de savoir ce que devenait au juste son pouvoir à lui dans le nouvel édifice. Or, il ne se retrouvait nulle part dans les rôles dessinés par Sieyès. Il ne se voyait pas dans la majestueuse impotence, ou l'évanescence décorative, du Grand Electeur. L'idée de partager le gouvernement avec un deuxième consul ne lui souriait pas davantage. Et, dans tous les cas, les pontifes constitutionnels achevaient de le révulser. Il était sûrement l'homme le moins fait pour entrer dans le partage entre la surveillance et l'action qui organise le système de Sieyès"[486].

Selon Fouché, l'affaire du Grand Electeur fut à l'origine d'une scène drôle mais pénible, entre le général et l'ex-directeur, en présence des membres des sections constitutionnelles. Biffant rageusement la proposition de Sieyès sur un petit cahier que tenait celui-ci, Bonaparte s'exclama : "Comment avez-vous pu croire, citoyen Sieyès, qu'un

[485] Roederer, *Oeuvres*, t. III, pp. 303-304.

[486] M. Gauchet, *La Révolution des pouvoirs*, p. 228. On peut ici se demander si Sieyès n'avait pas imaginé le rôle et le décorum entourant le Grand Electeur... pour lui-même. Cette hypothèse, rarement développée par les historiens qui suivent toujours les chemins balisés par les grands mémoires du temps, correspondrait assez bien à l'idée qu'on peut se faire du tempérament de Sieyès. En haut de sa pyramide, il se serait fort bien accommodé du rôle d'arbitre suprême.

homme d'honneur, qu'un homme de talent et de quelque capacité dans les affaires voulût jamais consentir à n'être qu'un cochon à l'engrais de quelques millions dans le château de Versailles ?"[487]. Apocryphe ou non, l'anecdote a du vrai, tant dans la remarque de Bonaparte que dans l'éclat de rire des participants qui, selon le ministre de la Police, accompagna sa sortie.

Sieyès et Bonaparte s'opposaient à présent ouvertement. Ils refusaient même de se rencontrer pour aborder les sujets constitutionnels. Le général ne cachait pas son agacement. L'ancien directeur avait décidé de bouder, attitude habituelle chez lui lorsqu'on lui résistait. Talleyrand proposa ses bons offices et organisa une réunion. Selon Boulay de la Meurthe, la scène fut violente. Rigide et sûr de sa science, Sieyès voulut prendre le général de haut et donner la leçon. L'autre ne s'en laissa pas compter et proposa un *statu quo* : trois consuls exerceraient pleinement le pouvoir exécutif et pourquoi ne pas reconduire ceux qui avaient été nommés le 19 brumaire ? Deux projets s'affrontaient. Bonaparte raillait les formules mathématiques de Sieyès. Sieyès soupçonnait publiquement Bonaparte de vouloir rétablir la royauté. Ni Roederer ni Talleyrand ni Boulay ne parvinrent à obtenir un compromis. Lucien Bonaparte mit du sien pour brouiller encore les deux hommes en se mettant en avant. Il n'avait pas renoncé à revendiquer une place importante dans le nouveau régime. En séance des sections constitutionnelles, il attaqua Sieyès sur une autre de ses propositions. L'oracle voulait des sénateurs à vie. Le frère du général l'accusa de vouloir rétablir les ducs et les pairs, ce qui était pis encore que de vouloir créer un exécutif fort. Il conclut en soutenant le projet de présidence à l'américaine.

On ne savait plus quoi faire pour raccommoder les consuls provisoires et démêler cette pelote politico-constitutionnelle. La situation était bloquée. Bonaparte demanda

[487] Fouché, *Mémoires*, p. 90.

même à Roederer de travailler sur un autre projet, pour le cas où Sieyès se retirerait à la campagne. Le 1er décembre 1799, Roederer, Boulay et Talleyrand tentèrent un compromis : la République serait dirigée par un président – comme aux Etats-Unis– qu'on entourerait de quelques adjoints, pour éviter d'avoir l'air de rétablir une monarchie. Les médiateurs avaient fait un pas en direction des idées de Bonaparte. Du "cochon à l'engrais", on était passé à une sorte de "premier consul" (expression utilisée dès ce moment par Roederer) aux pouvoirs renforcés. Boulay de la Meurthe avait changé de camp. Il commença une vigoureuse campagne auprès de ses collègues des commissions législatives, rédigeant même un contre-projet favorable aux idées de Bonaparte. Mieux valait aller dans le sens du général que risquer un coup de force militaire, suggérait Fouché. Cambacérès rendit aussi visite à Sieyès, abandonné de tous ceux qu'il croyait être ses soutiens. Le fruit était mûr pour Bonaparte et amer pour l'ancien directeur proche de la capitulation. Le coup d'Etat consulaire pouvait avoir lieu. Il ne nécessiterait pas l'intervention des grenadiers. Le microcosme commençait à s'amuser et à répandre "en ville" la nouvelle de la déconfiture du "Grand Prêtre". Dans les auberges, on commandait des omelettes "absorbées", à la Sieyès[488]. On raillait les fastes qui accompagneraient partout les déplacements du Grand Electeur. Bonaparte avait de plus en plus l'opinion parisienne avec lui.

Bonaparte impose ses vues

Pour le dernier acte, Bonaparte obtint que les sections constitutionnelles des commissions législatives se réunissent ensemble, en présence des consuls provisoires, dans ses appartements du Luxembourg. Le lieu des réunions n'était pas indifférent : le général s'impatientait et, convoquant les

[488] P. Bastid, *Sieyès et sa pensée*, p. 254.

législateurs chez lui, les mettait en situation d'infériorité. Le 4 décembre au soir, on s'assembla et on travailla jusque tard dans la nuit. Il fut convenu que Daunou rédigerait un projet tenant compte des exposés passés de Sieyès. On discuterait les détails de chaque chapitre lors des séances suivantes. Dès le lendemain, Daunou s'attela à la tâche et la mena à bien dans la journée suivante. C'est son texte qui allait être soumis à la discussion quotidienne. Il différait sur bien des points des idées de Sieyès, mais ne s'était pas si sensiblement rapprochées de celles de Bonaparte : trois consuls exerçaient le pouvoir exécutif; le premier d'entre eux nommait les fonctionnaire, mais devait délibérer avec ses collègues sur toutes les autres matières; le peuple continuait à élire des représentants mais les listes de notabilités étaient conservées. L'économie générale était une conservation des grands principes du Directoire (collégialité de l'exécutif, suffrage universel, séparation des pouvoirs) mâtinés de souplesse dans la confection des lois (l'initiative était partagée) et une division des organes législatifs propre à les affaiblir. Ni Bonaparte ni Sieyès ne pouvaient se satisfaire de ce travail de synthèse. Seul le premier avait la force de le faire modifier par les commissions législatives dans lesquelles, à présent, les équilibres avaient été inversés par la "trahison" de Boulay, les choix des indécis et la neutralisation de Daunou – certainement heureux de prendre une revanche "constitutionnelle" sur son vieux rival Sieyès-, absorbé dans ses travaux de secrétariat.

On avança avec rapidité. Daunou s'asseyait pour tenir la plume et on discutait chapitre par chapitre. Sur tous les points importants, Bonaparte réussit à convaincre les conseillers, leur laissant décider des points secondaires, gardant des idées de Sieyès ce qui lui convenait le mieux pour l'avenir. Il perdit parfois son calme, ne ménageant pas les députés puis s'excusant de sa brusquerie. Fouché écrivit même dans ses *Mémoires* que Bonaparte alla jusqu'à menacer les législateurs de guerre civile –"il y aura du sang jusqu'au genou"– pour influencer leurs choix[489]. L'anecdote reflète bien ce que chacun devait avoir en tête. On pouvait discuter avec Bonaparte, tenter de l'influencer et d'orienter ses choix. On ne pourrait pas l'affronter. Mieux valait se replier avec les honneurs et, pour sauvegarder quelques principes, faire la part du feu. Le général se rongeait les ongles, tapait du pied mais suivait les débats avec intérêt, prenant la parole le premier pour donner son avis sur les articles préparés par Daunou. Il fallait le laisser dicter ce qui lui paraissait essentiel et poser, ça et là, quelques garde-fous pour l'avenir.

La plus grande victoire de Bonaparte fut obtenue –sans vrai combat– lors de la définition du rôle et de l'organisation de l'exécutif. Il y aurait bien un "premier" consul dominant les autres, relégués au rang de simples donneurs d'opinion, sans réel pouvoir. Et le premier consul ne pouvait être que Bonaparte. La rue ne parlait que de lui. Les politiques avaient compris, depuis la soirée du 19 brumaire, que l'armée parisienne le suivrait. Ses appuis étaient de première force. Il contrôlait le gouvernement. Le 7 décembre, *L'Ami des Lois* écrivit sans que nul ne songe à le démentir : "Il paraît certain que Bonaparte sera le consul suprême ou Premier Consul. Cette place ne lui sera contestée par personne". Sieyès était vaincu et semblait même, par moment, se désintéresser de ce qui se passait[490]. On en vint même à parler ouvertement de lui offrir des compensations pour la perte de tout pouvoir. Il refusa, souhaitant prendre sa retraite. On convint qu'il dirigerait le pouvoir législatif et présiderait le nouveau Sénat dont il pourrait, en outre, nommer certains membres. C'était lui donner encore un peu de pouvoir dans le nouveau régime et un frêle espoir de faire contrepoids à celui de Bonaparte. En une semaine, on arriva au texte définitif.

[489] Fouché, *Mémoires*, p. 92.
[490] J.-D. Bredin, *Sieyès. La clé de la Révolution française*, p. 480.

Il y eut encore quelques conciliabules entre Sieyès et Bonaparte. Il fallait, en effet, désigner les nouveaux consuls. Le vaincu ne voulait pas devenir "l'aide de camp" du général victorieux. Celui-ci, assuré d'occuper le premier rôle, ne souhaitait pas non plus s'embarrasser de deux collègues trop envahissants. Dans les journaux, des noms circulaient : Talleyrand, Volney, voire Berthier. Mais celui qui revenait le plus souvent était Cambacérès, plébiscité par les milieux d'affaires. Bien que régicide, il représentait la Révolution modérée –presque repentie– et la bourgeoisie. Sieyès approuva le choix de Cambacérès comme deuxième consul.

Roederer se serait bien vu entrer dans l'exécutif, en récompense des grands services rendus. Un soir, Bonaparte lui dit : "Citoyen Roederer, vous avez beaucoup d'ennemis"[491]. Le directeur du *Journal de Paris* comprit ce que cela voulait dire : il ne serait pas choisi. Bonaparte lui proposa de l'aider à désigner le troisième homme. En accord avec Cambacérès, on se tourna vers Lebrun. Ce sexagénaire avait été l'un personnage important de l'Ancien Régime, participant comme secrétaire du chancelier Maupéou à la tentative de réforme des Parlements soutenue par Louis XV, de 1771 à 1774. Il rédigea la plupart des discours du chancelier. A la mort du roi et à cause du retour en force des tenants de la vieille organisation judiciaire, Maupéou et son secrétaire avaient été exilés. Retiré sur ses terres, Lebrun avait mis sa disgrâce à profit pour écrire, traduire les classiques et se faire oublier. Député du Tiers aux Etats généraux, il avait connu Roederer au comité des Contributions de la Constituante et avait, avec lui, milité pour une monarchie constitutionnelle. Inquiété pendant la Terreur, un moment emprisonné, il avait ensuite représenté la branche "raisonnable" du parti royaliste au conseil des Anciens. Il ne fréquenta pas le club de Clichy, ce qui lui valut d'être épargné par l'épuration de Fructidor. Discret en Brumaire, alors même qu'il militait de

[491] Roederer, *Oeuvres*, t. III, p. 304.

longue date pour que Bonaparte se voit confier de plus importantes fonctions, connaissant parfaitement le personnel modéré de son époque et ayant tissé avec certains de ses membres de profonds liens d'amitié, tant il avait rendu de services personnels, notamment au moment de la Terreur, il était, en quelque sorte, le candidat idéal pour représenter la droite modérée dans le nouveau Consulat[492]. Il semble que, pour ce choix aussi, Sieyès ait donné son accord.

Le 21 frimaire an VIII (12 décembre 1799), les commissions législatives au grand complet passèrent au vote sur un texte définitif. Cinquante commissaires écrivirent *oui* ou *non* sur un papier et vinrent le déposer dans une urne, sous les yeux de Bonaparte accoudé à la cheminée. Le décompte allait commencer lorsque le général s'approcha de la table et empêcha que l'on dépouille le scrutin. Se tournant vers Sieyès, il proposa aux commissions de confier à l'ancien directeur la désignation des consuls. Sous les acclamations, Sieyès désigna –évidemment– Bonaparte, Cambacérès et Lebrun, ce qui atteste que la scène ne fut pas spontanée. On en resta là. La légende qui voudrait que Bonaparte ait empêché le dépouillement parce qu'il soupçonnait Sieyès d'avoir joué double jeu et favorisé l'élection surprise de Daunou nous semble dénuée d'intérêt. Elle ne correspond ni à l'état des rapports entre l'ex-abbé et Daunou ni à la nécessité qu'il y avait eu d'organiser l'élection avant le scrutin. Les brumairiens –et singulièrement les proches de Bonaparte– n'étaient pas des amateurs. Ils n'auraient jamais laissé se dérouler l'élection des consuls sans avoir été sûrs, à l'avance, du résultat. Les bulletins de vote furent donc brûlés sans avoir été dépouillés et les journaux du lendemain purent écrire que la nouvelle constitution avait été adoptée à l'unanimité et par acclamation.

[492] C'est à Lebrun que le comte de Provence adressa d'ailleurs une lettre dans laquelle il demandait à Bonaparte de restaurer les Bourbons. Le troisième consul lui répondit que le retour de la monarchie plongerait la France dans la guerre civile.

IV

La constitution de l'an VIII

Datée du 22 frimaire an VIII (13 décembre 1799), promulguée deux jours plus tard, mise en vigueur le 3 nivôse (24 décembre) et approuvée par le plébiscite du 4 nivôse dont les résultats furent proclamés le 18 pluviôse (7 février 1800), la constitution de l'an VIII allait rester le socle des institutions de la France, jusqu'en avril 1814[493]. Elle fut présentée au peuple et publiée dans les journaux deux jours après son adoption nocturne par les commissions législatives des conseils. Elle était accompagnée d'une proclamation dont Sieyès était l'inspirateur : "Une constitution vous est présentée. Elle fait cesser les incertitudes que le gouvernement provisoire mettait dans les relations extérieures, dans la situation intérieure et militaire de la République. Elle place dans les institutions qu'elle établit les premiers magistrats dont le dévouement a paru nécessaire à son activité. La constitution est fondée sur les vrais principes du gouvernement représentatif, sur les droits sacrés de la propriété, de

[493] La constitution connut des réformes importantes, dont les senatus-consultes du 2 août 1802 (Bonaparte devient Consul à vie), du 4 août 1802 (tirant les conséquences du précédent), du 18 mai 1804 (instauration du régime impérial), 10 août 1807 (suppression du Tribunat). Sur la constitution de l'an VIII proprement dite, nous avons utilisé P. Poullet, *Les institutions françaises, de 1789 à 1815*, Bruxelles, 1907; M. Hauriou, *Précis de droit constitutionnel*, premier fascicule, 1926; J. Bourdon, *La constitution de l'an VIII*, 1942; J. Godechot, *Les institutions de la France sous la Révolution et l'Empire*, 1968; M. Prélot et J. Boulouis, *Institutions politiques et droit constitutionnel*, 1980.

l'égalité, de la liberté. Les pouvoirs qu'elle institue seront forts et stables, tels qu'ils doivent être pour garantir les droits des citoyens et les intérêts de l'Etat. *Citoyens, la révolution est fixée aux principes qui l'ont commencée. Elle est finie*"[494].

La dernière phrase de la proclamation n'avait rien d'une nouveauté, même si elle a donné lieu depuis à de brillantes dissertations. Depuis 1789, combien de fois avait-on promis ou affirmé avoir "fini la Révolution" ? Lors de l'adoption de la constitution de l'an III, Baudin des Ardennes l'avait chanté à la tribune de la Convention. Une chose était d'affirmer. Une autre était de terminer vraiment la Révolution, en convainquant les contre-révolutionnaires, les jacobins et, surtout, l'Europe coalisée d'en finir avec la grande convulsion. Ne nous laissons donc pas impressionner par l'affirmation de frimaire an VIII. Sur le plan politique et social, la Révolution était loin d'être "finie". Certains auteurs contemporains (comme René Rémond) ne la voient-ils pas se prolonger au travers des partis d'aujourd'hui ? Napoléon fut un continuateur de la Révolution, un homme "de gauche" sur l'échiquier politique de son époque, mais d'une gauche "accueillante", comme disait Louis Madelin, éloignée à la fois du jacobinisme et de l'Ancien Régime revanchard, désireuse de réunir en son sein toutes les bonnes volontés[495]. Que l'Empire ait franchement penché vers l'autorité, après 1807 et, surtout, au tournant de 1810, ne change rien à l'affaire, dès lors qu'on n'attribue pas aux découpages politiques un caractère manichéen et anachronique.

Fondatrice du régime napoléonien et de la "réconciliation entre le droit et la force" (Frédéric Bluche), mais aussi témoignage de première main sur les intentions politiques des brumairiens, la constitution de l'an VIII mérite d'être

[494] *Correspondance*, n° 4422. Souligné par nous.

[495] J.-J. Chevallier, (*Histoire des Institutions et des régimes politiques de la France de 1789 à nos jours*, p. 106) a également développé cette idée qui ne choque pas, dès lors qu'on replace une telle analyse dans un strict contexte historique.

étudiée. On connait l'anecdote qui accompagne souvent les récits de la proclamation de cette constitution. Deux femmes venaient d'écouter un crieur donner lecture du texte. L'une, qui n'avait pas bien entendu, demanda à l'autre ce qu'il y avait dans la constitution. "Il y a Bonaparte !", répondit l'autre. Les faits donnèrent raison à cette femme. Cela ne signifie pas que telles étaient les intentions des constituants de 1799. Au contraire, les institutions avaient été conçues pour créer un régime stable à exécutif fort, non pour instaurer une dictature. Il fallut d'ailleurs plusieurs années à Bonaparte pour dominer véritablement l'Etat. Jusqu'à la grande conspiration de 1804, qui lui permit d'éliminer ou de réduire au silence ses derniers opposants et de parachever sa marche vers la dignité impériale, il dut composer, avancer avec prudence, étape par étape, dans un univers politique qui ne lui était pas tout acquis. Les jacobins, les royalistes ou, tout simplement, les brumairiens déçus lui menèrent la vie dure, notamment en s'appuyant sur le texte et les institutions du 22 frimaire an VIII.

Principes fondateurs

La constitution de l'an VIII comptait 95 articles divisés en 7 titres : de l'exercice des droits de cité (I), du Sénat conservateur (II), du pouvoir législatif (III), du gouvernement (IV), des tribunaux (V), de la responsabilité des fonctionnaires publics (VI) et des "dispositions générales" (VII). Le gouvernement avait été placé en quatrième position des préoccupations des constituants, *après* le Sénat et le pouvoir législatif. Sur la réalité des pouvoirs, cela n'avait guère d'importance mais, symboliquement, on avait conservé le découpage révolutionnaire consistant à placer d'abord, dans la liste des préséances, les organes issus du suffrage de la nation.

Le nouveau texte différait de ses devanciers par l'absence de déclaration des droits. Sans même parler de la grande

Déclaration de 1789, le titre premier de la constitution de 1791 était entièrement consacré à la définition de la garantie des "droits naturels". En 1793, l'organisation des pouvoirs était précédée et fondée sur une "déclaration des droits de l'Homme et du Citoyen", sensiblement différente de celle de 1789. Elle était plus "sociale", en ce qu'elle s'intéressait plus aux rapports sociaux qu'aux individus. En 1795, la constitution du Directoire s'ouvrait par une "déclaration des droits et des devoirs de l'Homme et du Citoyen". Ainsi, le chemin de la "République bourgeoise" devait être pavé d'un plus juste équilibre entre les droits et les obligations des citoyens. En l'an VIII, rien d'aussi solennel n'avait été adopté. Il est vrai que, depuis 1789, chaque déclaration des droits avait été adoptée dans la douleur, à la suite de très longs débats. Qui plus est, aucun de ces textes fameux n'avait reçu le moindre commencement d'exécution, par le biais, par exemple, de la jurisprudence. Les constituants de l'an VIII ne disposaient pas du temps nécessaire pour se déchirer sur les sujets philosophiques. De plus, leur oeuvre se voulait être en rupture avec les pratiques antérieures. Point d'idéologie dans leur démarche, mais un grand pragmatisme. Leur constitution devait répondre à des besoins d'organisation presque mécaniques. Ils se voulaient les fondateurs de l'ordre en France et non ceux de nouveaux espoirs "universels".

Les "droits de cité" du titre premier étaient des dispositions techniques définissant la nationalité et la citoyenneté françaises, le droit de vote, la formation des listes d'éligibilité. Le peuple électeur était placé en premier dans l'ordre constitutionnel, mais c'était pour mieux organiser et filtrer son intervention. Pour le reste, les droits généraux accordés aux citoyens n'étaient pas définis autour d'une philosophie cohérente, mais saupoudrés au fil de la machinerie constitutionnelle. La prohibition des perquisitions nocturnes (art. 76), l'obligation de respecter certaines formes lors des arrestations (art. 77) et le droit de pétition (art. 83) étaient seuls mentionnés. Ils ne furent d'ailleurs pratiquement pas respectés durant tout l'épisode napoléonien qui se fit une spécialité des textes d'exception. Nulle part ailleurs, dans la constitution, il n'était question de la liberté, de l'égalité, de la fraternité, devenues les caractéristiques emblématiques de la France révolutionnaire. Seule la propriété avait droit à un traitement particulier, ce qui était normal, compte tenu des craintes des acheteurs de biens confisqués que les brumairiens n'avaient cessé de vouloir rassurer. Les articles 93 et 94 proclamaient l'irrévocabilité des lois contre les émigrés et sur les ventes de biens nationaux.

Pour que la confiance vienne "d'en bas" mais sans avoir recours aux élections générales qui avaient fait tant de mal au Directoire, le système des listes de notabilités était inscrit dans la constitution. Il permettait une grande stabilité car le risque de "renversement de majorité" était nul. Tous les Français mâles de plus de 21 ans élisaient leurs représentants sur les listes communales, soit un dixième d'entre eux. Là s'arrêtait toute référence au suffrage universel. Les citoyens élus sur les listes communales désignaient un dixième d'entre eux qui formaient les listes départementales. Les élus départementaux élisaient enfin un dixième d'entre eux qui formait la liste nationale, regroupant entre 5 000 et 6 000 personnes. Une fois établies, ces listes étaient dites "permanentes". On ne les révisait que tous les trois ans pour remplacer les décédés, les démissionnaires et rayer ceux qui n'étaient plus dignes d'y figurer. Autant dire que le vivier des talents était figé. Les craintes de Bonaparte devant les commissions constitutionnelles étaient justifiées.

Avec le système des listes permanentes, l'ensemble de la vie démocratique était gelé. Les vues de Sieyès n'étaient pas de donner le pouvoir au peuple, mais à ses représentants. A cet égard, la constitution de l'an VIII était une réussite. Cabanis put ainsi s'exclamer : "Voilà la démocratie purgée de tous ses inconvénients. Il n'y a plus ici de populace à remuer au *forum* ou dans les clubs; la classe ignorante n'exerce plus aucune influence, ni sur la législature, ni sur le gouvernement; partant, plus de démagogues. Tout se fait par le peuple et au nom du peuple : rien ne se fait par lui sous sa dictée irréfléchie"[496].

Par définition, les listes n'existaient pas en l'an VIII. L'article 14 de la constitution renvoyait leur établissement à l'année suivante. Ce report ne valait guère mieux, au fond, que le décret des deux tiers, car il fallait choisir les titulaires des postes à pourvoir dans un monde politique venu du Directoire, qui plus est en les épurant "administrativement". Les élections n'eurent lieu qu'un an après l'entrée en vigueur de la constitution. La liste nationale ne servit qu'une seule fois, pour le renouvellement du Corps législatif, en l'an X. Hostile à ce système, Bonaparte ne s'en servit pratiquement plus après cette date[497]. Il préféra s'en remettre à ses propres choix et intuitions ou inventer d'autres listes, telle celle des "personnalités les plus marquantes" des départements, tissées par les préfets.

En haut est le Premier Consul

Avec la constitution de l'an VIII, l'autorité venait bien "d'en haut". Elle instaurait un exécutif collégial composé de 3 consuls nommés pour dix ans par le Sénat conservateur et indéfiniment rééligibles. Les consuls étaient irresponsables et, par conséquent, ne pouvaient être ni révoqués ni renversés. Pour les dix premières années, le texte nommait directement Bonaparte et Cambacérès aux fonctions de Premier et second Consuls[498]. Lebrun était nommé troisième consul pour les cinq premières années seulement. Cette collégialité était inégalitaire, puisque l'article 40 stipulait : "Le Premier

[496] Cité par C. Durand, "Le pouvoir napoléonien et ses légitimités", *Annales de la faculté de droit et de science politique d'Aix-Marseille*, 1972, p. 12.

[497] Voir J.-Y. Coppolani, *Les élections en France à l'époque napoléonienne*, 1980.

[498] La constitution créa une préséance typographique entre les consuls en distribuant les majuscules : ainsi, on écrivait *P*remier *C*onsul, *s*econd et *t*roisième *c*onsul.

Consul a des fonctions et des attributions particulières". Il promulguait des lois, nommait et révoquait les membres du conseil d'Etat, les ministres, les ambassadeurs, les officiers, les membres des administrations locales, les commissaires du gouvernement près les tribunaux, certains magistrats civils et criminels. Par ailleurs, l'article 42 prévoyait que, dans les autres actes du gouvernement, le second et le troisième consuls n'avaient qu'une voix consultative, alors que le projet initial de Sieyès, recopié par Daunou, prévoyait que les deux consuls avaient "voix délibérative *contre* le Premier". Dans les articles suivants, la constitution employait, pour indiquer les titulaires de certaines compétences, l'expression "le gouvernement". Compte tenu de sa supériorité sur ses deux collègues, cela revenait à écrire "le Premier Consul". De fait, celui-ci proposait les lois et faisait les règlements d'application, dirigeait les Finances publiques, prenait les mesures nécessaires en cas de menace contre la sûreté de l'Etat, dirigeait les armées et les relations extérieures. En d'autres termes, Bonaparte se voyait confier la plénitude du pouvoir exécutif. Il n'y avait pas de délibération entre lui et ses collègues : tout au plus ces derniers pouvaient-ils émettre des opinions qui étaient consignées sur les registres. Le traitement annuel du Premier Consul était de 500 000 francs en l'an VIII, celui de ses collègues était égal à trois dixièmes de cette somme.

Nommés et révoqués par lui, les ministres étaient, par définition, placés sous la coupe du Premier Consul. Dès la proclamation de la constitution, Bonaparte profita de cette disposition pour remanier et compléter le gouvernement. Laplace céda l'Intérieur à Lucien Bonaparte. Abrial, remarquable juriste et homme d'ordre au passé politique presqu'inexistant, remplaça Cambacérès à la Justice. Maret fut nommé Secrétaire d'Etat. Jouant "pour les affaires civiles, le rôle que tenait le chef d'état-major pour les affaires militaires" (Jean Tulard), il était chargé de suivre les délibérations des consuls, d'en tenir les compte-rendus, de conserver les minutes des décisions, d'opérer les expéditions. Les autres ministres (Talleyrand, Fouché, Gaudin, Forfait, Berthier) conservèrent leur portefeuille. Ces hommes allaient être appelés, au fur et à mesure que s'affermit le pouvoir de Bonaparte, à n'être que des exécutants. En 1805, Napoléon résuma ce qu'il attendait d'eux, dans une lettre à l'amiral Decrès, son ministre de la Marine de l'époque : "Un ministre n'est responsable de rien, il doit réussir; il n'y a pas pour lui d'autre règle"[499]. Si, lors des discussions préparatoires, Bonaparte n'était vraiment intervenu que pour les dispositions touchant l'exécutif, il n'avait pas, sur ce point, manqué son affaire.

Pour assister les consuls dans leur réflexion, le texte de l'an VIII créait un conseil d'Etat, chargé, sous leur direction, "de rédiger les projets de lois et les règlements d'administration publique, et de résoudre les difficultés qui (s'éléveraient) en matière administrative" (art. 52). L'organisation du conseil, sur laquelle la constitution était muette, fut réglée par Bonaparte lui-même, les 4 et 5 nivôse (25 et 26 décembre). Le premier jour, il nomma 29 conseillers[500] répartis en 5 sections chacune présidée par un fidèle : législation (Boulay de la Meurthe), intérieur (Roederer), finances (Defermon), guerre (Brune), marine (Ganteaume).

La composition du conseil d'Etat fut, dès l'origine, éclectique, même si les premiers désignés étaient tous des modérés. On y trouvait des anciens parlementaires (révolutionnaires régicides ou non, voire des opposants raisonnables à la République), des généraux et des amiraux, des administrateurs (de l'Ancien régime ou de la Révolution), de grandes et de modestes fortunes, des nobles et des roturiers. La

[499] Lettre à l'amiral Decrès, 13 juin 1805, *Correspondance*, n° 8887.

[500] Les 29 premiers conseillers d'Etat furent : Bénézech, Berlier, Boulay de la Meurthe, Brune, Caffarelli, Champagny, Chaptal, Cretet, Defermon, Dejean, de Vaisnes, Dubois, Duchâtel, Du Fresne, Emmery, Fleurieu, Fourcroy, Ganteaume, Jollivet, Lacuée, Lescalier, Marmont, Moreau de Saint-Méry, Petiet, Réal, Redon, Regnaud, Regnier, Roederer.

première promotion au conseil d'Etat fut néanmoins, c'est bien normal, très orientée en direction de ceux qui avaient soutenu le coup d'Etat, tels Réal, Roederer, Boulay de la Meurthe, Cretet, Ganteaume, Petiet, Regnaud ou Defermon. Bonaparte nomma aussi des alliés sûrs, comme Marmont (son aide de camp, âgé de 25 ans), Jollivet (vieux collègue de Roederer), Duchâtel (intime du financier Paulée), Moreau de Saint-Méry (protégé de Talleyrand et dignitaire franc-maçon), Caffarelli (frère d'un général tué en Egypte), Dubois des Vosges (député aux Cinq-Cents), Lacuée (député aux Anciens), Emmery (Messin, comme Roederer, et ami de celui-ci), etc. Mais le Premier Consul ne voulait se priver d'aucun talent et souhaitait montrer qu'il n'était pas l'homme d'un parti : les promotions suivantes furent plus ouvertes, notamment avec l'arrivée de quelques francs partisans –certes, pour l'heure repentis-, d'une certaine forme de restauration monarchique modérée, tel Barbé-Marbois, ou de catholiques convaincus et pratiquants, comme Portalis. Ce faisant, Bonaparte créa une brillante assemblée au sein de laquelle, au moins jusqu'à la proclamation de l'Empire, il aimait à venir travailler et débattre[501].

Ainsi, la constitution de l'an VIII renforçait et concentrait l'exécutif, le rendant dans les faits monocéphale. Elle faisait du Premier Consul la pièce maîtresse du système et le contraire du "Grand Electeur" de Sieyès. Assisté de deux consuls aux "pouvoirs d'empêcher" réduits à leur plus simple expression –pour ne pas dire inexistants-, entouré d'un ministère dépendant en tout point de lui et d'un conseil d'Etat ressemblant au "conseil du roi" de l'Ancien régime[502], Bonaparte avait, dès la mise en application du texte, les

[501] Sur le niveau et le ton des débats du conseil d'Etat sous le Consulat, voir, par exemple, le recueil de L. Sfez et J. Feydy, *Napoléon en conseil d'Etat*, 1969. On retrouve l'histoire de la fondation du conseil d'Etat dans l'ouvrage de base sur cette institution : C. Durand, *Le conseil d'Etat*, 1974.

[502] Supprimé le 25 mars 1791, le conseil du Roi était divisé en cinq conseils et comptait 30 conseillers d'Etat, secondés par 80 maîtres des Requêtes.

coudées franches. Le pouvoir législatif ne pourrait pas lui barrer le chemin.

Un législatif affaibli

Le législatif de la constitution de l'an VIII était un peu plus qu'une "façade" (expression un peu rapidement utilisée par J.-J. Chevallier). Echaudés par dix années de domination et de "bavardages" des assemblées, les constituants avaient abaissé les chambres et défini leur complémentarité en termes fonctionnels, et non plus seulement en termes de conditions d'éligibilité, comme on l'avait fait en l'an III. Deux chambres avaient été prévues dans le processus de confection des lois, le Corps législatif et le Tribunat[503]. Elles ne se différenciaient pas seulement par l'âge ou le mode de désignation de leurs membres, mais par les compétences de chaque assemblée. Ni l'une, ni l'autre n'avaient l'initiative des lois. Elles ne travaillaient que sur des propositions de l'exécutif (donc du Premier Consul). Composé de 100 membres âgés de 25 ans au moins et choisis par le Sénat sur la liste nationale, le Tribunat discutait les projets de lois présentés, au nom du gouvernement, par des conseillers d'Etat. Après en avoir voté l'adoption ou le rejet, il envoyait trois de ses membres exposer sa position devant le Corps législatif. Celui-ci, fort de 300 membres âgés de 30 ans au moins et nommés par le Sénat, votait sur la proposition du Tribunat, à bulletin secret et *sans discuter* du projet.

Le Sénat conservateur[504] n'intervenait pas dans la confection de la loi. Il se voyait néanmoins confier une mission de contrôle de constitutionnalité. Première expérience française

[503] En l'an VIII, on est bien en présence d'un "bicaméralisme", et non d'un "multicaméralisme", comme on peut le lire parfois. Seuls le Corps législatif et le Tribunat participaient au processus législatif proprement dit. Le conseil d'Etat n'avait qu'un rôle technique. Le Sénat n'avait rien à faire dans la confection des lois (voir M. Hauriou, *Précis de droit constitutionnel*, t. I, p. 23).

[504] Voir J. Thiry, *Le Sénat de Napoléon*, 1932.

en ce domaine, l'instauration d'un "juge" de la constitutionnalité en l'an VIII ne mérite pas d'être saluée comme une grande réussite pratique : on n'a pas d'exemple de l'exercice d'une telle compétence par cette chambre au sens où nous l'entendons aujourd'hui. Ce "contrôle de constitutionnalité" visait surtout à protéger l'exécutif des débordements des assemblées. Bonaparte se servit de cette disposition pour octroyer au Sénat, par le biais de "senatus-consultes", la faculté de réformer la constitution. Puisque les sénateurs étaient juges de la constitutionnalité, il devaient savoir apprécier mieux que personne les mesures propres à modifier le texte du 22 frimaire. De "conservateur", le Sénat devenait "adaptateur" (Ch. Durand). La première expérience eut lieu en janvier 1801 : après un attentat contre le Premier Consul[505], les sénateurs admirent que, en violation de la constitution, 130 jacobins soient déportés sans jugement.

Composé de 80 membres inamovibles, âgés de plus de 40 ans, installé au Petit-Luxembourg et richement doté, le Sénat était chargé d'établir la liste nationale de notabilités, d'y choisir les législateurs, les tribuns (c'est-à-dire les membres du Tribunat), les consuls, les juges de cassation et les commissaires à la comptabilité. En compensation de ses malheurs de Brumaire et Frimaire, Sieyès avait été nommé président du Sénat. Transitoirement, la première fournée de sénateurs avait été fixée à 60 personnes dont 29 devaient être choisies par Sieyès (membre de droit), Ducos (membre de droit), Cambacérès et Lebrun (second et troisième consuls), avant que les mécanismes de la cooptation accomplissent leur oeuvre.

[505] Le 24 décembre 1800, Bonaparte échappa à un spectaculaire attentat, alors qu'il se rendait à l'opéra. Une "machine infernale" explosa sur le passage de sa voiture, faisant 2 morts et 56 blessés. Bonaparte accusa les jacobins et en profita pour leur porter de rudes coups. Quelques mois plus tard, Fouché réussit à prouver que l'attentat était le fait des royalistes (Voir H. Gaubert, *Conspirateurs au temps de Napoléon 1er*, 1962, pp. 72-121).

Sur le papier, l'économie générale du pouvoir législatif et l'intervention du Sénat conservateur étaient strictement dessinées. On reconnaissait là la main de Sieyès qui aimait à diviser les fonctions, à rendre les procédures géométriques. Une chambre discutait. Une autre votait. Des sages arbitraient, mais seulement au regard du texte fondamental et sans intervenir dans la création des lois. On était loin de l'adaptabilité du régime parlementaire mais on appliquait de façon souple la séparation des pouvoirs. Les théoriciens et les idéologues, grands complices du coup d'Etat, pouvaient être contents de l'oeuvre dont on venait d'accoucher.

A y regarder de plus près, on constatait que ces idées étaient battues en brèche par la puissance du Premier Consul. Le projet de Sieyès, successivement confié à Boulay et Daunou, avait été défiguré par un simple amendement imposé par Bonaparte : au lieu d'atténuer les pouvoirs du premier d'entre eux, les consuls pouvaient à présent tout au plus lui donner des avis... dont il n'était pas obligé de tenir compte. Avec son pouvoir de nomination et de révocation, le pouvoir réglementaire et l'initiative des lois, le Premier Consul était le maître du fonctionnement de l'Etat. Dès lors, la division du législatif apparaissait comme une chance supplémentaire qui lui était offerte de gouverner seul, en fractionnant d'éventuelles oppositions. Les différentes formules transitoires relatives au démarrage de la constitution en rajoutaient encore : les premières nominations n'avaient aucune base représentative. Par définition, les brumairiens seraient ultra-majoritaires dans les chambres. Sieyès, père de la constitution de l'an VIII ? Oui, pour les trois quarts du texte. Mais pour les dispositions les plus importantes, celles qui concernaient ses propres prérogatives, Bonaparte avait gagné en imposant ses propres règles du jeu constitutionnelles. Quelles que soient les oppositions que les premières nominations pourraient envoyer dans les assemblées, ses pouvoirs lui permettraient de les contrer.

Nomination des chambres de l'an VIII

La nomination des sénateurs intervint le 3 nivôse an VIII (24 décembre 1799). Sieyès, Ducos, Lebrun et Cambacérès se réunirent au Luxembourg. Le premier avait dressé une liste. Il avait réussi à imposer qu'elle serve, pour une large part, de base de discussion, de préférence à celle que Bonaparte –aidé par Regnaud et Lucien Bonaparte– avait tenté de proposer. En peuplant le Sénat du plus grand nombre possible de ses amis, Sieyès voulait se donner un peu de poids. Bonaparte, lui, ne se battit pas vraiment contre l'ancien consul provisoire. A présent, il était l'homme fort et il pouvait penser que les sénateurs –comme tous les autres– se rapprocheraient de lui le moment venu. D'ailleurs, les projets de Sieyès se révélèrent être une illusion supplémentaire. Il n'était décidément pas un homme d'action. La première promotion fut un fourre-tout de compétences et de souvenirs de la Révolution modérée qui allait mettre du temps à trouver une cohésion. Une première fournée de 29 sénateurs fut choisie par Sieyès, Ducos et les deux nouveaux consuls. Quant à la cooptation des autres, elle fut opérée par les consuls, anciens et nouveaux, auxquels s'étaient joints une quinzaine de ceux qui faisaient partie de la promotion initiale.

Cornet, Fargues, Cornudet et Lemercier ne furent pas oubliés, pas plus que les Perrégaux et Lecouteulx, familiers des bailleurs du coup d'Etat. L'Institut fournit son contingent d'idéologues : Cabanis, Berthollet, Monge, Volney et Laplace. Le vieux général Kellermann, le "vainqueur" de Valmy, fut appelé, ainsi que d'autres gloires des grandes heures civiles et militaires de la Révolution : Bougainville (amiral et explorateur), Sérurier (général), Casabianca (héroïque défenseur de Calvi contre les Anglais), Lambrechts (ancien ministre de la Justice), Garat (constituant et successeur de Danton à la Justice, en 1792), Dailly (constituant), Choiseul-Praslin (constituant), Dysez (conventionnel), etc. On ajouta le peintre Vien, l'ami de Sieyès Clément de Ris (dont l'enlèvement, deux ans plus tard allait inspirer la *Ténébreuse affaire* de Balzac), des talents divers et d'anciens politiques rangés[506].

Sieyès aurait pu, à la rigueur, devenir le chef d'une "opposition" à Bonaparte au Sénat. Mais pour ce faire, il eut fallu qu'il soit combatif. Il ne l'était plus et le fait qu'il allait accepter un "cadeau" de ses collègues montre que le "Grand Prêtre" avait abandonné la lutte.

Le 29 frimaire (20 décembre 1799), en effet, Bonaparte et Roger Ducos avaient adressé un rapport à la commission législative des Cinq-Cents pour qu'elle décrète l'urgence à décerner à Sieyès un "témoignage éclatant de la reconnaissance nationale" : "Le Citoyen (Sieyès), après avoir éclairé les peuples par ses écrits et honoré la Révolution par ses vertus désintéressées, refusa d'abord la première magistrature (sic), et ne l'accepta ensuite que par le sentiment des dangers dont elle était entourée, est assurément digne de la distinction que vous lui destinez et sur laquelle un refus ne lui sera pas permis, lorsque les organes de la loi auront parlé"[507]. Le lendemain, 30 frimaire, les commissions législatives avaient voté la proposition de Bonaparte et Ducos. On avait choisi de doter Sieyès d'un bien national non encore affecté[508], la terre de Crosne, près de Versailles. Le cadeau de compensation avait une valeur de 480 000 francs. Sieyès allait quasiment s'y retirer et abandonner la lutte. Comme l'écrivit méchamment Fouché, à compter de

[506] Le poète Ducis refusa sa nomination, disant préférer "porter des haillons plutôt que des chaînes".

[507] Rapport des consuls, 29 frimaire an VIII, A.N., C 470. Les délibérations et décrets des commissions législatives provisoires se trouvent dans les cartons C 469 et C 592.

[508] On s'aperçut quelques années plus tard que l'Etat ne pouvait pas disposer de ce bien. On trouva quelques terrains et hôtels particuliers à "échanger". Une fois encore, Sieyès accepta de se prêter à l'opération. Vandal a raison d'écrire : "En le faisant riche, (Bonaparte) le fit moins puissant".

l'adoption de la nouvelle constitution, Sieyès fut "annulé politiquement".

La nomination des législateurs et des tribuns fut opérée par les sénateurs dans les derniers jours de 1799, sur des listes établies par Sieyès. La discussion fut minutieuse, parfois pointilleuse. L'installation des chambres eut lieu le 1er janvier 1800, à une heure de l'après-midi, au Palais-Bourbon pour le Corps législatif, au Palais-Royal, pour le Tribunat.

Les législateurs procédèrent d'abord à l'élection de leur président. Perrin des Vosges, ancien conventionnel régicide[509], fut élu, avec 109 voix sur 285 votants. Sur les bancs, on reconnaissait Joseph Bonaparte et son beau-père Clary, les ex-conventionnels Eschasseriaux, Vigneron, l'abbé Grégoire, Auguis, Savary et Bréard, le doyen d'âge Tarteyron, le banquier Fulchiron, les ex-constituants Frochot, Bucaille et Gassendi, le général Leclerc, le vicomte de Ségur (ancien ambassadeur de Louis XVI), Dalphonse, Léonce Sieyès (frère de l'autre) et le fameux capitaine La Tour d'Auvergne. Dans l'ensemble, les personnages choisis par le Sénat étaient des seconds couteaux, même si 139 d'entre eux avaient appartenu aux conseils du Directoire. Privés par la constitution du droit de discuter, ces hommes profitèrent de leur première séance pour offrir au nombreux public "une caricature de la vie parlementaire"[510]. Le député Savary s'empêtra d'abord dans la lecture d'une motion fustigeant le Directoire et louant le régime consulaire. Dans un désordre indescriptible, l'assemblée vota la motion tout en en refusant l'impression. Une forme d'opposition montrait l'oreille. Elle se perdit ensuite dans une discussion pourtant essentielle : fallait-il prêter serment de fidélité aux consuls ou à la cons-

[509] Perrin des Vosges est parfois présenté comme conventionnel non-régicide. Il s'agit d'une confusion avec Perrin de l'Aube qui refusa effectivement de voter la mort du roi et le paya plus tard de sa vie. "Notre" Perrin fut le seul député des Vosges à opiner pour la mise à mort de Louis XVI.

[510] A. Conte, *Le 1er janvier 1800*, 1990, p. 117.

titution ? Nul ne sut répondre et le problème fut renvoyé à plus tard. Chaque question posée, de la rédaction d'un règlement intérieur à la nomination de secrétaires des séances donna lieu à des empoignades. Lorsque Perrin leva la séance, en fin d'après-midi, l'impression fut celle de la perpétuation, malgré le coup d'Etat régénérateur, des travers directoriaux.

Le Tribunat ne donna pas un meilleur exemple. Daunou en fut élu président. Ses bancs étaient plus brillants que ceux du Corps législatif. On avait choisi des hommes jeunes et remuants. Il est vrai que l'on avait le devoir de parler dans cette assemblée. Les sénateurs en avaient tenu compte. Benjamin Constant, Jean-Baptiste Say, Boisjolin (un grand historien), Laloy (conventionnel régicide), l'ambassadeur Adet, les hommes de lettres Desrenaudes ou Garat-Mailla, flanqués d'une cohorte de trentenaires souvent inconnus mais pleins d'énergie, donnaient du lustre au Tribunat et beaucoup d'espoirs à ceux qui souhaitaient que le pouvoir législatif soit un contrepoids au Consulat montant. Dans cette perspective, le tribun Pénières déçut lors de cette première séance en appelant à "vénérer" le Premier Consul. Ses collègues allaient vite "se rattraper" et entamer sept ans d'opposition à Napoléon. Le 3 janvier, à la tribune, Duvergier qualifia Bonaparte "d'idole de quinze jours". Ayant appris que le Premier Consul en avait conçu une vive colère et, selon Mme de Staël, avait retenu ses aides de camp d'aller "couper les oreilles" de l'imprudent, le tribun, penaud, s'excusa publiquement quelques jours plus tard[511].

Les institutions du Consulat étaient en place et les fondations du régime napoléonien terminées. Leur architecte avait en grande partie été Sieyès, mais Bonaparte –et, plus tard, Napoléon– allait se servir de cette ossature pour gouverner

[511] Jusqu'à sa suppression, en 1807, le Tribunat donna beaucoup de fil à retordre à Napoléon. C'est surtout en pensant à lui que François Pétri a choisi le titre d'une de ses études : *Napoléon et le Parlement ou la dictature enchaînée*, 1955. Dès août 1800, Bonaparte confia à Roederer qu'il trouvait le Tribunat "inutile et ridicule".

et faire évoluer l'organisation de l'Etat. C'est ici aussi qu'éclate le pragmatisme du vainqueur de Brumaire qui n'avait pas, lui-même, de théorie constitutionnelle[512]. Voici une constitution qu'il n'avait pas écrite, qu'il avait simplement orientée vers un exécutif indépendant et fort et que ses adversaires avaient pensé truffée de pièges et de pouvoirs d'empêcher. Il parvint à la dominer, à la changer lorsqu'il le souhaita et, pour le présent comme pour l'Histoire, à lui donner un vernis démocratique –ô, certes, une fine couche !– par "l'appel au peuple". Car, en dépit de l'opposition de Sieyès, Bonaparte avait décidé de soumettre le nouveau texte aux citoyens.

[512] Sur cet aspect, voir Frédéric Bluche, *Le bonapartisme. Aux origines de la droite autoritaire (1800-1850)*, 1980, pp. 13-46.

V

Les Français et Brumaire.

L'adhésion de la population française à Brumaire nous paraît être une question accessoire si l'on se sert de la réponse pour légitimer ou justifier le coup d'Etat. L'époque, pas si lointaine, où un historien comme Alfred Cobban pouvait écrire, que parce que le 18-Brumaire avait eu pour conséquence la mise en sommeil du principe électif, "la nuit tomba sur la France", nous paraît révolue. A l'inverse, ne sont pas plus recevables les démonstrations "bonapartistes" un peu hypocrites consistant à proclamer que "Brumaire était légitime car il y eut appel au peuple et que le peuple approuva". La place du consentement populaire ne doit pas être surestimée dans l'explication de la motivation des brumairiens. La prise de pouvoir de Bonaparte et Sieyès ne fut, à aucun moment, suspendue à l'accord tacite ou explicite du corps électoral. La vraie lutte pour le pouvoir ne s'est jouée ni dans les urnes ni dans l'opinion publique, si tant est que cette notion –hier comme aujourd'hui– représente une réalité tangible.

Brumaire est d'abord l'aboutissement d'un processus politique et constitutionnel dans lequel les citoyens de base n'ont pas joué de rôle actif. La surveillance de l'esprit public, la vérification par le plébiscite de "l'approbation populaire" ont été pensées, par les vainqueurs, comme un exercice imposé par les principes révolutionnaires ou les nécessités du temps, et non comme la recherche d'une sanction de la nation. Toutes les précautions furent prises pour que l'expression des citoyens soit conforme à ce qu'en espérait le pouvoir et que ses conséquences soient maîtrisées.

Il n'est donc pas utile, deux siècles après les faits, de déduire la nécessité ou les bienfaits du coup d'Etat de Brumaire de l'expression de la *vox populi*. Ce serait appliquer les valeurs politiques de notre époque à un fait historique. Tout au plus peut-on déduire de l'esprit public et de ses manifestations, les aspirations générales de la population à l'époque du coup d'Etat : rejet du Directoire, désir d'ordre, de paix intérieure et extérieure. Dès lors, on ne recherchera plus des preuves d'*approbation* de l'action des brumairiens par le peuple, mais davantage les signes d'*adhésion* des Français au régime consulaire. Cette adhésion n'a pas été proclamée avec les résultats du plébiscite de l'an VIII. Elle fut un processus lent et difficile à identifier.

Par contre, la proclamation du soutien populaire par les brumairiens fit partie de leur tactique. Elle fut à usage intérieur, pour combattre le parti jacobin comme pour montrer à la Contre-Révolution que son retour aux affaires n'était pas souhaité par la population. Elle fut, enfin, à usage extérieur pour opposer à l'Europe coalisée une légitimité du nouveau pouvoir, sans rupture avec les principes en vogue depuis 1789.

Pour connaître l'opinion "des Français" concernant le coup d'Etat et la marche du Consulat provisoire, nous serons contraints d'utiliser largement les outils que nous ont laissés les brumairiens : rapports administratifs, bulletins de police et résultats (sans grande valeur) du plébiscite de l'an VIII. Complété par des correspondances (publiques et privées) et des mémoires du temps, ce faisceau d'informations ne permet pas de conclure avec précision sur ce que nos statisticiens-sondeurs-journalistes appellent aujourd'hui "l'état de l'opinion". Comme Bonaparte et ses ministres, nous ne pourrons envisager les réactions des citoyens que sous l'angle de l'ordre public.

La province hésite

L'accueil fait au coup d'Etat hors de la capitale peut s'évaluer au travers des adresses et des rapports qui parvinrent à Paris dans les semaines qui suivirent Brumaire. Dix jours après le coup d'Etat, les consuls avaient décidé d'envoyer un délégué par division militaire. Vingt-deux hommes choisis parmi le personnel républicain quittèrent la capitale sur le champ, munis des pleins pouvoirs et d'une petite avance de trésorerie. Chasset, Fabre de l'Aude, Mallarmé, Barré en faisaient partie. Leur mission était "d'instruire le peuple (...) sur les causes des journées des 18 et 19 brumaire et les heureux résultats qu'elles doivent opérer". Leurs pouvoirs étaient étendus : ils pouvaient, en concertation avec les autorités militaires, suspendre et remplacer les fonctionnaires publics, fermer les clubs, afficher des proclamations[513]. On relèvera ici que c'est *sur l'armée* que s'appuya d'abord le nouveau pouvoir, sans que l'on puisse dire pour autant que Brumaire donna le pouvoir aux militaires. Cette réalité n'en montre pas moins que Bonaparte, malgré les difficultés qu'il put rencontrer auprès des autres généraux, leur faisait plutôt confiance. Il est vrai aussi que dans la France de la fin du Directoire, l'armée faisait figure de dernière institution organisée.

Sans attendre l'arrivée des délégués du nouveau gouvernement, de nombreuses autorités locales avaient envoyé aux consuls provisoires ou aux commissions législatives des messages d'adhésion aux événements de Brumaire. Commençons par citer quelques morceaux de flagornerie. Leur intérêt est maigre, mais la lecture de quelques morceaux choisis de cette littérature est révélatrice des petitesses et des ridicules dont peuvent être capables nos semblables lorsqu'il s'agit de conserver une place. Encore faut-il rappeler, à la décharge des Français de la fin du XVIIIe siècle, que la

[513] Arrêté du 29 brumaire an VIII, *Correspondance*, n° 4395.

Révolution avait rendu prudents ceux qui gardaient le souvenir, pas si lointain, des épurations sanglantes.

Tous les styles furent mis à contribution pour gagner les bonnes grâces des nouveaux maîtres. Envolée révolutionnaire et musicale pour le citoyen Lauchet, ancien fonctionnaire du comité de sûreté générale de la Convention, qui composa un *Nouveau chant du départ* –et non un chant du nouveau départ– dont on se contentera du refrain : "La République nous appelle / Conscrits, volons sous ses drapeaux / Bonaparte marche pour elle / Français, secondons ce héros"[514]. Référence romaine pour la municipalité de Toul : "Rome dût son élévation à la création des consuls, la France reconnaissante comptera, de la même institution, son bonheur et sa prospérité". Métaphore maritime, pour un citoyen anti-terroriste de l'Allier : "Sur le vaisseau de l'Etat conduit par de tels patriotes, un seul écueil est à éviter, celui du crime prenant le masque de la vertu". Habileté pour cet élu municipal d'Annot : "Ce n'est point le langage de la flagornerie que je suis chargé de vous transmettre, c'est le sentiment de la confiance la plus absolue, de la reconnaissance, du dévouement et du vrai civisme". Poésie montagnarde (au sens propre) pour l'administration départementale des Hautes-Alpes : "Les échos des Alpes ont répété nos applaudissements aux mémorables journées des 18 et 19 brumaire". Style grandiose pour un citoyen de l'Aube : "Le démon de l'anarchie est dans les fers". Sens pratique pour le tribunal correctionnel de Limoux : "Les finances enfin améliorées assureront le paiement des créanciers de l'Etat". Classicisme à Bourg, dans l'Ain : "Sieyès, Bonaparte et Roger Ducos ! La France vous a voué une gratitude éternelle, la commune de Bourg a ressenti ce sentiment sublime".

Au milieu de tant de louanges, quelques critiques purent percer. A Beauvais, la municipalité, plutôt à gauche, se

[514] Adresse de Lauchet à la commission législative des Anciens, A.N., C 592.

contenta de rendre compte de l'affichage des proclamations et ajoute : "Féliciter les hommes courageux qui osent tout entreprendre pour le bonheur de leur patrie nous a paru trop stérile et indigne de vous". A Cahors, où, apparemment, on marchait en dormant, on était tranquillisé : "L'abîme était ouvert sous nos pas. Encore quelques moments de sommeil, et nous périssions. Le génie de la France s'est réveillé; son réveil a été majestueux sans être terrible; il nous promet la paix, la justice, le bonheur". A Brive, on était las : "Nous l'avons prêté, ce serment sacré, et si souvent violé, d'être fidèle à la République ! Que ce soit le dernier". A Aix-en-Provence, on se voulut programmatique : "Affermissez la République, éloignez l'esprit de réaction, dissipez les brigands qui infestent les routes, procurez aux Français le bonheur, l'abondance et la paix !" A Ussel, on fit de même : "Vos travaux corrigeront les fautes qui s'étaient glissées dans la constitution de l'an III; vous mériterez les bénédictions du peuple en empêchant toute réaction, en rétablissant et en maintenant la tranquillité intérieure, en faisant respecter les personnes et la tranquillité, en affermissant le règne de la liberté et de l'égalité, en détruisant les projets des amis des rois, en abattant toutes les factions"[515].

Dans de nombreux départements, la nouvelle du coup d'Etat fut bien accueillie. Les Vosges se félicitèrent de l'arrivée aux affaires de Bonaparte que "rien au monde" ne pourrait détacher de la cause de la liberté[516]. La Savoie apprit la chute du Directoire "dans la plus grande indifférence"[517] et l'Auvergne "dans le plus grand calme"[518]. A Lille

[515] A.N., AF IV 1443. Ce carton regorge d'adresses collectives ou individuelles de félicitations.

[516] J.-P. Claudel, *Les Vosges sous le Consulat et l'Empire*, Vagney, 1992, p. 16.

[517] J. Nicolas, "Les Savoyards dans la Grande Nation", *Histoire de la Savoie*, Privat, 1973, p. 347.

[518] A.-G. Manry, "Un siècle somnolent (1800-1914)", *Histoire de l'Auvergne*, Privat, 1974, p. 364.

et dans le Nord, les autorités se félicitèrent du retour de "la gaîté française (...), de la tranquillité et de la douceur"[519].

Les rapports des envoyés des consuls provisoires dans les départements ou des généraux commandant les divisions militaires (dont les bulletins furent d'une très grande franchise) nous semblent plus représentatifs de l'état politique de la France après le 18-Brumaire. Le coup d'Etat était survenu dans un pays en désordre, où l'impôt n'était plus prélevé, où la jeunesse refusait la conscription, où les clubs s'affrontaient et où le personnel administratif était au mieux découragé, au pire prêt à continuer la Révolution. Citons ou résumons, pêle-mêle, quelques extraits des affaires portées à la connaissance des consuls provisoires. Il est parfois difficile d'y démêler ce qui ressort directement de l'arrivée de la nouvelle de Brumaire et ce qui est un problème ancien. Il n'empêche que le coup d'Etat ne provoqua pas, par miracle, l'apaisement des esprits[520] :

– Isère : agitation à Grenoble et au club des jacobins qui fut dissous le 26 brumaire. La garde nationale refusa de prêter serment. Le général Férino écrivit : "La plus grande partie des autorités civiles prévoyant leur chute trop méritée sont peu contentes d'un ordre de choses qui assure le triomphe des lumières et de la probité".

– Toulouse : vive agitation des jacobins; on parlait de milliers d'hommes armés prêts à se faire tuer pour sauver la République. L'arrivée rapide du général Lannes permit de rétablir l'ordre. L'appel aux armes du club jacobin resta sans effet.

– Moselle : "L'esprit public est mauvais dans la Moselle". Dans ce département, ce furent tant les royalistes (attaque d'une gendarmerie, arbre de la liberté abattu) que les jacobins (sous l'impulsion de l'administration départementale et d'une partie de la garde nationale) qui s'agitèrent. Avec

519 A.N., AF IV 1090.

520 Sauf mention particulière, les éléments qui suivent sont extraits de A.N., AF IV 1090.

l'appui de Roederer, originaire de Metz, le commandant de la place parvint tant bien que mal à rétablir l'ordre : destitution des autorités, proclamation de l'état de siège dans certaines communes.

– Jura : l'administration départementale refusa de proclamer le décret du 19 brumaire qu'elle jugeait contraire aux principes républicains. Bonaparte fut qualifié de "tyran usurpateur" et les administrateurs envisagèrent de lever une force locale pour résister aux conséquences de la prise de pouvoir du général. Quelques destitutions, suivies de nominations de fonctionnaires favorables au coup d'Etat suffit à tout faire rentrer dans l'ordre.

– Versailles : le club des jacobins de la ville tenta de remuer la population. Macdonald fit sortir la troupe dont la présence suffit à faire rentrer les fauteurs de troubles dans le rang.

– Seine-et-Oise : l'inquiétude gagna les autorités départementales lorsqu'on apprit que des "bandes contre-révolutionnaires" avaient pénétré dans leur ressort.

– Morbihan : de nombreux jeunes gens refusèrent de rejoindre l'armée et s'enrôlèrent dans des bandes rebelles. Dans l'Ouest, la Contre-Révolution n'avait pas dit son dernier mot.

– Calvados : Le brigandage a pris des proportions très inquiétantes, "la correspondance est presqu'entièrement interceptée".

– Cher, Indre, Allier : "L'esprit public est assez bon dans les villes, mais il y a beaucoup de fanatisme (religieux) dans les campagnes".

– Creuse : les émigrés organisèrent l'interception systématique des courriers et le vol des caisses publiques.

– Lyon : "L'esprit public est nulle (sic)", écrivit le général Moncey.

– Gand : "L'esprit public est mauvais", nota le général Donnard.

– Luxembourg : "L'influence des prêtres dans le département des Forêts ne tend qu'à augmenter la haine des habitants contre le système républicain", écrivit un général ennemi de la religion.

– Montauban : attroupement dispersé par l'armée.

– Eure : Roger Ducos reçut, le 29 brumaire, une lettre de dénonciation de l'administration départementale par un député du cru. Les administrateurs "gâtaient" l'esprit public. Le consul provisoire fit vérifier et s'aperçut que l'affaire était sérieuse[521].

– Marseille : dans cette ville, ce furent des administrateurs civils qui dénoncèrent les militaires considérés comme les "sectateurs du parti renversé" et certains de leurs collègues qui étaient complices.

– Provence : en dehors de Marseille, les jacobins n'avaient pas la partie belle. La population souhaitait le rétablissement du culte, y compris en rejetant la République. Dès cette époque, "la Provence (commença) à justifier sa réputation de province blanche"[522].

– Yonne : refus de l'administrateur du département et du président du tribunal correctionnel d'enregistrer le décret du 19 brumaire.

– Touraine : des bandes bretonnes multipliaient les attaques contre les courriers et les autorités constituées.

– Pas-de-Calais : l'administration départementale afficha le décret de translation des conseils, mais refusa l'affichage de celui du 19 brumaire instituant le Consulat provisoire.

Le gouvernement consulaire, alerté par ces plaintes –dont nous n'avons cité qu'un échantillon– se trouvait placé devant un problème immense. Il n'y avait pas de soulèvement contre le nouveau pouvoir, mais une vague de protestation sur fond des difficultés anciennes du Directoire. Pour

[521] J.-L. Suissa, *Le département de l'Eure sous le Consulat et l'Empire*, Evreux, 1983, p. 11.

[522] M. Agulhon, "Péripéties du XIXe siècle", *Histoire de la Provence*, Privat, 1969, p. 439.

reprendre le pays en main et pouvoir y appliquer sa politique, il lui fallait disposer de relais sûrs dans les provinces. Le nouveau gouvernement entreprit donc de purger les administrations départementales et locales. L'épuration fut large et toucha tous les départements, sous la conduite des ministères de l'Intérieur et de la Police. Pour les communes, les délégués des consuls eurent, eux aussi, la main lourde. On frappa surtout à droite et on préserva presque toujours les républicains, même échevelés. Dès le 22 brumaire, Fouché avait d'ailleurs annoncé ses intentions dans un rapport aux consuls, à propos de la situation parisienne. Selon lui, la population exprimait la crainte de voir le coup d'Etat profiter aux réactionnaires : "Cette crainte est le seul sentiment qui modère en ce moment la joie très vive des véritables amis de la liberté"[523]. Le ministre de la Police avait-il déjà oublié que c'étaient les jacobins que Murat et Leclerc avaient expulsés de l'Orangerie de Saint-Cloud ?

Voici quelques unes des annotations portées par les fonctionnaires de l'époque dans la colonne "motifs" des états de révocations : "contribue à l'anéantissement de l'esprit public en faisant prévaloir les institutions religieuses sur celles républicaines", "refuse de célébrer les fêtes républicaines", "viole des institutions républicaines", "ennemi du gouvernement républicain", "a prouvé son attachement à l'Ancien Régime", "est apparu sans son écharpe à une fête républicaine", "ne paraît pas agréable aux républicains", etc. On trouve rarement dans les cartons d'archives des motifs tels que : "Trop peu éclairé pour s'élever au-dessus des préventions; il a failli agiter son département en attaquant indiscrètement et illégalement la liberté des cultes", "son caractère ardent et passionné paraît l'éloigner de la modération", etc[524]. Brumaire fut bien un coup d'Etat républicain.

[523] A. Aulard, *Paris sous le Consulat*, p. 2.
[524] A.N., AF IV 1291 ^{B} et F^{1b} I 103.

Paris sous contrôle

Paris n'était pas la France. La France n'était pas Paris. Il n'empêche que le peuple de la capitale avait joué un rôle essentiel dans la Révolution. Il convenait de le surveiller spécialement et de prévenir tout mouvement de sa part. Pendant le coup d'Etat, les faubourgs n'avaient pas bronché. Ils restèrent tranquilles dans les jours qui suivirent, alors que le nouveau pouvoir épurait les administrations de la capitale. Le 21 brumaire, Fouché constatait : "Il n'est pas un rapport qui ne donne l'idée la plus avantageuse du développement de l'esprit public; tous annoncent que, sur les physionomies comme dans les entretiens, on aperçoit les signes d'une véritable satisfaction. On entend les expressions de l'espoir le mieux prononcé pour un retour complet au bonheur". La police avait la situation en main, surveillant les rues et, surtout, les lieux publics, seuls endroits de la capitale où l'on discutait et débattait avec animation.

Pour se prémunir contre tout retour des jacobins, les consuls provisoires décidèrent de donner le coup de grâce aux autorités municipales, suspendues depuis le 18 brumaire. Près de 70 % du personnel municipal fut destitué. Les partants, souvent issus du peuple, furent remplacés par des propriétaires, d'anciens fonctionnaires et des négociants. Dès le 25 brumaire, les nouvelles autorités municipales furent installées solennellement. Avant de recueillir leur serment, le commissaire du gouvernement Piis leur adressa la harangue d'usage : "La commission consulaire exécutive commande l'extinction des haines, elle est déterminée à ne souffrir aucune réaction. Egalement ennemie de la terreur et du royalisme, elle provoque la paix au dedans pour la conquérir promptement au dehors. Cette révolution, en un mot, est le terme de tout, excepté de notre prospérité qui, désormais, n'aura point de bornes. Cette révolution est l'ouvrage de la victoire et de la philosophie. Rivaux des Spartiates par notre courage et par le désir d'une morale épurée, rivaux des Athéniens par notre amour pour les beaux-arts, nous étendrons cette renommée au-delà de celle de ces peuples fameux, lorsque, à l'aide de la confiance rétablie, nous développerons ces grandes idées libérales que cette mémorable époque a fait germer dans le coeur de tous les bons citoyens"[525].

Le dispositif de contrôle de Paris fut complété par une mainmise sur les spectacles et la presse.

Le ministre de la Police avait l'oeil à tout et voulut éviter que le théâtre serve à véhiculer des opinions politiques trop marquées. L'époque de la Révolution était celle où les auteurs écrivaient dans la nuit des pièces de circonstances pour célébrer ou critiquer les événements du jour. Brumaire n'échappa pas à la règle. Dans la semaine qui suivit le coup d'Etat, trois théâtres proposèrent des pièces aux titres évocateurs. L'Opéra-Comique donna *Les mariniers de Saint-Cloud*. Le Vaudeville proposa un "impromptu en un acte, en prose", *La girouette de Saint-Cloud*, tandis que le théâtre des Troubadours affichait *La journée de Saint-Cloud ou le dix-neuf brumaire*. Cette dernière pièce inquiéta Fouché qui la trouvait trop violemment anti-jacobine. Il fit passer un billet au directeur de l'établissement : "J'augure assez bien de votre patriotisme pour croire que vous ferez, sans que je vous en donne l'ordre, le sacrifice de votre pièce, puisque la tranquillité publique vous l'impose". Les représentations cessèrent. Mais pour prévenir ce genre d'incidents, le ministre décida que, désormais, toute pièce nouvelle devrait être présentée à ses services avant d'être jouée. Une circulaire explicative fut publiée dans les journaux du 26 brumaire : "Dans la succession des partis qui se sont tour à tour disputé le pouvoir, le théâtre a souvent retenti d'insultes gratuites

[525] J. Tulard, *Paris et son administration (1800-1830)*, Commission des Travaux Historiques de la Ville de Paris, 1976, pp. 74-75. C'est Réal qui, pendant que l'affaire de Saint-Cloud se réalisait, avait exécuté l'ordre de dissolution des autorités municipales de la capitale (voir L. Bigard, *Le comte Réal, ancien jacobin*, p. 125 et suivantes).

pour les vaincus et de lâches flatteries pour les vainqueurs. Le gouvernement actuel abjure et dédaigne les ressources des factions; il ne veut rien pour elles et fera tout pour la République"[526].

Plus encore que les théâtres, les journaux furent l'objet de toute l'attention du ministre de la Police. Les réactions aux journées de Brumaire avaient été partagées, voire d'un attentisme qui ne pouvait plaire aux vainqueurs. Il y avait à l'époque 73 journaux qui paraissaient régulièrement dans la capitale. A côté du *Journal de Paris*, de Roederer, qui était un véritable outil de propagande du mouvement brumairien, certaines feuilles s'étaient fait l'écho du trouble de leurs rédacteurs et des interrogations ou des espoirs d'une partie de la population.

La presse royaliste, surtout, relevait la tête. Dans ses colonnes, les journalistes se livrèrent, plusieurs semaines durant, à une surenchère "réactionnaire" qui n'était pas sans agacer et gêner les consuls (qui étaient, ne le perdons jamais de vue, tous trois républicains). Dans les dix jours qui suivirent le coup d'Etat, *Le Messager des Relations extérieures* appela à "une réaction des principes", *L'Ami de la Paix* demanda une "vengeance" contre les jacobins, *L'Aristarque français* proposa de rétablir la monarchie. La semaine suivante, *Le Courrier de l'Europe* exigea le rétablissement dans ses droits du culte catholique[527]. A l'inverse, quelques directeurs de journaux cherchèrent à tirer profit de la situation nouvelle en se mettant au service du nouveau pouvoir. Ils espéraient ainsi en tirer l'argent nécessaire à la poursuite de leurs activités. Ainsi, Poultier, membre du conseil des Anciens et rédacteur de *L'Ami des Lois*, écrivit au président de la commission législative des Anciens pour se mettre à son service et le faire savoir aux consuls : "Je vous prie (...) de m'envoyer préférablement la partie de vos séances, ainsi que

[526] Aulard, *Paris sous le Consulat*, p. 9 et suivantes.
[527] *Ibid*, pp. 4, 9, 12, 25.

les débats et opinions particulières de ceux de vos membres qui voudront se faire connaître, et dont vous jugerez à propos d'instruire le public (...). C'est donc comme Représentant du peuple et comme journaliste que je vous prie de répondre à mon désir"[528].

Quant aux journaux républicains proches des jacobins, ils pratiquèrent la prudence à haute dose, pendant le Consulat provisoire. Beaucoup de leurs rédacteurs avaient été effrayés par les proscriptions prononcées depuis le 19 brumaire. Ils préféraient rester discrets. Fouché, dont le jeu était toujours aussi indéchiffrable, racheta le *Journal des Hommes Libres*, pour le compte de son ministère, ce qui mit cette feuille – qui avait tant attaqué Sieyès et ses amis– à l'abri, tout en lui permettant d'aiguillonner le pouvoir sur sa gauche. Le 18 décembre, on pouvait ainsi lire dans l'ancienne feuille jacobine : "Depuis longtemps, les Républicains sont habitués à sacrifier leurs idées les plus chères à la paix et à l'union (...). Ils ont accepté la Constitution malgré les articles qui devaient les blesser le plus sensiblement".

Douze jours après le 18 brumaire, le ministre de la Police décida d'user de l'arme "économique" pour mettre les journaux d'opposition en difficulté. Comme toutes les feuilles attiraient leurs lecteurs avec les faits divers, il ordonna à ses services de ne plus les communiquer qu'aux journaux amis. Dans le même temps, Bonaparte encouragea Maret à reprendre ses relations avec *Le Moniteur*, dont il avait été un des rédacteurs à l'époque de la Constituante. Le secrétaire des Consuls fit mieux encore, puisqu'il réussit à prendre la tête de la petite équipe qui écrivait dans cette feuille fort lue. Elle devint dès lors une sorte de "journal officiel", au milieu des autres journaux favorables au nouveau pouvoir. Le 27 décembre 1799, Maret avertit Fouché que, désormais, *Le Moniteur* serait le *seul* journal officiel.

[528] A.N., C 592.

Les ministères furent invités à lui transmettre en exclusivité les nouvelles les concernant[529].

L'auto-censure des rédacteurs et les courriers d'avertissement du ministre de la Police –qui pouvaient être suivis de saisies et de fermeture des imprimeries– ne pouvant plus suffire au bonheur et à la tranquillité des nouveaux gouvernants, un arrêté du 16 janvier 1800 mit fin à dix années de pratiques débridées. "Considérant qu'une partie des journaux qui s'imprim(aient) dans le département de la Seine (étaient) entre les mains des ennemis de la République et que le gouvernement (était) spécialement chargé par le peuple français de veiller à sa sûreté", les consuls décidèrent de ne laisser subsister que treize feuilles à Paris et dans ses environs, ce qui équivalait à en supprimer une soixantaine.

Le plébiscite : des résultats manipulés

Une province et des campagnes en désordre. Une armée dubitative. Des réactionnaires qui sortaient du bois. Des jacobins vaincus qui n'osaient plus sortir de chez eux. Une capitale "normalisée". Telle était la France dont héritèrent Bonaparte, Sieyès et Roger Ducos au 18-Brumaire. Dans les mois qui suivirent, le pays adhéra au Consulat, au regard des premiers succès de la politique de réconciliation nationale. Avant cela, les citoyens confirmèrent leur attentisme lors des opérations électorales du plébiscite.

C'est Bonaparte qui avait imposé cette formalité à Sieyès. Pour le général, il fallait, pour la constitution de l'an VIII, procéder de la même façon qu'en 1793 et en l'an III : les citoyens devaient approuver le nouveau texte. Telle était sa façon de montrer son attachement aux principes révolutionnaires et de prouver, à l'intérieur comme à l'extérieur,

[529] F. Mitton, *La presse française sous la Révolution, le Consulat et l'Empire*, pp. 213-215.

l'adhésion immédiate et enthousiaste de la population à la "révolution de Brumaire".

Les opérations durèrent un mois, de la fin décembre 1799 à la fin du mois de janvier suivant. Chaque Français mâle de plus de 21 ans était invité à se rendre à la mairie de sa commune ou, pour les fonctionnaires et les militaires, dans le lieu fixé par sa hiérarchie, pour coucher sur des registres ouverts (selon la tradition de l'époque) son acceptation ou son rejet de la constitution du 22 frimaire qui, soit dit en passant, avait été mise en application sans attendre les résultats du plébiscite. Le 18 pluviôse an VIII (7 février 1800), le ministre de l'Intérieur[530] Lucien Bonaparte rendit un rapport aux consuls dans lequel il annonçait l'adoption de la constitution, par 3 011 007 *oui* contre 1 562 *non*. Près de 40 % de l'électorat s'était prononcé en faveur de la nouvelle constitution, ce qui constituait, a priori, un succès, compte-tenu du niveau d'information de la population, de la précipitation dans laquelle la consultation avait été organisée et du déroulement des opérations par un froid très vif. Aux yeux de l'opposition intérieure et de l'Europe, le Premier Consul pouvait afficher sa légitimité : le peuple souverain avait parlé. Il ne s'en priva pas pendant plusieurs années, jusqu'à ce qu'il ne se contente plus de l'onction "démocratique" et recherche, dans la dignité impériale, puis le mariage autrichien, une légitimité monarchique, le rapprochant de ses "cousins" couronnés de Saint-Pétersbourg, de Vienne, de Berlin ou de Londres.

Si les chiffres du plébiscite eurent une importance politique immédiate, ils ne doivent pas nous abuser lorsque l'on tente de les utiliser pour connaître l'état de l'opinion au

[530] Les compétences du ministre de l'Intérieur étaient différentes de celles que ce portefeuille comporte aujourd'hui. La Police en était exclue. En revanche, ce département ministériel avait la haute main sur quantité de secteurs qui ne lui sont plus dévolus de nos jours. "L'Intérieur" était compétent pour tous les sujets qui ne dépendaient pas d'un autre ministère (enseignement, administration en général, surveillance de l'esprit public, statistique, etc).

début du Consulat. En effet, le succès proclamé par Lucien Bonaparte fut le résultat d'une manipulation et d'une falsification des chiffres. Claude Langlois l'a magistralement montré dans une série d'articles restés célèbres[531]. C'est à bon droit que cet auteur a pu considérer la proclamation des résultats "corrigés" par les services du ministre de l'Intérieur comme un (nouveau) "coup d'Etat". En comparant les registres locaux et leur transcription dans les tableaux récapitulatifs, à Paris, Claude Langlois a montré que l'on avait systématiquement gonflé les chiffres. Ainsi, les résultats rectifiés –grâce à Claude Langlois– du plébiscite de l'an VIII s'établissent désormais à 1 550 000 *oui*, c'est-à-dire à seulement 20 % de l'électorat. Sur ces 20 %, il faut encore compter les militaires, que l'on fit voter en bloc, les fonctionnaires qui connurent le même sort, les noms rajoutés par les responsables locaux sur les registres, cette petite fraude habituelle des consultations révolutionnaires. Si l'on en tient compte, même raisonnablement, la consultation consulaire n'eut pas plus de succès que les précédentes. Le plébiscite de l'an VIII fut, sur le plan de ses résultats, un échec pour le nouveau pouvoir.

L'examen de l'ensemble des éléments permettant d'évaluer l'opinion des contemporains sur Brumaire appelle plusieurs réflexions.

La première est la grande diversité d'opinion et d'interprétation des rédacteurs des rapports expédiés aux consuls provisoires. Il n'y avait pas, en province comme à Paris, de "brumairien type". Certains rédacteurs soulignèrent ainsi leur espoir d'un retour de l'ordre. D'autres saluèrent –avec la même sincérité– la restauration de la liberté. Certains se félicitèrent du retour au premier plan de la religion catholique. D'autres s'en inquiétèrent. Certains lancèrent de vi-

[531] "Le plébiscite de l'an VIII ou le coup d'Etat du 18 pluviôse an VIII", *Annales Historiques de la Révolution Française*, 1972, pp. 45-63, 231-246, 390-415.

brants hommages à la République. D'autres la passèrent sous silence. Certains s'attaquèrent aux royalistes. D'autres aux républicains. La signification de Brumaire ne fut pas interprétée de façon homogène par les contemporains.

Deuxième remarque : la nouvelle du coup d'Etat ne fut pas accueillie dans toute la France avec enthousiasme, preuve que l'affaire fut soit considérée comme un coup d'Etat de plus, soit rejetée. Une des traditions de l'époque était que les autorités constituées ou certains particuliers remarquables par leurs fonctions, expédient une adresse au nouveau pouvoir pour marquer leur adhésion. En compulsant les dossiers des Archives nationales, on s'aperçoit que, lors de la première vague spontanée certaines autorités départementales ne se hâtèrent pas pour adhérer au nouvel ordre des choses, soit qu'elles jugeaient plus prudent d'attendre, soit qu'elles étaient opposées au coup d'Etat. Le 27 brumaire, Fouché ne put annoncer l'adhésion totale que de 13 départements. Trois semaines plus tard, aucune autorité constituée de la Drôme, de l'Hérault, de la Marne, de la Meurthe, du Mont-Blanc, de la Moselle, des Pyrénées-Orientales, de la Haute-Saône, de la Sarthe, du Léman, du Finistère, de la Gironde, de l'Isère, de la Dyle (dont le chef-lieu était Bruxelles), de la Loire-Inférieure, du Morbihan, de Sambre-et-Meuse, de la Vienne, de la Vendée et du Var n'expédia de félicitations, soit 20 départements sur 99[532]. Dans les autres départements, toutes les autorités, loin s'en faut, ne cédèrent pas au rituel ce qui a donc ici une signification politique. Ce n'est qu'une fois les administrations départementales et communales purgées, c'est-à-dire après l'adoption de la constitution, que les fonctionnaires du ministère de la Police parvinrent à remplir les vides sur les gros registres qu'ils tenaient. Fouché, lui, tenta de consoler des consuls inquiets en leur écrivant que "la grande et saine majorité du peuple" avait accepté le décret du 19 brumaire.

[532] A.N., AF IV 1444.

Troisième élément qui nous semble remarquable : les adresses des autorités et des citoyens fixèrent souvent un programme au nouveau gouvernement. Contrairement à ce qu'a écrit Albert Vandal, il ne nous a pas semblé que leur première revendication était la paix extérieure. Cette demande est très présente, certes, mais elle vient bien après la réconciliation intérieure, au travers de la restauration de l'ordre et de la religion.

Quatrième remarque : lorsque le gouvernement consulaire décida de tirer les conséquences des résistances des administrations locales par une vaste épuration, ses délégués et les ministres s'attaquèrent surtout aux royalistes ou supposés tels, ne se privant des services des révolutionnaires que lorsque leur attitude était trop hostile ou provocante. En province, et à la lumière de cet élément important, Brumaire peut être interprété comme un coup d'Etat dirigé contre la droite, tandis que les journées parisiennes peuvent s'analyser, aux dires mêmes de leurs principaux acteurs, comme une offensive contre la gauche jacobine. Les conséquences de cette contradiction entre le coup d'Etat parisien et ses retombées provinciales furent importantes lors de l'ascension de Bonaparte : il lui fallut maîtriser un personnel encore très largement républicain et affronter la rancune des contre-révolutionnaires modérés qui avaient été exclus des administrations locales. Avec Cambacérès pour conseiller, et après s'être débarrassé de Lucien (envoyé en ambassade à Madrid), il refit le chemin perdu pas à pas, nomination après nomination, en profitant de la loi de pluviôse an VIII sur la réorganisation administrative de la France.

Conclusion

Vers le Grand Consulat

La postérité n'a guère reproché Brumaire à Napoléon. Sans l'absoudre du coup d'Etat, la plupart des historiens ont accepté le fait accompli, les nuances entre les écoles consistant à débattre pour savoir si, oui ou non, la Révolution s'acheva avec le renversement du Directoire.

Napoléon bénéficia du formidable essor de sa Légende, fondée par lui puis développée par la littérature et l'art populaire, le romantisme (Hugo, Vigny, Musset, Stendhal, Balzac...) et l'historiographie (y compris tout un pan de l'historiographie marxiste). Puisque son règne avait fait passer un souffle d'épopée sur la France, peu importait la façon dont il avait accédé au pouvoir et ce d'autant mieux qu'il avait pris la place d'un régime dégénéré. Dans de telles conditions de création et de transmission de l'Histoire, nul ne s'étonnera que le rôle tenu par Sieyès ait été passé en pertes et profits. Froid, compliqué, réputé peureux et suffisant, l'ancien directeur n'avait rien qui puisse inspirer un quelconque sentiment romantique.

Les premiers historiens de Napoléon étaient aussi des politiques, engagés aux côtés des libéraux ou des orléanistes contre la monarchie "légitime" et ses héritiers, voire pour les aspects extérieurs, contre la Sainte-Alliance écrasant les peuples opprimés. Ici plus que jamais, on est en droit de s'interroger sur le point de savoir si l'historien ne fait pas lui-même partie de l'histoire qu'il analyse et raconte. Il fallait que leur personnage ait été un sauveur et que l'appel aux principes qui l'avaient guidé apparaisse comme une promesse de régénérescence nationale et européenne. Même l'alibi du "contre coup d'Etat", pour prendre les jacobins de vitesse, n'a que peu servi. Ainsi, Bignon, Thiers, Norvins, Armand Lefebvre, Quinet, pour ne citer qu'eux, ne s'attardèrent pas sur le coup d'Etat. Ils se contentèrent de le raconter et de l'enregistrer, concentrant leurs critiques sur les excès postérieurs du régime napoléonien[533]. Pour le XIXe comme pour le XXe siècle, en Brumaire, Bonaparte a sauvé la France du chaos. Notre première partie aura permis au lecteur de comprendre que nous adhérons, pour une grande part –sans les excès qui consistent à faire croire que Bonaparte a agi seul et comme par miracle, alors que l'affaire de Brumaire fut préparée soigneusement et de longue date– à cette vision des origines du Consulat.

Pardonné, Bonaparte le fut encore par comparaison à la façon dont son neveu Louis-Napoléon s'empara du pouvoir, le 2 décembre 1851[534]. La partialité des historiens de la IIIe République a, en stigmatisant l'opération menée par le prince-président, "dédouané" le premier des Napoléon. Certes, Victor Hugo –après qu'il eut réussi à faire oublier son passé orléaniste pour devenir le héros des républicains– est passé par là, mais on est surpris de croiser aussi Karl Marx sur le même chemin, qui écrivit : "Hegel note quelque part que tous les grands événements et personnages historiques surviennent pour ainsi dire deux fois. Il a oublié d'ajouter une fois comme tragédie et la fois d'après comme farce.

[533] L'étude des mémoires des autres acteurs du coup d'Etat ou de ceux qui, plus tard, profitèrent de l'épisode napoléonien n'est pas non plus sans intérêt. On ne peut, bien sûr, exiger de ces témoins la rigueur de l'historien. Mais tout de même, certains sont allés assez loin dans leur façon d'arranger les choses. Chaptal est, nous semble-t-il, détenteur du record. Il expédie Brumaire en deux lignes exquises : "On le porte en triomphe, de Fréjus à Paris, et, quelques jours après, il est proclamé premier Consul" (*Mes souvenirs sur Napoléon*, 1893, p. 210).

[534] Seul Michelet s'en est pris à Napoléon et à Brumaire, mais, lui aussi, par haine du Second Empire.

Le 18 brumaire de l'idiot et le 18 brumaire du génie !"[535]. Philippe Séguin, dans une biographie de Napoléon III, écrit : "Joue en faveur du 18 brumaire la bonne idée qu'ont eue ses auteurs de trouver quelques élus acceptant d'avaliser le coup de force de Bonaparte. Non seulement le Consulat put sans problème se substituer à un régime dont l'origine était elle-même juridiquement douteuse, mais le fait que les formes aient été sauves a été retenu à décharge par l'Histoire"[536]. Cet auteur met en avant deux arguments importants en faveur du 18-Brumaire. D'une part, le coup d'Etat ne fut pas sanglant, contrairement à celui de décembre 1851. D'autre part, les vainqueurs parvinrent à préserver un certain caractère "légal" à leur action. Le vote des décrets de brumaire par les conseils (même épurés et au quorum incertain), le travail des commissions législatives provisoires, l'adoption de la constitution et sa sanction référendaire ont du poids, et pas seulement au rang de symboles.

On doit cependant réfuter cette analyse faussement "comparative" de l'histoire de la France au XIXe siècle. La conduite de l'oncle et du neveu n'est en rien comparable, car rien ne se balance de la sorte en histoire lorsqu'on utilise cette science humaine comme un outil de propagande. Hugo et ses suiveurs sont pris, ici, en flagrant-délit de mauvaise foi.

Brumaire et, plus tard, le "coup d'Etat consulaire" de frimaire an VIII ne furent pas un pronunciamiento. Bien sûr, la représentation nationale du Directoire fut malmenée par une section de grenadiers. Certes, Bonaparte portait des galons de général. Certes, encore, les troupes de la 17^e^

[535] K. Marx, *Le 18 brumaire de Louis Bonaparte*. L'idiot est ici Louis-Napoléon, bien sûr.

[536] P. Séguin, *Louis Napoléon le Grand*, 1990, p. 165. Philippe Séguin, lui aussi, oublie Sieyès. Sur le coup d'Etat de Louis-Napoléon Bonaparte, voir, par exemple, W. Smith, *Napoléon III*, Hachette, 1982, pp 120-155 ou J. de Pins, "Deux décembre", *Dictionnaire du Second Empire*, Fayard, 1995, pp. 418-428.

division militaire assiégeaient le château de Saint-Cloud. Mais, à y bien regarder, les bases de l'affaire, ses principaux acteurs, les ambitions véhiculées par eux et, surtout, le résultat postérieur furent incontestablement "civils". A cheval entre un coup d'Etat parlementaire et une journée révolutionnaire, Brumaire ne doit sa réputation de coup d'Etat militaire qu'à quelques coups de bottes ou de plat de sabre sur les toges défraîchies des jacobins des Cinq-Cents. On a vu qu'il ne s'agissait-là que d'une parenthèse d'un coup d'Etat parlementaire, un remède violent et bref à un incontrôlable accès de fièvre, de part et d'autre. Même Albert Soboul dut en convenir : "Le 18 brumaire demeure un modèle de coup d'Etat parlementaire (...). L'opinion n'eut pas l'impression que c'en était fini de la République, ce n'était qu'un coup d'Etat de plus"[537]. Et puis, l'affaire ne dut rien au hasard, malgré les hésitations du 19. Elle avait été préparée de main de maître, tous les détails avaient été envisagés, toutes les complicités obtenues, aussi bien par Bonaparte que par Sieyès, aussi bien avant qu'après le coup d'Etat proprement dit.

Est-ce la main qui le cueille qui a fait mûrir le fruit ? Evidemment, non. Lorsque l'on se remémore les échecs patents du régime directorial et la dégénérescence d'un Etat dont le pays n'avait jamais eu autant besoin pour se stabiliser, les coups décisifs portés à la constitution de l'an III l'ont été, bien avant Brumaire, par les titulaires des fonctions gouvernementales et parlementaires eux-mêmes. Les coups d'Etat à répétition préparèrent le lit de la conspiration finale. Celle-ci fut peuplée de civils, à commencer par Sieyès. Rappelons-nous que celui-ci –qui n'était pas militaire– cherchait *une* épée, un bras armé pour soutenir une opération politique et constitutionnelle dont il avait échafaudé les plans.

[537] A. Soboul, *La France napoléonienne*, 1983, pp. 42-43.

Mais le fondement le plus solide de l'absolution "historique" de Bonaparte tient, à notre sens, à ce qui se passa après le coup d'Etat.

Au milieu de l'apathie et du scepticisme de la population, des luttes politiques intérieures qui se poursuivirent –parfois avec une grande violence, car le Consulat ne fut pas accepté facilement par l'ensemble du pays-, de l'adversité européenne, Bonaparte et son gouvernement se mirent au travail. Certes, ils n'opérèrent pas à contre-courant de la "république bourgeoise" qu'avait été le Directoire. On peut même dire que les gens d'affaires et les notables furent les premiers bénéficiaires du changement de gouvernement, puis de régime[538]. Mais les résultats obtenus, en peu d'années, sont incontestables : réconciliation nationale –notamment par la paix religieuse-, ordre intérieur –avec la fin de la guerre civile, l'éradication des grandes conspirations jacobines et royalistes, restauration de l'Etat et son autorité-, réorganisation de la nation –avec la nouvelle grille de l'administration locale, les grands codes, etc-, voire même paix extérieure, après le traité d'Amiens (27 mars 1802). Le tout sur fond de préservation des acquis de 1789.

Cette période, qui va du 1er janvier 1800 au sacre impérial du 2 décembre 1804, qui continue la Révolution en la stabilisant, mériterait bien d'être appelée le *Grand* Consulat. Elle couronne et pardonne les coups d'Etat de Bonaparte.

[538] Vandal a écrit, parlant du coup d'Etat : "Les tripoteurs flairaient une affaire énorme" (*L'avènement de Bonaparte*, t. I, p. 246). Roederer ne douta pas du succès de Bonaparte car il lui voyait "le plus puissant des auxiliaires : l'argent".

Annexes et documents.

1°) Lettre du général Bonaparte à Talleyrand, ministre des Relations extérieures, depuis son quartier général de Passariano (Italie), le 3e jour complémentaire an V (19 septembre 1797). ***Correspondance*****, n° 2223.**

J'ai reçu, Citoyen Ministre, votre lettre confidentielle du 22 fructidor, relativement à la mission que vous désirez donner à Sieyès en Italie. Je crois effectivement comme vous que sa présence serait aussi nécessaire à Milan qu'elle aurait pu l'être en Hollande et qu'elle l'est à Paris.

Malgré notre orgueil, nos mille et une brochures, nos harangues à perte de vue et très-bavardes, nous sommes très-ignorants dans la science politique morale. Nous n'avons pas encore défini ce que l'on entend par pouvoir exécutif, législatif et judiciaire. Montesquieu nous a donné de fausses définitions, non pas que cet homme célèbre n'eût pas été véritablement à même de le faire, mais son ouvrage, comme il le dit lui-même, n'est qu'une espèce d'analyse de ce qui a existé ou existait; c'est un résumé des notes faites dans ses voyages ou dans ses lectures.

Il a fixé les yeux sur le gouvernement d'Angleterre; il a défini, en général, le pouvoir exécutif, législatif et judiciaire.

Pourquoi, effectivement, regarderait-on comme une attribution du pouvoir législatif le droit de guerre et de paix, le droit de fixer la quantité et la nature des impositions ?

La constitution a confié avec raison une de ces attributions à la chambre des communes, et elle a très-bien fait, parce que la constitution anglaise n'est qu'une charte de privilèges : c'est un plafond tout en noir, mais bordé en or.

Comme la chambre des communes est la seule qui, tant bien que mal, représente la nation, seule elle a dû avoir le droit de l'imposer; c'est l'unique digue que l'on a pu trouver pour modifier le despotisme et l'insolence des courtisans.

Mais, dans un gouvernement où toutes les autorités émanent de la nation, où le souverain est le peuple, pourquoi classer dans les attributions du pouvoir législatif des choses qui lui sont étrangères ?

Depuis cinquante ans, je ne vois qu'une chose que nous avons bien définie, c'est la souveraineté du peuple; mais nous n'avons pas été plus heureux dans la fixation de ce qui est constitutionnel que dans l'attribution des différents pouvoirs.

L'organisation du peuple français n'est donc encore véritablement qu'ébauchée.

Le pouvoir du gouvernement, dans toute la latitude que je lui donne, devrait être considéré comme le vrai représentant de la nation, lequel devrait gouverner en conséquence de la charte constitutionnelle et des lois organiques; il se divise, il me semble, naturellement en deux magistrature bien distinctes, dont une qui surveille et n'agit pas, à laquelle ce que nous appelons aujourd'hui pouvoir exécutif serait obligé de soumettre les grandes mesures, si je puis parler ainsi, la législation de l'exécution : cette grande magistrature serait véritablement le grand conseil de la nation; il aurait toute la partie de l'administration ou de l'exécution qui est par notre constitution confiée au pouvoir législatif.

Par ce moyen, le pouvoir du gouvernement consisterait dans deux magistratures, nommées par le peuple, dont une très-nombreuse, où ne pourraient être admis que des hommes qui auraient déjà rempli quelques-unes des fonctions qui donnent aux hommes de la maturité sur les objets de gouvernement.

Le pouvoir législatif ferait tout d'abord toutes les lois organiques, les changerait, mais pas en deux ou trois jours, comme l'on fait : car, une fois qu'une loi organique serait en exécution, je ne crois pas qu'on pût la changer avant quatre ou cinq mois de discussion.

Ce pouvoir législatif, sans rang dans la République, impassible, sans yeux et sans oreilles pour ce qui l'entoure, n'aurait pas d'ambition et ne nous inonderait plus de mille lois de circonstance qui s'annulent toutes seules par leur absurdité, et qui nous constituent une nation sans lois avec trois cents in-folio de lois.

Voilà, je crois, un code complet de politique, que les circonstances dans lesquelles nous nous sommes trouvés rendent pardonnable. C'est un si grand malheur pour une nation de trente millions d'habitants , et au dix-huitième siècle, d'être obligée d'avoir recours aux baïonnettes pour sauver la patrie ! Les remèdes violents accusent le législateur; car une constitution qui est donnée aux hommes doit être calculée pour des hommes.

Si vous voyez Sieyès, communiquez-lui, je vous en prie, cette lettre; je l'engage à m'écrire que j'ai tort; et croyez que vous me ferez un sensible plaisir, si vous pouvez contribuer à faire venir en Italie un homme dont j'estime les talents et pour qui j'ai une amitié tout à fait particulière. Je le seconderai de tous mes moyens, et je désire que, réunissant nos efforts, nous puissions donner à l'Italie une constitution plus analogue aux moeurs de ses habitants, aux circonstances locales et peut-être même aux vrais principes, que celle que nous lui avons donnée. Pour ne pas faire une nouveauté au milieu du tracas de la guerre et des passions, il a été difficile de faire autrement..

Je me résume :

Non-seulement je vous réponds confidentiellement que je désire que Sieyès vienne en Italie, mais je pense même, et cela très-officiellement, que si nous donnons à Gênes et à la République cisalpine une constitution qui leur convienne, la France n'en tirera aucun avantage : leurs corps législatifs, achetés par l'or de l'étranger, seront tout entiers à la disposition de la Maison d'Autriche et de Rome. Il en sera, en dernière analyse, comme de la Hollande.

Comme la présente lettre n'est pas objet de tactique, ni de plan de campagne, je vous prie de la garder pour vous et pour Sieyès, et de ne faire usage, si vous le jugez à propos, que de ce que je viens de vous dire sur l'inconvenance des constitutions que nous avons données à l'Italie.

2°) Affiche rédigée par Roederer, corrigée par Bonaparte et placardée sur les murs de Paris au soir du 18 brumaire. P.-L. Roederer, *Oeuvres*, t. III, pp. 298-299.

Ils ont tant fait
qu'il n'y a plus de constitution.

La constitution voulait l'indépendance du corps législatif, et, le 18 fructidor, ils l'ont décimé. De ce jour, plus de pouvoir législatif. Il manque dans les conseils plus de cent membres qui, jusqu'à leur jugement, avaient le droit d'y siéger, et il y a plus de cent intrus qui n'avaient pas le droit d'y venir.

Au 22 floréal an VI, le Directoire craignait la révolte des opprimés, et il voulut avoir dans les conseils beaucoup de serviteurs; il avait pris le soin cruel d'opposer le peuple au peuple dans les assemblées primaires, et d'opérer des scissions : alors il fit le triage nominal des hommes qu'il préférait, admettant toutefois un petit nombre d'hommes honnêtes pour masquer l'odieux du reste de ses choix.

Ainsi, la terreur introduisant la corruption, et la corruption assurant la terreur, les conseils n'ont été, jusqu'au 30 prairial, que des machines à décrets sous la main de la majorité du Directoire. La constitution voulait, dans les conseils et le Directoire, l'indépendance de leurs membres; et, les 18 et

19 fructidor, trois membres du Directoire en ont déporté deux et quatre cents membres des conseils en ont expulsés cent autres. Ainsi, un pouvoir tremblait devant l'autre, et chaque magistrat devant son collègue; c'est comme s'il n'y avait existé que ceux qui faisaient trembler. Comment distinguer deux pouvoirs, entre les oppresseurs qui commandent et les opprimés qui obéissent ?

Le 30 prairial est venu : le parti opprimé s'est relevé; le parti corrompu, ô justice ! s'est lui-même soulevé contre ses chefs; ils ont chassé le directeur qu'un an auparavant ils avaient nommé par ordre du Directoire, et, menaçant les autres de la peine dûe à leur tyrannie, ils ont exigé leur démission. Ainsi, le pouvoir exécutif est avili, anéanti, et la constitution est renversée du côté opposé. Pour exercer ce pouvoir avili, on eut soin de choisir trois hommes incapables de le relever; et le pouvoir exécutif renversé, s'enfonça de tout son poids dans la boue.

Le pouvoir judiciaire subit deux variations pareilles, et les citoyens furent alternativement jugés par les jurés et par les juges de la faction dominante. Ce pouvoir, qui doit être le garant de la liberté civile, devint, comme les autres, un instrument d'oppression, et fut une calamité de plus.

C'est de cette dégradation des pouvoirs publics, de l'oppression et de la mauvaise composition du corps législatif, de l'oppression et de la mauvaise composition du pouvoir exécutif, qu'ont résulté tous les maux qui nous accablent : la renaissance de la guerre, les revers de l'an VI, nos conscriptions et réquisitions, la destruction de nos armées, la ruine de nos finances, les taxes spoliatrices, l'emprunt forcé, la loi des otages, la guerre civile. N'allons-nous pas voir le terme de cette calamité ? Sieyès et Bonaparte ne pourront-ils pas restaurer cette constitution dégradée ? Ne sauront-ils la préserver pour l'avenir, en y ajoutant ce qui y manque ? S'il était vrai que depuis deux ans il a fallu en sortir pour défendre la liberté, il serait donc vrai aussi qu'elle ne pouvait la garantir; et dans ce cas encore, elle demanderait des changements. Car, qu'est-ce qu'une constitution qui ne peut défendre la liberté ?

O vous, qui réunissez entre vous la force, la sagesse et le génie ! voyez devant vous, sous cette constitution ruinée, les larges et solides bases d'une constitution libre et vraiment républicaine, ce double principe de souveraineté nationale et du gouvernement représentatif. Faites disparaître le plâtras qui couvre le grand principe, et élevez en place l'édifice qu'il doit porter. Le peuple demande un asile après tant de maux; c'est à vous de l'ouvrir.

3°) Document diffusé à Paris le 18 brumaire et publié par le *Journal de Paris* du lendemain. P.-L. Roederer, *Oeuvres*, t. III, pp. 299-301.

Dialogue entre un membre du conseil des Anciens
et un membre du conseil des Cinq-Cents

Nota : Cet entretien a eu lieu sur la terrasse du conseil des Anciens, le 18 brumaire, un moment après le décret qui transfère le corps législatif à Saint-Cloud, et investit le général Bonaparte du commandement des troupes dans le rayon constitutionnel.

Le membre des Cinq-Cents.– Ah ! mon ami, qu'est-ce que vous assez fait, et qu'allez-vous faire ? Expliquez-moi comment un acte si arbitraire a pu s'exercer par le conseil des Anciens ?

L'Ancien.– Arbitraire ! Est-ce le décret de translation que tu qualifies ainsi ? Quelle est ton oeuvre ? Ouvre donc la constitution; l'article 101 porte : "que le conseil des Anciens peut changer la résidence du corps législatif (...)".

Le membre des Cinq-Cents.– Mais il faut des motifs; il faut qu'il y ait du trouble, du désordre dans le lieu de la résidence actuelle; et Paris est tranquille.

L'Ancien.– La constitution ne met aucune condition à l'exercice du droit de translation, qu'elle confère aux Anciens. Elle le leur confie sans réserve. Parce qu'ils sont les

Anciens, elle les présume sages; parce qu'aussi, privés du droit de proposer les lois, ils ne peuvent retirer de leurs fonctions que l'honneur de raffermir les bonnes lois, ils sont présumés conservateurs. Il faut, dites-vous, qu'il y ait du trouble dans le lieu des séances : il doit suffire qu'on puisse en prévoir, et dans les circonstances où nous sommes, qui osera dire que le trouble soit impossible ? Il doit suffire, aussi, que le conseil veuille une plus grande sécurité pour l'émission libre d'opinions capables d'agiter les ennemis de la liberté publique; car, du moment où le corps législatif ne se croit pas, ne se sent pas assez libre, il ne l'est réellement pas. C'est donc au sentiment intime des Anciens que la constitution a dû s'en rapporter, et ils n'ont d'autre motif à donner de la translation, sinon qu'ils en sentent la nécessité ou l'utilité.

Le membre des Cinq-Cents.– Comment fait-on intervenir la force dans ceci, et en vertu de quoi les Anciens peuvent-ils en disposer ?

L'Ancien.– En vertu de la constitution et du bon sens. Quand la constitution donne aux Anciens le droit de translation absolue, elle leur donne implicitement les moyens nécessaires pour l'accomplissement de sa volonté. Qui veut la fin, veut les moyens. Il serait absurde qu'elle ait conféré aux Anciens le droit de se soustraire à une oppression existante ou prévue, et qu'elle leur eût refusé la force nécessaire pour exercer ce droit. Les articles 103 et 104 de la constitution déclarent coupables d'attentat contre la sûreté de la république les membres du conseils des Cinq-Cents qui résisteraient à la translation, et ceux des directeurs qui retarderaient le sceau, l'envoi et la promulgation du décret. La constitution prévoit donc l'opposition des Cinq-Cents et du gouvernement à la translation; elle suppose donc au moins qu'ils peuvent être complices de la faction par laquelle les Anciens ont craint d'être opprimés. Ce serait donc accorder aux Anciens une faculté illusoire, que de laisser la force légale à la disposition de ceux à l'influence de qui ils jugent à propos de se soustraire.

Le membre des Cinq-Cents.– Mais n'avez-vous pas craint d'alarmer les Parisiens et de les mécontenter en éloignant d'eux les autorités ? Ne faites-vous pas naître le trouble par la précaution que vous prenez pour l'éviter ?

L'Ancien.– Rassurez-vous; cette translation sera tout au plus de quelques jours, et ne peut pas être plus longue. Le choix de Saint-Cloud suffirait pour prouver que l'intention n'est pas une longue absence, car Saint-Cloud ne pourrait physiquement contenir, avec les autorités qui vont s'y assembler, tout ce qui est nécessaire à leurs fonctions. Si l'on avait voulu s'établir hors de Paris, on aurait été à Versailles; et, du fait seul qu'il n'en est pas question, le public doit conclure que Paris sera toujours la résidence de l'autorité. Et où peut-elle être mieux pour assurer la sûreté publique ? (...).

Le membre des Cinq-Cents.– Entre nous cependant, mon ami, je crains l'intervention du général Bonaparte dans cette affaire. La renommée, la considération, la juste confiance du soldat dans ses talents, et surtout ses talents eux-mêmes, peuvent lui donner le plus redoutable ascendant sur les destinées de la république. Le sort de la liberté dépendra-t-il de lui ?... S'il était un César, un Cromwell ?

L'Ancien.– Un César, un Cromwell !... Mauvais rôles, rôles usés, indignes d'un homme de sens, quand ils ne le seraient pas d'un homme de bien. C'est ainsi que Bonaparte lui-même s'en est expliqué dans plusieurs occasions. Ce serait une pensée sacrilège, disait-il une autre fois, que celle d'attenter au gouvernement représentatif dans le Siècle des Lumières et de la liberté. Il n'y aurait qu'un fou, disait-il encore, qui voulut de gaîté de coeur faire perdre la gageure de la république contre la royauté en Europe, après l'avoir soutenue avec quelque gloire et tant de périls. Dans le fait, mon ami, quelle est ici la conduite de Bonaparte ? On l'appelle, et il se présente; le conseil commande, et il obéit; voilà tout (...).

4°) **Décret du 19 brumaire an VIII instituant le Consulat provisoire. Archives Nationales, C 469 (Conseil des Cinq-Cents) et C 592 (conseil des Anciens).**

Article 1 : Il n'y a plus de Directoire et ne sont plus membres de la Représentation Nationale pour les excès et les attentats auxquels ils se sont constamment portés et notamment le plus grand nombre d'entre eux dans la séance de ce matin, les individus ci-après nommés : Joubert (de l'Hérault), Jouenne, Talot, Duplantier (de la Gironde), Aréna, Garreau, Quirot, Leclerc-Sheppers, Brixhe (de l'Ourthe), Poullain-Grandprey, Bertrand (du Calvados), Goupilleau (de Montaigu), Daubernénil, Marquezy, Guesdon, Grandmaison, Groscassand-Dorimont, Frison, Dessaix, Bergasse-Laziroule, Montpelier, Constant (des Bouches-du-Rhône), Briot, Destrem, Carrere-Lagarriere, Gauran, Legor, Blin, Boulay-Paty, Souilhé, Demoor, Bigonnet, Mentor, Bouaissier, Bailly (de la Haute-Garonne), Bouvier, Beyts, Brichet, Honoré Declerk, Housset, Gastaing (du Var), Prudhon, Porte, Truck, Delbrel, Leyris, Doche-Delisle, Stevenotte, Jourdan (de la Haute-Vienne), Lesage-Sénault, Chaumont, André (du Bas-Rhin), Dimartinelli, Collombel (de la Meurthe), Philippe, Moreau (de l'Yonne), Jourdain (de l'Ille-et-Vilaine), Letourneux, Citadella, Bordas, Laurent (du Bas-Rhin).

Art. 2 : Le corps législatif crée provisoirement une commission consulaire exécutive composée des citoyens Sieyès et Roger Ducos, ex-directeurs, et Bonaparte, général, qui porteront le nom de consuls de la République française.

Art. 3 : Cette commission est investie de la plénitude du pouvoir directorial et spécialement chargée d'organiser l'ordre dans toutes les parties de l'administration; de rétablir la tranquillité intérieure et de procurer une paix durable et solide.

Art. 4 : Elle est autorisée à envoyer des délégués avec un pouvoir déterminé et dans les limites du sien.

Art. 5 : Le corps législatif s'ajourne au 1er ventôse prochain et se réunira de plein droit, à cette époque, à Paris, dans ses Palais.

Art. 6 : Pendant l'ajournement du corps législatif, les membres ajournés conservent leurs indemnités et leurs garanties constitutionnelles.

Art. 7 : Ils peuvent, sans perdre leur qualité de Représentants du peuple, être employés comme Ministre, agents diplomatiques, délégués de la commission consulaire exécutive et dans toutes les fonctions civiles. Ils sont même invités, au nom du bien public, à les accepter.

Art. 8 : Avant sa séparation et séance tenante, chaque conseil nommera en son sein une commission composée de vingt-cinq membres.

Art. 9 : Les commissions nommées par les deux conseils statueront avec la proposition formelle et nécessaire de la commission consulaire exécutive sur tous les objets urgents de police, de législation et de finances.

Art. 10 : La commission des Cinq-Cents exercera l'initiative et la commission des Anciens l'approbation.

Art. 11 : Les deux commissions sont encore chargées de préparer, dans le même ordre de travail et de concours, les changements à apporter aux dispositions organiques de la constitution dont l'expérience a fait sentir les vices et les inconvénients.

Art. 12 : Ces changements ne peuvent avoir pour but que de consolider, garantir et consacrer inviolablement la souveraineté du peuple français, la République une et indivisible, le système représentatif, la division des pouvoirs, la liberté, l'égalité, la sûreté et la propriété.

Art. 13 : La commission consulaire exécutive pourra leur présenter ses voeux à cet égard.

Art. 14 : Enfin, les deux commissions sont chargées de préparer un code civil.

Art. 15 : Elle siègent à Paris dans les palais du corps législatif et elles pourront se convoquer extraordinairement pour la ratification de la paix ou dans un grand danger public.

Art. 16 : La présente sera imprimée, envoyée par des courriers extraordinaires dans les départements, solennellement publiée et affichée dans toutes les communes de la République.

5°) Composition des commissions législatives provisoires.

On trouvera ci-dessous la liste des membres des commissions législatives provisoires élues par les conseils au matin du 20 brumaire an VIII. La fonction principale de leurs membres sous le Consulat et l'Empire figure entre parenthèses. L'orthographe des noms propres est celle du procès-verbal des conseils, publié le 20 brumaire an VIII (A.N., C 469).

– Conseil des Cinq-Cents :

Cabanis (sénateur), Boulay de la Meurthe (conseiller d'Etat), Chazal (tribun, préfet), Lucien Bonaparte (ministre, ambassadeur), Chénier (tribun), Creuzé-Latouche (sénateur), Berenger (tribun, conseiller d'Etat, directeur de la Caisse d'Amortissement), Daunou (tribun, directeur des Archives), Gaudin de la Loire (tribun), Jacqueminot (sénateur), Beauvais (tribun), Arnould (tribun, conseiller à la cour des Comptes), Mathieu (tribun), Thiessé (tribun), Villetard (sénateur), Girot-Pouzols (législateur, sous-préfet), Gourlay (tribun, législateur), Cassenave (législateur), Chollet de la Gironde (sénateur), Ludot (tribun, magistrat), Devinck-Thierry (fonctions inconnues), Thibaut (tribun), Frégeville (carrière militaire), Chabaud-Latour (tribun, législateur), Bara des Ardennes (tribun).

– Conseil des Anciens :

Lebrun (consul, architrésorier, duc), Garat (sénateur, académicien), Regnier (conseiller d'Etat, ministre de la Justice, législateur, duc), Rousseau (sénateur), Cornet (sénateur), Cornudet (sénateur), Vimar (sénateur), Péré (sénateur), Depeyre (sénateur), Perrin des Vosges (législateur), Lenoir-Laroche (sénateur), Cretet (sénateur, conseiller d'Etat, gouverneur de la Banque de France, ministre de l'Intérieur), Laloy (tribun), Lemercier (sénateur), Sédillez (tribun, législateur), Laussat (préfet colonial), Chatry (fonctions inconnues), Goupil-Préfelne (juge au tribunal de Cassation), Chassiron (tribun, conseiller à la cour des Comptes), Vernier (sénateur), Porcher (sénateur), Beaupuis (sénateur), Caillemer (tribun), Herwin de Névèle (sénateur), Fargues (sénateur).

Sources et bibliographie.

Avant de présenter les sources et la bibliographie de cette ouvrage, je souhaite adresser mes vifs et sincères remerciements à tous ceux qui m'ont aidé à mener ce travail à son terme. Ainsi, comme à leur habitude, Félix Béranger et Alain Brêthe furent mes premiers lecteurs à la fois sévères et amicaux. Leurs remarques et suggestions ont sans cesse enrichi mon manuscrit. Malgré ces brillantes et efficaces collaborations, il subsiste sans doute des imperfections dans ce travail. J'en suis le seul responsable.

Florence, mon épouse, et mon fils Victor ont fait preuve de leur patience coutumière. Je sais qu'il n'est pas toujours facile de voir son mari ou son père disparaître dans son bureau pour compulser ses livres ou ses notes puis tapoter sur son ordinateur, et pas seulement lors des longues soirées d'hiver. Cette famille compréhensive constitue, outre une source inépuisable de bonheur, un environnement idéal pour tenter d'écrire sur l'Histoire.

Le professeur Jean Tulard, de l'Institut, m'a honoré de ses conseils lors de nos rencontres informelles. J'ai suivi la recommandation qu'il fait aux historiens débutants, dans un de ses ouvrages : "N'hésitez pas à vous attaquer aux grands sujets". J'ai tenté de le faire ici. J'espère ne pas l'avoir déçu.

Le professeur William Smith, grand spécialiste de l'histoire de notre pays qu'il a enseignée pendant de nombreuses années, notamment à l'Université de Londres, a accepté de relire mon manuscrit et, lors de nos conversations, m'a aiguillé sur quelques pistes nouvelles et originales. Je l'en remercie.

Jacques Jourquin a fait plus que préfacer cet ouvrage, ce qui est déjà très important pour son auteur. Lors de nos longues conversations, il m'a aidé, par ses conseils et ses avis, à revisiter certaines parties du 18-Brumaire et de ses suites. Je ne sors jamais "intact" des rencontres avec Jacques Jourquin. Le compte-rendu et, je l'espère, l'approfondissement de certaines d'entre elles sont dans les pages de cette étude.

A tous, mille merci, sans oublier la reconnaissance que je dois à mes maîtres successifs : Edmond Zils, Frédéric Bluche, Yves Le Moigne et Jacques Mangin.

En terminant ce travail, j'ai, enfin, une pensée amicale pour Eric Perrin, jeune historien du Consulat et de l'Empire, qui nous a trop tôt quittés.

I. Ouvrages et études sur le 18-Brumaire.

–Aubry (O.), *Brelan de femmes ou le coup d'Etat de Brumaire*, Fayard, 1927.

–Bainville (J.), *Le 18 brumaire*, Hachette, 1926.

–Bertaud (J.-P.), *1799. Bonaparte prend le pouvoir*, Complexe, Bruxelles, 1987.

–Bessand-Massenet (P.), "Le 18 brumaire", *Napoléon*, Marabout, 1968, t. I, pp. 118-135.

–Destrem (J.), *Le lendemain de Brumaire*, Paris, 1911.

–Espitalier (A.), *Vers Brumaire. Bonaparte à Paris. 5 décembre 1797-4 mai 1798*, Librairie Académique Perrin, 1914.

–Furet (F.), "Dix-huit brumaire", *Dictionnaire critique de la Révolution française. Evénements*, Flammarion, 1992.

–Malaparte (C.), "Bonaparte, ou le premier coup d'Etat moderne", *Technique du coup d'Etat*, Grasset, 1992, pp. 120-142.

–Marie (A.), *Napoléon à Saint-Cloud. Le coup d'Etat*, Girault, Saint-Cloud, 1954.
–Ollivier (A.), *Le Dix-huit brumaire*, N.R.F., 1959.
–*Paris et Saint-Cloud au 18 brumaire*, 1832 (anonyme).
–Rocquain (F.), *L'état de la France au 18 brumaire*, 1874.
–Thiry (J.), *Le coup d'Etat du 18 brumaire*, Berger-Levrault, 1947.
–Vandal (A.), *L'avènement de Bonaparte*, Plon, 1907, 2 vol. .

II. Archives Nationales.

Assemblées du Directoire.
C 469 et 470 : Notes et minutes qui ont servi à la rédaction des procès-verbaux. Pièces reçues par le conseil des Cinq Cents.
C 592 à 597 :Notes et minutes pour servir à la rédaction des procès-verbaux. Documents reçus.
Police Générale.
F^7 3701 :Bulletin de Police (an VII– an VIII)
Administration générale
F 1b I 103:Commissaires du pouvoir exécutif dans les départements
Secrétairerie d'Etat Impériale
AF IV 1090:Extraits de la correspondance des généraux (an VIII)
AF IV 1291^{B}:Agents municipaux destitués (an VIII)
AF IV 1300^{B}:Personnel des Armées (an VIII-an IX)
AF IV 1443 :Adresses aux consuls provisoires (an VIII)
AF IV 1444:Adresses au Premier Consul (an VIII)
AF IV 1564:Traductions de journaux étrangers (an VIII)

III. Sources imprimées et mémoires.

–Arnault (A.-V.), *Souvenirs d'un sexagénaire*, 1833, t. IV.

–Bertrand (Général), *Cahiers de Sainte-Hélène*, Albin Michel, 1959, 3 vol..

–*Correspondance de Napoléon 1er*, 32 vol..

–Desvernois (Général), *Avec Bonaparte en Egypte*, Plon, s.d..

–Gourgaud (Baron), *Journal de Sainte-Hélène*, 1899, t. I.

–*Impératrice Joséphine. Correspondance. 1782-1814*, Payot, 1996.

–*Journal de Paris* (1797-1800).

–Las Cases (E. de), *Mémorial de Sainte-Hélène*, Garnier, 1961, 2 vol. (édition d'André Fugier).

–"Le dix-huit brumaire. Extrait des Mémoires du maréchal Jourdan", *Carnet Historique et Militaire*, 1901, pp. 161-172.

–*Le Moniteur* (juillet 1799-février 1800).

–*Mémoires du prince de Talleyrand*, 1891-1892, 5 vol..

–*Mémoires de Joseph Fouché, duc d'Otrante*, Flammarion, 1945.

–*Mémoires de A.C. Thibaudeau (1799-1815)*, Plon, 1913.

–*Mémoires de Constant, premier valet de chambre de l'Empereur, sur la vie privée de Napoléon*, La Crémille, Genève, 1969, t. I.

–*Mémoires de J.-G. Ouvrard sur sa vie et ses diverses opérations financières*, 1826, t. I et II.

–*Mémoires de Louis-Jérôme Gohier, président du Directoire au 18 brumaire*, 1824, t. I.

–*Mémoires de M. de Bourrienne sur Napoléon, le Directoire, le Consulat, l'Empire et la Restauration*, 1829, t. I et II.

–*Mémoires du duc de Rovigo (Savary) pour servir à l'histoire de l'empereur Napoléon*, 1829, t. II.

–*Mémoires du général-baron de Marbot*, Mercure de France, 1983, t. I.

–*Mémoires du général-baron Thiébault (1792-1820)*, Hachette, 1962.

–*Mémoires du général Auguste Petiet, hussard de l'Empire*, S.P.M., 1996.

–*Mémoires du maréchal Marmont, duc de Raguse*, 1857, t. II.

–*Mémoires et correspondance politique et militaire du roi Joseph, publiés, annotés et mis en ordre par A. du Casse*, 1853, t. I.

–*Mémoires et souvenirs du comte de Lavalette (1769-1830)*, Mercure de France, 1994.

–*Mémoires, souvenirs, opinions et écrits du duc de Gaëte, Martin-Michel-Charles Gaudin*, Armand Colin, 1926.

–*Oeuvres du comte Pierre-Louis Roederer*, 1856, t. III et IV.

–*Souvenirs du maréchal Macdonald, duc de Tarente*, 1892.

–*Souvenirs Historiques et Parlementaires du comte de Pontécoulant*, 1861-1865, 4 vol..

–"Souvenirs inédits d'Antoine Carlet, député de l'Isère au Conseil des Cinq-Cents", *Revue Napoléon*, 1950, n°6, pp. 21-23.

IV. Bibliographie.

A. Ouvrages généraux.

–Braudel (F.) et Labrousse (E.), *Histoire économique et sociale de la France. III : 1789-1880*, P.U.F, 1976.

–Chevallier (J.-J.), *Histoire des institutions et des régimes politiques de la France, de 1789 à nos jours*, Dalloz, 1977.

–Droz (J.), *Histoire diplomatique, de 1648 à 1919*, Dalloz, 1972.

–Duverger (M.), *Constitutions et documents politiques*, P.U.F., 1957.

–Godechot (J.), *Les institutions de la France sous la Révolution et l'Empire*, P.U.F., 1968.

–Hauriou (M.), *Précis de droit constitutionnel*, L.G.D.J., 1926.

–Juillet (P.), "La force irremplaçable du sacré", *Géopolitique*, 1991, n° 34, pp. 2-3.

–Kennedy (P.), *Naissance et déclin des grandes puissances*, Payot, 1991.
–Prélot (M.) et Boulouis (J.), *Institutions politiques et droit constitutionnel*, Dalloz, 1980.
–Séguin (P.), *240 dans un fauteuil. La saga des présidents de l'Assemblée*, Seuil, 1995.
–Tulard (J.), *Nouvelle bibliographie critique des mémoires sur l'époque napoléonienne*, Droz, Genève, 1991.
–Yvert (B., direction), *Dictionnaire des Ministres (1789-1989)*, Perrin, 1990.

B. Biographies.

1. Napoléon Bonaparte.

–Bainville (J.), *Napoléon*, Poche, 1955.
–Benoist-Méchin, *Bonaparte en Egypte ou le rêve inassouvi*, Perrin, 1978.
–Boudard, "Le rôle du général Bonaparte dans les événements insurrectionnels de Gênes, en prairial an V", *Revue de l'Institut Napoléon*, 1993-I, pp. 7-43.
–Derogy (J.) et Carmel (H.), *Bonaparte en Terre sainte*, Fayard, 1992.
–Garrot (G.), "Napoléon Bonaparte et le maintien de l'ordre", *Revue de l'Institut Napoléon*, 1994-IV, pp. 6-21.
–Guillemin (H.), *Napoléon tel quel*, Trévise, 1969.
–Fugier (A.), *Bonaparte et l'Italie*, Janin, 1947.
–Jourquin (J.), "Fausse et vraies proclamations", *Revue du Souvenir Napoléonien*, n° 406, mars-avril 1996, pp. 43-44.
–Laurens (H.), *L'expédition d'Egypte*, Armand Colin, 1989.
–Madelin (L.), *L'ascension de Bonaparte*, Hachette, 1938.
–Norvins, *Histoire de Napoléon*, 1839, t. I.
–Reinhard (M.), "Le général Vendémiaire", *Napoléon*, Marabout, 1968, t. I, pp. 64-77.

–Rioux (J.-P.), *Les Bonaparte*, Complexe, Bruxelles, 1982, t. I.
–Simiot (B.), *De quoi vivait Bonaparte ?*, Albin Michel, 1992.
–Tersen (E.), *Napoléon*, C.F.L., 1959.
–Tulard (J.), *Napoléon ou le mythe du sauveur*, Fayard, 1977.

2. Sieyès.

–Baker (K.M.), "Sieyès", *Dictionnaire critique de la Révolution française. Acteurs*, Flammarion, 1992, 295-313.
–Bastid (P.), *Sieyès et sa pensée*, Hachette, 1970.
–Bredin (J.-D.), *Sieyès. La clé de la Révolution française*, Ed de Fallois, 1988.

3. Talleyrand.

–Blei (F.), *Talleyrand*, Payot, 1980.
–Lacour-Gayet (G.), *Talleyrand. 1754-1838*, Rencontre, 1930, 2 vol..
–Morlot (G.-A.) et Happert (J.), *Talleyrand. Une mystification historique*, S.P.M., 1991.
–Orieux (J.), *Talleyrand*, Flammarion, 1970.
–Poniatowski (M.), *Talleyrand et le Directoire*, Perrin, 1982.
–Tarlé (E.), *Talleyrand*, Ed. en langues étrangères, Moscou, 1958.

4. Autres personnages.

–Antonetti (G.), *Louis-Philippe*, Fayard, 1995.
–Bertaut (J.), *Madame Tallien*, Ed. de Paris, 1946.
–Bigard (L.), *Le comte Réal, ancien jacobin*, Versailles, 1937.
–Bruhat (J.), *Gracchus Babeuf et les Egaux ou le premier parti communiste agissant*, Perrin, 1978.
–Chevrier (E.), *Le général Joubert. Etude sur sa vie, fragments de sa correspondance inédite*, 1860.

–Couturaud (L.), *Augereau. L'enfant maudit de la gloire*, Henri Veyrier, 1990.
–Diesbach (G. de), *Madame de Staël*, Perrin, 1983.
–Girod de l'Ain (G.), *Joseph Bonaparte*, Perrin, 1970.
–Godechot (J.), *Le comte d'Antraigues. Un espion dans l'Europe des émigrés*, Fayard, 1986.
–Gueniffey (P.), "Robespierre", *Dictionnaire critique de la Révolution française. Acteurs*, Flammarion, 1992, pp. 247-271.
–Le Nabour (E.), *Barras*, Lattès, 1982.
–Lentz (T.), *Roederer (1754-1835)*, Serpenoise, Metz, 1990.
–Lentz (T.), *Savary, le séide de Napoléon*, Serpenoise, Metz, 1993.
–Martineau (G.), *Lucien Bonaparte, prince de Canino*, France-Empire, 1989.
–Massie (M.), *Le troisième consul. Roger Ducos*, J. et D., Biarritz, 1989.
–Mazauric (C.), *Babeuf*, Messidor, 1988.
–Mazel (G.), "Joseph Bonaparte et Mortefontaine", *Revue de l'Institut Napoléon*, 1994-IV, pp. 23-68.
–Pascal (F.), "Lindet face à Napoléon", *Revue de l'Institut Napoléon*, 1991-II, pp. 23-44.
–Pinaud (P.-F.), *Cambacérès*, Perrin, 1996.
–Saint-Stéban (P. de), *Le vicomte Paul de Barras. Un Varois "roi de France"*, Promothéa, Toulon, 1995.
–Savant (J.), *Tel fut Barras*, Fasquelle, 1955.
–Savant (J.), *Tel fut Ouvrard, le financier providentiel de Napoléon*, Fasquelle, 1954.
–Savinel (P.), *Moreau, rival républicain de Bonaparte*, Ed. Ouest-France, Rennes, 1986.
–Suratteau (J.) et Bischoff (A.), *Reubell, l'Alsacien de la Révolution française*, Ed. du Rhin, Strasbourg, 1995.
–Thiry (J.), *Jean-Jacques Régis de Cambacérès, archichancelier de l'Empire*, Berger-Levrault, 1935.
–Tulard (J.), *Murat*, Marabout, 1984.

–Valentin (R.), *Le maréchal Jourdan (1762-1833)*, Charles-Lavauzelle, 1953.
–Voilliard (O.), "Boulay de la Meurthe", *Grands notables du Premier Empire. Meurthe. Moselle. Meuse*, C.N.R.S., 1984, pp. 13-14.
–Wolff (J.), *Le financier Ouvrard (1770-1846). L'argent et la politique*, Tallandier, 1992.
–Zweig (S.), *Fouché*, Grasset, 1991.

B. La Révolution et le Directoire.
–Aftalion (F.), *L'économie de la Révolution française*, P.U.F., 1996
–Badré (B.) et Colombet (P.), *Entreprises en Révolution*, Lattès, 1990.
–Bertaud (J.-P.), *La Révolution armée. Les soldats citoyens et la Révolution française*, Laffont, 1979.
–Bessand-Massenet (P.), *Quand la France attendait Bonaparte*, Perrin, 1978.
–Bluche (Frédéric), Rials (S.) et Tulard (J.), *La Révolution française*, P.U.F., "Que sais-je ?", n° 142.
–Bodinier (G.), "L'armée d'Italie : composition, organisation, état d'esprit", *Actes du colloque "La liberté en Italie (1796-1797)*, juin 1995, pp. 5-10.
–Bonin (H.), "La Révolution a-t-elle brisé l'esprit d'entreprise ?", *La Recherche Historique*, 1985, pp. 193-204.
–Bonnal (E.), *Les armées de la République*, 1898.
–Bour (L.), *La Grande Révolution dans l'arrondissement de Sarrebourg*, La Libre Lorraine, Metz, 1939.
–Bruguière (M.), "Assignats", *Dictionnaire critique de la Révolution française. Créations*, Flammarion, 1992, pp. 59-76.
–Carrot (G.), *Révolution et maintien de l'ordre*, S.P.M., 1995.
–Challamel (A.), *Les clubs contre-révolutionnaires*, 1895.

–Champagnac (J.P.), *Quiberon. La répression et la vengeance*, Perrin, 1989.
–Clénet (L.-M.), *La Contre-Révolution*, P.U.F., "Que sais-je ?", n° 2633.
–Conte (A.), *Sire, ils ont voté la mort. La condamnation de Louis XVI*, Laffont, 1966.
–Dartevelle (R.), "Stratégie missionnaire et rechristianisation pendant le Directoire", *Religion, Révolution, Contre-Révolution*, Jacqueline Chambon, Nîmes, 1989, pp. 129-149.
–Dautry (R.), "Le pessimisme économique de Babeuf et l'histoire des utopies", *Annales Historiques de la Révolution Française*, 1961, pp. 215-233.
–*Dictionnaire historique de la Révolution française*, P.U.F., 1989.
–Furet (F.) et Richet (D.), *La Révolution française*, Fayard, 1973.
–Gaucher (M.), *La Révolution des pouvoirs*, Gallimard, 1995.
–Gaxotte (P.), *La Révolution française*, Poche, 1959.
–Godechot (J.), *La contre-Révolution. 1789-1804*, P.U.F., 1961.
–Godechot (J.), *La vie quotidienne en France sous le Directoire*, Hachette, 1977.
–Goncourt (E. et J.), *Histoire de la société française pendant le Directoire*, Le Promeneur, 1992.
–Hincker (F.), *La Révolution française et l'économie*, Nathan, 1989.
–Jourquin (J.), "Le premier acte de la campagne d'Italie", *Revue du Souvenir Napoléonien*, mars-avril 1996, pp. 29-51.
–Latreille (A.), *L'Eglise catholique et la Révolution française*, Le Cerf, 1970, 2 vol..
–Lèdre (C.), *Le culte caché sous la Révolution. Les missions de l'abbé Linsolas*, La Bonne Presse, Nîmes, 1949.
–Lefebvre (G.), *Le Directoire*, Armand Colin, 1970.

–Leflon (J.), *Histoire de l'Eglise. La crise révolutionnaire. 1789-1846*, Bloud et Gay, 1949.
–Le Goff (J.) et Rémond (R.), *Histoire de la France religieuse. Du roi très chrétien à la laïcité républicaine*, Seuil, 1991, t. III.
–Lentz (T.), "La presse républicaine modérée sous la Convention thermidorienne et le Directoire : Pierre-Louis Roederer, animateur et propriétaire du *Journal de Paris* et du *Journal d'Economie Publique*", *Revue Historique*, 1995, pp. 297-313.
–Mathiez (A.), *La Révolution française*, Denoël, éd. 1985, t. III.
–Miquel (P.), *La Grande Révolution*, Marabout, 1988.
–Mitton (F.), *La presse française sous la Révolution, le Consulat et l'Empire*, Le Prat, 1945.
–Morabito (M.), "Les nouveautés constitutionnelles de l'an III", *1795. Pour une République sans Révolution*, Presses Universitaires de Rennes, 1996, pp. 167-177.
–Ozouf (M.), "Les décrets des deux tiers ou les leçons de l'Histoire", *1795. Pour une République sans Révolution*, Presses Universitaires de Rennes, 1996, pp. 193-209.
–Pierrard (P.), *L'Eglise de France face aux crises révolutionnaires. 1789-1871*, Le Chalet, 1974.
–Rials (S.), *Révolution et Contre-Révolution au XIX*ème *siècle*, D.U.C.-Albatros, 1987.
–Sédillot (R.), *Le coût de la Révolution française*, Perrin, 1987.
–Soboul (A.), *Le Directoire et le Consulat*, P.U.F., "Que sais-je ?", n° 1266.
–Soboul (A.), *La Révolution française. De la Montagne à Brumaire*, Gallimard, 1962.
Sparrow (E.), "The swiss ans swabian agencies. 1795-1801", *The Historical Journal*, 1992, pp. 861-884.
–Tulard (J.), *Le Directoire et le Consulat*, P.U.F., "Que sais-je ?", n° 1266.

–Tulard (J.), *La France de la Révolution et de l'Empire*, P.U.F., 1995.
–Woronoff (D.), *La République bourgeoise, de Thermidor à Brumaire*, Seuil, 1972.

C. Le Consulat et l'Empire.

–Amani (I.), *Napoléon et la Perse*, Fondation Napoléon, 1995.
–Assali (J.-C.), "Napoléon et l'Antiquité", *Revue du Souvenir Napoléonien*, n° 333, 1984, pp. 2-23.
–Aulard (A.), *Paris sous le Consulat. Recueil de documents pour l'histoire de l'esprit public à Paris*, 1903, t. I.
–Bluche (Frédéric), *Le bonapartisme. Aux origines de la droite autoritaire (1800-1850)*, N.E.L., 1980.
–Bourdon (J.), *La constitution de l'an VIII*, P.U.F., 1942.
–Christophe (R.), *Napoléon controversé*, France Empire, 1967.
–Collaveri (F.), *La franc-maçonnerie des Bonaparte*, Payot, 1982.
–Conte (A.), *Le 1er janvier 1800*, Orban, 1990.
–Coppolani (J.-Y.), *Les élections en France à l'époque napoléonienne*, Albatros, 1980.
–Drigeard (S.), "Le fabuleux domaine de Saint-Cloud", *Vieilles Maisons Françaises*, mars 1996, pp. 22-23.
–Durand (C.), "Le pouvoir napoléonien et ses légitimités", *Annales de la Faculté de droit et de science politique d'Aix-Marseille*, 1972, pp. 7-33.
–Erlannig (E.), *La résistance bretonne à Napoléon Bonaparte*, D.U.C.-Albatros, 1986.
–Gabriel-Robinet (L.), "Napoléon journaliste", *Les Annales Conferencia*, mai 1960, pp. 5-21.
–Godechot (J.), "Sens et importance de la transformation des institutions révolutionnaires à l'époque napoléonienne", *Revue d'Histoire Moderne et Contemporaine*, juillet-septembre 1970, pp. 796-813.

–Langlois (C.), "Le plébiscite de l'an VIII ou le coup d'Etat du 18 pluviôse an VIII", *Annales Historiques de la Révolution Française*, 1972, pp. 45-63, 231-246, 390-415.

–Lovie (J.) et Palluel-Guillard (A.), *L'épisode napoléonien. Aspects extérieurs*, Seuil, 1972.

– Lyons (M.), *Napoléon Bonaparte and the legacy of the french Revolution*, Mac Millan, Londres, 1994.

–Madelin (L.), *De Brumaire à Marengo*, Hachette, 1938.

–Massin (J.), *Almanach du Premier Empire*, C.F.L., 1965.

–Piétri (F.), *Napoléon et le Parlement ou la dictature enchaînée*, Fayard, 1955.

–Soboul (A.), *La France napoléonienne*, Arthaud, 1983.

–Thiers (A.), *Histoire du Consulat et de l'Empire*, 1845, t. I.

–Thiry (J.), *Le Sénat de Napoléon*, Berger-Levrault, 1932.

–Tulard (J.) et Garros (L.), *Itinéraire de Napoléon au jour le jour*, Tallandier, 1992.

–Tulard (J.), *Paris et son administration (1800-1830)*, Commission des Travaux Historiques de la Ville de Paris, 1976.

–Wolff (J.), "Les insuffisantes finances napoléoniennes. Une des causes de l'échec de la tentative d'hégémonie européenne", *Revue du Souvenir Napoléonien*, n° 397, septembre-octobre 1994, pp. 5-20.

Index des noms de personnes

Afin de ne pas surcharger l'index et de ne pas le transformer en petit dictionnaire, nous avons pris le parti de ne pas rappeler l'ensemble de la carrière de chaque personnage cité. Nous avons ainsi utilisé la qualification « homme politique » pour désigner ceux dont la carrière « politique » est antérieure au 18-Brumaire. L'orthographe des noms de personne est celle du *Dictionnaire historique de la Révolution française* (P.U.F., 1989) et du *Dictionnaire Napoléon* (Fayard, 1987).

Table des matières

IVe partie

Le coup d'Etat consulaire

Achevé d'imprimer en mars 1997
Imprimerie Soulisse et Cassegrain, Niort
Dépôt légal : 1er trimestre 1997, N° d'impression : 3568